WURZELN DER REFORMATION
IN ZÜRICH

STUDIES
IN MEDIEVAL AND
REFORMATION THOUGHT

EDITED BY

HEIKO A. OBERMAN, Tübingen

IN COOPERATION WITH

THOMAS A. BRADY, Jr., Eugene, Oregon
E. JANE DEMPSEY DOUGLASS, Claremont, California
PIERRE FRAENKEL, Geneva
GUILLAUME H. M. POSTHUMUS MEYJES, Leiden
DAVID STEINMETZ, Durham, North Carolina
ANTON G. WEILER, Nijmegen

VOLUME XXXI

FRITZ BÜSSER
WURZELN DER REFORMATION
IN ZÜRICH

LEIDEN
E. J. BRILL
1985

WURZELN DER REFORMATION IN ZÜRICH

Zum 500. Geburtstag des Reformators Huldrych Zwingli

VON

FRITZ BÜSSER

LEIDEN
E. J. BRILL
1985

ISBN 90 04 07318 3

FÜR MEINE LIEBE FRAU

INHALTSVERZEICHNIS

HISTORIOGRAPHIE

VORWORT

Der hier vorgelegte Band erscheint zum Gedenken an den 500. Geburtstag des Zürcher Reformators Huldrych Zwingli. »Wurzeln der Zürcher Reformation« — dieser Titel deutet allerdings an, dass die Zürcher Reformation nicht bloss das Werk eines Mannes war: nach Zwinglis Tod führte Heinrich Bullinger das 1519 begonnene Werk fort, in Zürich, in der Eidgenossenschaft und weit darüber hinaus. Dass dieses sich gegen Rom, Luther und dem sog. linken Flügel der Reformation behaupten und — zusammen mit Calvin — zu einem eigenen, reformierten Zweig des Protestantismus entwickeln konnte, ist indes auch aus einer bisher kaum beachteten Kontinuität der kirchlichen Institutionen zu erklären. Die Zürcher Reformation verstand sich immer als Reform der allgemeinen christlichen Kirche. »Wurzeln der Reformation« — dieser Titel bezieht sich schliesslich auch auf das Werk jener drei Lehrer, die dem Verfasser bei seiner Beschäftigung mit diesem Thema über viele Jahre Vorbild waren.

Die hier vorgelegten Studien — Aufsätze und Vorträge — sind bei verschiedenen Gelegenheiten entstanden. Sie dienen aber alle dem gleichen Ziel: von den Wurzeln, den Quellen des 16. Jahrhunderts ausgehend etwas Licht zu bringen in die faszinierende Geschichte der Zürcher Reformation. Diesem Ziel dienen nicht zuletzt die Anmerkungen, welche in einzelnen Fällen dem ursprünglichen Text beigefügt worden sind, sowie die verschiedenen Appendices.

Es bleibt ganz herzlich zu danken: den Freunden, welche mich zu diesem Gedenkband ermuntert haben, den Institutionen, die ihn durch namhafte Druckkostenbeiträge finanziell tragbar gemacht haben (Stadt und Kanton Zürich, Verband der Stadtzürcherischen Evangelisch-Reformierten Kirchgemeinden, Ulrico Hoepli-Stiftung), meinen Mitarbeitern am IRG, die bei der Herstellung des Manuskripts und bei den Korrekturen mithalfen (S. Seger, E. Jermann, Dr. H. Stucki), dem Verlag Brill und meinem Kollegen Prof. Dr. H. A. Oberman, die ihn in die Reihe der Studies in Medieval and Reformation Thought aufgenommen haben, schliesslich und vor allem meiner Frau, die mich ebenso inspirierend wie engagiert begleitete.

Herrliberg, am Bettag (16.Sept.) 1984   F. BÜSSER

ABKÜRZUNGSVERZEICHNIS

Egli, Acten(sammlung) = Actensammlung zur Geschichte der Zürcher Reformation in den Jahren 1519-1533, hg. von Emil Egli, Zürich 1879.

zu Bullinger

HBBibl I; HBBibl II = Heinrich Bullinger, Werke, hg. von Fritz Büsser, 1. Abt.: Bibliographie, Bd. I: Beschreibendes Verzeichnis der gedruckten Werke von Heinrich Bullinger, bearb. v. Joachim Staedtke, Zürich 1972; Bd. II: Beschreibendes Verzeichnis der Literatur über Heinrich Bullinger, mit Unterstützung v. Angela Beliczay, Ulrich Gäbler und Kurt Rüetschi bearb. v. Erland Herkenrath, Zürich 1977.

HBBW = Heinrich Bullinger, Werke, hg. v. Fritz Büsser, 2. Abt.: Briefwechsel, Bd. I: Briefe der Jahre 1524-1531, bearb. v. Ulrich Gäbler und Endre Zsindely, Zürich 1973.

EPBU = Reformed Protestantism. Sources of the 16th and 17th centuries on microfiche. 1. Switzerland, A. Heinrich Bullinger and the Zurich Reformation. Editor: Prof. F. Büsser (Zurich) — Inter Documentation Company (IDC), Zug/Switzerland.

zu Zwingli

S = Huldreich Zwinglis Werke. Erste vollständige Ausgabe durch Melchior Schuler und Joh. Schulthess, 8Bde und 1Suppl.bd., Zürich 1828-1842/1861.

Z = Huldreich Zwinglis Sämtliche Werke, hg. v. Emil Egli, Georg Finsler, Walther Köhler, Oskar Farner, Fritz Blanke, Leonhard von Muralt, Edwin Künzli, Rudolf Pfister, Joachim Staedtke, Fritz Büsser, Bd. I, Berlin 1905, Bde II ff, Leipzig 1908 ff, Zürich 1956 ff. — CR LXXXVIII-CI.

HS = Zwingli Hauptschriften. Bearb. v. Fritz Blanke, Oskar Farner, Oskar Frei, Rudolf Pfister. Zürich 1940 ff.

Allgemein

Zwa = Zwingliana, Zürich 1897 ff, Bd. I (1897)-V (1933): »Mitteilungen zur Geschichte Zwinglis und der Reformation«; Bd. VI (1934) ff: »Beiträge zur Geschichte Zwinglis, der Reformation und des Protestantismus in der Schweiz«.

NZZ = Neue Zürcher Zeitung.

StAZ = Staatsarchiv Zürich.

ZBZ = Zentralbibliothek Zürich.

Gagliardi = Ernst Gagliardi und Ludwig Forrer. Katalog der Handschriften der Zentralbibliothek Zürich, II: Neuere Handschriften seit 1500, Zürich 1931-1982.

1. NEUE ENTWICKLUNGEN IN DER ERFORSCHUNG DER SCHWEIZERISCHEN REFORMATION*

In einem Überblick über die Erforschung der Reformation in der deutschen Schweiz stellte ich um 1970 fest, daß — verglichen mit anderen Epochen der Schweizer Geschichte (der Geistes- und Kultur-, der politischen und der Wirtschaftsgeschichte), verglichen mit entsprechenden Arbeiten in andern Ländern Europas, selbst mit dem in der Reformationsgeschichte führenden Deutschland — auf dem Gebiet der Reformation in der Eidgenossenschaft sehr viel gearbeitet worden sei. Einmal seien die Liste von Quellensammlungen aller Art und die Publikationsreihen zum Thema der Reformation in der deutschen Schweiz mehr als eindrücklich, dazu seien aber auch Zahl und Rang der Gelehrten — Theologen, Historiker, Philologen — sehr bemerkenswert.

Heute (d.h. im Mai 1978) kann ich diese Feststellung nur wiederholen und unterstreichen. Ich unterstreiche sie einerseits durch eine doppelte Ausweitung: Ich berichte heute nicht nur über neue Entwicklungen bei der Erforschung der Reformation in der deutschen Schweiz, d.h. vor allem der Zürcher Reformation durch Schweizer Historiker und Theologen, sondern berücksichtige auch die Reformation in Genf — dies allerdings nur in bezug auf Bibliographik und Primärquellen (und nicht Sekundärliteratur). Die Ausweitung betrifft sodann die Internationalität und Interkonfessionalität der Forschung: Wenn bis vor kurzem die Schweizer Reformationsgeschichte weitgehend eine schweizerische, dann vielleicht — vor allem in bezug auf Calvin und die Täufer — auch amerikanische Angelegenheit geblieben ist, so haben inzwischen Wissenschaftler aus ganz Europa, neben Amerikanern auch Japaner sich mit sehr beachtlichen Beiträgen in die Diskussion eingeschaltet. Dazu kommt (zögernd) die Interkonfessionalität: auf allen Seiten, von allen Seiten her geht man die Erneuerung der Kirche im 16. Jahrhundert an; Autoren befassen sich unabhängig von ihrer eigenen Konfession mit allen reformatorischen Strömungen: nicht nur mit Zwingli und Calvin, Bullinger, Oecolampad und Vadian, sondern auch und in zunehmendem Maße mit der Entstehung und Geschichte besonders der Täufer und der Erneuerung der röm.-kath. Kirche im 16. Jahrhundert. Die erwähnte *Einschränkung* der Gesichtspunkte besteht darin, daß ich im folgenden nicht alle Aspekte der Themen im Sinne eines umfassenden Forschungsberichtes berühren kann, sondern nur auf ein paar besonders markante Entwicklungstendenzen hinweisen will (und kann!).

---

*Deutsche Fassung eines Vortrages (»Recent trends in Swiss Reformation history«), gehalten für: American Society for Reformation Research, in Kalamazoo, Mich./USA 1978.

I

Die Multiplikation wird deutlich, wenn ich in einem ersten Teil auf zwei
Züge eher technischer Natur hinweise. Wie in der ganzen Welt erleben wir auch
in bezug auf die Erforschung der Schweizer Reformationsgeschichte zum einen
eine Flut von *Bibliographien*. Ich denke dabei nicht nur an die mehr allgemein
gehaltenen größeren Periodika: die jährlich erscheinende »Bibliographie zur
Schweizer Geschichte«, die »Bibliographie internationale de l'Humanisme et de
la Renaissance«, die Beihefte zum »Archiv für Reformationsgeschichte« und
die von mehreren Mitarbeitern verfassten Literaturberichte zur (dt.) schweizerischen Reformationsgeschichte in den »Zwingliana«. Ich denke jedoch vielmehr an Spezial-Bibliographien: für Zwingli an den Reprint von Finsler und
die Finsler weiterführenden Arbeiten von U. Gäbler und H. W. Pipkin; für
Bullinger an das »Beschreibende Verzeichnis der gedruckten Werke H. Bullingers« und ein »Beschreibendes Verzeichnis der Literatur über H. Bullinger«,
welches 1006 zwischen 1534 und 1976 erschienene Publikationen umfaßt und
kommentiert; für Calvin insbesondere an das »Calvin Theological Journal«,
das 1971 eine von Joseph N. Tylenda zusammengetragene, die älteren Arbeiten
von Erichson und Niesel ergänzende Calvin-Bibliographie 1960-1970 brachte
und seither, von Peter de Klerk betreut, regelmäßig über die neueste Literatur
rapportiert, aber auch an D. Kempffs »Bibliography of Calviniana 1959-1974«
sowie an P. Fraenkels »Petit supplément aux bibliographies Calviniennes 1901-
1963«. Die Genfer Reformation betreffen im weiteren die Bibliographien von
F. Gardy zu Beza und O. Fatio über L. Daneau. H. J. Hillerbrand, N. P.
Springer und A. J. Klassen befaßten sich bibliographisch mit den Täufern.
Noch spezieller, für die schweizerische Reformationsgeschichte indes nicht
minder interessant, sind auch (als Beispiele) zu erwähnen Arbeiten von J. A.
Hinz (Simmler-Sammlung), R. Stupperich (Humanismus, Bucer) oder V.
Schenker-Frei (Bibliotheca Vadiana).

Dieser Überblick über die wichtigsten Bibliographien weist direkt auf einen
zweiten, mehr technischen Trend in unserer heutigen Forschung: die auf-
fallende Zahl von wissenschaftlich hochqualifizierten Quelleneditionen. Dieses
Faktum mag damit zusammenhängen, daß die Schweiz neben Deutschland, im
Grunde allerdings noch in einem ausgeprägteren und vor allem vielfältigeren,
pluralistischen Maß, *das* Ursprungsland der Reformation gewesen ist. Es ist
indes zugleich Ausdruck des genuin historischen Bewußtseins, daß Quellen
stets die wichtigsten Anreger für historische Arbeiten gewesen sind. Es sind ja
vor allem die der Reformation in Zürich, St. Gallen und Genf verpflichteten
älteren Vereine (der Zwingliverein in Zürich, der Historische Verein des
Kantons St. Gallen, das Musée historique de la Réforme in Genf) und die
jüngeren Universitätsinstitute in Zürich und Genf (das Institut für schweizerische Reformationsgeschichte in Zürich, das Institut d'Histoire de la Reforma-

tion in Genf), welche als Hauptaufgaben die großen Editionen betreuen: in Zürich Zwingli und Bullinger, in Genf Beza, J. Eck (für das Corpus catholicorum) und Martin Bucer. Ohne auf Einzelheiten einzutreten oder mich verbindlich festzulegen, möchte ich zu *Zwingli* feststellen, daß ich als im Augenblick alleiniger Herausgeber hoffe, bis 1981 (450. Todestag des Reformators) sowohl die Reihe der in druckfertigen Manuskripten vorliegenden Bände VI/III und VI/IV der »Werke« abschließen wie einen Reprint der vergriffenen Bände vorlegen zu können, doch fehlt dann immer noch eine kritische Ausgabe der neutestamentlichen Exegetica, der Predigten und des Restes der Randglossen. Bei *Bullinger* sollte nach Abschluß der bibliographischen Arbeiten und einer für 1979/80 geplanten letzten konzentrierten Suchaktion die Edition der Korrespondenz in einer bedeutend rascheren Kadenz weitergehen; dazu kommt in diesen Tagen der erste Band der Theologischen Werke (mit den deutschen Kappeler Vorlesungen zum Römer- und Hebräerbrief) in den Druck. Neben diesen großen Unternehmungen sollten allerdings andere nicht übersehen werden, allen voran die »Quellen zur Geschichte der Täufer in der Schweiz«. Grundsätzlich erstrecken sich die darin aufgenommenen Materialien bis 1560. Der wichtige 1. Band »Zürich« ist inzwischen ein zweites Mal aufgelegt worden; dazu kamen der 2. Band »Ostschweiz« und der 4. Band, der die Täufergespräche mit Pfistermeyer in Zofingen und Bern enthält; druckfertig ist indes auch der 3. Band mit Materialien aus Bern, Solothurn und Aargau. Nicht in die Sammlung aufgenommen wurden bisher die Basler Täuferakten, die sich zum Teil in der »Aktensammlung zur Geschichte der Basler Reformation« befinden, sowie die Luzerner Akten, die vorläufig in der »Zeitschrift für schweizerische Kirchengeschichte« (1957) ediert sind. Allerhand weitere Fragen sind hier noch offen. Als weitere wichtige Quelleneditionen erwähne ich (für Genf) die mustergültige, bis jetzt [1978!] auf neun Bände angewachsene Ausgabe der »Correspondance de Théodore de Bèze«, die wir in erster Linie H. Aubert und H. Meylan verdanken, die »Régistres de la Compagnie des pasteurs de Genève«, sowie Editionen von Werken M. Bucers und J. Ecks, für Basel die Amerbachkorrespondenz, für Konstanz die Schriften J. Vögelis, für die französische Schweiz neben den schon genannten großen Unternehmen eine Edition der Chronisten Bonivard, Pierrefleur, de Jussie und Fromment. Kurz vor dem Abschluß stehen Ausgaben der Briefe J.-F. Salvards, der Dedikationsepisteln von und an J. Vadian, eine Neuausgabe der die Jahre 1517-1534 betreffenden Reformationschronik des katholischen Luzerners H. Salat.

Ich muß nicht betonen, daß — abgesehen von bereits laufenden Editionen — noch viele weitere Quellen einer wissenschaftlichen Bearbeitung und Herausgabe harren. Um nur in Zürich zu bleiben: die Werke und Korrespondenzen der zum Teil sehr bedeutenden Mitarbeiter Zwinglis und Bullingers, d.h. unter anderem die gewaltigen Aktensammlungen von Hottinger und Simmler in der

Zentralbibliothek, dazu vor allem die amtlichen Akten von Staat und Kirche nach 1531 im Staatsarchiv Zürich.

II

Ich komme zum Mittelpunkt meines Referates: Welches sind die bedeutsamsten Entwicklungen in der Erforschung der schweizerischen Reformationsgeschichte der letzten Jahre? Ich könnte bei der Beantwortung dieser Frage, gewissermaßen statistisch-quantitativ operierend, von der Zahl der Publikationen über allgemeine Darstellungen der Reformation in der Schweiz, über Zwingli und Bullinger, über Calvin und Beza und einige weitere Reformatoren, über Täufertum und katholische Reform ausgehen. Wir würden dann (immer 1978!) feststellen, daß an Gesamtdarstellungen eigentlich nur zwei vorliegen: im Handbuch für Schweizer Geschichte die Darstellung von Renaissance und Reformation durch Leo v. Muralt, des Zeitalters der Gegenreformation durch Peter Stadler und der Band 2 der Kirchengeschichte von Rudolf Pfister, weiter, daß neben der Behandlung mannigfaltiger Detailfragen das Schwergewicht eindeutig auf der Personengeschichte, d.h. der Behandlung von Leben und Werk, natürlich auch der Theologie der Schweizer Reformatoren (inkl. Täufertum) liegt. Dabei ist meines Erachtens eine leichte Verlagerung des Interesses in der Zürcher Reformation von Zwingli auf Bullinger festzustellen, die mit den Zürcher Bemühungen um den 400. Todestag Bullingers zusammenhängen mag. Aufs ganze gesehen gilt aber folgendes: Obschon es sich immer eindeutiger erweist, daß Zwingli und Bullinger die eigentlichen Väter des reformierten Protestantismus sind, Bullinger an Einfluß und Bedeutung Calvin mindestens gleichkommt, bezeichnet man leider nach wie vor den reformierten Protestantismus einfach als Calvinismus, steht deshalb nach wie vor Calvin im Mittelpunkt des Interesses. Immer noch quantitativ gemessen ist es allerdings auch auffallend, daß beim großen Gewicht der Personengeschichte nicht bloß Leben und Werk der genannten drei Hauptakteure sondern auch zahlreicher weiterer Persönlichkeiten untersucht wurden. Ich erinnere für die letzten paar Jahre an Arbeiten über Leo Jud, Conrad Pellican, Bürgermeister Hans Rudolf Lavater, Johann Jakob Wick, Peter Martyr Vermigli allein in Zürich, an Joachim Vadian in St. Gallen, an Farel in Neuenburg, an Beza, Lambert Daneau und Marcourt in Genf, aber auch an Arbeiten über Karlstadt, Bucer, Capito oder Ursin — Arbeiten, welche in schönster Weise die eingangs erwähnte Internationalität und Interkonfessionalität beweisen. Schließlich ist in diesem Zusammenhang festzustellen, daß trotz der führenden Rolle der Personengeschichte und — wie leicht zu beweisen wäre — auch der Theologiegeschichte sich neue Akzente abzeichnen. Seit Beginn der 1970-er Jahre wird nicht zuletzt gerade in den biographischen Versuchen über Zwingli bei Haas, Potter, Büsser sehr betont auch den sozialen, politischen und wirtschaftlichen Fragen Rechnung getragen. In diesem Zusammenhang sind selbstverständlich die äußerst gewichtigen Arbeiten von Moeller, Oberman und Ozment zu erwähnen. Daß die Berücksichtigung dieser sog. nichttheologischen Faktoren allerdings keinen eigentlich neuen Trend bedeutet, brauche ich nicht zu bemerken; bekanntlich hat die Reformation in der Schweiz in Glarus schon mit Zwinglis Kampf gegen Pensionen und Solddienste, in Zürich mit einem Wurst-Essen begonnen, und dementsprechend haben Forscher wie M. Weber, E. Troeltsch, später Bohatec oder Biéler ihre Arbeiten längst vor Erfindung der modernen Soziologie und Politologie geschrieben.

Wir fragten: Welches sind die bedeutsamsten Entwicklungen in der Erforschung der schweizerischen Reformationsgeschichte der letzten Jahre? Wenn ich diese Frage nun nicht mehr quantitativ, sondern qualitativ beantworten will, möchte ich von einer anderen Frage ausgehen. Vom Ergebnis der Reformationsgeschichte her, wie es frühestens seit der Mitte des 16. Jahrhunderts die Geschichte Europas bestimmt hat: Wie war es möglich, daß sich neben, besser gesagt, aus der römisch-katholischen Kirche heraus evangelische Kirchen etablieren konnten? Vor allem aber: Wie konnten sich trotz der gemeinsamen Front gegen Rom und trotz intensivster und vitalster Bemühungen um eine Verständigung (abgesehen vom linken Flügel) mindestens zwei Hauptspielarten des Protestantismus entwickeln: ein in vielen Äußerlichkeiten noch halb-katholischer, lutherischer Protestantismus, der thematisch von der Rechtfertigungslehre bestimmt war, eine Zwei-Reiche-Lehre mit einem »Pathos des Gehorsams« (Heimpel) vertrat und sich vor allem in den mitteldeutschen Territorien und skandinavischen Ländern ansiedelte, daneben ein radikalerer reformierter Protestantismus, dem es primär um die Erneuerung der Kirche, zugleich um die Erneuerung auch von Staat und Gesellschaft im Zeichen der Freiheit ging, der in den Städten der schweizerischen Eidgenossenschaft und Südwestdeutschlands entstand, sich dann aber, weltgeschichtlich wirksam, nach Frankreich, den Niederlanden und England und von dort aus besonders in der Neuen Welt, in Europa indes auch in Polen und auf dem Balkan ausbreiten konnte? Ein reformierter Protestantismus zudem mit zwei Zentren: Zürich mit Zwingli, der nur gerade 8 Jahre Impulse geben konnte, mit Bullinger, der als reformierter Patriarch oder als »Orakel« (wie es seine Zeitgenossen empfanden) »eine Weltkirche durch das schlichte Band persönlicher Korrespondenz zusammenfügte« (L. v. Muralt), später Genf mit Calvin und Beza, die ohne politische, theologische und kirchliche Unterstützung aus Zürich, Basel, Bern und Schaffhausen sich nie hätten behaupten können ...

1. Um endlich unsere Frage zu beantworten: Als Daueraufgabe gehört zu den wichtigsten Merkmalen auch der heutigen reformationsgeschichtlichen Forschung in der Schweiz zunächst das Problem der *Ursprünge der reformierten Kirche.* Ich denke dabei in der Hauptsache an das Faktum, das verschie-

dene vor allem angelsächsische Forscher etwas verallgemeinernd auf die
Formel gebracht haben, daß die reformatorische Bewegung in Deutschland nur
deshalb aufkommen konnte, weil es da im frühen 16. Jahrhundert ein in
spezifischer Weise ausgebautes Städtewesen und entsprechende politische,
soziale, geistig-kulturelle und kirchlich-religiöse Voraussetzungen gegeben
habe. So hat z.b. der englische Historiker A. G. Dickens diese Tatsache auf die
knappe, in ihrer Verallgemeinerung sicher übertriebene, wenn nicht falsche
Formel gebracht:»The German Reformation was an urban event.«[1] Es ist das
große und wohl bleibende Verdienst von Bernd Moeller, in verschiedenen
Anläufen, zuletzt in seinem Aufsatz über »die Ursprünge der reformierten
Kirche« die bedingte Richtigkeit dieser These zwar nicht ausschließlich, aber
doch mehrheitlich für die süddeutschen (und schweizerischen) freien Reichs-
städte nachgewiesen und vor allem in ihrer institutionell-rechtlichen Dimension
überzeugend dargestellt zu haben. In mehr als 30 Fällen erfolgte zuerst in
Zürich 1523, dann an vielen anderen Orten die Reformation aufgrund von
politischen Disputationen. Voraussetzung für das Gelingen war nach Moeller
»das bürgerlich-genossenschaftliche Selbstverständnis dieser städtischen Gemeinden«, mit dem Zwingli, aber auch »Bucer, Oecolampad, Blarer und
ihre Freunde« arbeiten konnten, ein Selbstverständnis, das einerseits ihren
Intentionen entgegenkam, anderseits »bestimmte Erwartungen und Forderungen an ihre Verkündigung stellte«. Moeller hat dieses städtische Selbstverständnis folgendermaßen umschrieben:»Man war gewöhnt, kirchliche und
bürgerliche Gemeinde in eins zusammenzuschauen, die Bürger hatten in den
gemeinschaftlichen und auch den kirchlichen Angelegenheiten mitzureden, sie
waren als einzelne mit Rechten und Pflichten fest in die bürgerliche Gemeinschaft einbezogen, ihnen wurde sittliches Verhalten als gemeinschaftsgerechtes
Verhalten abgenötigt, sie waren gewohnt, auch die kirchlichen Institute und
Personen auf ihren Nutzen hin zu befragen, und sie waren gebildet und
unabhängig genug, um auch geistige und geistliche Ansprüche an die kirchliche
Verkündigung zu stellen — sie waren für Neues empfänglich und schätzten im
übrigen, in den Fragen des Glaubens aufrichtige Frömmigkeit, Moralität und
eine gewisse Vernünftigkeit. Die eigentümliche Spielart des Protestantismus,
die sich unter diesen Umständen ausbildete, machte die großen Kommunen des
Südwestens rasch zum Zentrum der Reformation nach und neben der von einer
jungen Universität ausgegangenen Bewegung im kommunalen und territori-
alen mitteldeutschen Raum[2].«
    Es ist nicht nötig, hier Moellers Thesen en détail darzustellen. Ein paar
Stichworte müssen genügen, wenn es auch außerordentlich verlockend wäre,

---

[1] A. G. Dickens: The German nation and Martin Luther. London 1974, S. 182.
[2] Zitate aus Bernd Moeller: Die Ursprünge der reformierten Kirche. In: Theologische
Literaturzeitung 100, 1975, Sp. 643.

die eben zitierten Sätze nach allen Richtungen hin auszulegen. Zunächst ist zu unterstreichen, daß die die Reformation einleitenden bzw. entscheidenden Disputationen politische, in Einladung, Durchführung und Konsequenzen von der Obrigkeit getragene Veranstaltungen waren; sie sind in kommunalen Räumen, in der Regel öffentlich, darum auch in der Landessprache, aber immer für die Geistlichen durchgeführt worden. Überall lagen ihnen Thesenreihen zugrunde, in denen es — im Unterschied zu mittelalterlichen oder Luthers Disputationen — nicht um spezifische Programmpunkte, sondern ums Ganze der evangelisch-katholischen Gegensätze ging. Und vor allem: immer war die Heilige Schrift, das Wort Gottes der jede Diskussion abschließende Maßstab. Wenn das Schriftprinzip dabei manchmal auch rein formal angewendet worden ist, war es, sachlich angewendet, doch eine wirksame Waffe: einerseits gefährlich für die römische Kirche, andererseits grundlegend für den Erfolg der Reformatoren. Moeller erinnert in diesem Kontext mit Recht an die lapidare Feststellung des Luzerner Chronisten Hans Salat zur Ersten Zürcher Disputation vom 29. Januar 1523: Mit der Wahl dieses Prinzips, einer ebenso handlichen wie präzisen Wahrheit, »hand inen selbs schon gewunnen gen vor der sach vnd triumphiert, ee si den strit angefangen«[3]. Schließlich macht Moeller darauf aufmerksam, daß seit der Ersten Zürcher Disputation alle Disputationen Konsequenzen hatten: nicht bloß temporäre kirchlich-theologische wie die schriftgemäße Predigt, die Abschaffung der Messe und Klöster oder politische, sondern auch rechtliche und damit dauerhafte. Zu diesen gehört weniger die von Zwingli (den Moeller »als genialen kirchenpolitischen Praktiker« bezeichnet) stammende kirchenrechtliche Legitimation der Zweiten Zürcher Disputation als Provinzialkonzil denn das »ius reformandi« der sich als Vertreter der Bürger und mit ihr identischen Kirchgemeinde verstehenden städtischen Obrigkeiten bzw. Landesherren.

Wenn von den Ursprüngen der reformierten Kirche die Rede ist, sind neben Moeller allerdings zuerst noch zwei weitere in Deutschland wirkende Reformationshistoriker zu nennen, die gerade im letzten halben Jahr gewichtige Beiträge zu diesem Thema beigesteuert haben. So vertritt H. A. Oberman in seinem Buch »Werden und Wertung der Reformation« die Meinung, daß de facto et de tempore die Erste Zürcher Disputation nicht erst am 29. Januar 1523, sondern schon am 21. Juli 1522 stattgefunden habe, »als vom Ausschuß des kleinen Rates das Mandat zur schriftgemäßen Predigt den Vertretern beider Parteien, den Alt- und Neugläubigen, auferlegt wurde«[4]. Die zwei Disputationen vom Januar und Oktober 1523 bezeichnet Oberman nicht als »Provinzial-«, sondern als »Generalsynoden« — eine von Zwinglis eigener Interpretation bestimmte Meinung, der ich meinerseits nur beipflichten kann

---

[3] zit. n. Moeller, ebda., Sp. 648.
[4] Heiko A. Oberman: Werden und Wertung der Reformation. Tübingen 1979, S. 299.

aus Gründen, auf die ich weiter unten noch zu sprechen komme. Sodann hat Wilhelm Neuser die Frage nach der »reformatorischen Wende Zwinglis« neu aufgegriffen. Außerordentlich wertvoll sind indes auch die Beiträge des aus der Schule von R. H. Bainton (Yale) und George H. Williams (Harvard) hervorgegangenen Amerikaners Robert C. Walton über »Zwinglis Theocracy« (1967) und »The Institutionalization of the Reformation at Zurich«, sowie Arbeiten einiger jüngerer Zürcher aus der Schule L. v. Muralts: R. Hauswirth, W. Jacob, H. Morf, Ed. Kobelt, H. Meyer.

2.   Als zweites Merkmal der neuern Erforschung der Zürcher Reformation wurde die Verlagerung des Interesses von Zwingli auf *Bullinger* und die damit verbundene Aufwertung Bullingers als Vater der reformierten Kirche vor, neben und auch nach Calvin bezeichnet. Ich möchte hier einerseits auf drei Publikationen hinweisen, welche diese Verlagerung schon eindeutig beweisen, anderseits anhand der Erörterung von drei Problemkreisen zu zeigen versuchen, wie notwendig, interessant und spannend diese Beschäftigung mit Bullinger ist. Bei den drei Publikationen handelt es sich in der Reihenfolge ihres Erscheinens zunächst um die 1975 zum 400. Todestag Bullingers erschienenen zwei Aufsatzbände »Heinrich Bullinger 1504-1575. Leben und Werk. Beziehungen und Wirkungen«, dann um den 1977 erschienenen Bericht über die Zürcher Bullinger-Tagung 1975, schließlich um das schon erwähnte »Beschreibende Verzeichnis der Literatur über Bullinger«, welches alle Einzelheiten über die schon geleistete Arbeit enthält, aber indirekt zugleich auf die unzähligen, noch der Bearbeitung harrenden Probleme hinweist.

Welches sind nun aber die drei Fragenkreise, welche zu zeigen vermögen, inwiefern die Erhaltung, Konsolidierung und Ausbreitung der Zürcher Reformation durch Bullinger nicht nur ein interessanter, sondern notwendiger Forschungsauftrag ist? Diese drei Fragenkreise befassen sich imgrunde mit einer ähnlichen Frage wie Abschnitt 1: ging es im Zusammenhang mit Zwingli um die Frage nach den Ursprüngen der reformierten Kirche, geht es bei Bullinger um die Frage nach deren Erhaltung, Konsolidierung und Verbreitung nach der Krise von Kappel! Wie war dies möglich? Unter welchen Voraussetzungen und mit welchen Mitteln hat Bullinger das Werk Zwinglis fortgesetzt? Bekannt und selbstverständlich sind die Grundlagen: wie bei Zwingli waren dies die institutionell-rechtlichen der engen Zusammenarbeit von Kirche und Obrigkeit und die theologischen des Schriftprinzips. Gerade da ist meines Erachtens nun aber weiterzufragen, wie das praktisch und ganz konkret ausgesehen hat. Wir werden dann erkennen, daß Bullinger nicht weniger als Zwingli ein »genialer kirchenpolitischer Praktiker« gewesen ist. Warum?

a) Ich denke zunächst an eine bisher kaum beachtete Kontinuität der alten kirchlichen *Institutionen* unter Zwingli und Bullinger. Die Reformationsforschung hat sich zwar seit jeher mit der Frage der Abgrenzung von

Mittelalter, Renaissance und Reformation befaßt, diese Frage auch je verschieden beantwortet. Aufgrund entsprechender Arbeiten von Rückert, insbesondere von Oberman, sollten wir jedoch wissen, wie gefährlich jede Abgrenzung ist, wie sorgfältig man in der Charakterisierung des typisch Reformatorischen vorgehen muss. Ich erwähnte vorhin als besonderes Charakteristikum der eidgenössischen und oberdeutschen Städtereformation die Identität von Bürger- und Kirchengemeinde, das gegenseitige Interesse von Obrigkeit und Reformatoren an Kirche, Staat und Gesellschaft umfassenden Reformen aufgrund des Wortes Gottes. In der Tat hoffte man, damit den religiösen Frieden wieder herstellen, die kirchliche Ordnung garantieren zu können. Ich bin nun der Meinung, daß man in Zürich gerade um dieses Zieles willen nicht einfach neue Einrichtungen geschaffen, sondern vielmehr bestehende Institutionen behalten, bzw. mit alt-neuem Inhalt gefüllt hat, selbstverständlich primär absolut gehorsam gegenüber dem Wort Gottes, aber zugleich behutsam und wohl überlegt im Rahmen des Möglichen, Zumutbaren, Machbaren. Ich brauche hier nur an Zwinglis und Bullingers bekannte Rücksichtnahme auf die Schwachen zu erinnern, an das Zögern z.B. bei der Abschaffung der Klöster oder der Messe, aber auch an Zwinglis grundsätzliches Verständnis der Zürcher Disputationen als Synoden. Es läßt sich meines Erachtens nachweisen, daß nicht bloß die Disputationen sondern alle wichtigen und charakteristischen Einrichtungen, die »ritus et institutiones ecclesiae Tigurinae«, die Ludwig Lavater 1559 zur Abwehr falscher Vorwürfe und als Vorbild für andere reformierte Kirchen liebevoll darstellen sollte, im gesamten wie im einzelnen auf altkirchliche oder mittelalterliche Vorbilder zurückgeführt werden könnten. Im gesamten, insofern diese »ritus et institutiones« sowohl nach rückwärts wie nach vorwärts gesehen immer auch in den römisch-katholischen Diözesansynoden thematisch geworden, Gegenstand von Reformen, Diskussionen gewesen sind. Im einzelnen, insofern die wichtigsten, sichtbarsten Einrichtungen, die Schulordnung, die Kirchenordnung inklusive Liturgie, Armenwesen und Ehegericht — Einrichtungen, die wie gesagt alle von den Zürcher Räten zur Zeit Zwinglis neu geregelt und unter Bullinger bestätigt und ausgebaut worden sind — nicht einfach Erfindungen Zwinglis gewesen sind, sondern Fortsetzung bzw. Wiederaufnahme älterer Einrichtungen. Ich wiederhole: Sie sind sicher alle vom Evangelium her neu bestimmt, ausgerichtet worden; an sich haben sie aber kaum Neuerungen dargestellt. Das gilt im besonderen von der Synode, ihrer Zusammensetzung und ihrer Hauptaufgabe, der Zensur. Das gilt indes auch von der Schulordnung, insofern beispielsweise die berühmte Prophezei an die Stelle der Stundengebete getreten ist; das gilt von der Schul- und Armenordnung, insofern Obrigkeit und Pfarrer bis in die Finanzierung hinein hier bewußt ursprüngliche Aufgaben der jetzt säkularisierten Klöster übernommen haben. Das gilt indes selbst vom Gottesdienst: natürlich sind hier anstelle der Messe die Predigt bzw. das Abendmahl getreten; schon ein flüchtiger Blick auf die 1525/28 von Zwingli entworfene Agenda, erst recht eine Vertiefung in Bullingers Handagenda von 1532, die Zürcher Kirchenordnung von 1535 und Bullingers private Gebetsammlungen beweist jedoch, daß hier nicht einfach abgebrochen bzw. neu formuliert, sondern viel älteres liturgisches Gut übernommen worden ist.

b) Ein zweiter, vielleicht erst als Tendenz sichtbarer, jedoch wieder nicht nur für Zürich, sondern allgemeingültiger Trend betrifft ein vermehrtes Interesse für die Bedeutung der *Exegetica* bei der Durchführung der Reformation. An sich ist natürlich auch dies ein mehr als verständlicher Vorgang: Wie wir gehört haben, war das Schriftprinzip nicht nur bei den über die Reform entscheidenden Disputationen ausschlaggebend. Das Wort Gottes sollte fortan im Mittelpunkt des Gottesdienstes stehen: nicht bloß in den vielen sonn- und werktäglichen Predigten, sondern auch in dem ebenfalls als Gottesdienst verstandenen privaten und öffentlichen Leben, in Familie und Beruf. Diese zentrale Stellung des Wortes Gottes bedurfte der Auslegung. Man darf wohl behaupten und hat das auch immer festgehalten, daß Zwingli, Bullinger und Calvin (nicht weniger natürlich Luther) große Exegeten gewesen sind. Näher untersucht hat man ihre entsprechenden Arbeiten bisher wenig! Zu Unrecht: Wie ein Ende 1976 in Genf durchgeführtes »Colloque international sur l'Exégèse biblique au XVIe siècle« mit rund 60 Teilnehmern schlagend bewiesen hat, ist das Interesse an der Auslegungsgeschichte stark im Zunehmen begriffen; es führt auch zu interessanten Feststellungen. Ich darf hier ein paar Beobachtungen wiederholen, die ich anläßlich jener Tagung in bezug auf Bullinger gemacht und nachher unter dem bewußt provokativen Titel »Bullinger, nicht Calvin« in der NZZ veröffentlicht habe[5]. Zunächst die nüchterne, schon von Parker vermerkte Tatsache, daß kein Geringerer als der später gerade als Exeget gefeierte Calvin selber auf Bullingers Vorbild hingewiesen hat. In der Widmungsvorrede zu seinem 1539 erschienenen ersten Kommentarwerk (einer Auslegung des Römerbriefes) äußert sich Calvin nämlich über die Prinzipien der exegetischen Arbeit und erwähnt als Vorbilder neben den Alten auch Zeitgenossen, unter diesen jedoch »nur die, welche besonders Vorzügliches geleistet haben«. Das waren an erster Stelle Melanchthon, dann Bullinger, schließlich Bucer. Bullinger an zweiter Stelle, weil er »mit vollem Recht viel Lob errungen hat. Denn mit Gelehrsamkeit verbindet er Leichtverständlichkeit, in der er sich sehr bewährt hat«[6]. Wichtiger als diese an sich bereits interessante Bemerkung sind indes folgende harte Tatsachen: Es waren die Zürcher, d.h. vor allem Bullinger, daneben Pellikan, die in den entscheidenden Jahren nach Zwinglis

---

[5] Bullinger, nicht Calvin. Zur Auslegung der neutestamentlichen Briefe durch Heinrich Bullinger. In: NZZ, 6./7. November 1976, Nr. 261.

[6] Iohannis Calvini commentarius in epistolam Pauli ad Romanos. Hg. v. Thomas H. L. Parker. Leiden 1981, S. 2.

Tod, mindestens 1531 bis 1540, also *vor* Calvin, dann aber neben ihm noch das ganze 16. Jahrhundert hindurch mindestens so wirkungsvoll den ehemals katholischen Pfarrern in den reformierten Gemeinden der Eidgenossenschaft, später verschiedenen Pfarrergenerationen in ganz Europa (selbst in lutherischen Gebieten!) das absolut notwendige Rüstzeug für Predigt und Unterricht geliefert haben. Um nur für eine Gruppe, die neutestamentlichen Briefe, ein paar Zahlen zu nennen: Bullinger gab — nach gründlichen Vorarbeiten schon in Kappel — folgende grundsätzlich lateinisch abgefaßte, später teilweise auch in andere Sprachen übersetzte Kommentare heraus: 1532 1. Joh. und Hebr.; 1533 Röm.; 1534 1. Kor. sowie 1. und 2. Pt.; 1535 folgten der 2. Kor. und (als geschlossene Gruppe) Gal., Eph., Phil. und Kol.; 1536 die restlichen Paulusbriefe. Damit aber nicht genug; 1537 — immer noch drei Jahre vor Calvins Römerbrief — gab Bullinger alle diese paulinischen Briefe in einer ersten Gesamtausgabe heraus, dazu jedoch in einem gesonderten Band auch alle katholischen Briefe. Dieser ersten lateinischen Gesamtausgabe sollten, zum Teil allerdings in verschiedenem Rahmen, sieben weitere folgen: 1539, 1544, 1549, 1554, 1558, 1561 und 1582. Mit andern Worten: Bullingers Kommentare zu den neutestamentlichen Briefen erschienen vor, während und nach Calvins Wirken in nicht weniger als acht Gesamtausgaben!

Ich überlasse es dem Leser, die entsprechenden Zahlen für Calvin nachzusehen, erlaube mir indes in diesem Zusammenhang zwei andere Bemerkungen: Einmal ist mit der Entdeckung der reformatorischen Exegese auch ein entsprechendes Interesse an deren Methode, konkret, an der vom Humanismus neu entdeckten antiken Rhetorik erwacht. Zum andern dürfte jedem aufmerksamen Leser von Bullingers Werken auffallen, daß die in der Exegese gewonnene Loci-Methode auch seine systematischen Werke maßgeblich bestimmt hat — allen voran die Dekaden und das Zweite Helvetische Bekenntnis.

c) Eng mit dem eben erwähnten Trend hin zur Erforschung der Kommentare, ebenso sehr aber mit der typisch reformierten gemeinsamen Durchführung der Reformation durch Obrigkeit und Pfarrer verbunden, sollte schließlich auch die Frage nach der *Wirkung* gerade dieser Kommentare, darüber hinaus aber generell der persönlichen und literarischen Ausstrahlung der Reformatoren untersucht werden. Ich erlaube mir, auch hier mit dem Beispiel Bullingers zu operieren, weil hier zwei besonders signifikante Tatsachen mindestens schon beachtet, zum Teil auch untersucht worden sind. Ich gehe dabei von einer banalen Feststellung aus: Gerade seine Kommentare waren einerseits »pio lectori« bestimmt, in der Regel aber einflußreichen Persönlichkeiten gewidmet, die wie die Zürcher Obrigkeit es in der Hand hatten, die Reformation durchzuführen.

»Pii lectores« — damit sind natürlich in erster Linie die vielen Pfarrer gemeint, die, im Zusammenhang mit der Reformation aus den alten römischen

Formen des Gottesdienstes herausgerissen, nun sonntags und werktags »dem Evangelium gemäß« zu predigen hatten. Wer diese Leute waren, woher sie kamen, über welche Bildung sie verfügten, was sie leisteten, das herauszufinden gehört mit zur heutigen schweizerischen Reformationsforschung. So sammelt das Institut für schweizerische Reformationsgeschichte unter meiner Leitung fortlaufend biobibliographische Daten einerseits zum ganzen, rund 1000 Namen umfassenden Korrespondentenkreis Bullingers, anderseits zu den im Vadian-Briefwechsel vorkommenden Personen.

»Pii lectores« — das waren so wohl die eigentlichen Benützer von Bullingers Werken. Gewidmet waren diese in der Regel aber einflußreichen Persönlichkeiten. Das kann nichts anderes bedeuten, als daß Bullingers Arbeiten in einem eminenten Maße nicht bloß geistlichen Zielen dienten, sondern auch im politischen, mindestens kirchenpolitischen Dienst der Erhaltung, Vertiefung und Verbreitung der Reformation standen. Bullinger selbst hat im Diarium auf seine guten Verbindungen zu führenden Zürcher Politikern, seine Widmungsvorreden an fürstliche Häupter hingewiesen, und seine ersten zeitgenössischen Biographen haben das ebenfalls herausgestrichen. Ich bin versucht, in diesem Zusammenhang geradezu von einer überlegenen Strategie zu sprechen, einer Strategie, die gewöhnlich mindestens drei Momente zugleich beachtete: Inhalt der Schrift, Adressat im Sinne der Widmung, aber auch dessen Stellung und Aufgabe im Reformationsprozeß. Dafür drei Beispiele, wieder aus dem Bereich der Kommentare: Seinen ersten großen Kommentar (den Hebräerbrief) widmete Bullinger 1532 Landgraf Philipp von Hessen als Dank dafür, daß dieser trotz der Niederlage von Kappel die Zürcher Reformation an den Reichstagen in Schweinfurt und Nürnberg verteidigt hatte. Den zweiten großen Kommentar (zum Römerbrief) sandte Bullinger seinem damals wohl engsten theologischen Vertrauten, Berchtold Haller in Bern, nicht nur um diesem quasi ab ovo bei seiner Arbeit zu helfen, sondern auch um das damals etwas brüchige Band zwischen Aare und Limmat zu festigen. Besonders typisch: Den Kommentar zu den zwei Korintherbriefen widmete Bullinger 1534 schließlich Dionysius Melander in dem um des Abendmahls willen zerstrittenen Frankfurt am Main. So ließe sich beliebig weiterfahren ...[7].

III

An sich wäre an dieser Stelle noch einiges über die Erforschung der Theologie(n) der schweizerischen Reformation zu sagen. Auch auf diesem Feld wäre manche Arbeit zu erwähnen — von wenigen Ausnahmen abgesehen indes freilich fast ausschließlich im Zusammenhang mit der Reformation in Genf (Calvin und Beza) und der Täufer —; darüber aber auch noch zu berichten, würde zu weit führen.

---

[7] Vgl. Appendix »Widmungen und Widmungsvorreden Bullingers«, unten S. 178-181.

(*Nachtrag 1984*)

Anläßlich des in Kalamazoo, Mi. gehaltenen Vortrages begegnete ich der Möglichkeit, v.a. die Edition umfangreicher Quellengruppen inkl. vergriffener Sekundärliteratur mittels Microfiche zu erschließen und zu verbreiten. Inzwischen konnten auf diese Weise dank dem Verständnis und der Mithilfe der Zentralbibliothek in Zürich und von Inter Documentation Company AG, Poststrasse 14, CH-6300 Zug, bereits zwei der oben (S. 3f) erwähnten Forschungsaufgaben, die Edition bisher kaum bekannter theologischer Werke der Reformation in Zürich, Basel, Bern und St. Gallen, und der weltberühmten Simler Sammlung, realisiert werden:

1. Reformed Protestantism. Sources of the 16th and 17th centuries on microfiche. 1. Switzerland. A. Heinrich Bullinger and the Zurich Reformation
2. Simler Manuscript collection of sources to the history of Reformation and church history.

Im weiteren sei hier — in bezug auf die Erforschung von Calvinismus und Täufertum — verwiesen auf: Reformation Europe: A Guide to Research, ed. by Steven Ozment. Center for Reformation Research St. Louis, Mi. 1982.

APPENDIX

A) BIBLIOGRAPHIEN

Zürich

Georg Finsler: Zwingli-Bibliographie, Verzeichnis der gedruckten Schriften von und über Ulrich Zwingli. Zürich 1897 (Reprint 1962).
Ulrich Gäbler: Huldrych Zwingli im 20. Jahrhundert, Forschungsbericht und annotierte Bibliographie 1897-1972. Zürich 1975.
H. Wayne Pipkin: A Zwingli Bibliography. Pittsburgh, Pa. 1972.
Heinrich Bullinger Werke. Erste Abteilung: Bibliographie,
  Bd. 1: Beschreibendes Verzeichnis der gedruckten Werke von Heinrich Bullinger. Bearbeitet von Joachim Staedtke. Zürich 1972.
  Bd. 2: Beschreibendes Verzeichnis der Literatur über Heinrich Bullinger. Bearbeitet von Erland Herkenrath. Zürich 1977.

Genf

Calvin:
  Calvin Theological Journal. Bes. Bd. 6, 1971, S. 156-193: Joseph N. Tylenda: Calvin Bibliography 1960-1970.
  Pierre Fraenkel: Petit supplément aux bibliographies calviniennes 1901-1963. In: Bibliothèque d'Humanisme et Renaissance 33, 1971, S. 385-413.
  Dionysius Kempff: A bibliography of Calviniana 1959-1974. Leiden 1975.
Beza:
  Frédéric Gardy: Bibliographie des œuvres théologiques, littéraires, historiques et juridiques de Théodore de Bèze. Genf 1960.

Daneau:

  Olivier Fatio: Méthode et théologie; Lambert Daneau et les débuts de la scolastique réformée. Genf 1976.

Täufer

Hans J. Hillerbrand: Bibliography of Anabaptism 1520-1630. A sequel: 1962-1974. St. Louis 1975.

Nelson P. Springer und A.J. Klassen: Mennonite bibliography 1631-1961. Scottdale, Pa. 1977 (2 Bde.).

Weitere Beispiele

James A. Hinz: A handlist of the printed books in the »Simmlersche Sammlung«. St. Louis 1976.

Verena Schenker-Frei: Bibliotheca Vadiani. Die Bibliothek des Humanisten Joachim von Watt nach dem Katalog des Josua Kessler von 1553. St. Gallen 1973.

Robert Stupperich: Bibliographia Bucerana. Gütersloh 1952.

Robert Stupperich: Humanismus und Reformation in ihren gegenseitigen Beziehungen. In: Humanismusforschung seit 1945. Ein Bericht aus interdisziplinärer Sicht. Kommission für Humanismusforschung, Mitteilung 2. Bonn-Bad Godesberg 1975, S. 41-57.

B) QUELLEN-SAMMLUNGEN

Zwingli

Huldreich Zwinglis sämtliche Werke. Hg. von Emil Egli, Georg Finsler, Walther Köhler, Oskar Farner, Fritz Blanke, Leonhard von Muralt, Edwin Künzli, Joachim Staedtke, Fritz Büsser. Berlin/Leipzig/Zürich 1905 ff.
  Abteilung Schriften Bde. I-VI,3;
  Abteilung Briefwechsel Bde. VII-XI;
  Abteilung Randglossen Bd. XII;
  Abteilung Exegetica Bde. XIII-XIV(AT).

Bullinger

Heinrich Bullinger Werke. Zweite Abteilung: Briefwechsel,
  Bd. 1: Briefe der Jahre 1524-1531. Bearbeitet von Ulrich Gäbler und Endre Zsindely. Zürich 1973.
  Bd. 2: Briefe des Jahres 1532. Bearbeitet von Ulrich Gäbler u.a. Zürich 1982.
  Bd. 3: Briefe des Jahres 1533. Bearbeitet von Endre Zsindely und Matthias Senn. Zürich 1983.
Heinrich Bullinger Werke. Dritte Abteilung: Theologische Schriften,
  Bd. 1: Exegetische Schriften aus den Jahren 1525-1527. Bearbeitet von Hans-Georg vom Berg und Susanna Hausammann. Zürich 1983.

Täufer

Quellen zur Geschichte der Täufer in der Schweiz.
  Bd. 1: Zürich. Hg. v. Leonhard von Muralt und Walter Schmid. Zürich 1952.
  Bd. 2: Ostschweiz. Hg. v. Heinold Fast. Zürich 1973.
  Bd. 4: Drei Täufergespräche. Hg. v. Martin Haas. Zürich 1974.
Luzerner Akten zur Geschichte der Täufer. Hg. v. Joseph Schacher. In: Zeitschrift für schweizerische Kirchengeschichte 1957, S. 1-26, 113-135, 173-198.
Aktensammlung zur Geschichte des Basler Reformation in den Jahren 1519 bis Anfang 1534. Hg. v. Emil Dürr und Paul Roth (6 Bde.) Basel 1921-1950.
Berner Synodus mit den Schlussreden der Berner Disputation und dem Reformationsmandat. Uebers. v. Markus Bieler. Hg. zum Gedenkjahr »450 Jahre Berner Reformation« von der Synode der Evang.-ref. Landeskirche des Kantons Bern. Bern 1978.

Genf

Correspondance de Théodore de Bèze. Bde. 1-11, Genf 1960 ff.
Registres de la compagnie des pasteurs de Genève. Bde. 1-6, Genf 1964 ff.

Weitere Beispiele

Johannes Eck: Enchiridion locorum communium adversus Lutherum et alios hostes ecclesiae (1525-1543). Hg. v. Pierre Fraenkel. Münster 1979.
Die Amerbachkorrespondenz. Bde. 1-8, hg. v. Alfred Hartmann u.a. Basel 1942 ff.
Schriften zur Reformation in Konstanz 1519-1538. Bearbeitet von Alfred Vögeli (3 Bde.). Tübingen/Basel 1972/1973.
Chroniqueurs du XVIe siècle: Bonivard, Pierrefleur, Jeanne de Jussie, Fromment. Hg. v. Maurice Bossard und Louis Junod. Lausanne 1974.
Jean-François Salvard, ministre de l'évangile (1530-1585). Vie, œuvre et correspondance. Bearbeitet von Olivier Labarthe. In: Polémiques religieuses; études et textes. Genf/Paris 1979.
Die Dedikationsepisteln von und an Vadian. Hg. v. Conradin Bonorand und Heinz Haffter. St. Gallen 1983.
Joachim Vadianus: De Poetica. Kritische Ausgabe mit Uebers. und Komm. von Peter Schäffer (3 Bde.). München 1973-1977.
Johannes Salat: Reformationschronik 1517-1534. Bearbeitet von Ruth Jörg. Bern/Fribourg 1984 (Quellen zur Schweizer Geschichte) (im Druck).
The political thought of Peter Martyr Vermigli. Selected texts and commentary. Compiled by Robert M. Kingdon. Genf 1980.
Rudolf Gwalthers »Nabal«. Ein Zürcher Drama aus dem 16. Jahrhundert. Hg. u. übers. von Sandro Giovanoli. Bonn 1979.

C) SEKUNDÄRLITERATUR

Marvin Walter Anderson: Peter Martyr, a reformer in exile (1542-1562). A chronology of biblical writings in England and Europe. Nieuwkoop 1975.
Zürcher Kunst nach der Reformation, Hans Asper und seine Zeit. Katalog zur Ausstellung im Helmhaus Zürich Mai/Juni 1981. Zürich 1981.
Hans Ulrich Bächtold: Heinrich Bullinger vor dem Rat. Bern 1982 (Zürcher Beiträge zur Reformationsgeschichte 12).
J. Wayne Baker: Heinrich Bullinger and the covenant. The other reformed tradition. Athens, Ohio 1980.
Ders.: Heinrich Bullinger and the idea uf usury. In: Sixteenth Century Journal 5.1, 1974, S. 49-70.
Ecclesia semper reformanda. Vorträge zum Basler Reformationsjubiläum 1529-1979. Hg. v. Hans R. Guggisberg und Peter Rotach. Basel 1980.
450 Jahre Berner Reformation. Beiträge zur Geschichte der Berner Reformation und zu Niklaus Manuel. Histor. Verein des Kantons Bern. Bern 1980.
Gabrielle Berthoud: Antoine Marcourt. Réformateur et pamphlétaire du »Livre des marchans« aux Placards de 1534. Genf 1973.
Peter Blickle: Die Revolution von 1525. München/Wien 1975.
Ders. (Hg.): Aufruhr und Empörung? Studien zum bäuerlichen Widerstand im Alten Reich. München 1980.
Conradin Bonorand: Joachim Vadian und Johannes Dantiscus. Ein Beitrag zu den schweizerisch-polnischen Beziehungen im 16. Jahrhundert. In: Zeitschrift für die Geschichte und Altertumskunde Ermlands 35, 1971, S. 150-170.
Ders.: Bücher und Bibliotheken in der Beurteilung Vadians und seiner St. Galler Freunde. In: Zwingliana 14, 1974, S. 98-108.
Ders.: Joachim Vadian und der Humanismus im Bereich des Erzbistums Salzburg. St. Gallen 1980 (Vadian-Studien 10).
Stefan Niklaus Bosshard: Zwingli — Erasmus — Cajetan. Die Eucharistie als Zeichen der Einheit. Wiesbaden 1978.

André Bouvier: Henri Bullinger, réformateur et conseiller oecuménique. Le successeur de Zwingli d'après sa correspondance avec les réformés et les humanistes de langue francaise. Suivi de notes complémentaires et de XXVI lettres inédites en appendice. Neuenburg 1940 (Reprint 1979).

Ulrich Bubenheimer: Consonantia Theologiae et Iurisprudentiae. Andreas Bodenstein von Karlstadt als Theologe und Jurist zwischen Scholastik und Reformation. Tübingen 1977.

Fritz Büsser: Das katholische Zwinglibild von der Reformation bis zur Gegenwart. Zürich 1968.

Ders.: Huldrych Zwingli. Reformation als prophetischer Auftrag. Göttingen 1973 (Persönlichkeit und Geschichte 74/75), ins Japanische übers. v. Jasukazu Morita. Tokio 1980.

Ders.: Bullinger, Heinrich (1504-1575). In: TRE 7, 1981, S. 375-387.

Coena domini I. Die Abendmahlsliturgie der Reformationskirchen im 16./17. Jahrhundert. Hg. v. Irmgard Pahl. Freiburg/Schweiz 1983 (Spicilegium Friburgense 29).

Salvatore Corda: Veritas sacramenti. A study in Vermigli's doctrine of the Lord's Supper. Zürich 1975 (Zürcher Beiträge zur Reformationsgeschichte 6).

Christoph Dejung: Wahrheit und Häresie. Eine Untersuchung zur Geschichtsphilosophie bei Sebastian Franck. Zürich 1979.

A. G. Dickens: The German nation and Martin Luther. London 1974.

Olivier Fatio: Nihil pulchrius ordine. Contribution à l'étude de l'établissement ecclésiastique aux Pays-Bas ou Lambert Daneau aux Pays-Bas (1581-1583). Leiden 1971.

Ulrich Gäbler/Erland Herkenrath (Hg.): Heinrich Bullinger 1504-1575. Gesammelte Aufsätze zum 400. Todestag. Zürich 1975 (Zürcher Beiträge zur Reformationsgeschichte 7/8).

Ulrich Gäbler/Endre Zsindely (Hg.): Bullinger-Tagung 1975. Vorträge, gehalten aus Anlass von Heinrich Bullingers 400. Todestag. Zürich 1977 (Reprint 1982).

Ulrich Gäbler: Huldrych Zwingli. Eine Einführung in sein Leben und Werk. München 1983.

Sandro Giovanoli: Form und Funktion des Schuldramas im 16. Jahrhundert. Eine Untersuchung zu Rudolf Gwalthers »Nabal« (1549). Bonn 1980.

Caspar von Greyerz: The late city-reformation in Germany, the case of Colmar, 1522-1628. Wiesbaden 1979.

René Hauswirth: Politische (und kirchliche) Führung in Zürich zur Zeit Bullingers. In: Schweizerische Zeitschrift für Geschichte 18, 1968, S. 79-86.

Ders.: Zur politischen Ethik der Generation nach Zwingli. In: Zwingliana 13, 1971, S. 305-342.

Ders.: Stabilisierung als Aufgabe der politischen und kirchlichen Führung in Zürich nach der Katastrophe von Kappel. In: Stadt und Kirche im 16. Jahrhundert. Hg. v. Bernd Moeller. Gütersloh 1978, S. 99-108.

Ders.: Zum Verhältnis von Vermögen und politischer Macht in Zürich um die Mitte des 16. Jahrhunderts. In: Archiv für Reformationsgeschichte 70, 1979, S. 201-224.

Ian Hazlett: The development of Martin Bucer's thinking on the sacrament of the Lord's Supper in its historical and theological context 1523-1534. Münster 1975.

Ders.: Les entretiens entre Melanchton et Bucer en 1534: Réalités politiques et clarification théologique. In: Horizons européens de la reforme en Alsace. Hg. v. Marijn de Kroon und Marc Lienhard. Strassburg 1980, S. 207-225.

Erland Herkenrath: Peter Martyr Vermiglis Vorarbeit zu einer zweiten christologischen Schrift gegen Johannes Brenz (1562). In: Blätter für württembergische Kirchengeschichte 75, 1975, S. 23-51.

Bernhard Hertenstein: Joachim von Watt (Vadianus), Bartholomäus Schobinger, Melchior Goldast. Die Beschäftigung mit dem Althochdeutschen von St. Gallen in Humanismus und Frühbarock. Berlin 1975.

Histoire de l'exégèse au XVIe siècle. Textes du colloque international tenu à Genève en 1976. Hg. v. Olivier Fatio und Pierre Fraenkel. Genf 1978.

Walter Jacob: Politische Führungsschicht und Reformation. Untersuchungen zur Reformation in Zürich 1519-1528. Zürich 1970 (Zürcher Beiträge zur Reformationsgeschichte 1).

Elfriede Jacobs: Die Sakramentenlehre Wilhelm Farels. Zürich 1979 (Zürcher Beiträge zur Reformationsgeschichte 10).

Markus Jenny: Luther-Zwingli-Calvin in ihren Liedern. Zürich 1983.

Robert M. Kingdon: Peter Martyr Vermigli and the marks of the true church. In: Continuity and discontinuity in church history. Essays presented to George Huntston Williams. Hg. v. F. Forrester Church und Timothy George. Leiden 1979 (Studies in the history of christian thought 19).

James A. Kittelson: Wolfgang Capito. From humanist to reformer. Leiden 1975.

Eduard Kobelt: Die Bedeutung der Eidgenossenschaft für Huldrych Zwingli. Zürich 1970.

Ernst Koch: Die Theologie der Confessio Helvetica Posterior. Neukirchen 1968 (Beiträge zur Geschichte und Lehre der Reformierten Kirche 27).

Ders.: Zwingli, Calvin und der Calvinismus im Geschichtsbild des Marxismus. In: Zwingliana 14, 1974, S. 61-88.

Marijn de Kroon/Friedhelm Krüger (Hg.): Bucer und seine Zeit. Forschungsbeiträge und Bibliographie. Wiesbaden 1976.

Hans Rudolf Lavater: Regnum Christi etiam externum — Huldrych Zwinglis Brief vom 4. Mai 1528 an Ambrosius Blarer in Konstanz. In: Zwingliana 15, 1981, S. 338-381.

Gottfried W. Locher: Huldrych Zwingli in neuer Sicht. Zehn Beiträge zur Theologie der Zürcher Reformation. Zürich 1969.

Ders.: Die Zwinglische Reformation im Rahmen der europäischen Kirchengeschichte. Göttingen/Zürich 1979.

Ders.: Zwingli's thought. New perspectives. Leiden 1981 (Studies in the history of christian thought 25).

Ders.: Zwingli und die schweizerische Reformation. Göttingen 1982 (Die Kirche in ihrer Geschichte 3, J 1).

Kurt Maeder: Die Via Media in der Schweizerischen Reformation. Studien zum Problem der Kontinuität im Zeitalter der Glaubensspaltung. Zürich 1970 (Zürcher Beiträge zur Reformationsgeschichte 2).

Ders.: Die Unruhe der Zürcher Landschaft nach Kappel (1531/32) oder: Aspekte einer Herrschaftskrise. In Zwingliana 14, 1974, S. 109-144.

Niklaus Manuel Deutsch. Maler, Dichter, Staatsmann. Ausstellung Kunstmuseum Bern 1979. Red.: Cäsar Menz und Hugo Wagner. Bern 1979.

Helmut Meyer: Der Zweite Kappeler Krieg. Die Krise der Schweizerischen Reformation. Zürich 1976.

Ders.: Der Zweite Kappeler Krieg. Gedenkschrift zur 450. Wiederkehr des Todestages von Huldrych Zwingli 11. Oktober 1531-11. Oktober 1981. Hg. v. Kirchenrat des Kantons Zürich und vom Lions Club Knonauer Amt. Zürich 1981.

Bernd Moeller: Reichsstadt und Reformation. Gütersloh 1962 (Schriften des Vereins für Reformationsgeschichte 108).

Ders.: Zwinglis Disputationen. Studien zu den Anfängen der Kirchenbildung und des Synodalwesens im Protestantismus. In: Zeitschrift der Savigny-Stiftung für Rechtsgeschichte. Kanonist. Abt. 56, 1970, S. 275-324 und Abt. 60, 1974, S. 213-364.

Ders.: Die Ursprünge der reformierten Kirche. In: Theologische Literaturzeitung 100, 1975, Sp. 641-653.

Ders.: Stadt und Buch. Bemerkungen zur Struktur der reformatorischen Bewegung in Deutschland. In: Stadtbürgertum und Adel in der Reformation. Studien zur Sozialgeschichte der Reformation in England und Deutschland. Hg. v. Wolfgang J. Mommsen. Stuttgart 1979, S. 25-39.

Hans Morf: Zunftverfassung und Obrigkeit in Zürich von Waldmann bis Zwingli. Zürich 1969 (Mitteilungen der antiquarischen Gesellschaft in Zürich 45,1).

Leonhard von Muralt: Renaissance und Reformation. In: Handbuch der Schweizer Geschichte Bd. 1. Zürich 1972, S. 389-570.

Oswald Myconius. Vom Leben und Sterben Huldrych Zwinglis. Das älteste Lebensbild Zwinglis. Lat. Text mit Uebers., Einf. und Komm. hg. v. Ernst Gerhard Rüsch. St. Gallen 1979.

Wilhelm Neuser: Die reformatorische Wende bei Zwingli. Neukirchen-Vluyn 1976.

Ders.: Dogma und Bekenntnis in der Reformation: Von Zwingli und Calvin bis zur Synode von Westminster. In: Handbuch der Dogmen- und Theologiegeschichte Bd. 2: Die Lehrentwicklung im Rahmen der Konfessionalität. Göttingen 1980, S. 165-352.

Heiko A. Oberman: Spätscholastik und Reformation Bd. 2: Werden und Wertung der Reformation. Vom Wegestreit zum Glaubenskampf. 2., durchges. Aufl. Tübingen 1979.

Hughes Oliphant Old: The patristic roots of reformed worship. Zürich 1975 (Zürcher Beiträge zur Reformationsgeschichte 5).

Steven E. Ozment: The Reformation in the cities. The appeal of protestantism to sixteenth-century Germany and Switzerland. New Haven/London 1975.

Ders. (Hg): Reformation Europe: A guide to research. St. Louis 1982.

Calvin A. Pater: Karlstadts Zürcher Abschiedspredigt über die Menschwerdung Christi. In: Zwingliana 14, 1974, S. 1-16.

Ders.: Karlstadt as the father of the Baptist movements. Toronto 1983.

Hans Conrad Peyer: Verfassungsgeschichte der alten Schweiz. Zürich 1978.

Rudolf Pfister: Kirchengeschichte der Schweiz Bd. 2: Von der Reformation bis zum Zweiten Villmerger Krieg. Zürich 1974.

Georg R. Potter: Zwingli. Cambridge/London/New York/Melbourne 1976.

Ders.: Ulrich Zwingli. London 1977 (General series 89).

Ders. (Hg.): Huldrych Zwingli. London 1978 (Documents of modern history).

Der Reformation verpflichtet. Gestalten und Gestalter in Stadt und Landschaft Basel aus fünf Jahrhunderten. Hg. v. Kirchenrat der Evangel.-ref. Kirche Basel-Stadt. Basel 1979.

Joachim Rogge: Anfänge der Reformation. Der junge Luther 1483-1521. Der junge Zwingli 1484-1523. Berlin 1983 (Kirchengeschichte in Einzeldarstellungen II/3 und 4).

Hanns Rückert: Die geistesgeschichtliche Einordnung der Reformation. In: H. R.: Vorträge und Aufsätze zur historischen Theologie. Tübingen 1972, S. 52-70.

Ernst Gerhard Rüsch: Bemerkungen zur Zwingli-Vita von Oswald Myconius. In: Zwingliana 15, 1980, S. 238-258.

Walter Schenker: Die Sprache Huldrych Zwinglis im Kontrast zur Sprache Luthers. Berlin/New York 1977.

Fritz Schmidt-Clausing: Das Corpus Iuris Canonici als reformatorisches Mittel Zwinglis. Ein Beitrag zur 450-Jahr-Feier der Zürcher Reformation. In: Zeitschrift für Kirchengeschichte 80, 1969, S. 14-21.

Léopold Schümmer: L'ecclésiologie de Calvin à la lumière de l'Ecclesia mater. Bern 1981 (Zürcher Beiträge zur Reformationsgeschichte 11).

Francesco Erasmo Sciuto: Ulrico Zwingli. La vita — il pensiero — il suo tempo. Neapel 1980 (Geminae ortae 9, Nuova Serie).

Matthias Senn: Johann Jacob Wick 1522-1588 und seine Sammlung von Nachrichten zur Zeitgeschichte. Zürich 1973 (Mitteilungen der Antiquarischen Gesellschaft, Neujahrsblatt 138).

Peter Stadler: Das Zeitalter der Gegenreformation. In: Handbuch der Schweizer Geschichte Bd. 1. Zürich 1972, S. 571-672.

Joachim Staedtke: Reformation und Zeugnis der Kirche. Ges. Studien, hg. von Dietrich Blaufuss. Zürich 1978 (Zürcher Beiträge zur Reformationsgeschichte 9).

Judith Steinmann: Die Benediktinerinnenabtei zum Fraumünster und ihr Verhältnis zur Stadt Zürich 853-1524. St. Ottilien 1980.

Beate Stierle: Capito als Humanist. Gütersloh 1974 (Quellen und Forschungen zur Reformationsgeschichte 42).

Karl Stokar: Liturgisches Gerät der Zürcher Kirche vom 16. bis ins 19. Jahrhundert, Typologie und Katalog. Zürich 1981 (145. Neujahrsblatt der Antiquarischen Gesellschaft).

Heinzpeter Stucki: Bürgermeister Hans Rudolf Lavater 1492-1557. Ein Politiker der Reformationszeit. Zürich 1973 (Zürcher Beiträge zur Reformationsgeschichte 3).

Erdmann K. Sturm: Der junge Zacharias Ursin. Sein Weg vom Philippismus zum Calvinismus (1534-1562). Neukirchen-Vluyn 1972.

Derk Visser: Zacharius Ursinus. The reluctant reformer. His life and time. New York 1983.

Bernard Vogler: Le monde Germanique et Helvétique à l'époque des Réformes 1517-1618. Première partie. Paris 1981 (Regards sur l'histoire 40).

Robert C. Walton: Zwingli's theocracy. Toronto 1967.

Ders.: The institutionalization of the Reformation at Zurich. In: Zwingliana 13, 1972, S. 497-515.

Ders.: Heinrich Bullinger. In: Shapers of religious traditions in Germany, Switzerland and Poland, 1560-1600. Hg. v. Jill Raitt. New Haven/London 1981, S. 69-87.

Karl-Heinz Wyss: Leo Jud. Seine Entwicklung zum Reformator 1519-1523. Bern 1976.

Christoph Zürcher: Konrad Pellikans Wirken in Zürich 1526-1556. Zürich 1975 (Zürcher Beiträge zur Reformationsgeschichte 4).

Zürcher Beiträge zur Reformationsgeschichte. Hg. v. Leonhard von Muralt und Fritz Büsser. Zürich 1970 ff/Bern 1981 ff.

Die Zürcher Bibel von 1531. Faksimile. Zürich 1983.

Zwinglis Reformation in Zürich. Tonbildschau, hg. v. Katechetischen Institut der evangelisch-reformierten Landeskirche des Kantons Zürich. Zürich 1981.

2. DAS BILD DER NATUR BEI ZWINGLI*

Wenn wir am heutigen Abend, am Todestag unsres Zürcher Reformators Huldrych Zwingli einmal über das Bild der Natur bei Zwingli reden, geschieht das vornehmlich aus zwei Überlegungen heraus: einmal weil die Beschäftigung mit der Natur für uns protestantische Menschen an sich eher etwas Seltenes ist, und dann, weil heute, im Zusammenhang mit dem Fortschritt der Technik überhaupt ein zunehmendes Fortschreiten des Menschen auch von der Natur festzustellen ist. Sicher gibt sich der moderne Mensch mit der Natur ab; aber diese Beschäftigung ist einseitig technisch-wissenschaftlich orientiert: er erforscht den Mechanismus der Natur, er macht sich die Kräfte der Natur untertan, um dann die Natur zu beherrschen, auszubeuten. Dieser moderne Mensch denkt aber kaum mehr daran, daß es neben dieser technischnaturwissenschaftlichen Betrachtung auch noch eine ästhetische, religiöse Naturbetrachtung gibt: neben dem Mechanismus, neben den Gesetzen und Ordnungen der Natur auch noch das, was ich einmal die Schönheit und Würde, die Mächtigkeit und Erhabenheit der Natur nennen möchte, neben der Bemeisterung und Unterwerfung, zum Teil sogar Gefährdung und Ausbeutung der Natur die stille Ehrfurcht, das Ergriffensein des Menschen von der Natur als der Schöpfung, als dem Werk Gottes. Daß diese religiöse Naturbeziehung übersehen, vernachlässigt wird, ist nun allerdings nicht bloß eine Folge unsrer allgemein einseitig orientierten Gegenwart, sondern leider auch die Folge einer etwas einseitigen Theologie. Wie bei uns vor allem Fritz Blanke nicht müde wird zu sagen und zuletzt in einem aufrüttelnden Aufsatz über »Unsere Verantwortlichkeit gegenüber der Schöpfung« in der Festschrift für Emil Brunner dargelegt hat, sind gerade für den protestantischen Menschen Natur und Gott gerne geschieden. »Das sittliche und das kosmische Leben stehen ohne Beziehung nebeneinander, die Frömmigkeit ist innerlich, jenseitig«, sie ist streng anthropozentrisch, das heißt auf den Menschen bezogen auch in der Lehre von der Schöpfung. Die Theologen hüten sich auch nur vor einem Anflug sogenannter natürlicher Theologie, obschon doch selbst die Bibel — in den Naturpsalmen 8, 19, 29, 104 und 148 etwa, in Rö. 1, 20 u.a. — die Natur als ein Spiegelbild von Gottes Weisheit, Kraft, Ehre, von Gottes Größe behandelt, obschon für tief religiöse Menschen, wie einen Franz von Assisi, schon im grauen Mittelalter nicht bloß der Mensch, sondern die ganze Kreatur Gottes Güte preist und auch nicht bloß der Mensch, sondern die gesamte Kreatur Gegenstand der in Christus geleisteten Erlösung ist nach den Worten Christi: »Siehe ich mache alles neu« (Apk. 21, 5), nach den Worten des Paulus

---

* In: Zwingliana Bd. 11, 1960, S. 241-256.

an die Kolosser (1, 19), Gott habe durch Christus alle Geschöpfe im Himmel und auf Erden mit sich versöhnt; an die Epheser, der Wille Gottes, der sich in der Fülle der Zeiten erfüllen werde, gehe dahin, daß »aller wieder ... unter Christus vereinigt werde, was auf Erden und im Himmel ist« (Eph. 1, 10).

Wir wollen heute abend nun, wie gesagt, uns einmal fragen, welches Bild Zwingli sich von der Natur gemacht hat. Wir wollen dabei den Reformator selber ausgiebig zu Wort kommen lassen und beginnen, etwas äußerlich, mit der Feststellung, daß Zwingli jedenfalls ein lebhaftes Naturempfinden sein eigen nennen konnte und daß er sich in Dingen der Natur erstaunlich gut ausgekannt hat. Wie vor allem Walther Köhler und Oskar Farner literarisch gezeigt haben, hat Zwingli in seine theologischen und politischen Schriften ziemlich viel interessantes naturkundliches, naturwissenschaftliches, auch medizinisches Material einfließen lassen[1]; natürlich weiß man seit alters auch, daß Zwingli in seiner Schrift »Über die Vorsehung« sogar so etwas wie eine eigene Weltanschauung gezimmert hat, wie Walther Köhler sagt: eine »eigentlich naturwissenschaftliche Broschüre auf deterministischer Grundlage«, in der er »die göttliche Vorsehung auch in der natürlichen Zweckmäßigkeit zu erfassen und die Ähnlichkeit zwischen Vorgängen in der Natur und in der Geisteswelt zum Naturgesetz in der Geisteswelt ahnend verknüpfte«. Leider fehlt uns die Zeit, jetzt näher auf die verschiedenen Wurzeln dieser Naturbetrachtung einzugehen; für unsere Zwecke mag zu wissen genügen, daß sie genährt ist aus der Bibel, aus seiner gründlichen Lektüre des Aristoteles, der Stoa, des Plinius, der beiden Picus della Mirandola, des Galen, aus dem Verkehr mit Naturwissenschaftern und Philosophen seiner Zeit, nicht zuletzt aber aus eigenster persönlicher Erfahrung, aus eigenen Erlebnissen. Uns interessiert jetzt vielmehr, was Zwingli mit seinem Blick für die Natur, mit der Kraft seiner Anschauung, mit seinen literarischen Kenntnissen über die Natur angefangen hat.

Da ist das erste sicher dies, daß Naturerkenntnis und Naturempfinden die Natur für Zwingli zu einem überreichen Gleichnis gemacht haben. Genau wie Luther wußte ja auch Zwingli um die Zweckmäßigkeit guter Bilder. Wie er dementsprechend mit allerlei historisch-literarischen oder militärischen Bildern Dinge des öffentlichen Lebens veranschaulicht hat, so versuchte er auch immer wieder, politische, menschliche, kirchliche und theologische Dinge seinen Lesern und Zuhörern durch Gleichnisse aus der Natur verständlich und anschaulich zu machen. Ich erinnere, da es sich da wohl um allgemein bekannte

---

[1] Oskar Farner, Huldrych Zwingli, Bd. 1, bes. S. 107 ff.; 132 ff.; Walther Köhler, Medizinisches bei Zwingli. Vierteljahresschrift der Naturforschenden Gesellschaft in Zürich, Bd. LXXXII, 1937, S. 457 ff.; Walther Köhler, Zwingli, S. 10 f. (Die Schweiz im deutschen Geistesleben 9). Leipzig 1923. — Ich verweise hier dankbar auch auf einen Aufsatz von Heinrich Bornkamm über Luthers Stellung zur Natur, dem ich manche Anregung verdanke (erschienen in: Luthers geistige Welt, Gütersloh 1953, S. 199 ff.).

Dinge handelt, nur kurz an ein paar politische Gleichnisse: etwa daran, wie
Zwingli in seinem Fabelgedicht vom Ochsen, 1510, schon das Schweizervolk
mit einem »Muni« vergleicht (Z I, S. 11, z. 5 ff.), wie er bei anderer Gelegenheit
die beiden Hauptorte der damaligen Eidgenossenschaft, Bern und Zürich sieht
»als zween Ochsen vor dem Wagen, die an eim Joch ziehσn« (zit. nach Farner I,
S. 110); oder meinetwegen auch an den häufig aufmarschierenden »mit Gold
und Syden überhänckten Mulesel« des Papstes und seiner Würdenträger (Z IV,
S. 107; V, S. 440; V, S. 48). Ich erinnere auch nur kurz an die Vergleiche, die
Zwingli Luther anhängt: da dieser einmal nach dem Knoblauch und Zwiebeln
in Ägypten schmeckt (weil er seine katholische Denkart noch nicht völlig lassen
kann) (S II, Abt. 2, S. 120), oder da dieser (unbelehrbar) sich winden und
wenden soll wie der Häher im Kleb (an der Leimrute): »ie meer derselb schryet,
gwägget und zablet, je mee er klebt« (S II/2, S. 221). Interessanter, weniger
zeitgebunden, auch für uns treffend, gültig scheinen mir folgende Gleichnisse
Zwinglis für uns Menschen, für unsere Art überhaupt. Da kann er etwa, alles
umfassend über die Erkenntnis des Menschen schreiben: »Den Menschen
erkennen ist so mühsam wie einen Tintenfisch fangen; denn wie dieser sich in
seinem schwarzen Saft verbirgt, damit man ihn nicht ergreifen kann, so
entwickelt der Mensch, sobald er merkt, daß man ihn will, plötzlich so dichten
heuchlerischen Wolkendunst, daß auch das schärfste Auge ihn nicht fassen
kann« (Z III, S. 654; auch Anm. 2). Oder über das Leben des Menschen: »Also
wil uns Got üben; wie ein Esel (sind wir), der ein Burdi durch einen wüsten
Weg treit; der muß nit fallen, nit stillstan, immerdar fürgan; fallt er, wider
uffstan« (S VI, S. 437). Oder dann über unsere Sündhaftigkeit gleich zwei
Vergleiche: »Unser Fleisch ist eim Mulesel glich; der lugt (schaut, lauert), wie
er sich usrissen mög und entlauffen« (S IV, S. 441), und die Konstanz der Art
betonend: Wolf bleibt Wolf. »Der jung wolff, diewyl er noch blind ist, weißt
er nütz vonn schaffzwacken; noch so ist die ard (diese Anlage) in imm. Sobald
er aber erwachßt, so hebt er denn an ärdelen« (Z IV, S. 308 f.); genau gleich
steckt im Menschen schon von Anfang an die Erbsünde als Bresten, sie
aktualisiert sich aber erst später zur persönlichen Schuld. Interessant ist in
diesem Zusammenhang übrigens auch eine Stelle aus der Einleitung zur
Auslegung des Propheten Jeremia: »Ein Wolf oder sonst ein Tier wird nur
durch Schläge erzogen. So wird das Fleisch durch die Obrigkeit zahm gemacht.
Die Hinterlisten stecken fortwährend im Tier; sobald es keine Schläge mehr
befürchten muß, ist es wieder seiner angeborenen Eigenart preisgegeben. So ist
das Fleisch nur durch die Furcht vor den Gesetzen und dem Schwert im Zaume
zu halten; es muß drum ständig einen Bändiger haben«[2]. Ich übergehe jene
Stellen, die in der gleichen Vorrede — biblischen Gleichnissen entsprechend —

---

[2] Aus Zwinglis Predigten zu Jesaia und Jeremia, herausgegeben von Oskar Farner, Zürich 1957,
(zitiert: Predigten), S. 159.

vom Ausreißen des Unkrautes und der Disteln (l.c. S. 169), von der Pflege des Gartens überhaupt handeln, um an einem weitern Beispiel noch den Menschen eher in seinen positiven Eigenschaften zu malen: »Wir aber (wo man uns fraget) wurdend sagen, der Mensch wäre under allen Gschöpfften das aller sältzamest und wunderbarlichest; dann er ouch die engelische Schöne wyt übertrifft, glych als so man einen Hanen neben einem Stier beschouwte, so funde man, daß der Stier vil der gwaltiger und stercker wäre. Wenn man aber des Hanen künigklich Zierd ermißt, syn groß, herrlich Gemüt, synen stoltzen Gang, syn flyßige Nachtwacht, die niena fält, die schönen Künst, die einem Houptman und Fürer zůgehörend (ob der glych nun einer Chütt (Schar) Hennen fürgesetzt ist), wär möchte doch sich syn gnůg verwunderen? Also ist der Engel ein hoche, edle Substanz, ein reiner, luterer Geyst; wenn du aber den Menschen darneben ermissest, der nit allein ein himelisch, sunder ouch damit ein yrdisch Ding ist, wie kan es syn, daß du nit gar in Verwundernuß verzuckt werdest und erstunest?« (Zwingli: Hauptschriften, Bd. 2 = ZH 2, S. 131).

Mit dem Federvieh kommen wir schließlich auch aufs kirchlich-theologische Gebiet. Da brüten die Sektierer ihre Eier den Hühnern gleich in Schlupf-winkeln (Z IX, S. 112), da schnattern die Täufer wie Gänse (Z IV, 587). Für die Gegner Zwinglis erscheint dann einmal aber auch das Bild gefährlicher Wildwasser, die große Verheerungen anrichten: »Das nimpt gäch alles das hyn, das es erlangt, und mert sin krafft darmit. Es werdend zum ersten nur kleine steinle bewegt; dieselben bewegen darnach mit offt anpütschen die größeren, bis das die rüfe so groß und mechtig wirt, daß sy alles, so iro entgegen stat, uffrumet und hynnimpt, und hinder iro nüts laßt denn ein unnützen rüwen (wertloses Leid), klag und entschöpffung der schönen jucharten... Glych also thůt eigenrichtigkeit und zank« (Z IV, S. 215). Im allgemeinen dienten allerdings gerade diese elementaren Gewalten Zwingli eher als Gleichnisse für Gott: so entspricht dem Föhn einmal der hl. Geist: »Wo der geist Gottes kuchet (haucht, weht), da verwäyet er alles gstüpp (Stoppeln) und güsel (Spreu) der glychsnery und truckt andere blůst (Blüten) herfür« (Z IV, S. 206); dem Rhein die Gewalt von Gottes Wort: »Tůnd umb Gots willen sinem wort gheinen drang an! Dann warlich, warlich, es wirt als gwüß (so sicher) sinen gang haben als der Ryn, den mag man ein zyt wol schwellen, aber nit gstellen« (Z III, S. 488). Schließlich spürt Zwingli in den Bildern der Natur Gott selber. So gibt er zum Beispiel für Gottes Allgegenwart das schöne Beispiel der Sonne: »Die Sonn wirdt von allen Menschen in der gantzen Welt gesehen, erlüchtet alle Welt, erfrüchtiget (befruchtet) und wermt alle Ding zů eyner Zyt, und nüßt die gantzen Sonnen und weydet das kleynest Gräßli glich als wol als der größte Berg ald Boum. Noch ist der Dingen keins, das darumb allenthalb sye, da die Sonn ist, ja es begert keins, by iren zů sin oder iren Gang zu thůn, sonder es benügt sich, daß es von iren geheytzt und läbend gemacht wirdt. Und sind doch alle Ding under der Sonnen, läbend in ir, weydend sy, sehend sy nit zum Teyl,

sonder gantz. Also durchgadt Gott alle Ding, ist allernthalb, erfröuwt, macht
läbendig alle Ding, wirdt von allen Dingen genossen, genutzet und geweydet,
ouch von den Unglöubigen, die es glich nit wüssend... Deßhalb die Ußerwelten
Gott so gentzlich sehend als wir die Sonnen, und so genůgsam.« (ZH 2, 41 f.)[3].

So waren, um es bei diesen Beispielen bewenden zu lassen, Haus und Wald,
Garten und Berge, Tiere und Pflanzen, die Elemente, selbst die Sonne für
Zwingli einmal voller Anschauung für das, was Gott und die Menschen sind,
was Gott für die Menschen tut. Zwingli hat sich dabei nun allerdings nicht
allein auf die Freiheit der dichterischen Phantasie, auf die Zweckmäßigkeit der
zuletzt ja durch das Wort Gottes selber angeregten plastischen Bilder berufen;
wenn er die Natur voller Gleichnisse gesehen hat, glaubte er dazu (wenn ich
einmal so sagen darf) auch so etwas wie ein tieferes Recht zu besitzen. Wie
gerade die zuletzt zitierten Gleichnisse gezeigt haben sollten, war die Natur für
Zwingli auch ein Zeichen: ein Zeichen für Gottes Weisheit oder wie Zwingli mit
Vorliebe sagte, ein Zeichen für Gottes Vorsehung, damit gleichbedeutend für
Gottes Gnade und Liebe.

Wir kommen damit zum zweiten Teil unsres Vortrages, der von Zwinglis
Grundanschauung über das natürliche Leben handeln soll. Wir werden auch da
weniger Bekanntes einfach wiederholen, als versuchen, eben ein paar, nicht
zuletzt auch heute noch gültige Grundgedanken herauszuarbeiten. Zwingli war
einmal bei allen naturwissenschaftlichen Kenntnissen kein Naturforscher. Er
besticht zwar — wir wir schon hörten und wie wir noch sehen werden — oft
durch vorzügliche Einzelbeobachtungen. Seine botanischen, zoologischen,
medizinischen, überhaupt naturkundlichen Kenntnisse gehen sehr weit, er gibt
auf Grund seiner medizinischen, auch Gynäkologie, Psychiatrie und Otiatrie
umfassenden Einsichten oft weise und praktische Ratschläge — so verlangt er
etwa in seinem »Lehrbüchlein« von 1523 Mäßigkeit im Genuß von Alkohol
und Delikatessen, oder er mahnt einmal seinen jungen Freund Jakob Cepo-
rinus, mehr auf seine Gesundheit bedacht zu sein und nach Tisch 3 Stunden
lang nichts Schweres und Problematisches zu lesen: »es *müssen* die jungen
Leute für ihre Gesundheit sorgen und dürfen nicht auf die hören, die mit der
göttlichen Vorsehung Schindluder treiben« (Z IV, S. 874 f.).

---

[3] In diesem Zusammenhang ist an eine weitere interessante Stelle in der Predigt »Über die
Vorsehung« zu erinnern: »Dann alle Thier, die da sind, die sind eintweders zam und gschlacht,
oder wild und grusam. Das Tygerthier und Crocodil kündend eben als wol die Majestat, Herrlikeit
und Macht Gottes uß, als ein Ochs und ein Schaaff. Dann wie der Ochs und das Schaaff die Gůte
Gottes lobend und prysend, also lobend und prysend die grusamen Thier sin Gerechtikeit, nit daß
sy ir Art und Natur halb etwas thůgind, das der Gerechtikeit gemäß und änlich sye, sunder daß sich
alles das, das sy thůnd, uff Unbill und fräßlen Gwalt zücht... So nun die grusamen, wilden Thier
mit irer Art und Natur die Ungerechtigkeit für Ougen stellend, brysend sy Gottes Gerechtigkeyt (in
dem sy die Ungerechtigkeyt, on die das Angsicht der Gerechtigkeit nun nit kent mag werden, für
Ougen stellend) nit minder dann die hilflichen Thier (als Kůe, Esel, Roß) syne Gůte ußkündend
und prysend, daß also alle Thier (die in zweyerlei geteylt sind: schädlich und unschädlich) glychlich
die Gerechtigkeyt und Gůte Gottes ußkündend und prysend.« (ZH 2, S. 160f.).

Auch mag er durch originelle Ideen noch heute Interesse zu wecken: ich denke da etwa an seine Elementenlehre (ZH 2, S. 87 f.) oder an seine Umdeutung der altpythagoräischen Seelenwanderungslehre (ZH 2, S. 107 ff.). Das alles, solch vereinzeltes Suchen, Forschen war aber kaum mehr als ein Sammeln, wie denn bei Zwingli auch noch kaum etwas zu spüren ist von der Revolution der Naturwissenschaften von Cues über Paracelsus, Kopernikus bis zu Bruno, Kepler und Galilei, deren Zeitgenosse er zum Teil immerhin war. Im Vordergrund seiner Beschäftigung mit der Natur stand die *Natur selber;* Zwingli interessierte sich für die Natürlichkeit der Natur: für die Frage, was diese Natur überhaupt ist. Mit andern Worten: er interessierte sich nicht für die Vorder-, sondern für die Hintergründe der Natur. Diese Art »Naturforschung«, Naturkenntnis führte Zwingli zunächst zu einem *großen, ehrlichen Staunen.* Der schon erwähnte Psalm 104 muß für ihn dabei so etwas wie ein Muster gewesen sein; um all die Wunder der Schöpfung zu erkennen, sagt Zwingli nämlich im »Commentarius über die wahre und falsche Religion« (ZH 9, S. 33) »malt dieser beides (Gottes Weisheit und Vorsehung) dermaßen ab, daß du zu sehen glaubst, wie Gott als Schöpfer die Berge wägt mit starker Hand und jeden an seinen Ort setzt, wie er die Täler mitten durchzieht und in den Tälern die kühlen Flüsse, wie er die Felder ausdehnt, wie er das wütende Meer in seine Abgründe zurückstößt, damit es durch seinen Ausbruch nicht Verwirrung stifte...« Ja, in der gleichen Schrift etwas weiter vorn weist Zwingli selber auf die Wunder der Schöpfung hin, wenn er, 1. Mose 1, auslegend sagt: »Schau, wie hier das rauhe Erdreich auf das erste Geheiß seines Schöpfers ein fröhliches Gesicht annahm! Denn als die Wasser sich verlaufen und in ihren Vertiefungen gesammelt hatten, und die Erde allein für sich dalag, bot sie einen nackten und abscheulichen Anblick. Nun wollte Gott nicht, daß sie ihre Blöße den Augen der Sterblichen zeige und befahl, daß sie sich eiligst mit grünendem Kraut bekleide und Bäume hervorbringe, um sich mit diesen zu zieren, damit sie den gleich darnach entstehenden Tieren eine Herberge, einem jeden nach seiner Art, bieten könnte. Damit nicht genug, hat er, auf daß niemals an Nahrung Mangel herrsche, dem Kraut und den Bäumen die Kraft, Samen hervorzubringen, eingepflanzt, damit, wenn sie uns alles für den Winter Notwendige dargereicht hätten, sie sich im Frühling von neuem zum selben Werke rüsten könnten, und das in unaufhörlichem Wechsel. So wir solches Jahr für Jahr in unaufhörlichem Fortgang geschehen sehen, erkennen wir da nicht die unermeßliche Kraft und Vorsehung des Schöpfers und seine der Schöpfung zugewandte Sorge und Gnade?« (ZH 9, S. 29). Diese Sorge und Gnade erkannte Zwingli in der Speisung der jungen Raben (Lk. 12, 24; Hi. 38, 41; Psalm 147, 9), an die er mehr als einmal erinnert; er erkannte sie natürlich in den Lilien auf dem Felde[4]. Er erkannte sie aber auch schon in der

---

[4] »Du hast ein Roß, eine Kuh, für die bist du besorgt; du verschaffst und kaufst das Heu, das Futter. Nun ist dir das Roß, das Vieh ja wichtiger als das Futter; um des Viehs willen verschaffst

Betrachtung einer einzigen Ranke des Weinstockes: »Sie hat einen Sproß, der
durch die Mitte bis zur äußersten Spitze durchläuft. Von diesem Sproß zweigen
sich achselartig (Gefäßbündel) wie Schlagadern und Hauptvenen ab; aus
diesen erstrecken sich wie die (menschlichen) Eingeweideblutgefäße Ranken bis
ganz zu äußerst, die den Saft richtig verteilen. Kein anderes Bild ergibt sich,
wenn du den ganzen Menschen oder die ganze Welt forschend betrachtest. Und
bei einem so kleinen Blatt mußt du dieses Studium aufgeben, bevor du alles
begriffen hast! Sieh, wie alle Menschenweisheit auf Nichts begründet ist und
wie sie gezwungen ist, ihre völlige Unwissenheit einzugestehen« (ZH 9, S. 32f.).
Das Wunder der Schöpfung schildert Zwingli schließlich besonders schön am
Menschen im Zusammenhang mit der ganzen Kreatur! Mit den gleich hellen
Augen des Glaubens wie im Commentarius heißt es in der Schrift »über die
Vorsehung«: »Der Mensch ist der Herr und Hußwirt der Welt; dann alles, das
wir sehend, ist umb sinetwillen und im zů Gůtem gemacht. So nimm yetz
denselbigen Dingen den Menschen hin, hast du nit alle Ding beroubt und als vil
als zů Witwen gemacht? Wäm wirt die Sonn schynen? Wän wirt sy wermen?
Wäm wirdt der fruchtbringend West wäyen? den Thieren? Wär wirdt die Thier
nutzen und nießen? Wäm wirt die Erden offen ston, so nieman syn wirt, der
verstadt, wie man alle Ding bruchen und nutzen sol? Der aber, der so vil und
großer Dingen Herr und Man ist, der můßt von notwägen ouch etwas an im
haben deren Dingen, denen er fürgesetzt was ... Deßhalb hatt Gott einen Lyb
geben dem, der über alle lyplichen Ding herrschen sölte; darüber hatt er in
begaabet mit einem verständigen Gemůt ... Also ist der Mensch uß zweyen
Dingen, die stracks wider einander sind, gemacht und zemen gesetzt. Dann was
ist Frömbders und Verrers (Entfernteres) von der Klarheit und Liecht des
Gemůts und Verstands weder die Gröby und Unbefintliche der Erden und des
Lybs? Sich aber, wie der höchste Werckmeister, Gott, do er das edel Gmůt in
den Kaat stoßen wolt, vorhin sölichen Kaat gebeytzt, gebeert (bearbeitet) und
gestaltet habe, damit er ein sölichen eerlichen Gast mit einer Herberg, die im
ungemäß wäre, nit entuneerete (verunehrte). Der Löw, do der gschaffen, gieng
herfür ruch und zottecht von Haar an syner Brust, mit scharpffen Zänen, mit
grusamen Klaawen. Der Bär kroch harfür ruch gehaaret an allem Lyb, mit

---

du dir das Futter. Wäre dem nicht so, so würdest du dem Futter nichts nachfragen. Kannst du mir
nun sagen: warum denkst du nicht: Schau, Gott ist dein Vater und hat dich geschaffen; du bist also
wertvoller als das Gras und die Früchte, die aus der Erde wachsen? Doch um des Menschen willen!
Wie konnten wir denn meinen, Gott lasse das Gras und das Korn wachsen und trage keine Sorge
um uns und bemühe sich nicht um uns? Das tun die Hochmütigen aber nicht, und sie vermögen
doch nicht ein Gräslein anders zu machen. Gott mißfällt nichts mehr als der Hochmut. Ferner
kann vor Gott niemand bestehen. Diese zwei Dinge sollten uns den Hochmut zu Boden schlagen;
denn wenn Gott mit seinem Geist gegenwärtig erscheint, so fällt alles zu Boden, wie vom Wind die
Blumen auf der Heide. So auch David in der Rolle Gottes: Ich sah den Gottlosen hoch erhaben wie
die Zedern des Libanon. Prüfen wir uns also! Je näher wir dem Hochmut sind, desto näher sind wir
dem Verderben. (Predigten, S. 71).

starcken Datzen. Der Hyrtz sprang herfür mit sinem vilzinkigen Gehürn, doch haarecht, syne Fůß mit herten Klaawen versorgt, und alle andren Thier, ein yetlichs was mit synem Spieß und Schilt gewappnet. Aber der menschlich Lyb (ach Gott!), wie hat er doch so gar kein Rühe noch Scherpffe niena! Wöliches etlich der Arbeytsäligkeit (Mühsal) zůschrybend; ich aber vermeyn, es sye ein sunderbar Kleynot und glücklich Zeychen. Dann diewyl der Mensch darzů geschaffen was, daß er Gott und alle Creaturen nießen sölte, hat es sich wol gezimpt, daß er einen Lyb hette, der der Senfftmůtigkeyt, dem Friden und der Früntschafft fůglich und bequäm wäre. Deßhalb hatt das Kaat, daruß der Lyb des Menschen gemacht ist, flyßiger můßen gebeitzt und gebeert werden... Deßhalb dann die Herberg und daß Huß des himmelischen Gemůts allenthalb glimpffig, glatt und lind ist. Die Thier, die fallend nider uff vier Fůß; der Mensch aber staat übersich ufgerichtet uff zweyen, daß er dester strackter und ufrächter den Himmel, den er verhofft zů erben, anschouwen möge. Was sol man vil sagen? Die schöne und liebliche Gstalt des menschlichen Lybs (so man sy gegen andren läbenden Dingen verglychet) ist unussprächenlich.« (ZH 2, 132 ff.). Muß ich noch erwähnen, wie Zwingli auch die Ordnungen der Natur bewundert, wie er (wieder in der Predigt von der Vorsehung: ZH 2, S. 139) etwa »die gefläcketen Parden«, die »grymmen Tygertier«, die »behilflichen Ochsen«, die »klugen und wolmerckenden Roß, die röubigen Adler, die wolriechenden Gyren«, die »frölichen Nachtgallen«, auch die »lutschryenden Amßlen«, Thunfische, Delphine, Schnecken und Polypen... erwähnt? Oder muß ich noch jene wunderbare Stelle zitieren, da Zwingli nach Apostelgeschichte 17 sagt: »Es ist ouch nit alleyn der Mensch göttlichs Geschlächts, sunder ouch alle Creaturen; wiewol eine mee edler und thürer ist weder die ander, so sind sy doch des Ursprungs und Geschlächts halb alle uß Gott und in Gott; so vil aber ein yettliche edler ist und höher, so vil mee kündet sy uß die göttliche Eer und göttliche Macht.« Und dann zeigt Zwingli diese Ehre an den Mäusen, an Igel und Murmeltier, an der Erde, an den Bergen: »Ja im Gschlächt der Müsen (die doch by uns die verachtesten sind) findt man die, die Wyßheit und Fürsichtigkeit Gottes ußkündend, so der Ygel so artlich und kunstlich an sinem Burst so vil Ops sich walend in syn Hüly yntreyt; so das Murmeltier eynen Wächter in die Höhe stelt, domit die anderen, die hin und har schweyffend und der Arbeyt obligend, nit unfürsähenlich mit etwas Schräcken und Forcht überfallen wärdind; dann er mäldet alle Ding by Zyten mit synem Geschrey; darzwüschen lůgend die anderen, wo sy gůt, lind Höw findind, das nemmend sy; diewyl sy aber keynen Wagen habend, machend sy sich selbs zů einem Wagen, namlich also: das ein under inen leyt sich an Rucken, die anderen legend im alles Höw uff den Buch; das faßt er dann und hebt's zůsamen mit den Fůßen; denn so nimpt eins den Wagen bym Schwantz und fart also mit dem Höw in die Hüle, damit sy das Wintergfrist mit dem Schlaaf empfahen mögind. Der Eychhorn zücht ein breyte Schindlen oder

Schyt mit dem Mul an'ß Gstad und fart daruff über wie in einem Schyff, richtet
den dicken Schwantz wie ein Sägeltůch uf; daryn gadt denn der Nachwind und
trybt's, daß er keins andern Sägels bedarf. Wöliche Stymm, wöliche Red
möchte die göttliche Wyßheit dermaß als die allerminsten und schlächtesten
Tierlin ußkünden? Ja ouch die Ding, die kein Befintnuß habend, die bezügend,
daß die Macht, Gůte und läbendmachende Krafft Gottes allweg inen gegen-
würtig sye. Als so die Erden, die allen Dingen Narung gibt, sich alle Zyt
erbitten laßt, daß sy gnůgsame und überflüssige Narung gibt, und gedenckt nit
an die Wunden, die iren mit Houwen, Kersten, Mässeren und Sächen
gestochen und gehouwen werdend. So der Touw, der Rägen und die Wasser-
flüß, alles das, das sunst vor Dürre nit wachsen mag, dermaß uferweckend,
fůchtigend und erfristend, daß sy mit dem wunderbaren Wachsen und
Zůnemmen der göttlichen Krafft und Läbens Gegenwürtigkeyt bezügend. Was
sol ich von'n Bärgen sagen? Die doch ein gar grobe unkönnende Burde und
Größe sind, so sy die Erden, glich wie das Gebeyn das Fleysch, verhaltend und
bevestnend, so sy den Gang von einem Ort an das ander gar verhaltend oder
aber kümmerlich zůlassend, und wiewol sy schwärer sind weder die Erden;
noch schwymmend sy entbor und fallend nit zů Boden; kündend sy mit disem
allen die unzerbrochne Macht Gottes und die Burde und Größe siner Maiestat
nit uß? Und darumb so findend wir in disen Dingen allen die Gegenwürtigkeit
göttlicher Krafft, durch die sy sind, bstond, läbend und bewegt werdend, nit
minder dann ouch im Menschen.« (ZH 2, S. 115 f.). Zwingli staunt nur und
schließt: »Wär möchte aber alle Gschlächte der Creaturen erzellen, so täglich
etlich nüwe, die bißhar noch nye gesähen oder zum minsten vergessen sind,
harfür kommend, daß von Anfang der Wält har nye kein Mensch aller Dingen
Wüssen gnůgsam hat mögen haben?« (ZH 2, S. 140.).

Hinter dieser Freude Zwinglis an der Wunderbarkeit und Mannigfaltigkeit
der Natur stand natürlich, als zweite seiner Grundanschauungen gewissermaßen, ein äußerst lebendiger Schöpfungsglaube. Zwingli war wie nicht zuletzt
die wiederholte Durchführung des kosmologischen und physiko-teleologischen
Gottesbeweises zeigt — felsenfest überzeugt, daß die Welt weder ewig bestanden hat noch irgendwie von selber geworden sei; Gott hat sie vielmehr aus dem
Nichts geschaffen, und Gott erhält sie seither auch in einer fortwährenden
Neuschöpfung. Wir wollen auch hier wieder auf den Reformator selber hören.
Was die Schöpfung im eigentlichen Sinn betrifft, erinnern wir allerdings nur an
die schon zitierten Worte über 1.Mose 1 der Schöpfung, an andere Worte über
die Schönheit der Schöpfung und sagen zusammenfassend, wie Zwingli
namentlich wieder in seiner Schrift »über die Vorsehung« betont, daß keine
Kraft noch Macht außerhalb Gottes ist, Gott die Quelle ist, und wenn man so
sagen darf, die Substanz, aus der alles ausfließt. Im übrigen möchte ich lieber
auf ein paar Stellen hinweisen, in denen Zwingli von der creatio continua
spricht. Zunächst allgemein, es heißt da etwa: Gott ist das »Sein aller Dinge,

ihr Wesen und ihr Bestand«; »alles, was ist, ist Gott; denn er ist deswegen, weil Gott ist und sein Wesen ausmacht«. Dementsprechend ist die Natur nichts anderes als die fortdauernde Wirkung Gottes«, oder: »Die irren, welche in der Natur etwas anderes finden als die allezeit wirksame Kraft und Vorsehung Gottes«[5]. Wiederum in der Predigt »von der Vorsehung« sagt Zwingli unter Hinweis auf Zeugnisse 2. Mose 3, 14 (Ich bin der ich bin), Rö. 11, 36 (Aus ihm und durch ihn und in ihm sind alle Ding), Apg. 17, 24-29 (in ihm leben und weben und sind wir): »Damit wir nun uff das Vorig, so oben angehebt, widerumb kummind, sind die Gstirne, die wachsenden Pflantz, die Thier und andere Ding allein darumb, daß sy uß dem und uß dem sind, das allweg und allein ist (und das ist Gott), ja das also ist, daß, ob du dichtetest (das doch unmüglich ist), daß es nit wäre, von Stund an, so bald es nit wäre, nüt wäre noch syn möchte; ja wo Gott nit wäre, wurde von Stund an Gstirn, Erden, Meer, ja die gantze Wält in einem Ougenblick zerfallen und zenüte werden« (ZH 2, S. 111). Noch schöner, das eben gesagte ergänzend, ist indes eine Stelle in der sogenannten Credo-Predigt, da Zwingli zur Demut mahnend fragt: »Wannen sind wir? Oder wär sind wir? Oder worin sind wir? Sind wir von uns selbs? Worumb sind wir denn nit stercker, wyser, schöner? Sind wir aber von unsern Vätteren und Müteren? Worumb sind wir denn nit holdsäliger, rycher, herlicher und größer? So doch kein Zwyffel ist, wenn wir von uns selbs oder von unseren Vätteren, wir wärind zum höchsten wys, starck, schön etc. Ja, wir langtend durch den Himmel hinuff und überlangtend Gott. Wer sind wir aber? Sind wir Schöpfer oder Geschöpfte? Wir sind on Zwyfel geschaffen und nit von uns selbs, wie erst gehört ist; warumb gebend wir uns dann etwas zů? So wir doch erkennend, daß unser Schöpfer allein der ist, der alle Ding erschaffen hatt. Worin sind wir aber? Sind wir in uns selbs, worumb erhaltend wir uns dann nit, daß wir nit altind, siechind oder sterbind? Daruß wir ring ermessend: so uns weder Sonn noch Mon, Lufft noch Werme Frücht noch Kelte geben mögend, daß wir inn Wäsen unabgenglich blybind, ouch wir uns selbs das nit geben mögend noch unsere grösten Fründ, daß wir keinen Athemzug thůnd, one daß Gott unsere Krafft, die den Atem zücht, und der Athem ouch im Athem ist. Warumb halt denn der Mensch so vil uf sich selbs?« (ZH 2, S. 27). Es ist allein Gottes Liebe, die alles und auch uns erhält.

In diesem Zusammenhang stellen sich nun allerdings noch eine Reihe von Fragen. Wir müssen uns erstens einmal fragen: wenn Gott so alles in allem wirkt, wenn er es ist, der in den Gestirnen leuchtet und die Saat aufsprossen läßt, wenn er wesentlich gegenwärtig ist in allen Dingen, alles in Gott beschlossen ist, ist das eigentlich Pantheismus? Diese Frage ist rasch in negativem Sinn erledigt, wenn wir beachten, daß das »Sein Gottes in den

---

[5] Zitate nach Rudolf Staehelin, Huldreich Zwingli, sein Leben und Wirken, Bd. 2, Basel 1897, S. 186.

Dingen nicht als Naturnotwendigkeit aufgefaßt wird, sondern als Gottes freie
schöpferische Tätigkeit« (Staehelin a.a.O., S. 187), als Ausdruck seiner frei sich
mitteilenden Gnade und Liebe. Die Dinge, Geschöpfe der Natur sind zwar aus
Gott und in Gott, sie sind Gottes Wesen, Kraft und Wirkung, sie sind als
solche aber doch nichts als Mittel, Geschirre und Werkzeuge, durch die die
göttliche Kraft wirkt und nicht Ursachen, denn die alleinige Ursache ist Gott.
»Und daß wir's in einer Summ sagind, so redend wir also: Die Erden bringt nit
Frucht, das Wasser befüchtet und neert nit, der Lufft macht nit fruchtbar, das
Fhür wärmt nit, ja die Sonnen nit; sunder die Krafft, die ein Ursprung, Läben
und Stercke ist, aller Dingen, brucht die Erden als ein Gschirr zů gebären und
Frucht ze bringen. Diewyl dann die Ding, die harfürbracht sind, mit Spyß
erhalten werdend, spyßt und tränckt sy Gott durch das Wasser; darnach erkült
und erfristet er sy durch den Lufft, füllt sy und meeret sy, und denn brütet er's
durch das Fhür und Sonnen uß, macht's zytig, schön und hüpsch, fürderet's
und macht's zů vollen uß.« Und im gleichen Zusammenhang, etwas weiter
unten: »Das merck also: Wenn wir sähend, daß die Erden Frucht gibt, die
Böum Ops bringend, die Sonnen iren Schyn und Hitz ußgüßt, so söllend wir
trachten und warnemmen, daß Gott uns syn Hand bütet, glych als so ein
früntlicher Vatter synen lieben Kindlin einen Truben an einem Räbschoß
bütet. Es ist die gütige, früntliche Krafft Gotts, die uns alle Ding gibt: die
Erden aber, die Böum, die Sonnen und alle anderen Ding sind das Schoß und
der Truben, an dem uns die Gaab geben wirt und an dem wir's nemmen und
empfahend« (ZH 2, S 127 f.). Es ist in diesem Zusammenhang auch zu denken
an eine Stelle in der Psalmenauslegung, da Zwingli zu Psalm 111 sagt: »Infidelis
(d.h. der Ungläubige): Die natur ist ein abgöttin denen, die alle Ding der natur
zuogebind. Fidelis (Gläubige): aber der glöubig gibts allein gott zuo, der die
natur geschaffen hat; das thuot der, der Gott erkennt[6].«

   Wir erkennen gerade diesen Sachverhalt noch deutlicher, wenn wir zweitens
uns nun der Frage zuwenden, wie Zwingli über den zu seiner Zeit verbreitetsten
Zweig der Naturforschung gedacht hat, über die Astronomie und deren
unglückliches Kind, die Astrologie. Das ganze 16.Jahrhundert glaubte
bekanntlich noch daran, selbst Kopernikus und Kepler hielten an ihr fest, und
von Melanchthon spottete Luther ja, er treibe Astrologie »wie ich einen starken
Trunk Biers trinke, wenn ich schwere Gedanken habe« (Tischr. 1, 17). Wie hielt
es Zwingli? Wieder in der Schrift »über die Vorsehung« gibt der Reformator
selber ein Beispiel aus dem Jahr 1524. In diesem Jahr drohten die Sterngucker
große Wassergüsse, Verderben aller Dinge an. Gleichzeitig schlugen die
Theologen Lärm, das Ende der Welt wäre da. Dazu sagt Zwingli wörtlich:

---

[6] Zitiert nach Gottfried W. Locher, Die Theologie Huldrych Zwinglis im Lichte seiner
Christologie, Zürich 1952, S. 87. Vgl. dort auch S. 94f., wo Locher näher auf die Frage des
Pantheismus eingeht.

»Die Sternensäher habend sölichs uß Zemenfügung und Zwytracht des Gstirns ermässen und wargenommen; die Predicanten aber habend sölichs uß Gewüsse des Gloubens, uß Gottlose und Verlesterung, uß Zerstörung aller Erberkeyt und güter Sitten ersähen; dann wo dise Ding under den Menschen überhand nämmend, mögend keine Sternensäher uß ihrer Kunst der Thüre (Teuerung) und Wölfele (wohlfeile Zeit) so gwiß syn, als die Propheten gwiß sind, daß die göttliche Raach und Strааff vorhanden sye. Das Jar vergieng also, daß des Wassers halb noch Platz was, uff Erden ze wonen. Und ob glych an ettlichen Orten die Wasser groß wurdend, sind doch in Eidgnossen in vil Jaren die Wasser nie kleiner gsin, wie wol darneben ze besorgen (befürchten war), daß der Huff aller Lastren, Undertruckung und Felschung gmeyner Gerechtigkeit und die Unverschampte aller Boßheyt und Schalkheyt ein vil schädlicher Wasserguß (dann wenn die Lyb der Menschen und des Vychs ertrunckend) bringen werde, wöliches die Propheten vil waarer dann die Sternensäher vorgeseyt habend, ob glych yetweder den andren darzwüschen gar styff verachtet, so sy dargegen billicher uff einander mit Eersamkeyt achthaben soltend. Der Sternensäher, so er sähe, daß die Gstirn etwas Ruchs tröwtend, solte er darneben der Wyßheit Gottes mit Verwundernuß warnemmen, daß sy die oberen Ding von der Zyt, als der Hymmel geschaffen ist, so ordenlich gestelt hette, daß sy sölich Ungewitter gerad uff die Zyt tröwtend, uff die der Menschen Boßheyt und Verlesterung aller Dingen zum höchsten wäre. Die Propheten aber, ob sy glych das unmäßig und frävel Vorsagen der Sternen-säher billich schältend und verwerffend, soltend sy, die doch die waare und rechte Kunst der Astronomy, das ist: des Gstirns Ußrechnung und Louff, als wenig verachten als das Gstirn selbs. Dann wie das Gstirn ein Mittel und Werchzüg ist, durch wöliches die göttliche Krafft sich öugt und ußgüßt, also ist ouch das Wüssen ires Louffs und irer Ordnung nüt anders dann ein Wüssen der göttlichen Würckung. Deßhalb myns Bedunckens die Propheten keyn Kunst minder verachten söllend weder die Astronomy. So kumpt nun der Uffrür und Entbörung, so yetz in der Wält ist, nit one Gfärd, wielands oder uß Zorn des Gstirns, sunder uß göttlicher Fürsichtigkeyt, die alle Ding von Anfang also geordnet und gesetzt hatt, daß die Propheten den göttlichen Zorn und Raach tröuwen und die Sternensäher künfftige Übel und Schaden vorsagen möchtind, und die beden Ding werdend uß der Güte Gottes uns anzeigt, damit uns der Wäg zur Besserung und zum Heyl dester mee offen stande« (ZH 2, S. 211 ff.). Wenn diese Lösung des Problems unserm heutigen Denken bestimmt auch nicht mehr entspricht, kann man Zwingli die Bewunderung nicht versagen: einerseits stimmt er mit der allgemeinen Ansicht seiner Zeit überein, daß Kometen, Regenbogen und andere Himmelserscheinungen, Sonnen- und Mondfinsternisse, selbstverständlich auch Erdbeben (die nach Zwingli übri-gens auf Grund unterirdischer Winde entstehen; ZH 2, S. 103 oben) ein Fingerzeig Gottes sein könnten. Anderseits aber erscheint es ihm doch gefährlich, nur darauf abzustellen. Das Geschick der Menschen, das Schicksal der Welt liegt letztlich nicht in den Sternen, sondern in Gottes Hand. Gott hat es vorbestimmt, und diese Vorbestimmung zu erkennen, zu deuten ist dann auch in erster Linie Aufgabe der Theologen! In einer Predigt über Jeremia 10 warnt Zwingli denn auch nachdrücklich vor jedem Mißbrauch der Zeichen des Himmels! Die Gestirne sind eigentlich da »um Tag und Nacht einzuteilen, daß Zeichen und Zeiten seien und überhaupt auch, um das fruchtbare Wachstum zu bewirken, daß man Zeit und Zeichen wisse zu unserm Nutzen, wie zum Beispiel um den Acker anzubauen, um zu schneiden und zu heuen... Sie haben auch keine Vernunft, sie stehen darum nicht über der menschlichen Seele. Diese kann nur unter die rechte Kraft Gottes gezwungen werden, der auch Sonne und Mond und alle Gestirne braucht und mit ihnen arbeitet wie mit seinem Werkzeug, ja mit seinem Handgeschirr« (Zwingli Predigten, S. 197f.). Es mag damit in einem gewissen Widerspruch stehen, wenn Zwingli einmal dann doch mit Dürers »Melancholie« psychologische Erkrankungen auf eine »saturnische, melancholische Eigenrichtigkeit und Lätzköpfige« zurückführt (Z IV, S. 287f., s. dort auch Anm. 13) und auch die Täufer als solche »Saturn-Kinder« charakterisiert (Z III, S. 405) — in beiden Fällen allerdings ohne genauere theologische Begründung.

Die dritte Frage betrifft schließlich den Platz, den für Zwingli das Wunder in der Natur einnimmt. Wunder sind wie die eben genannten Naturerscheinungen am Himmel von der Vorsehung vor der Erschaffung der Welt in ihren Plan aufgenommen und dem Naturzusammenhang eingefügt worden. Sie sind jedoch eher da für die Schwachen als für die fest im Glauben stehenden; paradoxerweise sind nicht Wunder das eigentlich Wunderbare, sondern die einmal fest und unveränderlichen Ordnungen der Natur. Ja, sagt Zwingli, »Die Ding, die nach gemeynem Louff des Gestirns und der Natur on nüwe Wunderwerck gschähend, sind vil wunderbarer (deßhalb daß die Ordnung so styff und unverruckt für und für bstaat) dann die Ding, die uff einmal allein neüwerwyß nach Gelägenheit der Sach gschähend« (ZH 2, S. 211). Das heißt nun allerdings nicht, daß Gott eben nicht dann und wann eingreifen könnte, Gott steht auch über diesen Ordnungen. Wie Zwingli in seiner Marienpredigt meint, ist der Lauf der Natur nicht im Stande, den Schöpfer und Ordner aller Dinge zu zwingen, daß er sein Wirken nach ihnen richten müsse. Die Natur, die ihren Gang und ihre Gewohnheit von Gott hat, muß sich umgekehrt von Gott zwingen und führen lassen. »Auch leidet sie nichts Unbilliges, wenn ihr Lauf gehindert oder geändert wird, nicht mehr als wenn ein beliebiger Arbeiter in einem Haushalt vom Hausvater geheißen wird seine Arbeit anders und geschickter zu verrichten. Das heißt bei uns ein miraculum, das ist: Wunder. Aber an sich, das heißt nach dem Wirken Gottes, ist es kein Wunder. Denn Gott ist nichts unmöglich. In seiner Hand stehen alle Dinge, mit diesen kann er schaffen und gebieten wie er will; keiner darf, wie Paulus Rö. 9, 20 sagt, sprechen: ,Warum hast du mich so gemacht?'« (ZH 1, S. 148f.).

Wir kommen zum Schluß. Nehmen wir alle Grundgedanken Zwinglis über die Natur, über das Verhältnis der Natur zu Gott zusammen, so stellen wir in der Hauptsache zwei Dinge fest: einmal sah der klare Blick unsres deutsch-schweizerischen Reformators im Großen und Kleinen, in den Dingen des Makrokosmos so gut wie in einem Rebblatt das Wunder, welches die Natur bildet, er konnte staunen, bewundern, preisen. Zum zweiten besaß Zwingli einen tiefen Sinn dafür, daß dieses Wunder letztlich ein Werk Gottes ist. Auch er könnte so, wie Calvin in der Institutio (I 5, 5) gesagt haben: »Wenn man es nur recht versteht, so kann von einem gläubigen Gemüt gesagt werden, die Natur sei Gott.« Von dieser Behauptung aus müssen wir uns freilich noch ganz kurz fragen, ob Zwingli nicht notwendigerweise »natürliche Theologie« ge-trieben habe. Ohne Zweifel ist — wie übrigens auch seinen Mitreformatoren Luther und Calvin — seiner Meinung nach der Natur eine gewisse Offen-barungsqualität eigen. Unter Berufung auf den Locus classicus aller natür-lichen Theologie, Rö. 1, 20 kann Zwingli verschiedentlich davon reden, daß die Betrachtung der äußern Dinge ein Weg zur Erkenntnis Gottes ist: den Gläubigen zum Guten, »den Ungläubigen aber zur Bezeugung ihrer verdienten Verdammnis« (Predigt über Jes. 40; S. 110). Ein wesentlicher Weg zur Gotteserkenntnis ist das aber doch nicht. Wenn Zwingli auch, wie wir gehört haben, nicht etwa nur dem Menschen, sondern aller Kreatur zubilligt, daß sie Gottes Ehre und Gottes Macht verkündige, sagt er im entscheidenden Kapitel seines Commentarius »Von Gott« doch, daß letztlich der Glauben an Gott nur durch die Kraft und Gnade dessen geschieht, an den man glaubt. »Es ist offenbar, daß die Frommen darum glauben, daß es einen Gott gebe und daß die Welt sein Werk sei usw., weil sie es von Gott gelehrt sind. Also ist es einzig Gottes Werk, sowohl, daß du glaubst, daß ein Gott sei, als auch, daß du diesem Gott vertraust« (ZH 9, S. 23). Und nun mit einem Vergleich zu schließen: »Was aber Gott sei, das wissen wir aus uns ebensowenig, wie ein Käfer weiß, was der Mensch ist. Ja, das unendliche und ewige Göttliche hat vom Menschen einen viel größern Abstand als der Mensch vom Käfer, weil ein Vergleich der Geschöpfe untereinander eher angebracht ist als der Vergleich der Geschöpfe mit dem Schöpfer. Und alle vergänglichen Dinge sind sich gegenseitig viel näher und verwandter, als sie dem ewigen unbegrenzten Göttlichen sind, obschon man in den Geschöpfen Abbilder und Fußspuren, wie man sagt, des Göttlichen findet...« (ZH 9, S. 23). Wir kommen aus eigener Kraft nicht zur Erkenntnis Gottes; was Gott ist, können wir nur aus seinem Mund erlernen: durch Christus.

Diesen Aufsatz widmet der Verfasser in Dankbarkeit Herrn Professor D. Fritz Blanke zum 60. Geburtstag

3. EIN UNGEDRUCKTES VORWORT ZU JOH. STUMPFS GESCHICHTE DES KONZILS VON KONSTANZ*

I

Johannes Stumpf ist nicht nur der Verfasser der berühmten »Eydgnoschafft« und der Schweizer- und Reformationschronik, sondern auch einiger kleinerer Arbeiten zur Kirchengeschichte. Neben der erst vor ein paar Jahren veröffentlichten Geschichte des Abendmahlsstreites »Von dem span, hader und zweyung zwüschen doct. Martin Luthern zu Wittenberg und Huldrichen Zwinglin zu Zürich, predicanten[1]« zählen dazu eine 1541 gedruckte Beschreibung des Konstanzer Konzils »Des grossen gemeinen Conciliums zuo Costentz ... beschreybung ... Item von Johann Hussen unnd Hieronymo von Prag ...[2]« und eine 1556 verfaßte Geschichte Kaiser Heinrichs IV. »Keyser Heinrychs des vierdten Hertzogen zuo Francken und am Rhyn usw. fünfftzigjährige Historia[3].« Leider sind diese kirchengeschichtlichen Arbeiten Stumpfs praktisch unbekannt geblieben. Wie schon Hans Müller in seiner schönen Arbeit über Stumpfs Weltbild gezeigt hat[4], verdienen sie aber alle, der Vergessenheit entrissen zu werden. Wie die großen Hauptwerke zeigen auch sie sehr deutlich den innersten Grund von Stumpfs Beschäftigung mit der Geschichte: die Parallelität von Geschichte und Gegenwart nachzuweisen. Natürlich sind gerade auch die kirchengeschichtlichen Arbeiten schöne Zeugnisse für Stumpfs überzeugte protestantische Haltung. Wenn wir in diesem Geburtstagsgruß in besonderer Weise auf Stumpfs Geschichte des Konstanzer Konzils hinweisen, hat das freilich noch zwei weitere Gründe: einmal hat sich 1965 anlässlich der 550-Jahr-Feier des Konstanzer Konzils (wie übrigens auch des Abschlusses des Zweiten Vaticanums!) kaum jemand an Stumpf als Konzils-Historiker erinnert; zum andern existiert zu dieser an sich ja längst gedruckten und deshalb wenigstens potentiell bekannten Geschichte ein langes und äußerst interessantes Vorwort, das ungedruckt geblieben ist, obschon es den Zweck der ganzen Schrift überhaupt erst recht enthüllt. Stumpfs

---

* In: Festgabe Hans von Greyerz. Zum sechzigsten Geburtstag, 5. April 1967. Bern: Herbert Lang 1967.

[1] Beschreibung des Abendmahlsstreites von Johann Stumpf, auf Grund einer unbekannt gebliebenen Handschrift ediert von F. Büsser, Zürich 1960.

[2] Zürich (1541).

[3] Zürich bei Froschauer 1556. Vgl. G. Meyer von Knonau, Des Johannes Stumpff »Keyser Heinrychs des vierdten Hertzogen zuo Francken und am Rhyn etc. fünfftzigjärige Historia«, 1556. Turicensia, Zürich 1891, 145-163.

[4] H. Müller, Der Geschichtschreiber Johann Stumpf. Eine Untersuchung über sein Weltbild. Zürich 1945.

»Beschreybung ... des grossen gemeinen Conciliums« wuchs an sich aus seiner Beschäftigung mit der Schweizergeschichte heraus. Die Eroberung des Aargaus, die Rechtfertigung dieser Eroberung verlangten sie. Auch die Geschichte der Konstanzer Märtyrer und Vorreformatoren Johannes Hus und Hieronymus von Prag mußte den Mitarbeiter Zwinglis interessieren. Viel wichtiger für die Entstehung dieser Arbeit war aber das Konzil selber. Seit der Mitte des 15. Jahrhunderts, ja gerade seit Konstanz, war das Verlangen nach einem allgemeinen Konzil zur Kirchenreform nicht mehr verstummt, auch Luther hatte bereits 1518 an ein Konzil appelliert. Nun wurde das Konzil von Trient geplant, an dem die Protestanten sich dem Urteil der Kirche unterwerfen sollten. Da wollte und sollte nun die Beschreibung des Konstanzer Konzils zeigen, daß eine Versammlung päpstlicher Kirchenfürsten nicht die richtige Instanz ist, welche die religiöse Wahrheit zu finden und zu verkünden imstande wäre.

II

Natürlich war Johannes Stumpf weder der erste noch der einzige, der sich protestantischerseits mit dem geplanten Konzil auseinandergesetzt hat. Robert Stupperich hat in einem Aufsatz über »Die Reformatoren und das Tridentinum« gezeigt[5], daß alle Reformatoren, Luther and Melanchthon, die Schmalkaldener, Corvin in Marburg, Bucer in Straßburg, in Zürich Zwingli und Bullinger, schließlich ganz ausgeprägt auch Calvin sich sehr eingehend sowohl mit dem Konzilsereignis selber wie später mit den Beschlüssen des Tridentinums beschäftigt haben. Sie alle berührten aber nicht oder nur am Rande das Thema Stumpfs: aus der Konzilsgeschichte die Gefährlichkeit, bzw. die Nutzlosigkeit eines Konzils zu beweisen.

Um an ein paar Tatsachen zu erinnern: *Luther* war nicht grundsätzlich gegen ein Konzil. Er anerkannte im allgemeinen Konzil durchaus eine Repräsentation der allgemeinen Kirche und gestand dem Konzil auch das Recht zu, in Glaubensfragen zu entscheiden. Anderseits vertrat er aber schon vor Leipzig die Auffassung, daß Konzilien irren könnten und unter Umständen einem einzelnen Gläubigen mehr geglaubt werden sollte, wenn er die größere Autorität der Heiligen Schrift auf seiner Seite hätte. Von Anfang an war Luther auch unerschütterlich in seiner Forderung nach einem freien christlichen Konzil in Deutschland, das sich allein auf das Schriftwort gründete. In gleicher Weise, wenn nicht noch schärfer nahm Luther Stellung zur Konzilsfrage nach der Ausschreibung eines Konzils nach Mantua 1536/37. So heißt es in seiner Schrift »Von Conciliis und Kirchen«: »So müssen wir auch etwas mehr und

---

[5] R. Stupperich, Die Reformatoren und das Tridentinum, Archiv für Reformationsgeschichte 47 (1956), 20-63.

Gewisseres haben für unsern Glauben, wie die Concilien sind. Dasselbe mehr
und Gewisseres ist die Heilige Schrift[6].« Dabei können Luther auch Kon-
sistorien und Hofgerichte Konzilien werden:»Auch Pfarrer und Schulen sind,
wiewol kleine, doch ewige und nützliche Concilien.« Schließlich stellte Luther
kurz vor seinem Tod, bereits während des Tridentinums, noch einmal die Frage
nach dem divinum des Papsttums in der Schrift»Wider das Papsttum zu Rom,
vom Teufel gestiftet[7]«. In allen diesen Schriften hat sich Luther eher allgemein
zur Konzilsfrage geäußert; im besondern wies er gelegentlich auch auf
Konstanz hin. So ließ er Briefe von Hus publizieren[8]; in einer Zirkular-
disputation de Concilio Constantiense schrieb er:»Die löbliche stad hat einen
feinen Namen ‚Constantia', das heißt Bestand oder Fest, manlich gemüte,
Daher sie es nennen Constantiense Concilium, Aber ich Doctor Martinus
teuffe sie nach irem rechten namen, den sie jnen selber hierinn geben,
Obstantiense Concilium. Obstantia aber heißt widderstand, denn hie haben sie
nicht allein mit der that wider Christum und seine Kirche gehandelt, Sondern
rühmen sichs dazu, und bestetigen, das Christus wohl müge setzen, was er wil.
Aber die Herr Obstantiensis Conciliy wöllen da wider setzen und ja nicht
ansehen noch seine Kirche dazu[9].«

Ähnlich wie in Wittenberg dachte man auch in Straßburg und Zürich. Von
Bucer liegt bereits aus dem Jahre 1533 ein Dialog »Fürbereytung zum
Concilio« vor[10], und 1545 schrieb er als Gegenvorschlag zur Trienter Einladung eine Arbeit »De concilio et legitime iudicandis controversis religionis[11]«, in welcher er wie Luther von einem freien Konzil forderte, daß es
von frommen, maßvollen, auf Einigung bedachten Männern, zu denen ohne
weiteres auch Laien gehören dürften, beschickt würde, und daß es auch eine
»repurgatio et reparatio doctrinae vel disciplinae« brächte.

In Zürich hat zunächst auch *Zwingli* durchaus konziliare Ideen vertreten.
Möglicherweise auch in dieser Beziehung durch Johann Ulrich Surgant
beeinflußt, hat Zwingli seine Reformation in einer eigenartig konziliaren-
antikonziliaren Weise nicht bloß theoretisch behandelt, sondern auch praktisch
durchgeführt. Wie F. Schmidt-Clausing in einem Aufsatz »Zwinglis Stellung
zum Konzil« nachgewiesen hat[12], kam Zwingli schon in seinen reformatorischen Anfängen »von der Konzilskritik« an den katholischen Kirchenver-

---

[6] WA 50, 506 ff.; vgl. Stupperich, a.a.O. 34.

[7] WA 54, 195 ff.

[8] WA 50, 23 f. und 127 ff.

[9] WA 39/I, 13.

[10] Bibliographia Bucerana, Schriften des Vereins für Reformationsgeschichte 169 (1952),
Nr. 41. Z.T. ediert in: Wolf, Quellenkunde II/2, 25 ff.

[11] De concilio et legitime iudicandis controversis religionis criminum, quae in M. Bucerum Io.
Cochlaeus et Io. Gropperus perscripserunt, confutatio, Strassburg 1545.

[12] Zwingliana, Beiträge zur Geschichte Zwinglis, der Reformation und des Protestantismus in
der Schweiz, XI (1962), 479 ff.

sammlungen »zum eigenen Konzilsbegriff«. Indem er den päpstlichen Kirchenversammlungen die Versammlung aller Rechtgläubigen gegenüberstellte, welche aufgrund der Heiligen Schrift urteilt, hat er einen neuen Konzilsbegriff geprägt. Dementsprechend hat Zwingli ja bekanntlich schon die 1. Zürcher Disputation als Konzil betrachtet: »Was heißt die kilch? Meint man den bapst zů Romm mit grossem, herrischen gewalt und pomp der cardinäl unnd bischoffen über all keyser unnd fürstenn, so sag ich, das dieselbig kilch offt irt unnd geirrt hatt, als das menigklich weißt, wyl sy landt und lüt verderbent, stett verbrennen und das christlich volck verheren unnd vonn wegen irs zytlichen brachts zů tod schlahen, on zwyfel nit uß befelch Christi unnd siner aposteln. Aber es ist ein ander kilch, die wellen die Papisten nüt lassen gelten; dieselbige ist nüt anders, denn die zal aller recht Christglöbigen, in dem geist unnd willen gottes versamlet, welche ouch ein festen glouben und ein ungezwifelte hoffnung in got iren gesponß setzet. Dieselbig kilch regiert nit nach dem fleisch gewaltig uff erdrich, herscht ouch nitt uß irem eignen můtwillen, sunder hangt unnd blybt allein an dem wort unnd willen Gottes, suocht nitt zytlich eer, groß land und lüt under sich ze trucken und den andern Christen ze herschen. Die kilch mag nit irren. Ursach: Sy thůt nüts uß irem můtwillen oder was sy gůts bedunckt, ja sůcht allein, was der geist gottes heißt, erfordert und gebütet. Das ist die rechte kilch ...[13]«

Durchaus im gleichen Geist lehnte auch *Bullinger* das Tridentinum ab. Schon 1532 verlangte Zwinglis Nachfolger in Zürich in einem kurzen Gutachten »wie man in ein Concilium einwilligen möge«, daß sein Zweck allein Gottes Ruhm, das Heil des Nächsten und die Ergründung der Wahrheit sein dürften und als Grundlagen nur die kanonischen Bücher des Alten und Neuen Testaments in Frage kämen, wobei die Schrift nicht etwa im römischen Sinn, sondern nur nach ihrem eigenen Sinn, nach der Regel des Glaubens und der Liebe ausgelegt werden dürfte[14]. Als 1546 Papst Paul III. in die Eidgenossen drang, Trient zu besuchen, lehnte Bullinger in einem Gutachten der Zürcher Geistlichkeit vom 1. August 1546 eine Teilnahme der Reformierten rundweg ab: nachdem sich erwiesen, daß das Trienter Konzil nur veranstaltet worden sei, um die evangelische Lehre auszurotten, man in Konstanz auch bewiesen habe, daß

---

[13] Z (= CR, opp. Zwinglii) I, 537 f. — Vgl. dazu auch noch Z II, 61: »Also ist der verstand des artikels im glouben: Ich gloub, das die heilig, allgemein oder christenlich kilch ein eygner gmahel gottes sye. Und ist aber die allgemein kilch die gemeind aller frommen, glöbigen Christen. Dannenhar die versamlungen besunderer personen oder bischoffen, obschon die ietz verwenten bischoff all zemmen kemind, nit die kilch ist, in die und von dero wir gloubend; dann in derselben sind alle frommen Christen, die erst by got wesenlich versamlet werden nach disem zyt; aber diewyl sy hie ist, so läbt sy allein in der hoffnung und kumpt sichtbarlich nümmer zemmen; aber in dem liecht des götlichen geists und gloubens ist sy hie ouch allweg by einandren; das ist aber nit sichtbar.«

[14] C. Pestalozzi, Heinrich Bullinger. Leben und ausgewählte Schriften, Elberfeld 1858, behandelt § 78, 266 ff. Bullingers Verhalten zu dem erwarteten päpstlichen Konzil.

Ketzern das Geleit nicht gehalten werden müsse, dürfe man sich nicht wie wehrlose Schafe unter die Wölfe begeben. Jede Gemeinschaft mit dem Papst sei abzulehnen. »Unser Vater ist in den Himmeln; unser Herr und Hirt ist Christus Jesus, der sein Leben für seine Schafe hingegeben und uns mit seinem unschuldigen Tod vom ewigen Tode erlöst hat. Die Lehre unseres Glaubens haben wir aus den Büchern oder Schriften des göttlichen Gesetzes und der heiligen Propheten, aus dem heiligen Evangelium Christi und der lieben Apostel. Diese Schrift und Lehre lehrt uns glauben, dass Jesus Christus der Sohn Gottes und der ewig reinen Jungfrau Maria, unser einiger ewiger Herr sei, dass er allein das Haupt der Kirche, sie nie verlasse und darum keines Statthalters bedürfe, dass er seiner Kirche oberster Hirt und Priester bleibe, mit dem Ein Mal gefallenen Opfer am Kreuze alle Gläubigen von Sünden reinige und entledige, auch vor dem Angesichte des Vaters für alle Gläubigen, als der einige ewige Mittler fürbitte, dass er unsere Gerechtigkeit, Genugtuung und Leben sei, dass man ihm im Glauben, Liebe und Hoffnung, wie er geboten habe, dienen solle, und dass ein jeglicher, der diese Lehre nicht bringt, sondern etwas von ihr Abweichendes oder ihr Zuwiderlaufendes einführt, verbannt und verflucht sei[15].« Abschließend hat Bullinger zur Frage des Konzils 1561 Stellung bezogen.

Der schärfste Gegner des Tridentinums, bzw. einer protestantischen Teilnahme am Konzil war indes *Calvin*. Er verurteilte das Tridentinum schon in ein paar Anmerkungen zum Tadelsbreve Pauls III. an den Kaiser[16], gründlicher in den »Acta synodi Tridentinae cum Antidoto«[17] und in der Vorrede zu seinem Kommentar über die Apostelgeschichte[18]. Das Tridentinum war für Calvin nicht mehr als ein päpstliches Privatkonzil, das durch Gottes Wort sowohl im ganzen wie im einzelnen widerlegt wird. Wie Luther und die Zürcher spielte übrigens auch Calvin auf Konstanz und die Hinrichtung von Johannes Hus an.

III

Alle diese Reformatoren, dazu sicher noch andere haben bestimmt auch Stumpfs Stellungnahme zum Tridentinum beeinflußt. Wir kennen diese Stellungnahme nicht weiter. Aus Stumpfs Geschichte des Konzils von Konstanz, vor allem nun aber eben aus dem hier erstmals veröffentlichten Vorwort zu dieser Schrift geht deutlich hervor, was Stumpf über die katholische Kirche, das Papsttum und die Hierarchie seiner Zeit gedacht hat. Ja, das Besondere an dieser Schrift ist gerade dies, daß Stumpf als Kirchenhistoriker

---

[15] A.a.O., 270 f.
[16] CR (Opp. Calvini) 35, 257 ff.
[17] CR 35, 365 ff., vgl. Stupperich, a.a.O., 49.
[18] CR 42, 295 ff.; deutsch bei R. Schwarz, Johannes Calvins Lebenswerk in seinen Briefen, Tübingen 1909, I, 436 ff.

die Fragwürdigkeit des Tridentinums nicht bloß theologisch, sondern historisch begründet hat. Stumpf fügt zu den Gründen, welche Luther, Zwingli und Bullinger, Bucer und Calvin von ihrer Schriftauffassung und von ihrem Kirchenbegriff her gegen das Konzil vorgebracht haben, noch jene der historischen Erfahrung hinzu. In der gedruckten Schilderung des Konzils kam diese persönliche Stellungnahme zwar auch zum Ausdruck. Dort mußte sie aber versteckt bleiben, sich in der ausführlichen Beschreibung der Verhandlungen und der Prachtentfaltung, in der Aufführung der Teilnehmer verbergen oder auch in dem Gewicht, das der Geschichte des Hus beigemessen wird. Im Vorwort konnte Stumpf sich dagegen ganz unmißverständlich und klar aussprechen. Der Chronist geht auf diesen paar Seiten, die sich im Manuskriptband A 70, S. 21-30, der Zentralbibliothek Zürich finden, von seinen grundlegenden religiösen Anschauungen aus. Diese bestehen darin, daß das Evangelium immer Widerstand ausgelöst hat. »Christus und der Teufel, Licht und Finsternis, Gut und Böse, Geist und Fleisch sind bei Stumpf übereinstimmende Gegensatzpaare«, die in der Geschichte immer anzutreffen sind. Ja Stumpf interpretiert Welt und Geschichte geradezu als Auseinandersetzung zwischen den beiden Mächten des Guten und des Bösen: »So nun Geist und Fleisch, Liecht und Finsternuß, ouch Christus und Belial sich gar nit mitteynander verglychen mögend, darumb so entstat dann der Krieg und die Zweÿung under den Menschen uff Erden; und diewyl Christus kommen ist vilen zu der Ufferstentnuß und vilen zum Fal, dannenhar regt sich das Schwert, darvon im Evangelio stat, das sich der Vatter wider den Son und die Tochter wider die Muotter und ie ein Fründt wider den andern empöret, und des Menschen Hußgnoßen syne Fyend werdend[19].«

Dieser Kampf, in dem zwar die Mehrheit immer auf Seiten des Antichrist, des Bösen, steht, in dem schließlich aber doch die Wahrheit, Christus, siegen wird, spiegelt sich für Stumpf besonders deutlich im Kampf der katholischen Hierarchie gegen die Anhänger des Evangeliums, oder, noch deutlicher ausgedrückt, im Versuch Roms, durch Religionsgespräche, zuletzt durch ein Konzil, die Wahrheit zu überwinden. Wie schon in der ganzen Geschichte des Christentums zu den Methoden des Antichrists »Verbannen und Verfluchen, als Ketzer-Verdammen« gehört haben, so reizt jetzt, in den dreißiger und vierziger Jahren des 16. Jahrhunderts, der Antichrist die weltlichen Fürsten und Stände gegen den evangelischen Glauben auf, will jetzt das Konzil den evangelischen Glauben letztlich ausrotten. Stumpf läßt nicht den geringsten Zweifel daran aufkommen, daß ein Konzil unfähig ist, über den Glauben zu entscheiden. Bestimmend für diese Auffassung ist zunächst sein Kirchenbegriff. Wie Zwingli versteht auch Stumpf unter Kirche verschiedene Größen: zunächst die Versammlung aller Christen auf Erden überhaupt, dann die lokale

---

[19] S. unten S. 42.

Kirchgemeinde, schließlich die im Heiligen Geist versammelte Gemeinde der
Heiligen. »Erstlich heyßt das Wörtli Kilch ... für sich selbs nach syner
Bedütung ein Versamblung oder Menge des Folcks ... Derhalben wir für eyns
die christlich Kilchen nennend alle die Menschen uff dem gantzen Ertrich, die
den Namen Christi mit dem Mund bekennend, sy syend joch ware Christen
oder nit ... diße Kilch ist allzyt vermischet mit Unglöubigen, mit Glyßnern und
mit falschen Christen ... Zum andern nennet die Geschrifft ouch ein Kilchen
ein jede Versamblung oder Gmeynde in eynem Land, Statt oder Flecken
besonder ... Also heyßend ouch wir die sonderbaren Versamblungen, die Kilch
zu Straßburg, die Kilch zu Zürich, oder die Kilch in ... Diewyl aber ouch diße
sonderbare Kilchen, als Theyl der algemeynen Kilchen, von deren obegemelt
ist, mit Boßen und Ungloubigen vermengt, so ist es noch nit die recht heylig
christlich Kilch one Mackel und Runtzel oder die Gemeinsame der Heylgen
etc., obwol Heylge und Fromme darunder sind. ... Für das dritt so ist noch ein
Kilch: das sind alle Ußerwelte, Christglöubigen in der gantzen Welt, welche
Kilch niemermer nach dem Fleisch, sonder allein im Geist versamblet ist. Und
das ist ouch die Gmeinschafft der Heylgen, die wir im Glauben bekennend[20].«
Während die Ökumene wie die lokale Kirchgemeinde, beide sichtbar, auch
Heuchler umfassen, beide aus echten und falschen Christen zusammengesetzt
sind, ist die unsichtbare Gemeinde der Heiligen allein die wahre Kirche. Sie
allein kennt Gott wirklich, weil sie aus den Gläubigen besteht und nicht aus den
römischen Prälaten, die gerade in Konstanz bewiesen haben, daß sie eher Diebe
und Mörder als Hirten ihrer Herde sind. Von 1.Kor. 1 (»Denn nicht viele Weise
nach dem Fleisch, nicht viele Mächtige, nicht viele Leute von vornehmer
Geburt sind berufen, sondern was vor der Welt töricht ist, hat Gott erwählt«
...) ausgehend, malt Stumpf die katholische Priesterschaft in den dunkelsten
Farben: »Welchem verstendigen Liebhaber evangelischer Warheit wolte dann
hie nit grußen und schüchen, den Handel Gottes, so die Selikeit antrifft,
eynem Concilio oder Versamblung so hochbrätiger, stoltzer Papst, Cardinel,
Bischoffen, Apten, Prelaten und Gotts-Junckern zu undergeben, besonder so
by inen merteyls christlicher Gloub, Liebe und Warheit, gütte Sitten, Frombkeit des Lebens, Demüt, Tyranny, Ungedult, Unküscheit, Füllery, Unmaß und
gantz alle Ungerechtikeit ougenschinlich gesehen wirt. Ob Gott syn Geist und
Geheymniß einer Samblung solcher geyler Weltkinder und glyßender Apostlen
vertruwe oder ingieße, ist by mir zwyfelig ...[21]«
    Diese Verweltlichung des Klerus ist für Stumpf indes nur der gewissermaßen
äußere Grund für die Ablehnung eines Konzils. Gewichtiger ist der innere:
Richter über Glaubensdinge können überhaupt nicht Menschen sein, sondern
allein die Heilige Schrift. Stumpf anerkennt als Richter nur die »lautere

---

[20] S. unten S. 44.
[21] S. unten S. 43.

biblische Geschrifft«. Sie ist die Stimme des obersten Hirten und der Brunn aller Wahrheit. »Darumb ist die heylig christlich Kilch nit die Versamblung der Pâbste und Prelaten; den diewyl sy uber Gottes Wort Richter wollend syn und ire Satzung und Gewonheiten demselbigen fürsetzend, als dann im Concilio zu Costentz beschehen ist. So werend sy vil mer nach der Geschrifft zu nennen Dieb und Morder; dan Christus ist die Thür des Schaffstals, und welcher anderßwo hinin tringt dan durch diße Thür, der ist ein Dieb und Morder Jo 10. Wie kônnend nun die ein heylge Kilch syn, die nit Schâffle Christi sind, wie môgend die Schâfli Christi syn, die syn Wort verdammend, verbietend und verduncklend und ire Satzungen an die Statt setzend? Der Herr spricht: ‚Myne Schâffli horend myn Stümm.' Wârend sy nun Schâffli Christi, so hortend sy allein den Hirten, kein andern. Also thut die heylig Kilch: die hört allein die Stümm ires Gemahels, dan die waren Schâfli Christi hôrend nit die Stümmen eynes Frômden[22].« Stumpf zeigt in seinem Vorwort mit letzter Deutlichkeit, wie Konzilien, wiederum gerade das Konzil von Konstanz, geirrt haben, weil sie nicht von der Heiligen Schrift, sondern vom Papsttum sich haben leiten lassen, wie sich auch Widersprüche finden zwischen den verschiedenen Konzilien, wie anderseits Gott gar keine Konzilien brauchte, um seiner Sache zum Durchbruch zu verhelfen. Gottes Wort allein leitet in alle Wahrheit. Im Gegensatz zu den sündigen unweisen Führern der Kirche, welche sich nur für Dummheiten einsetzen und keine Zeit für das Wichtigste haben, dient die Heilige Schrift dem Frieden, der höher ist als alle Vernunft. — Das Vorwort schließt mit einer ausführlichen Inhaltsübersicht über die Geschichte des Konstanzer Konzils.

IV

Wir geben im folgenden Stumpfs Text im originalen Wortlaut wieder. Groß- und Kleinschreibung sowie Interpunktion wurden allerdings modernen Grund- sätzen angepasst. Auch wurden der bessern Lesbarkeit wegen Stumpfs Marginalien weggelassen, Bibelstellen im Text eingefügt und vervollständigt. Wort- und Sacherklärungen wagen wir ebenfalls wegzulassen, da der Text für sich selber spricht.

[S. 21] Der heylig Prophet Ezechiel spricht (Ez. 18, 23), das der barmhertzig Gott und Vatter nit begere »den Todt des Sünders, sonder vilmee, das er sich bekere und lebe«. Welches hierin erfült ist, das er synen geliebten Son nit hatt verschont (Röm. 8, 32), sonder den in diße Welt gesandt zu eynem Liecht und Heyl der Menschen, die in der Finsterniß mit dem Schatten des Tods begriffen warend etc. Dißes heilig Liecht (Mt. 4, 16), das lange Zyt umb unßerer schwären Sünd willen under dem Mêß menschlicher Satzung verstürtzt und verhalten waß, hat uns der Vatter aller Barmhertzigkeit und

---

[22] S. unten S. 45 f.

Trosts dißer allerlettsten und gfarlichen Zyt durch klare Verkündigung des heilgen Evangelij widerumb für Ougen offenlich uff den Kertzstock gestellt, darmit alle, die in dem Huß Gottes wondend, sehend darin zu wandlen und das Liecht des Lebens zu empfahen.

Diewyl aber der Fyend des Heyls im Paradyß durch die Schlangen das menschlich Geschlecht so schwểrlich vergifftet und verfinstert hatt, so ist daruß gevolgt, daß vil, ja der Merteyl Menschen, die nit uß dem Wort und heilgen Geist widergeporen, sonder allein fleischlich gesinnet sind, die Finsterniß lieber habend dann das fürgestellt Liecht (Joh. 3, 19). Und diewyl ire Werck, ja ouch ir gantz Fürnemmen boß und uff Arges gericht ist, so haßend sy nit allein das Liecht, sonder, darmit ire Boßheit nit dardurch endteckt und gestrafft werde, so verfolgend sys ouch, und mit höchstem Ernst arbeyttend sy, dasßelbig widerumb zu verdunckeln; die Ußerwelten aber und Glểubigen fröwend sich deß hoch, und diewyl ire Werck dem Herren gefellig und sy der Warheit vehig sind, so wandlend sy gern am Liecht.

So nun Geist und Fleisch (Gal. 5, 17; 2.Kor. 6, 14f.), Liecht und Finsternuß, ouch Christus und Belial, sich gar nit mitteÿnander verglychen mögend, darumb so entstat dann der Krieg und die Zweÿung under den Menschen uff Erden, und (Lk. 2, 34f.) diewyl Christus kommen ist vilen zu der Ufferstentnuß und vilen zum Fal (Mt. 10, 34), dannenhar regt sich das Schwert, darvon im Evangelio stat, das sich der Vatter wider den Son, und die Tochter wider die Mûtter, und je ein Fründt wider den andern empôret, und des Menschen Hußgnoßen sÿne Fÿend werdend. (1.Kor. 2, 14) Diewÿl dann der fleischlich gesinnet Mensch nit begrÿfft die Ding, die Gottes sind, und sich dennocht der Warheit und des Glaubens ouch will annemmen und redlich darin gesehen werden, so volget, das all syn Religion nun ein Glÿßnerÿ ist, derhalben wie bald man im uff Gottes Wort erzeugt, waß ware Fromkeit sy, daran Gott Gefallens habe (also das er sehen mûß, das syn fleischliche Fromkeit nüt dan Glyßnerey und Wûst ist gegen dem Werck Gottes ze rechnen) so würt er erzürnt, will Gott nit wychen noch dem Geist und Wort Gottes Rum geben, sonder ergrimmet und falt an das Waappen [?], sprechende: solte das nüt gelten? Solt der Gotsdienst vergebens syn? Das welle Gott nit [S. 22], und hiemit erhebt sich dann die Trennung und Empôrung zwüschen Fleisch und Geist. Und (Mt. 22, 14) diewyl viel berüefft, wenig aber ußerwelt sind, und deßhalb uff Erden alweg der fleischlich gesinneten Glÿßner mer erfunden werdend dan deren (Joh. 4, 24), die den Vatter im Geist und Warheit vereerend, so volget, das der bổßer Huff gemeinlich der größer ist und das Meer machet. Da mûßend dan alle Gottes Fründt sich schmucken; und so die Warheit Haß gepirt, welcher dann die heruß wil sagen, der mûß sich des Crütze verwegen haben. Er wirt nit allein den Gunst der Welt verlieren, sonder ouch syne Verwandten nach dem Fleisch werdend sich an im ểrgern und im alle Früntschafft entziehen. Da muß der kleyner Huff unrecht han, da hebt sich ein Lestern, Schelten, Verlümbden und alle Bitterkeit. Da thût sich der Antichrist mit all syner Macht herfür (Dan. 7), redt prachtlich Wort wider den Allerhöchsten und fürt ein onerbểrmbklichen Krieg mit den Heilgen Gottes. Syne Waffen sind Verpannen, Verflûchen und für Ketzer-Verdammen. Und so dann der grổste Theyl der Welt im anhangt, so entzündet sich das Fleisch wider die Diener Gottes, sucht Wểg, Practic, Hilf und Bystand, die onzerstörlichen Warheit zu vertrucken. Da hebt sich dann ein Würgen, Metzgen, Kriegen, Kôpffen, Hencken, Prennennn und Wüetten; zu welchem allem (Joh. 16, 2), so sy verhoffend, Gott ein Dienst gethon haben, hand sy allein die Ußerwelten zum ewigen Leben gefürdert, und inen selbs Gottes Urtel uffgeladen (Weisheit 5, 3), welches sy erst zuvil spat mit Achtzgen und vergebnen Rüwen erkennen und beklagen werdend, wenn sy sehend die Ußerwelten in ewige Glori ingon etc. Darumb (Lk. 12, 32) soll im das klein ußerwelt Hüffli nit fürchten, sonder sich trosten mit dem, das inen der Vatter das Rych will geben. So (3.Esra 3, 12) ist die Warheit onüberwintlich, die wirt allzyt den Syg behalten ouch wider die Porten der Helle, und denn Antichrist, der jetzund wüettet durch die Welt (2. Thess. 2, 8), wirt der Herr mit dem Athem synes Munds umbringen.

Diewyl nun die Warheit, deren sich die Kinder Gottes haltend, onüberwintlich ist, und dargegen die Welt in Lastern, falscher Religion und Glyßnery verplendet, doch bißhar mit irem Wüetten das Evangelium nit hatt mögen verdrucken, sonder das vil meer zwyget [?], so hatt der Antichrist ein andern List erfunden, und darmit im syn Rych umbgestürtzt werde, reytzet er die weltlichen Fürsten und Stend wider den evangelischen Glouben, in Hoffnung, Tütsche Nation zu zertrennen, und in eynem solchen zerteylten Rych widerumb inzunisten. So er aber sicht, das die [S. 23] tütschen Fürsten zu Krieg, Plůtvergießen und Vertilckung irer Nachpuren (syns Achtens) zuvil trěg, aber gar nit willig sind, hatt er zu lettzt doch schwěrlich sich begeben, der Sach durch ein Concilium zuradten laßen, uff welches Concilium der Merteyl der Welt lange Zyt har mit großem Verlangen wartet, nit anderß, dan sam alle Sach dardurch geschlicht, der Kilchen geholffen und der Gloub bestetiget solte werden. Zu dißem Fürněmmen habend Keyßer, Künig, Churfürsten, Fürsten, Stett und alle Stende des Rychs Flyß und Arbeit angewendet und understanden, die Sach zu vertragen, und beyde, die Evangelischen und Rhomischen Christen (wie man in weltlichen Sachen pflegt) mitteynander durch Theding zu verglychen. Und als mencklich achtet, soll solche Thěding durch ein Concilium geschehen, das jegliche Parthy ettwas irer Religion halb fallen laße oder der anderen nachgebe, darmit man zufriden komme, onangesehen das Gott (Dt.4, 2; 12, 32) gepüt, synem Wort nützid zuzethon noch abzubrěchen.

Hieruff sind vil Rychßtag gehalten, zu Wormbs, Esslingen, Spyer, Nörmberg, Regenspurg, Augspurg, Hagenow etc, uff welche alle und jeden besonder alle Welt gewartet hatt, was doch die großen Berg für ein wunderbare Frucht gepěren wöltend. Aber da schloff zu lettst ein lacherliche Muß herfür. Da ward nüt Entlichs ußgericht. Da wolt ein Teyl bym Glouben und Ceremonien der Romischen Kilchen, der ander aber by reyner evangelischer Warheit vermög Alts und Nüws Testaments blyben, und kein Teyl nützid fallen laßen etc. Also wurdend darneben die Rychßtag jederwyl nur mit Pracht, Hoffart, Uppikeit, Hůry, Thurniren, Stechen, Dantzen, Eßen, Trincken und in Wollust verzert, und so wenig Fruchtbars in des Gloubens oder Religion Sachen vollendet, das ettlich Fürsten selbs erkennend die vergebne Arbeit und verlornen Kosten, und deßhalb vil an der Sach, das man iren mit den Rychßtagen helffen solle oder möge, verzwyflet sind etc. Jedoch ist die Sach zu lettst durch die keyßerliche Maiestat by dem Pabst uff ein General Concilium veranlaßet, welches Concilium der Pabst mit synem Huffen in Italien begerend zu legen uff iren Fortel, dargegen über die tütschen Landen wüllend haben, und zanckend sich also zu beyden Sytten umb den Fortel, welcher Zanck zwar argwonig ist. Dan (Ps. 117, 2) diewyl die Warheit ewig und bestendig, ja das Liecht und Leben selbs ist, so bedarff man iro zu Hilff nit forteylige Plětz [...?] (Joh. 3, 21), sonder sy stellt sich selbs herfür, mencklichem für Ougen.

So nun alle Welt sicht, das in so vil Rychßtagen und Samblungen aller Fürsten und Stend darunder doch vil sind, die es von Hertzen wol meynend, so wenig Entlichs oder Fruchtbares gericht wirt, welchem verstendigen Liebhaber evangelischer Warheit [S. 24] wolte dann hie nit grußen und schüchen, den Handel Gottes, so die Selikeit antrifft, eynem Concilio oder Versamblung so hochbrätiger, stoltzer Pabst, Cardinel, Bischoffen, Apten, Prelaten und Gotts-Junckern zu undergeben, besonder so by inen merteyls christlicher Gloub, Liebe der Warheit, gůtte Sitten, Frombkeit des Lebens, Demůt, Tyranny, Ungedult, Unküscheit, Füllery, Unmaß und gantz alle Ungerechtikeit ougenschinlich gesehen wirt. Ob Gott syn Geist und Geheymniß einer Samblung solcher geyler Weltkinder und glyßender Apostlen vertruwe oder ingieße, ist by mir zwyfelig (1.

Kor. 1, 26 f.), diewyl Paulus spricht:»Nit vil Wyßer nach dem Fleisch, nit vil Gwaltigen, nit vil Edlen sind berüefft, sonder waß torechtig ist vor der Welt, das hatt Gott erwelt, uff das er die Weltwyßen zuschanden machte. Und das schwach ist vor der Welt, das hatt Gott erwelt, uff das er, was starck ist, zuschanden machte etc.« So hat unßer Behalter selbs sich beworben mit eyner Geselschafft armer Jünger, von den Aermisten der Welt ußerboren, von denen (Lk. 10, 21) er sagt:»Ich lob dich Vatter Hümels und Erden, das du diße Ding verborgen hast vor den Klugen und Wyßen und hast die geoffnet den Kleinfüegen etc.«

So ich nun nit allein dißes Constentzer Conciliumb (darvon diß gantz Buch sagt), sonder ouch andere Synodos besich, find ich, das allweg die Wyßheit und Kunst in armer Lütten Seckel verdorben, aber by den hochen Prelaten hinfür gespiegelt ist. Also ist zu besorgen, wo hüt zu Tag ein Concilium entston solte, darin Pabst, Cardinäl, Bischoff und Prelaten das Regiment, als zu Costentz geschehen, haben solten, die Warheit wurde ouch viel grober dan zu Costentz gelestert und verdambt werden. Darumb sollend alle geistliche Stennd irn höchsten Flyß ankeren, zu verhüetten, das der Handel, die evangelischen Warheit betreffende, eyner solchen parthyeschen Versamblung keyns wegs vertruwt werde, sonder soll mencklich, das Costentzer Conciliumb (so für das allerheyligst gerüempt wirtt, und doch die klaren göttlichen Warheit für Ketzery verdampt hatt) für ein Exempel der Warnung haben, sich hinfür zu verhüetten. Dann ob solche Concilia schon den Titel »christlicher Kilchen, im Heilgen Geist versamblet, die nit irren möge etc.« fürwendend, soll sich doch kein Christ darmit verfüren laßen, sonder vil mer ein ernst Uffmercken haben, welches die Kilch sye, dero Gespons Christus ist, die Gottes Geist habe und deren das Urteyl der Warheit vertruwt sy, darvon hernach folget.

[S. 25] So wir nun die Geschrifft besehend, befindend wir dryerley Kilchen im Christenthümb: Erstlich heyßt das Wörtli Kilch (by den Latinern Ecclesia, by den Griechen synagoga) für sich selbs nach syner Bedütung ein Versamblung oder Menge des Folcks, wie das vil in der Geschrifft brucht wirt. Derhalben wir für eyns die christlich Kilchen nennend alle die Menschen uff dem gantzen Ertrich, die den Namen Christi mit dem Mund bekennend, sy syend joch ware Christen oder nit. Von dißer großen algemeynen Kilchen redt Paulus 1. Cor. 15 sprechend, er (1. Kor. 15, 9; Phil. 3, 6) habe die Kilchen Gottes verfolget, das ist, er habe verfolget alle die, so den Namen Christi bekantend etc. Aber diße Kilch ist allzyt vermischet mit Unglöubigen, mit Glyßnern und mit falschen Christen, wiewol wir dieselbigen nit kennend, biß sy ire Frücht zeugend. Diße vermischlete Kilch beschrybt Christus gar eigentlich in den Glychnußen (Mk. 4, 1 ff.) von dem Ackerman, der den Somen sägt etc., item (Mt. 13, 24 ff.) von dem Unkrut, (Mt. 25, 1 ff.) item von den zehen Junckfrowen etc. Und wiewol also die gantz Menge der Christen, die den Glouben bekennend, ein Folck und ein Kilchen Gottes genempt wirt, so ist es doch nit die heilig Kilch, die weder Mackel noch Runtzel hatt.

Zum andern nennet die Geschrifft ouch ein Kilchen ein jede Versamblung oder Gmeynde in eynem Land, Statt oder Flecken besonder. Also bruchts Paulus in synen Epistlen, da er spricht:»Der (1. Kor. 1, 2) Kilchen Gottes zu Corinthen«, item (1. Pt. 5, 13) Petrus spricht:»es grüßt uch die Kilch zu Babel versamblet etc.«. Also heysßend ouch wir die sonderbaren Versamblungen, die Kilch zu Straßburg, die Kilch zu Zürich, oder die Kilch in Saxen etc. Diewyl aber ouch diße sonderbaren Kilchen, als Theyl der algemeynen Kilchen, von deren obgemelt ist, mit Boßen und Unglöubigen vermengt, so ist es noch nit die recht heylig christlich Kilch one Mackel und Runtzel oder die Gemeinsame der Heylgen etc., ob wol Heylge und Fromme darunder sind.

Für das dritt so ist noch ein Kilch: das sind alle Ußerwelte, Christglŏubigen in der gantzen Welt, welche Kilch niemermer nach dem Fleisch, sonder allein im Geist versamblet ist. Und das ist ouch die Gmeinschafft der Heylgen, die wir im Glouben bekennend. Von dißer Kilchen redt Poulus zu (Eph. 5, 25ff.) Epheßern also: »Ir Menner sollend liebhan uwere Wyber, glych wie Christus geliebt hatt die Kilchen und hatt sich selbs für sy geben, uff das er sy heylgete, und hatt sy gereyniget durch das Waßerbad im Wort, uff das er im darstelte ein herrliche Gmeynd, die nit habe Maßen oder Runtzlen, sonder das sy sye heilig und onstråflich etc.« Dißes ist die recht Kilch, die Christus mit synem Blůt gewyet [?] hatt; und alle, die warlich von Hertzen gloubend, das uns Christus also geliebt habe, das er sich umb unßers Lebens willen in Todt geben habe, die sind Glider dißer heylgen Kilchen one Mackel und Runtzlen; dan Christus hatt sy dartzu gereyniget, das er sy im selbs vermĕhlete; (Joh. 8, 36) »welche nun der Son reyniget, die sind warlich reyn, und was Gott reyniget [S. 26], das mag ouch S. Peter nit beflecken etc.«. Diße eynige schŏne (H.L.2, 10; 6, 1) Hus [?] und reyne Kilch ist nit nun die Versamblung der Påbst und Prelaten, sonder sind alle, die so durch die gantzen Welt gloubend, sich durch das Blů[t] Christi am Crütz erlößt und gereyniget syn. Diße Kilch laßt sich nit so nach zusamen trucken, das sy in so wenig Glideren den romischen Prelaten versamblet mŏge werden, sonder sy hatt ire Glider durch die gantzen Welt.

Hie werffend ettlich Fürsprechende: »Ja, wo ist die heylig Kilch, von deren du redst, (1. Joh. 1, 8), so doch alle Menschen Sünder sind, und niemand one Laster lebt, und so wir sagen wŏltend, wir lebtend one Sünde, so verfůrten wir uns selb, Lieber, zeug uns die Kilch, die weder Mackel noch Runtzel habe?« Antwort: Diße Kilch ist nit von iro selbs reyn und heylig, sonder durch Christum geheyligt, dan Paulus [Eph. 5, 25 f.] spricht: »Er hatt sy geliebet und sich für sy in den Tod geben, darmit er sy heiligete.« Hie sicht man wol, wannenhar sy rein ist, nit durch sich selbs, sonder durch das gnadrych Verzyhen der Sünd und durchs Blůt Christi, des (Joh. 1, 29) Lĕmblins Gottes, das da hinnimbt die Sünde der Welt (Joh. 14, 13; 15, 7), in welchem uns verheißen ist, das was wir in synem Namen begerind, welle uns der Vatter geben. Daruß je erlernet wirt, das der Mensch, so Christi durch waren Glouben angehefft und verwant ist, der ist ouch one Maßen und Runtzel, wie die Geschrifft bezügt; (Röm. 8, 34) keinerley Verdamnis werdend die tragen, die da sind in Christo Jesu, dann (Joh. 5, 24) diewyl sy syn Wort annemmend und dem gloubend, der in gesandt hatt, haben sy schon das ewig Leben, sy kommend in kein Verdamniß, sonder sind schon vom Todt ins Leben gangen. Darumb spricht Joannes in syner Epistel (1. Joh. 2, 1): »Ob ettwar sündigte, so habend wir ein Fürtretter vor Gott, Jesum Christum, den Gerechten, der ist die Begnadigung für unßere Sünd etc.« Darumb schadet den Gloubigen weder Sündt, Tüfel noch Helle; dan (Eph. 2, 20) sy sind uffgepuwen uff das Fundament der Apostlen und Propheten, das ist den Felßen Christum. Der lebendig Gloub in Christum, den Son des lebendigen Gottes, enthalt diße Kilchen vor allem Fal; (Mt. 16, 18) dan er spricht: »Uff dißen Felßen (der Christus selbs ist) wirt ich myn Kilchen buwen.« Myn Kilchen, spricht er, ist sy syn, so můß sy von nŏdten ouch one Mackel und Maßen syn. Ist nun die Kilch uß den Sünderen besamblet (umb deren willen der Herr ind Welt ist komen) und ist doch one Maßen, reyn, so volgt, das er sy gereyniget habe.

Darumb ist die heylig christlich Kilch nit die Versamblung der Påbste und Prelaten; den diewyl sy uber Gottes Wort Richter wollend syn und ire Satzung und Gewonheiten demselbigen fürsetzend, als dann im Concilio zu Costentz beschehen ist. So werend sy vil mer nach der Geschrifft zu nennen Dieb und Morder; dan Christus ist die Thür des Schaffstals, und welcher anderßwo hinin tringt dan durch diße Thür, der ist ein Dieb und Morder Jo 10. Wie kŏnnend nun [S. 27] die ein heylge Kilch syn, die nit Schåffle

Christi sind; wie mögend die Schåfli Christi syn, die syn Wort verdammend, verbietend und verdunckelnd und ire Satzungen an die Statt setzend? Der Herr spricht: »Myne Schåffli horend myn Stümm« (Joh. 10, 16). Wěrend sy nun Schåffli Christi, so hortend sy allein den Hirten, kein andern. Also thut die heylig Kilch: die hört allein die Stümm ires Gemahels; dan die waren Schåfli Christi hôrend nit die Stümmen eynes Frômbden.

Heruß erlernend wir, das nit dem pabstlichen Huffen noch iren Concilien zůstadt uber Gottes Wort zu richten und zu setzen, sonder das Urtel ist allein der reynen Kilchen, das ist aller glôubigen Schåffli Christi. Dieselbigen werdend durch (1. Joh. 2, 27) die Salbung gelert, das sy nit irren mögend. So spricht der Herr: »Myne Schaff volgend keynem andern, sonder sy flühend von im, dan sy kennend nit die Stümm des Frêmbden« [nach Joh. 10, 5]. Darumb ist je das Urtel in der Leer der Schåfflinen Christi; die sollend und werdend mögen erkennen, ob der Hirt, der sy weydet, ein Dieb sy oder nit. Item sy werdend ouch erkennen, ob die Leer sye die rechte Stümm irs Hirten Christi oder eynes falschen Hirtens. Wohar habend aber die Schaff solche Geschick-lichkeit, das sy nit fålend? Dahar habend sys, das der Herr spricht: »Ich khenn myne Schaff, und sy bekennend mich ouch« [Joh. 10, 14]. Wannenhår erkennend aber die Schåffli Christum also, das sy nebend im kein andere Stümm annemmend? Dannenhår, das sy von Gott kennt sind, dan er spricht: »Ich erkenn myne Schaff etc. (Joh. 10, 14). Darumm hatt sy der Vatter gezogen (Joh. 6, 44) (dan niemand kumbt zu Christo, der Vatter ziehe in denn) und sy sind von Gott gelert etc.« Hie sehend wir, welches die Kilch ist, die nit irren mag: namlich die allein, die da hort die Stümm des Hirten, nit aber eynes jeglichen Hirten, sonder allein desß, der durch die Thür ingadt in den Schaffstal. Uß solchem allem erkennend wir, wer billig das Urtel soll haben in des Gloubens Sachen: namlich alle Gloubigen. Darumb wirt in eynem Concilio von nôdten, das mann vor allen Dingen allein die luteren biblischen Geschrifft zu eym Richter für sich nemme, dan das ist die Stümm des obristen Hirten und der Brunn aller Warheit. Dahin wyßet Christus die Gelerten der Juden, als sy mit im kempfftend, sprechende (Joh. 5, 39): »Besehend die Geschrifft, darin ir das ewig Leben vermeynend zu haben, die gibt Zügniß von. mir etc.« Die Geschrifft soll der Strychstein syn, daran alle Handlung probirt werde; der Verstand aber, die Geschrifft zu verstan und ußzulegen, ist allein der Glôubigen Schåfflin Christi.

So nun dißer Zyt mencklich uff ein Concilium tringt, soll man wüssen, das die Concilia christlicher Religion eben gfarlich sind, besonder, wo das Pabstumb die regirt, als man in dißem Costentzer Concilio[23] [S. 27a] nit allein, sonder ouch in vilen andern abnemmen mag. Darumb ouch nach der meynung Augustini (wider die Donatisten cap. iij) die heylig Geschrifft allen Concilijs soll fürgesetzt werden; und die vorgond Concilia môgend nit allein durch die nachfolgenden verbeßert, sonder wo sy von der Warheit gewichen werind, gar abgethon und vernütet werden. Dan sy môgend irren und habend ouch offtmals geirret, als der Bischoff Roffensis wider den Luther selbs bekennt, erzelende, wievil Concilia und worin sy geirrt habind. Doch zeugt er die Ursach solcher Irrung syn, das der Pabst, als das recht Houpt, nit selbs darin geweßen sy; item ettlich sprechend, das Concilium zu Constantinopel, darin der Heylgen Bilder mit eintrechtiger Stümm dryer hundert und dryßig Bischoffen abgethon wurdend, habe geirrt, und setzt darzu abermals die obbemelt lêcherlich Ursach, namlich, das Pabst Gregorius iij. solichs nit bestetigt habe. Wo nun die Handlung eyns Concilij, so geschicht in Abweßen des Pabsts, irrig und krafftloß solte syn, so müeste volgen, das der Synodus zu Costentz Johann Hußen und Hieronymus von Prag unredlich und wider allen Grundt des

---

[23] Hier folgen 3 kleinere Einlageblätter: S. 27a-c.

Rechtens verdampt hette; dan je derselben Zyt ouch vor und nach kein Pabst personlich in Costentz waß. Hat nun diß Concilium one ein Pabst gehandlet, so hatt es in allen Dingen geirret nach der Meynung Panormitani und anderer Rechtgelerten. Hatt es aber nit geirret, so můß volgen, das ein Concilium uber den Pabst ist und one ein Pabst handlen mag, das Krafft hatt [S. 27b]; dan solte ein Concilium one ein Pabst irren, warumb habend dann beyde, das Costentzer und Baßler Concilium, nit allein die Pâbst nit by inen gehept, sonder sy irer Würde entsetzt und als Ketzer verdammpt?

Sind dann alle gehaltenen Concilia im H. Geist versamlet geweßen, so mögend sy frylich nit irren. Warumb haltend sy dan so unglyche Meynung? Ettliche Concilia thüend die Bilder ab, ettliche setzend die uff. Ein Concilium gibt den Priestern Eewyber, das ander verbüt sy inen, das dritt gepüt inen, ewige Küscheit zu halten. Ettliche Concilia setzend, man solle die von Ketzern getoufft werden, widerum touffen. Andere Concilia sagend nein, man sol die von Ketzern getoufft sind, nit wider touffen, sonder allein mit Ufflegung der Hend uffnemmen. Die ersten Concilia thůnt die Ketzer allein in Pann, lassend sy ungloubige irrige Lüt blyben. Die andern verwyßend sy ins Ellend, die dritten, als unser Concilium, nemmend inen das Leben gar. Ettlich Concilia wöllend, man soll kein Klosterfrawen vor 40 Jaren wyhen, ettlich aber setzend 25 Jar, die lettsten aber laßends kum 12 od 14 järig werden. Ein Concilium wil kein Priester vor 30 Jaren syns Alters wyhen, das ander laßt 24 Jar zů; uber das alles dispensirt der Pabst uff 20 Jar und noch minder. Item die ersten Concilia und ettliche Satzungen der Geistlichen Rechten vermaledyend alle die, die da anderß dan nach dem Insatz Christi das Sacrament in beyderley Gstalt empfahend. Die andern setzen [S. 27c] schlechts das Widerspil und nemmend die ein Gstalt hinweg und verpannend alle die für Ketzer, so nach der Leer Christi und Pauli beyde Gstalt ußteylend, oder empfachend, und sonderlich ist diß ein Frucht dißes Costentzer Concilij. Soll nun diß alles uß dem Heilgen Geist syn? so můß es frylich der Geist der Zweyung und Widerwertikeit syn, und nit der H. Geist, von dem Christus redt: »Er wirt uch füren in alle Warheit etc.« [Joh. 16, 13] Summa: Gott ist eynig mit im selber, waß er einmal geredt hatt, wirt also beston, (Lk. 16, 17) das Hümmel und Erden ee můß brechen dan ein Titelj von synem Wort fallen.

Hierumb mögend sich alle frommen Christen der Concilien wenig getrösten, sonder sollend (sy) sich benůgen laßen, so sy die Stümm irs Hirten kennend, demselben allein nachfolgen. Dan Gott bedarff weder Rychßtagen noch Concilia, darin man synem Wort ratschlage und erst sich bedencke, ob man das annemmen oder wie, wann, wa, und warumb mans annemmen wölle. Gott ist getrüw und syn lieber Son Jesus Christus warhafft; der hatt uns alles, das in Geschrifften hinder verlaßen, das er vom Vatter gehort hat und das uns zu wißen nodt ist; der (Joh. 14, 26) hatt uns ouch verheyßen, so wir in bitten, zu senden den H. Geist, der uns in alle Warheit leytte und uns aller Dingen wider erinnere etc.

Darmit man nun die Frucht, Eygenschafft und den Geist solcher pâbstischer Concilien desto grundtlicher möge erkennen und ire große Gfar vermercke, ouch sich hinfür destbaß darvor hüette, hierumb hab ich (N lieber Herr) [S. 28] myns Vermögens gearbeitet, das groß allgemeyn und in aller Welt berüembt Concilium, zu Costentz gehalten, in tütscher Sprach, etwas volkomner und grundtlicher dan hievor ettlich gethon habend, an Tag zu bringen, niemand zu leydt, sonder allein allen frommen Christen zu gůt, darmit mencklich erkennen möge, wie blödt, ellend irrig und presthafft ouch die mögend syn, die sich selbs achtend [, dass sie] nit irren mögen, und wie Gott der Welt hochste Wyßheit und klůgeste Vernunfft zur Torheit kan machen. Dan in dißem Concilio ist in den aller kündtlichsten und unnützisten Sachen der gröste Ernst,

Kost und Zyt verzert, dargegen in den schwåristen Hendlen aller Spott, Blindtheit und Farlesßikeit gebrucht.

Hierumb hab ich, nach der Ordnung, alle Sessjones und ordenliche Versamblung (wie sy in den Actis desselben Concilij verfasßt sind) hierin nacheynander ingefürt und, waß darin jeder Zyt Fürnemlichs gehandlet ist, zum allerkürtzisten fürgestelt. Und diewyl die Verdammung Johannß Husßen und Hieronymi von Prag nit die geringsten Handlungen sind in dißem Concilio vergangen, darumb hab ich die gantz Historien, von irer Zukunfft, Gfencknusß, Disputiren, Geschrifften und Todt mit ingefürt, welche doch wol würdig sind aller Gedechtniß; dan in dißen Exemplen Gottes und synes heylgen Worts Krafft gruntlich gespürt würt, als da das Concilium blindtlich gewüetet, aber die Warheit uberwunden und triumphirt hatt; dan der barmhertzig Gott hatt dißem prachtigen Concilio syn Liecht und Warheit in dißen Marterern under Ougen gestelt, darmit sy sich hernach zur Zyt des Urteyls nit der Onwüsßenheit gegen dem untrüwen Gott, der inen die Warheit verborgen habe, zu klagen, sonder [S. 29] vil mer ir eygne Blindtheit und Gottes gerechte Straff zuerkennen habind.

Diewyl ich nun, uß besonderer Liebe, so ich zu den Historien hab, mich ein Zyt har geflisßen hab, die helvetischen und rethischen alte Geschicht, Harkommen und chronig-würdige Thatten allein für mich selbs zusamenzufasßen, hatt sich gefüegt, das eben die Beschrybung dißes Concilij sampt dem Krieg zwüschen K. Sigmund und H. Fridrichen von Osterich (darin gmeyn Eidgnossen das Érgow und Graffschafft Baden erobert habend!) zu eynem besonderen Büch geradten, von ettlichen Guthertzigen besehen und an mich begért ist, solichs durch den Truck ouch anderen mitzuteylen, darmit nit allein alle Handlung des Concilij (dißer Zyt nützlich zu wüsßen) offenbart, sonder ouch darmit mencklich verstendigt werde, mit waß Füg und Rechten Gmeyne Eidgnossen zur selben Zyt, uß Gepot K. Sigmunds und des gantzen Concilij, das Érgow sampt der Statt Baden (damals Hertzog Fridrichen von Osterich zugehorig) ingenommen und waß keyßerlicher Fryheiten sy darüber empfangen habind, darum dan alle Frommen, ein lôbliche Eidgnoschafft, der Schmach und Nachrede halber (so by iren Mißgônnern, dißer und anderer Land Eroberung halb, boßlich uber sy gefürt wirt) habind zu entschuldigen, und die Warheit zu glouben, herumb hab ich in Beschrybung desselbigen Kriegs ettliche Copyen der keyßerlichen Manungen, Contracten, Fryheytten und Pfandbriefen darmit ingefürt, darin aller Grundt der Dingen erreycht wirt.

Wiewol nun hinfür Jo. Husß durch diß Concilium verdampt und für ein Ketzer verprennt ist, hatt er dennocht das Pabstůmb nit anderß angriffen, dan das er die Mėsß selbs gehalten, und bekennt hatt, das nach der Consecration das Brot und Wyn zu war Lyb und Blůt Christi verwandlet werde. Ouch hatt er verlougnet die Articel, so in dißem Stuck wider ingesetzt wurdend, mit Anzeu-[S. 30]-gung, das er die Trans-substantiationen alweg gehalten habe und im das Widerspil von synen Fyenden bößlich uffgelegt syge. Item in ettlichen Epistlen, uß der Gfenckniß geschriben, halt er offenlich das Fürbitt der Heyligen, als man hernach finden wirt. Und in allen Dingen fart er so bescheyden, das ouch dißer Zyt ettliche Papisten den Evangelischen den Husßen fürhalten als eynen bescheydneren Leerer, der in vilen Stucken (jetz verworffen) mit dem Pabstumb gehalten habe. Aber sy sollend in rüemen zu irer Schand. Dan so sy selbs bekennend, das Pabstumb sy in vilen Stucken presthafft und eyner Reformation nodturfftig und darüber ouch selbs veriehend, ja rüemend und den Lutrischen ind Naßen rybend, Johann Husß hab in den hôchsten Articklen påbstlicher Religion, alß Mesß, Fürbitt der Heylgen, Bycht und derglychen mit dem Pabstumb gestümbt, warumb habend sy denn den frommen Christenmann verprennt? Aber lasße man die Papisten sagen, waß sy wöllend; die Histori, ja die Geschrifft, Verantwortung und Todt des Husßen werdend vom im Zügniß geben, wer, wie oder waß er geweßen sye etc.

4. DER PROPHET — GEDANKEN ZU ZWINGLIS THEOLOGIE*

Unsere heutige Zwingli-Feier verfolgt einen doppelten Zweck: Rückwärts wollen wir Dank abstatten; vorwärts sollen und wollen wir uns gleichzeitig fragen: Was müssen *wir* tun? Gerade Zwingli kann nur geehrt werden, wenn wir auch unserer Zeit das zu geben versuchen, was den Reformator in neue Bahnen gezwungen hat. Was das heißen könnte, wollen wir jetzt zu zeigen versuchen, indem wir uns anhand des Begriffs des Propheten einige Gedanken zu Zwinglis Theologie machen und dabei den Reformator selber auch in ein paar Bruchstücken zu Worte kommen lassen.

I

Zwingli — ein Prophet. So verhöhnten ihn seine Gegner: Noch in einem, übrigens hübsch illustrierten, politischen Gedicht aus dem Anfang des 17. Jahrhunderts wird Zwingli als der neue Prophet dem alten (Bruder Klaus) gegenübergestellt: »Er propheceyet seinen knaben, bis er mit inen ward erschlagen[1].« So sahen ihn die Freunde: Bullinger verteidigte seinen gefallenen Lehrer und Freund schon im Januar 1532 mit einer Rede »Vom Amt eines Propheten[2]«. Als Prophet hat sich schließlich Zwingli selber verstanden. Im zehnten Artikel der (in der kritischen Zwingli-Ausgabe eben herausgegebenen) »Fidei ratio« von 1530 steht: »Ich glaube, daß das Amt der Prophezei oder der Verkündigung sehr heilig (sacrosanctum), ja daß es von allen Ämtern das allernotwendigste ist. Denn wir sehen, um es ganz genau zu sagen, daß die äußere Verkündigung der Apostel und Evangelisten oder Bischöfe bei allen Völkern dem Glauben voranging, dessen Annahme wir trotzdem allein dem Wirken des Geistes zuschreiben... Wo die Propheten oder Verkündiger des Wortes also hingesandt werden, da ist es ein Zeichen der Gottesgnade, daß er seinen Erwählten seine Erkenntnis vermitteln will; und für die, denen sie verweigert werden, ist es ein Zeichen drohenden Zornes[3].«

---

* Festrede anlässlich der Feiern »450 Jahre Zürcher Reformation«, 20. Jan. 1969. In: Zwa XIII, 7-18.

[1] Der alte und der neue Prophet des Schweizerlandes, ein illustriertes politisches Gedicht aus dem Anfang des 17. Jahrhunderts, hg. von Jean-Pierre Bodmer, in: Mitteilungen der Antiquarischen Gesellschaft in Zürich, Bd. 44, 130.Neujahrsblatt, Zürich 1966, Zeile 83 f.

[2] Carl Pestalozzi, Heinrich Bullinger, Leben und ausgewählte Schriften, Elberfeld 1858, in: Leben und ausgewählte Schriften der Väter und Begründer der reformirten Kirche V, S. 84.

[3] Huldreich Zwinglis Sämtliche Werke, Bd.VI/II, Corpus Reformatorum, Vol. XCIII, Pars II, 813₇₋₁₆ (diese Ausgabe wird im folgenden unter dem Sigel Z zitiert). Übersetzung nach: Zwingli-Hauptschriften, Bd. 11: Zwingli, der Theologe, III.Teil, bearb. von Rudolf Pfister, S. 286.

Daß die evangelischen Pfarrer den Propheten des Alten und des Neuen
Testamentes entsprechen, ergab sich für Zwingli zunächst aus seiner existen-
tiellen Interpretation der alt- und der neutestamentlichen Prophetie. In der
Einleitung zur Jesaja-Auslegung schreibt er zum Beispiel, daß Frömmigkeit
und Gerechtigkeit im allgemeinen und für die christliche Gemeinde im
besonderen nicht garantiert würden »durch Priester, die mittels Kopfbinden,
Krummstäben, Hirtenstäben, Talaren, Prunkgewändern usw. nicht so sehr den
Anhauch der Gottheit erwarten als vielmehr vorlügen, er sei schon herein-
gebrochen, sondern von solchen, deren Mund und Zunge mit wie Kohle
glühendem Stein — vom himmlischen Altare genommen — berührt und
entsühnt worden ist[4]«; »Gewährsmann und Gesetzeswächter der Prophetie sei
Jesaja uns und unsern Propheten[5]«. Dieser Hinweis wiegt um so schwerer, als
Jesaja nach Zwinglis Auffassung in ähnlich tumultuösen Verhältnissen lebte,
wie sie in seinem Zürich bestanden[6], ja Jesaja sich sogar durch ähnliche
Wesenszüge ausgezeichnet haben muß wie Zwingli selber: Auch Jesaja war ein
»vir pius, prudens, constans, vehemens, doctus, humanus, facetus, nasutus[7]«.
Im Kommentar zu 1. Korinther 14 wird das alles noch deutlicher: »Prophezeien, das heißt den Sinn der Schriften dem Volke eröffnen, ist etwas
Größeres noch (gemeint ist: als Zungenreden) und nützlicher: das baut
nämlich auf... Bei den Juden waren diejenigen Propheten, welche die göttlichen
Reden und den göttlichen Willen kannten... Ihr Amt bestand darin, den Sinn
der heiligen Schriften, den sie selbst von Gott gelernt hatten, dem Volke
vorzulegen. Dann: zu zerstören und auszurotten, was gegen Gott gerichtet war,
zu pflanzen und aufzubauen, was Gott gefällt. Zu wachen, daß nichts
Verderbliches gegen Gottes Volk sich erhebt. Das Gleiche ist nun das Amt der
Bischöfe, Hirten und Evangelisten in der Gemeinde Christi[8]«, und noch
deutlicher: »Prophetare est docere, monere, consolari, arguere, increpare[9].«
Wie die alt- und die neutestamentliche Wissenschaft bestätigen, hat Zwingli
hier durchaus richtig interpretiert: Propheten »kommen aus der Tradition ihres
Volkes und leben in ihr; sie durchschauen ihre Gegenwart in einem das ‚normal
Menschliche‘ übersteigenden Maße[10]«; »zur Prophetie gehört alle Rede, die

---

[4] Z XIV, 13$_{42}$-14$_4$.

[5] Z XIV, 14$_{16}$ f.

[6] Z XIV, 107$_{18-20}$: Incidit in tumultuosa tempora Isaias, qualia ferme haec nostra sunt, quibus
omnia vi gerebantur, non aequitate et iudicio.

[7] Z XIV, 108$_4$ f.; vgl. die Fortsetzung 108$_{5-8}$: Et cunctarum dotium nervos in miserorum
mortalium usum sic intendit, ut ex aequo certent in eius lucubrationibus pietas et eruditio,
prudentia et humanitas, constantia cum urbanitate, et nasus cum vehementia.

[8] Huldrici Zuinglii Opera, Completa editio prima, Ed. Melchior Schuler et Io. Schultheß, VI/II,
178 (diese Ausgabe wird im folgenden unter dem Sigel S zitiert).

[9] S VI/II, 180.

[10] Vgl. Siegfried Herrmann, Das Prophetische, in: Probleme alttestamentlicher Hermeneutik,
Aufsätze zum Verstehen des Alten Testaments, hg. von Claus Westermann, München 1963,
S. 356 ff. Gerhard von Rad, Theologie des Alten Testaments, Bd. II: Die Theologie der

den Augenschein, den stummen oder täuschenden Vordergrund durchdringt und die dahinterstehende Gotteswirklichkeit sichtbar macht, sei es im Einzelschicksal, sei es im Weg der ganzen Gemeinde, sei es zurechtweisend, sei es tröstend[11].«

Damit ist nun allerdings das Entscheidende noch nicht gesagt: Daß Zwingli sich und seine Mitarbeiter als Propheten bezeichnet hat, hing vor allem mit dem Bewußtsein zusammen, daß Gott in der Reformationszeit seinen Mund wieder aufgetan hat wie nie mehr seit dem Anfang christlicher Predigt. Von Anfang bis zu Ende seiner Wirksamkeit wiederholt Zwingli, daß Christus »unserm Jahrhundert höhere Gunst schenkt, denn er offenbart sich heute klarer als ungezählten vergangenen Jahrhunderten[12]«. Jetzt — 1519, 1523, 1529, 1531 — heißt es wieder: »So spricht der Herr« und »Ich aber sage euch«. Wie nicht zuletzt auch sein prophetisch-gebrochenes Berufungsbewußtsein zeigt[13], lebte Zwingli in der eschatologisch verstandenen letzten Zeit.

War der Prophet Zwingli auch Theologe? Der Reformator hat nur kurze Zeit Universitätstheologie studiert. Der Brunnen, aus dem er schöpfte, war zuerst und zuletzt die Heilige Schrift. Das bedeutet nicht, daß er nicht auch — größtenteils in privatem Studium — die ganze große Tradition der Kirche gekannt hätte. Zwingli hat in ständiger Zwiesprache gestanden mit den Apologeten, den Kappadoziern und Augustin, mit Anselm von Canterbury und Thomas von Aquin. Als Humanist blieb er zeitlebens Schüler Platos und Aristoteles', Ciceros und Senecas. In Vorwegnahme mancher modernen Position, in mancher Beziehung sogar noch weiter gehend, pflegte Zwingli so über Orte und Zeiten hinweg einen äußerst fruchtbaren ökumenischen Dialog. Er hat das Denken nicht gefürchtet. Er hat sich und seiner Gemeinde die Auseinandersetzung mit den geistigen Mächten seiner Zeit nie erspart. Er wollte nie nur Hüter religiösen Brauchtums sein, sondern ständig nach der Wahrheit suchen, der Schrift den Zugang in seine Gegenwart verschaffen. Dabei wußte er wie kaum ein zweiter, daß der Geist verschieden begabt. Schon unter den Propheten hat er den »Helleren« aufgefordert, den, der Gottes Geist »dunckler« hat, nicht zu verachten, und diesen, jenen nicht zu beneiden,

---

prophetischen Überlieferungen Israels, München 1965. Einführung in die evangelische Theologie 1, passim, bes. S. 79 ff.

[11] Vgl. Heinrich Greeven, Propheten, Lehrer und Vorsteher bei Paulus, in: Zeitschrift für die neutestamentliche Wissenschaft und die Kunde der älteren Kirche, 44. Bd., Berlin 1952/53, S. 1-43; bes. S. 11. Wolfgang Schrage, Die konkreten Einzelgebote in der paulinischen Paränese, Ein Beitrag zur neutestamentlichen Ethik, Gütersloh 1961. S. 181 ff. den Abschnitt »Die Prophetie als konkrete sittliche Weisung im hic et nunc«; sowie »Propheten und Prophezeien im Neuen Testament« von Gerhard Friedrich, in: Theologisches Wörterbuch zum Neuen Testament, VI. Bd., S. 829 ff., bes. 830.

[12] Z I, 203$_{14\,ff.}$, oder Z III, 27$_{22}$-28$_9$. Siehe dazu Gottfried W. Locher, Das Geschichtsbild Huldrych Zwinglis, in: Theologische Zeitschrift, Jg.9, Basel 1953, S. 275 ff.

[13] Vgl. Fritz Blanke, Zwinglis Urteile über sich selbst, in: Aus der Welt der Reformation, Fünf Aufsätze von Fritz Blanke, Zürich/Stuttgart 1960, S. 9-17.

vielmehr beide, »sovil imm verlyhen, getrüwlich in gemeyn legen, das es der gantzen gemeynd unnd dem gantzen lychnam nutzbar sye [14]«. Erst recht haben *alle* Glieder dieses Leibes einander zu dienen, füreinander verantwortlich, miteinander solidarisch zu sein.

II

Worin bestand nun aber Zwinglis prophetisches Wirken, seine prophetische Theologie? Wir hörten eben, daß Zwingli das Amt der Prophetie mit dem der Predigt gleichsetzte. Wie im Schweizerdeutschen Wörterbuch auf Grund von verschiedenen Belegen aus Zwingli nachgewiesen wird, heißt »prophetieren« in erster Linie Auslegung, Erklärung der Heiligen Schrift [15]. Ziel, Ergebnis und Inhalt dieser Auslegung der Heiligen Schrift, damit aber zugleich seiner Theologie, war für Zwingli immer die Verkündigung des Evangeliums.

Um nochmals die »Fidei ratio«, Zwinglis 1530 für Kaiser Karl und den Reichstag von Augsburg verfaßtes Glaubensbekenntnis, zu zitieren: Zwingli schreibt im zweiten Artikel über die Versöhnungslehre: »Als es nun Zeit war, die Güte zu zeigen, die er nicht weniger als die Gerechtigkeit von Ewigkeit her zu offenbaren beschlossen hatte, sandte Gott seinen Sohn, daß er unsere Natur, ausgenommen ihren Hang zur Sünde, völlig annehme, daß er als unser Bruder, uns gleich geworden, der Mittler sein könne, der sich für uns der göttlichen Gerechtigkeit, die ebenso wie die Güte unverletzt und unantastbar bleiben muß, opfere, damit die Welt dessen gewiß wäre, daß die Gerechtigkeit versöhnt und die Güte Gottes gegenwärtig sei. Denn wenn er uns und für uns seinen Sohn gab, wie wird er uns mit ihm und um seinetwillen nicht alles schenken (Röm. 8, 32)? Was gibt es, daß wir uns nicht von ihm versprechen sollen, der sich dazu herabließ… Wer kann den Reichtum und die Gnade der Güte Gottes genügend bewundern, mit der er die Welt, das heißt das Menschengeschlecht, so sehr geliebt hat, daß er seinen Sohn für ihr Leben gab? Das ist nach meiner Ansicht Quell und Puls des Evangeliums, die einzige und alleinige Medizin des dürstenden Geistes [16]!«

Dieser äußerst aufschlußreiche Text ist dem Charakter des Bekenntnisses entsprechend der Ertrag, die Quintessenz theologischer Durchdenkung und zugleich deren Proklamation. Er zeigt, daß auch Zwingli die Satisfaktionslehre Anselms übernommen hat, Zwingli »von allen Reformatoren« sogar derjenige

---

[14] Z VI/II, 293₁₀₋₁₅: Der aber, der den geyst klaarer hatt, wirdt den, der inn dunckler hatt, nit verschupffen; unnd der die höhere klarheyt des geystes nitt mag erreichen, wirdt dem, der sölichen klaaren unnd hohen geyst hatt, nit verbönnen; sonder eyn yeder wirdt, sovil imm got verlyhen, getrüwlich in gemeyn legen, das es der gantzen gemeynd unnd dem gantzen lychnam nutzbar sye.

[15] Siehe Schweizerisches Idiotikon, Wörterbuch der schweizerdeutschen Sprache, V. Bd., Frauenfeld 1905, Sp. 505.

[16] Z VI/II, 795₂₂-796₈.

ist, »der am häufigsten mit dem Begriffspaar von misericordia und iustitia arbeitet[17]«. Zwingli teilte die allgemein-reformatorische Lehre von der Rechtfertigung des Sünders aus Gnaden allein und wußte so gut wie Luther und Calvin, daß »im Evangelium die Gerechtigkeit Gottes geoffenbart wird aus Glauben zu Glauben« (Röm. 1, 16 f.). Es gibt keine Schrift des Reformators, die nicht das Evangelium als Versöhnung, Rechtfertigung des Sünders am Kreuz verstehen würde. Nun muß aber beachtet werden: Die Satisfaktion, die Menschwerdung Christi, ist für Zwingli weniger Repräsentation Gottes als Demonstration Gottes; Christus als »pignus gratiae« hat in erster Linie Gottes Güte zu demonstrieren. Was nach Zwinglis Ansicht Quell und Puls des Evangeliums, einzige, alleinige Medizin des dürstenden Geistes ist, ist eigentlich *der Reichtum und die Gnade der Güte Gottes.* Zwingli stützt diesen Gedanken deshalb auch von verschiedenen Seiten her. Abgesehen davon, daß auch er — wie Luther — den Namen Gottes von »gut« ableitet[18], sind es neben der Satisfaktionslehre unter anderem die Lehren vom »*summum bonum*«, von der *Providenz* und von der *Erwählung* bzw. *Prädestination*. Den Begriff des »summum bonum«, der Zwinglis gesamte Theologie durchzieht, hat der Reformator in der ersten Berner Predigt so definiert: »Unser gloub, zůversicht und vertruwen stande allein zů dem, der das war und höchste gůt sye, das leben, wesen und krafft aller dingen, unnd das wir unser zůversicht zů keinem gůten habind weder zů dem, der das gůt ursprünglich also ist, das nützid gůt sin mag, dann das uß im ist[19].« Die Lehre von der »*Providentia Dei*« soll Gottes Weisheit, Allgenugsamkeit, Allmacht, Allwissenheit und Allwirksamkeit zeigen. Sie dient der Verkündigung, Bewährung und Entwicklung der Güte Gottes um so nachhaltiger, als sie die Güte nicht nur Gottes des Schöpfers und Erhalters, sondern auch des über dem Gesetz, außerhalb des Gesetzes stehenden Gesetzgebers demonstriert. Gott allein weiß nämlich, was wirklich gut und böse ist; er allein kann darum auch Böses zum Guten wenden[20]. Gerade dies bestätigt schließlich auf seine Weise Zwinglis leider in der Dogmengeschichte nur allzu leicht übersehene *Prädestinationslehre*. Mit 1. Joh. 2, 2 (»Christus ist das Sühnopfer für unsere Sünden, aber nicht nur für die unsern, sondern auch für die der ganzen Welt[21]«) im Hintergrund schreibt Zwingli: »Denn die er vor Grundlegung der Welt erwählte, erwählte er so, daß er sie durch seinen Sohn

---

[17] Gottfried W. Locher, Die Prädestinationslehre Huldrych Zwinglis, in: Theologische Zeitschrift, Jg.12, Basel 1956, S. 534 f. Siehe auch ders., Die Theologie Huldrych Zwinglis im Lichte seiner Christologie, Erster Teil: Die Gotteslehre, Zürich 1952. Studien zur Dogmengeschichte und systematischen Theologie 1, S.140 ff.

[18] Z VI/I, 452_{1 f.}, sowie Anm. 1, wo sich weitere Belege finden.

[19] Z VI/I, 452_{19}-453_4; siehe dort bes. Anm. 1.

[20] Locher, Theologie S. 73 f.

[21] Diesen Hinweis verdanke ich Gottfried W. Locher, Die Wandlung des Zwingli-Bildes in der neueren Forschung, in: Zwingliana, Beiträge zur Geschichte Zwinglis, der Reformation und des Protestantismus in der Schweiz, Bd. XI, Zürich 1963, S. 572.

hinzuwählte... Alle seine Werke atmen ja Barmherzigkeit und Gerechtigkeit.
Daher läßt auch die Erwählung mit Recht beides verspüren. Es ist Sache seiner
Barmherzigkeit, die erwählt zu haben, welche er will; Sache seiner Gerechtig-
keit hingegen, die Erwählten an Kindes Statt anzunehmen und sie sich durch
seinen Sohn zu verbinden, den er zum Opfer gebracht hat, um der göttlichen
Gerechtigkeit für uns Genüge zu leisten[22].« Fritz Blanke kommentiert diese
Stelle dahingehend, daß die Gerechtigkeit »begütigt«, in Güte umgewandelt
ist[23]. Um nicht mißverstanden zu werden: Diese Betonung der Güte Gottes als
des eigentlichen Quellortes des Zwinglischen Redens von Gott heißt nicht, daß
Zwingli Christus ausgeschaltet hätte. Im Gegenteil: Christus vertritt bei
Zwingli die Gottheit ja gerade nach der Seite der Gnade und Güte hin. Gott
»präsentiert den Menschgewordenen, auf dass sein gütiges Wesen noch
deutlicher als bisher erkannt und das Vertrauen auf den allmächtigen
Schöpfer, den Fürsorger des Universums, dem Menschen noch leichter
gemacht werde[24]«. Damit hat Zwingli die gleiche Frage ins Zentrum seiner
Theologie gerückt, die uns die Naturwissenschaften, Dichter und Denker im
Blick auf die Größe und das Elend des heutigen Menschen stellen: die
Gottesfrage. Mit seinem Glauben an Gottes Güte hat der Reformator in der
Sprache und mit den Ausdrucksformen seiner Zeit, einer gefährlichen, durch
Gerichte aller Art bedrohten, durch tausend Laster und Übel beschwerten,
auch Gott in Frage stellenden Epoche seine Hoffnung auf das Kommen von
Gottes Reich ausgedrückt: Daß Gott in und durch sein Wort zu uns spricht,
daß Gott mit der ganzen Welt, mit den Völkern, auch mit der Kirche unterwegs
ist, daß Gott auch unsere menschlichen Nöte so gut wie die Katastrophen in
Natur und Geschichte umfaßt, daß Gott uns birgt, uns umschließt, letztlich
vom Tode zum Leben führt. In diesem Glauben hat Zwingli mutig die
Reformation in Gottes Hand gelegt, er vertraute darauf, daß das Evangelium
sich durch alle Widerstände hindurch schließlich doch durchsetzen werde. In
seinem Glauben fand er die Freiheit, uralte Einrichtungen nicht nur anzu-
zweifeln, sondern auch zu beseitigen, die Freude und Begeisterung, unermüdlich für das große Ziel zu handeln, das ihn erfüllte. Er glaubte nicht nur,
sondern wußte, daß er nicht ums Essen und Trinken zu sorgen hatte (Mt. 6,
25), er lebte davon, daß die Haare auf seinem Kopf gezählt sind, und fürchtete
sich deshalb nicht vor denen, »die den Leib töten, die Seele aber nicht töten
können« (Mt. 10, 26 ff.). Weil Gott seines eigenen Sohnes nicht geschont hatte,
mußte er ihm alles schenken (Röm. 8, 32).

---

[22] Z VI/II, 796₂₄₋₃₀.
[23] Z VI/II, 761.
[24] Vgl. Christof Gestrich, Zwingli als Theologe, Glaube und Geist beim Zürcher Reformator,
Zürich/Stuttgart 1967. Studien zur Dogmengeschichte und systematischen Theologie 20, S. 114.

III

Prophetieren hieß für Zwingli an zweiter Stelle »den propheten losen unnd bericht vonn inen empfahen und dem göttlichen verheissen warnung unnd trôuwen glouben geben[25]«. Das Amt des Propheten war auch *Wächteramt;* die Propheten sind auch das Salz der Erde (Zwingli sagt: »daß sy räsß sygind, die. laster hinzebyssen unnd vor den künfftigen zů vergoumen«) und das Licht der Welt (er ergänzt: »daß sy denen, die im huß Gottes wonend, zündind unnd lüchtind«)[26].

Zwingli wußte sich als Pfarrer nicht bloß für das Seelenheil des einzelnen, sondern für das öffentliche und private Leben seiner Gemeinde und der gesamten Eidgenossenschaft verantwortlich. Im Spiegel der Heiligen Schrift erkannte er, daß seine Gegenwart die in eschatologischen Partien der Heiligen Schrift prophezeite Zeit des Gerichtes war. Er verkündete dieser deshalb auch Gottes Willen in der Form des Gesetzes, konkret meist in der doppelten Formulierung des Doppelgebotes der Liebe und der Goldenen Regel. Da Zwingli seine Theologie nicht allein auf Paulus, sondern auch auf die Evangelien, im besonderen die Bergpredigt stützte, war ihm auch *das* »Evangelium«, was Gott »den menschen offnet und von inen erfordret. Dann ie, wann got sinen willen den menschen zeigt, erfreuwt es die, so liebhaber gottes sind, und also ist es inen ein gwüsse gůte botschafft, und von deren wegen nemm ich es euangelium, und nemm es lieber euangelium dann gesatzt; dann es sol billicher dem gleubigen nach genempt werden, denn dem unglöbigen; macht ouch den span vom gsatzt und euangelio quit unnd růwig. Weiß sust wol, das die summ und volkummenheit Christus ist; der ist die gwüß gegenwürtikeit des heils; dann er ist das heyl[27].« Christus ist wohl das Heil. Er hat das Gesetz abgetan[28], aber er hat es zugleich auch erneuert und verschärft, insofern er »das, so got von uns erfordret, noch eigenlicher ußgesprochen unnd geheissen hat«[29]. Sicher hat das Gesetz auch für Zwingli eine Terroraufgabe[30]. Es ist aber nicht wie bei Luther[31] eine Äußerung Gottes *neben* dem Evangelium,

---

[25] Z VI/II, 296₅₋₇.

[26] Z VI/II, 300₁₀ff.·

[27] Z II, 79₁₂₋₂₀.

[28] Z II, 496₁₉₋₂₂. Vgl. dazu 496₄₋₁₀: Aber Christus, der gheiner sünd noch prästens mag beklagt oder behagt werden, der mag allein die maß, die got erforderet, leisten. Darumb hat er das gesatzt erfüllt, zů eim teil, daß er uns luter gseit hat, was got von uns welle ghebt han, daran wir unser onmacht erlerntind, und danebend sich selber für uns geben und hat erfüllt, das wir nit vermögen (denn wir vermögend nüt!) und hat damit die götlichen grechtigkeit erfüllt und vernügt.

[29] Z II, 496₁₇₋₁₉.

[30] Vgl. Walther Eisinger, Gesetz und Evangelium bei Huldrych Zwingli, Diss. theol. Heidelberg 1957, Maschinenschrift, S. 151.

[31] Vgl. Theodosius Harnack, Luthers Theologie mit besonderer Beziehung auf seine Versöhnungs- und Erlösungslehre, Erste Abteilung: Luthers theologische Grundanschauungen, München 1927, S. 444-461. Ebenfalls Paul Althaus, Die Theologie Martin Luthers, Gütersloh 1962, S. 218 ff.

sondern selber frohe Botschaft. In offener Frontstellung gegen den Wittenberger Reformator betont Zwingli mit Röm. 7, 12, daß das Gesetz heilig und
das Gebot heilig und gerecht und gut sei[32].

Mit dieser positiven Auffassung des Gesetzes hängt eng zusammen, daß
Zwingli das Leben des Christen gerne als Kampf bezeichnete: einerseits Kampf
der Sünde gegen das Gesetz, anderseits des Gesetzes gegen die Sünde. Dieser
Kampf hört nie auf[33]. Wie G. W. Locher in seinem schönen Aufsatz »Christus
unser Hauptmann« ausführt[34], ist Christus in diesem Kampf einerseits wohl
eben unser Heil, der göttliche Erlöser, der sich für die Mannschaft aufopfert,
anderseits aber zugleich der Führer, der die gesunde Lehre vertritt[35], und auch
gekommen ist, uns und die Welt zu verändern[36].

Daß es dem Propheten Zwingli ganz entscheidend um diese Veränderung der
Welt zu tun war, zeigt sein ganzes Werk: der ursprüngliche Kampf gegen
Reislauf und Solddienst wie sein Kampf für die Bibel als Quelle und Maßstab
aller christlichen Erkenntnis, Lehre und Leben; die Beseitigung der römischen
Mißstände — etwa die Zurückführung der Klöster zu ihren ursprünglichen
Zwecken, die Ordnung des Gottesdienstes — so gut wie sein Kampf um die
göttliche und menschliche Gerechtigkeit! Seine positive Wertung menschlicher
Gesetze, die das Leben in Gesellschaft und Staat ordnen, sein aber noch viel
ausgeprägterer Wille, diese menschliche, »blöde«, ohnmächtige Gerechtigkeit
so nüchtern wie möglich immer der göttlichen Gerechtigkeit anzugleichen,
stellt eine großartige Lösung des Problems Kirche und Staat dar. Seine
Vorstellungen der Verbindung von Individual- und Sozialethik ist mehr als
aktuell. Zwingli wollte nicht — wie etwa die Täufer — durch allgemeine
Schlagworte eine Utopie verwirklichen, wohl aber durch wohlüberlegte,
vernünftige Maßnahmen das Chaos, die Wolfssitten, Unfreiheit und Ungerechtigkeit, Gewalt, den Egoismus in dieser Welt konkret reduzieren. Am
schönsten zeigt sich dieser Wille zur Veränderung der Welt in Zwinglis
Auffassung vom Abendmahl: Bekanntlich hat der Zürcher Reformator dieses
als Wandlung verstanden, aber nicht als Wandlung der Elemente von Brot und
Wein, sondern der einzelnen Gläubigen in die Gemeinschaft des Leibes Christi.

Es wird heute mit Recht in allen christlichen Kirchen eine neue Reformation
verlangt: Man fordert und bringt neue Theologien, man fordert eine An-
passung der Kirche an die neuen Strukturen; deren Ziel ist bald die Befreiung

---

[32] Z II, 232₁₃f.: Deßhalb ich da oben geredet hab, das gsatzt sye dem gotshulder ein
euangelium. Siehe den ganzen Abschnitt 232₂-233₁₀. Vgl. auch S IV, 102f.

[33] Vgl. unter anderem Z III, 910₁₄₋₁₈, ₂₁₋₂₇.

[34] In: Zwingliana, Bd. IX, Zürich 1950, S. 121 ff.

[35] Walther Köhler, Dogmengeschichte als Geschichte des christlichen Selbstbewußtseins, Das
Zeitalter der Reformation, Zürich 1951, S. 224.

[36] S VI/I, 716: Mundum veni non modo redimere, sed etiam mutare.

der Kirche vom Einmannpfarramt, vom Pfarr*amt* und der Pfarrerschaft; bald
die Umwandlung der Kirche aus einer Institution in ein Geschehen, bald die
Befreiung der Gemeinden aus ihrer Konsumentenhaltung zu beweglichen, in
den großen Fragen der Gesellschaft, des Friedens, der Dritten Welt, der
sexuellen Revolution engagierten Instrumenten zur Veränderung der Gesellschaft. Ich zweifle nicht daran, daß Zwingli sich mutig, beispielhaft, anregend
für alle Neuerungen in dieser Richtung interessieren, sich an jedem wirklich
überlegten Dienst mit einsetzen, sich auch für den Gebrauch der modernen
Massenmedien, für neue Gottesdienstformen verwenden würde. Ich zweifle
aber ebensowenig daran, daß er sich nicht damit zufrieden geben würde; er
würde auch, gerade heute, daran erinnern, daß es in der Kirche nicht bloß um
Organisation und Institutionen geht, sondern in erster Linie um die Hingabe
unserer »Leiber als ein lebendiges, heiliges, Gott wohlgefälliges Opfer, ... um die
Erneuerung unsres Sinnes, damit wir zu prüfen vermögen, was der Wille Gottes
ist, das Gute und Wohlgefällige und Vollkommene« (Röm. 12, 1 f.). Das erste
Zeugnis ist Zeugnis unseres Lebens. Christliche Gemeinde, das heißt christliche
Mission, gibt es auch heute nur, wo jeder einzelne Christ, mit Auszeichnung
freilich zuerst der kirchliche Amtsträger, sich zum selbstlosen treuen Dienst
berufen weiß. Oder anders ausgedrückt: Christus steht auch heute nur dort, wo
der einzelne Christ steht und so lebt, daß alles fallen kann und darf außer dem
einen Wort des Evangeliums: »Du aber folge mir nach.« Was das heißt, hat
Zwingli in seiner Schrift »Vom Hirten« noch etwas genauer ausgeführt: »Zum
ersten můß der mensch sich selbs verlöugnen, denn der will al weg etwas sin,
vermögen, können... So das beschicht, so gat es erst an das crütz. Das můß er
täglich uff sich nemen. Denn imm wirdt alle tag widerwertigheit zůvallen. Die
můß er für sich tragen, sich nit ußziehen...Darumb lert Christus sich verwegen
(das heißt: sich gefaßt machen), das crütz täglich ze tragen; denn durächtung
wachßt (das heißt: Verachtung wächst), ie me das götlich wort wachßt[37].«
Oder: »Also findend wir, daß der hirt die aller schädlichesten laster zum ersten
unerschrocklichen angriffen můß, unnd sich da nit lassen schrecken den
uffgeblaßnen gwalt diser welt noch gheinen ufsatz[38].« Dieser Dienst, diese
Nachfolge Christi geschieht nach dem Urteil der Kirchengeschichte weder dort,
wo eine besondere Frömmigkeit demonstriert wird, noch dort, wo — ich bin
fast zu sagen versucht, mit Teufels Gewalt — viel religiöser Betrieb gemacht
wird, sondern allein dort, wo Menschen, von Gottes Güte getroffen, etwas
ausstrahlen von dem Frieden, der höher ist als alle Vernunft, vom Glauben, der
in der Schwachheit mächtig ist, von der Liebe, die nie aufhört.

---

[37] Z III, 163f., 8-10, 25-27.
[38] Z III, 233-5.

IV

Damit sind wir nochmals vor die Frage gestellt, wer nach Zwinglis Meinung die Propheten waren. In seiner Vorrede zur Prophetenbibel stehen auch diese Worte:»In disem sähend wir nun die vätterliche trüw unnd sorg gottes, die er zů menschlichem geschlecht treyt, das er vonn anfang der welt ye unnd ye warner unnd vermaner geschickt hatt, die das volck vonn lastren zugind unnd zů frommkeyt, trüw unnd waarheyt reytztind. Ja ouch by den heyden habend sy söliche menner gehept[39].« Gottes Gnade und Güte manifestiert sich für Zwingli nicht zuletzt in der Freiheit des Heiligen Geistes, die nicht an das erwählte Volk im engern Sinn gebunden, sondern — nach dem Zeugnis gerade der Heiligen Schrift — auch unter Heiden wirksam ist. Wir kennen alle die Heiden, denen Zwingli neben jüdischen und christlichen Vätern, Königen und Großen der Kirche im Himmel zu begegnen hofft[40], wir wissen, daß diese Heiden gerade nicht auf Grund eigener Qualitäten die Seligkeit erlangen, sondern nur auf Grund der Gaben des Heiligen Geistes, der Glauben, Liebe, Hoffnung schenkt[41]. »Das aber got der gleubigen hertzen leerer sye, lernend wir von Christo«, sagt Zwingli schon in seiner 1522 gehaltenen Predigt »Von Klarheit und Gewißheit des Wortes Gottes...«, da »er spricht (Joh. 6, 45): Ein ieder, der's vom vatter gehört und gelernet hat, der kumpt zů mir. Niemans kumpt zum herren Christo Jhesu, denn der in gelernet hat erkennen vom vatter[42].«

Wenn wir diese Gedanken Zwinglis bis in ihre letzten Konsequenzen durchdenken, kommen wir schließlich zu einem ganz modernen Kirchenbegriff. Sicher, der Reformator hat in seinen Schriften diese letzten Konsequenzen nicht gezogen: Für ihn ist die Kirche bekanntlich einmal die Christenheit, dann »die Gemeinschaft der Heiligen« im Sinne des Apostolikums, schließlich die einzelne Kirchgemeinde (Kilchhöri). Wenn die Kirche Christi letztlich aus denen besteht, die sein Wort hören, so müssen wir konsequenterweise gerade heute daran denken, »daß Christus auch heute seinen Ort noch dort hat, mindestens haben könnte, wo ihn vor 2000 Jahren Jesus von Nazareth fand — bei den Zöllnern und Sündern, bei den Randsiedlern und Atheisten[43]«. Christus ist nicht nur in der offiziellen Kirche, sondern auch in der verborgenen, latenten Kirche. Christus ist überall dort, wo man auf ihn wartet, wo man in seinem Geist lebt, leidet, stirbt. Christus lebt dort, wo man auf ein neues Leben hofft, wo Menschen — vielleicht sehr

---

[39] Z VI/II, 300₍21-26₎.

[40] S IV, 65; VI/I, 583 u.a.

[41] Vgl. Rudolf Pfister, Die Seligkeit erwählter Heiden bei Zwingli, Eine Untersuchung zu seiner Theologie, Zollikon-Zürich 1952, passim.

[42] Z I, 366₍21-25₎.

[43] Dorothee Sölle, Die Wahrheit ist konkret, Olten/Freiburg i. Br. 1967. Theologia publica 4, S. 112 f.

ungewohnt, revolutionär, »unchristlich« — nach neuen Formen des Lebens, des Zusammenlebens, der Liebe, der Nächstenliebe suchen und sich nicht mit den billigen Lösungen einer überalteten, vergreisten Christenheit zufrieden geben. Könnten darum in einer wirklichen Ecclesia reformata semper reformanda nicht auch im 20. Jahrhundert unter den Revolutionären von heute die Reformatoren von morgen verborgen sein?

5. DE PROPHETAE OFFICIO*

Eine Gedenkrede Bullingers auf Zwingli

Zu den Freunden, die Zwinglis Andenken nach der Niederlage von Kappel schützen mußten, gehört von Anfang an auch Heinrich Bullinger. Er tat das ein erstes Mal, offiziell, in Form einer Rede, die er am 28. Januar 1532 an der am Karlstag begangenen Stiftungsfeier der Großmünsterschule vor den Pfarrern und Gelehrten in lateinischer Sprache über die Aufgabe des Propheten (»De prophetae officio«) gehalten hat. Obschon Zeitpunkt, Inhalt und Zweck dieser Rede außerordentlich interessant sind, die Rede übrigens bei Froschauer auch sofort gedruckt worden ist[1], ist »De prophetae officio« bis heute kaum je beachtet, geschweige denn gewürdigt worden[2]. Ich möchte das im beschränkten Rahmen der Festschrift für einen Lehrer und Forscher nachholen, der viel Zeit und Arbeit nicht nur für das Verständnis Zwinglis, sondern für die Zürcher Reformation im allgemeinen und damit auch für Bullinger eingesetzt hat. Im folgenden referiere ich (I) den Inhalt der Rede Bullingers in ihren Hauptzügen; ich mache (II) einige Bemerkungen zum Thema im Rahmen der Theologie Zwinglis und des jungen Bullinger, versuche (III) die allgemeine Bedeutung der Rede zu umschreiben und bringe (IV) als Anhang den Zwingli direkt betreffenden Epilog im Wortlaut.

I

Bullingers Rede »De prophetae officio« umfaßt in ihrer Druckausgabe XXXVII vorn (r) und hinten (v) bedruckte Oktavblätter. Sie gliedert sich, abgesehen von einer knappen Einleitung über Definition und Funktion des Prophetenamtes (Blatt II r und v) in drei Hauptteile. Von diesen befassen sich die ersten zwei mit der Verwaltung des Prophetenamtes (administratio), das heißt einerseits mit der Schriftauslegung (Blätter IIII bis XIII), anderseits mit der Bekämpfung von Irrtum und Laster (Blätter XIIII bis XXXI); der dritte Teil, als Epilog bezeichnet, befaßt sich mit Zwingli als Muster des wahren Propheten (Blätter XXXI r bis HXXVII r).

Bullinger geht vom Bedürfnis aus, etwas über das ihm und seinen Kollegen von Gott anvertraute Amt zu schreiben. Als Begriff taucht»der Prophet« für

---

* In: Festgabe Leonhard von Muralt. Zum siebzigsten Geburtstag 17. Mai 1970, überreicht von Freunden und Schülern. Zürich: Verlag Berichthaus 1970, S. 245-257.

[1] »De prophetae officio, et quomodo digne administrari possit, oratio Heinrycho Bullingero authore.« Die Widmung lautet: »Omnibus verbi ministris per Tigurinum agrum Evangelium anunciantibus, gratiam et vitae innocentiam a Domino.« Am Schluß: »Tyguri apud Christofferum Froschouer. M.D.XXXII.« Genauer Beschrieb bei JOACHIM STAEDTKE, *Bibliographie Heinrich Bullinger*, Bd. I., Gedruckte Werke, Zürich 1972, Nr. 33.

[2] Vgl. z.B. CARL PESTALOZZI, *Heinrich Bullinger, Leben und ausgewählte Schriften*, Elberfeld 1858, S. 84. RUDOLF STAEHELIN, *Huldreich Zwingli, Sein Leben und Wirken nach den Quellen dargestellt*, Bd. 2: Ausbau und Kampf, S. 509 f.

ihn zuerst bei den Griechen, dann bei den Römern auf. Doch wichtiger ist für ihn natürlich, daß auch die Juden und die ersten Christengemeinden diesen Begriff kennen — jene für ihre Seher, diese für ihre Bischöfe und Wächter. Auf Grund verschiedener Stellen im Alten und im Neuen Testament stellt er fest, daß die Funktion, das Amt des Propheten in der Erklärung der Heiligen Schrift besteht, präziser, umfassender genommen im Kampf gegen Irrtum und Verbrechen, für Frömmigkeit und Wahrheit, in der Mühe um die Pflanzung von Gerechtigkeit, Treue und gegenseitiger Liebe, in der Stärkung der Schwachen, im Trösten der Betrübten, im Zurechtweisen der vom Weg des Herrn Abweichenden. Als Hauptbelegstellen für diese Definition zitiert Bullinger Jeremia 1, 9.10:»Und er sprach zu mir: Damit lege ich meine Worte in deinen Mund. Siehe, ich setze dich heute über die Völker und über die Königreiche, auszureißen und niederzureißen, zu verderben und zu zerstören, zu pflanzen und aufzubauen«, und 1.Korinther 14, 3: »Wer jedoch aus Eingebung redet, der redet für Menschen [Worte der] Erbauung und Ermahnung und Tröstung.«

Im ersten Hauptabschnitt legt Bullinger dar, daß die erste große Aufgabe des Propheten in der Auslegung der vom Heiligen Geist eingegebenen Heiligen Schrift besteht. Vor allem hat der Prophet auf den »Status«, das heißt das Hauptthema, den eigentlichen Sinn der Schrift zu achten. Wie schon in Bullingers erster Stellungnahme zum reformatorischen Schriftprinzip, der Ende 1523 verfaßten Arbeit »De scripturae negotio«, und erst recht in allen späteren Arbeiten, ist auch in »De prophetae officio« *Summe der Schrift* das »testamentum«, das heißt der Bund (pactum, foedus) beziehungsweise die Übereinkunft (conventio), in dem, durch das Gott mit dem gesamten Menschengeschlecht übereingekommen ist, unser Gott zu sein, und in dem umgekehrt der Mensch in aller Unschuld sich darum bemüht, Gott zu gefallen, auf seinen Wegen zu wandeln, sich ihm als höchstem Gott und liebenswertestem Vater anzuvertrauen. Hauptinhalt des Bundes, der auf Abraham zurückgeht, sind Glaube und Unschuld, wobei aus dem Glauben die Erkenntnis Gottes, besonders seiner Gerechtigkeit und Barmherzigkeit, aus der Unschuld Wahrheit, Beständigkeit, Billigkeit, Reinheit und Liebe fließen. Auf diese göttlichen bzw. menschlichen Eigenschaften verweisen übereinstimmend alle Schriften des Alten und des Neuen Testaments, die historischen so gut wie die prophetischen[3], in besonderer Weise indes die Evangelien, die eigentlich nur den Zweck verfolgen, Jesus Christus als Bürgen des ewigen Bundes und Zeugen für die Barmherzigkeit und Wahrheit Gottes zu erweisen. »Man sieht,

---

[3] Als Beispiel wähle ich ein paar Sätze über die Propheten, Blatt VI r/v: »Prophetae item tam maiores quam minores ad hoc testamentum ceu unicaṁ cynosuram spectasse videntur. Nam Dei bonitatem, iusticiam et maiestatem, ipsum // denique Christum adeo graphice pinxerunt, ut iurares istos sibi foederis capita (id quod revera est) sumpsisse interpretanda. Quanta enim saeveritate invehuntur in desertores? quanto item ardore hortantur ad fidem et vitae innocentiam? quoties vero monent ad Abraham et pactum Dei respiciantur?«

daß Gott in Christus sich in seiner ganzen Fülle hat erkennen lassen, daß
Christus der Anfänger und ein lebendiges Beispiel des Glaubens und eines
unsträflichen Lebens ist.« — Sosehr nun aber die einzelnen Teile der Heiligen
Schrift durch das gemeinsame Thema des Bundes untereinander zusammenhängen, hat der Prophet doch auch den besonderen Sinn und die Gedanken der
einzelnen Schriften zu berücksichtigen, nötigenfalls — nach der alten Regel
Augustins — dunkle Stellen durch Vergleich mit klareren zu erhellen, auf alle
Fälle die vielen Regeln der Auslegung zu beachten, wie sie Erasmus etwa in
seiner Paraclesis zur Erforschung der Heiligen Schrift auch den Reformatoren
empfohlen hat: auf den Kontext zu achten, die Absicht des Autors zu
erforschen (Blatt XXV: »... quid conetur, quid doceat, quid probet, quid
refutet author, in quem finem, quemque in usum...«), die verschiedenen
grammatisch-rhetorischen Ausdrücke richtig zu interpretieren, Parallelstellen
zu suchen usw. — Noch viel wichtiger als die inhaltliche und sprachliche
Erschließung der Heiligen Schrift ist für Bullinger indes die »ratio iudicandi
prophetias«, das heißt der Geist der Verkündigung, der Auslegung. Wie jeder
Künstler, jede Disziplin ihre besonderen Methoden hat, so sollte der Prophet in
erster Linie über die Gabe des Glaubens und der Liebe verfügen[4]. Römer 12, 3;
1.Korinther 8, 1-3; vor allem 1.Korinther 13, 2.4 ff. legen ihm nahe, daß Liebe
notwendiger ist als Wasser und Feuer, vorzüglicher als selbst die Sprachen,
über deren Kenntnisse zwar der Prophet verfügen sollte, die im übrigen aber
ebenfalls Gaben des Heiligen Geistes sind. Als Beispiel dafür, wie sich Christus
in verständnisvoller Liebe an seine Zuhörer gewendet hat, verweist Bullinger
auf die Gleichnisse.

Anhangsweise wehrt sich Bullinger in diesem ersten Teil noch für das Recht,
aus der Bibel sich ergebende systematische Begriffe oder Themata — Schrift-
auslegung, Väter, Konzilien, Religion, Gott, Bund, Gesetz, Sünde, Gnade,
Christus, Glaube, Geist, Gerechtigkeit und andere — auch philosophisch, das
heißt rhetorisch und dialektisch abzuhandeln. Sicher ist die Schrift, die
Wahrheit allein der Stoff des Propheten. Dieser Stoff wäre nach Bullingers
Auffassung aber unnütz, wenn er nicht durch das sprachliche Instrument des
Propheten, die Rede, zum Gebrauch bereitgelegt und herausgeputzt würde.
Auch die freien Künste sind eine Gabe Gottes und müssen als solche zum
Verständnis der Schrift beitragen. »Was soll in der Kirche der Prophet, der das,
was er fühlt, nicht auszudrücken versteht[5]?«

---

[4] Nach Blatt IX r haben die Fabri ihre »amusses et perpendicula«, die Dialektiker ihre
»argumentorum formas«, die Mathematiker ihre »lineares demonstrationes«. »Nec ulla est
disciplina, quae suis careat regulis quo minus mirandum est si suam quoque propheta habeat
regulam: Ea est fidei et charitatis donum.«
[5] Blätter XIII v/XIV r: »Scriptura sane ac veritas sola, citra controversiam, materia est
prophetae. Inutilis autem fuerit materia, nisi instrumento expoliatur et redigatur in usum.
Instrumentum vero istud prophetae oratio est. Per eam enim id quod animo concoepit, quodque

Im zweiten Hauptteil umreißt Bullinger die kritische Aufgabe des Propheten gegenüber der Öffentlichkeit, Gemeinde, Gesellschaft und den sozialen Verhältnissen[6]. An erster Stelle nennt er den Kampf gegen die Verächter Gottes beziehungsweise Christi und der Kirche. Zu diesen gehören, offenbar in Zürich und in der Eidgenossenschaft, »die verderblichsten Gefolgschaften der Päpstler und Wiedertäufer« (pestilentissimae pontificiorum et catabaptistarum sectae), die Päpstler, weil Messe, Bilder, Papsttum, Mönchtum, Anrufung der Heiligen, Beichte und die andern überflüssigen Sakramente und anderes mehr ein einziges »Sakrileg, Scheusal, Verbrechen« darstellen; die Wiedertäufer, weil sie nicht nur durch ihre Taufe die Kirche Gottes spalten, sondern mit ihren Lehren über Obrigkeit, Eid und Zehnten auch die Ordnung des Staates stören und verkehren, vor allem weil sie ein neues, noch schädlicheres Mönchtum aufrichten. — An zweiter Stelle hat der Prophet allgemein Verbrechen und Schandtaten anzuprangern. Dazu gehören Treulosigkeit, Luxus, Verdauung (concoctio), Vernachlässigung der häuslichen Pflichten, lauter Dinge, aus denen Diebstahl, Streit, Bestechung, Krieg und Niederlagen entspringen. Da hier der eigentliche, schlimmste Feind jeder Gemeinschaft lauert, öffnet sich im Kampf gegen die Laster dem Propheten sogar ein besonders weites Feld angestrengtester Wirksamkeit. »Hier ruft beim Propheten der Herr: ‚Rufe aus vollem Halse, halte nicht zurück! Gleich der Posaune erhebe deine Stimme und verkünde meinem Volke seine Untreue und dem Hause Jakob seine Sünden' (Jesaja 58, 1). Was soll er aber tun? Er muß antreiben, daß sie nicht vom lebendigen Gott abfallen, daß sie von der Kanzel Gottes Wort hören, aber nicht bloß hören, sondern in Glaube und Reinheit des Lebens auch tun!« Positiv gewendet: Wie später Pestalozzi und Jeremias Gotthelf zur Pflege des häuslichen Herdes aufrufen sollten, hat der Prophet zuerst häusliche Zucht zu fordern und zu fördern. Sie ist die Basis echt christlicher Haltung. Dann mahnt er in offenkundiger Anspielung auf die durch die Solddienste verursachten Schäden wie sein Meister Zwingli unter Hinweis auf Epheser 4, 28; 1.Thessalonicher 4, 11 und 1.Timotheus 5, 8 zu solider Arbeit und warnt mit Lykurg und C. Fabricius vor Luxus und Geiz. Wie schon im ersten Teil legt Bullinger auch hier größtes Gewicht auf das rechte Vorgehen. Mit den Sündern ist »moderate«, maßvoll zu handeln: »Wir wollen unsre Freiheit maßvoll gebrauchen, damit wir nicht diejenigen durch unsre Strenge verlieren, für die Christus

---

ex scripturis pro auditorum captu et commodo, congessit: oratione clara et praesenti rei accomoda // auditoribus proponit. Res quidem prophetae adeo necessaria, ut sine hac omnia alia (quod docendi functionem attinet) sint frustranea. Quid enim in re publica faciat sapiens et tamen mutuis consul? quid eruditus, sed elenguis interpres? quid igitur in ecclesia faciat propheta, qui quae sentit, eloqui nescit? quemadmodum itaque nullus usus fuerit clavi et freni, nisi adsit qui arte moderetur: ita nihil profuerit scripturae cognitio, nisi accesserit ipsa rerum vis et vita, dicendi artificum.«

[6] Blatt XIV r: »...nunc quomodo erroribus sese propheta opponere et sceleribus obstare debeat, videamus. Nam id mihi secundo loco exponendum sumpseram.«

den Tod auf sich nahm.« Christus verkehrte mit Sündern, starb für Sünder, er
zerbrach nicht ein geknicktes Rohr, er löschte den glimmenden Docht nicht
(nach Jesaja 42, 1-4; Matthäus 12, 20); er verurteilte sogar Judas nur heimlich.
Oberstes Ziel ist die Auferbauung der Gemeinde (1.Korinther 9). Aus diesem
Grunde soll mit einem Frevler zuerst unter vier Augen gesprochen werden; erst
wenn ein privates Gespräch keinen Erfolg zeitigt (und vor allem ausschließlich
bei öffentlichen Vergehen!), soll die Sache an die Öffentlichkeit gebracht
werden; »dann soll deine Rede aber so sein, daß jener vor allen andern selbst
einsieht, daß es um Heil und Unschuld und nicht etwa um persönliche Rache
geht. Das Beispiel des Petrus zeigt, daß Bescheidenheit niemandem schadete,
unbeherrschtes und unmäßiges Schelten jedoch oft die meisten entfremdete.«
Ganz besonders betont Bullinger, daß es unter keinen Umständen Sache des
Propheten sein darf, über ewiges Heil und ewige Verdammung zu entscheiden[7].
»Ein Knecht des Herrn jedoch soll nicht streiten, sondern liebreich sein gegen
jedermann, geschickt zum Lehren, willig, Böses zu ertragen, mit Sanftmut die
Widerspenstigen zurechtweisend, ob ihnen etwa Gott Sinnesänderung verleihe
zur Erkenntnis der Wahrheit und sie wieder zur Besinnung kommen aus der
Schlinge des Teufels heraus, nachdem sie von ihm gefangen worden sind für
seinen Willen« (2.Timotheus 2, 24-26).

Nach diesen absolut nüchternen Hinweisen auf die zu übende Kirchenzucht
macht Bullinger schließlich — sicher ebenfalls im Blick auf dringende Anliegen
der Zeit — noch Vorschläge für eine sinnvolle Verwendung der kirchlichen
Güter: Wenn unsere Kirche Güter haben sollte, sollen wir diese nicht
verschwenden, sondern wiederholt mahnen, sie recht, das heißt für Schule und
Armenwesen zu verwenden. In diesem Zusammenhang polemisiert er einerseits
gegen die römische »Geldpolitik«, anderseits stellt er die Wiederherstellung der
Studien als dringendste Aufgabe hin: »Wirren, Unglück und Streit, die
Irrtümer unserer Zeiten — woher kommen sie, wenn nicht aus der Unwissenheit des letzten Jahrhunderts?« Wiederum in Analogie zum ersten Teil faßt
Bullinger zum Schluß seine Ausführungen zusammen; er betont nochmals den
Wert der humanistischen Bildung beziehungsweise Rhetorik (ad gratiam, non
ad ostentationem!) und holt dann noch zu einem Exkurs über die Integrität des
prophetischen Wandels aus. Der Prophet muß Licht der Welt sein (Matthäus 5,
14), ein Vorbild der Gläubigen in Wort und Wandel, in der Liebe, im Glauben
und in der Reinheit (1.Timotheus 4, 12; Titus 2, 7). Darum kommt zur
Einfachheit und Reinheit der Rede und des Lebens die Standhaftigkeit, »dieser
Nerv jeglichen christlichen Handelns[8]«.

---

[7] Blatt XXVr: »Nemo tamen nostrum poterit damnare et tanquam reprobatum a Deo,
pronunciare adversarium.«

[8] Blatt XXXIr: »Tolle enim e virtutum choro constantiam et omnes sustulisti virtutes. Quae
putas enim futura sit sive prudentia, sive temperantia, sive iusticia, sive fortitudo, si non

Nachdem Bullinger so die Pflichten eines rechten Propheten allgemein umschrieben hat, setzt er im dritten Teil seiner Rede zu dem eingangs erwähnten, unten wiedergegebenen Epilog über Zwingli an (Blätter XXXII r bis XXXVII r). Der Zweck dieses Epilogs besteht darin, zu zeigen, daß Huldrych Zwingli *das* Beispiel eines Propheten darstellt: »In diesem Manne nämlich findet man ein für allemal und absolut, was man in einem wahren Propheten Gottes sucht.« Zwingli verfügte in menschlicher und fachlicher Hinsicht über alle Voraussetzungen des Prophetenamtes. Er hat in glücklichster Weise erfüllt, was von einem Ausleger der Schrift verlangt werden kann, wie namentlich seine Auslegung, seine Komplanationen über Jesaja und Jeremia zeigen. Er hat — übrigens zusammen mit Johannes Ökolampad — die Reformation durchgeführt: »Durch diesen Mann hat Gott bei uns die Ehre seiner Kirche wiederhergestellt«; Zwingli hat den Bund und die Theologie (»die Allmacht, Güte und Einheit Gottes«) erneuert, die Sakramente, im besondern Taufe und Abendmahl, gereinigt und das Papsttum zerschmettert. Er kämpfte erfolgreich gegen Rom, Luther und die Täufer. Wenn die Römer Cicero und Brutus, die Griechen ihre Feldherren und Gesetzgeber preisen — »wir verehren mehr und mit größerer Berechtigung unsern Zwingli«. Doch werden all diese kirchlichen und theologischen Verdienste noch übertroffen durch Zwinglis Liebe und Eifer um Gerechtigkeit und Billigkeit, seine unersättliche Begierde nach dem Glück des Vaterlandes, das heißt seinen extremen Haß gegen die Schlechten und alles Böse. Er stritt gegen unnützen Luxus, bluttriefende Bestechung, wilde Oligarchie, für Sparsamkeit, Rechtschaffenheit, Heiligkeit. Um dieser Dinge willen erlitt er auch den Tod. Zwingli »wurde nämlich gerade von denjenigen getötet, für die er sich mit seinem ganzen Leben eingesetzt hatte, um sie von Bestechung, Krieg und Luxus und anderem auf den Weg der Gerechtigkeit zurückzuführen. Das ist nämlich die wirkliche Todesursache dieses gerechtesten Mannes.« Aber Bullinger geht hier noch einen Schritt weiter und meint, daß sich deshalb auch niemand durch Zwinglis Niederlage anfechten lassen dürfe, häufig gingen gerade die besten und weisesten Menschen erbärmlich unter, schon Heiden wie Sotades, Sokrates, Diogenes, Äschylos, Euripides, Homer, erst recht aber Glaubenshelden wie Jesaja, Jeremia, Sacharja, Stephanus, Johannes der Täufer. Wenn Zwingli nicht aus Lust am Krieg, sondern auf Befehl seiner Obrigkeit in den Krieg gezogen sei und unglücklich gekämpft habe, sei er nicht allein — auch Josia und (Judas) Makkabäus hätten unglücklich untergehen müssen, und mit ihm seien viele Bürger und Feinde gefallen. »So stand es in den Sternen.«

---

firmetur imo et conservetur constantia? Et eruditio tua vitae quoque integritas, res per se praeclarae, somnium fient, nisi accedat constantia.«

II

Bullingers Ausführungen über den Propheten, wie sie in dieser Rede »De prophetae officio« vorliegen, sind aufs ganze gesehen nicht originell. Bekanntlich hat schon Zwingli selbst seine Stellung in Zürich im allgemeinen und im besondern als die eines Propheten verstanden[9]. Im allgemeinen, indem er von seiner 1524 verfaßten, dem Volk von Appenzell gewidmeten Pastoraltheologie »Der Hirt« bis zu den großen Einleitungen zu seinen Jesaja- und Jeremia-Kommentaren die Tätigkeit des Pfarrers, Bischofs beziehungsweise Propheten auf die Verkündigung des Wortes Gottes, des Gesetzes und des Heils konzentriert. Im besondern, indem Zwingli die einschlägigen Stellen bei den alttestamentlichen Propheten und im 1. Korintherbrief, die das Amt des Propheten umreißen, auf sich persönlich bezogen hat. Nicht zuletzt aus einem Geschichtsverständnis heraus, das seine Zeit als eschatologische verstanden wissen wollte, ist Zwingli mit einer die Autorität des Gotteswortes beanspruchenden Botschaft gegen die Tradition aufgetreten; als Lehrer, Mahner und Tröster hat er den göttlichen Gerichts- und Bußruf erschallen lassen und den Willen Gottes verkündigt. Als geistbegabter Seelsorger hat er der Gemeinde nicht nur gesagt, was Gott zu tun beabsichtigte, sondern auch, was Gott von den Menschen jetzt getan haben wollte. *Bullinger* hat diese Auffassung offenbar früh übernommen. Im gleichen Jahr 1525, da in Zürich die »Prophezey« eröffnet wurde, hat er in Kappel eine Abhandlung mit dem Titel »De propheta libri duo« geschrieben[10]. In dieser Schrift, die eigentlich hätte gedruckt werden sollen, dann aber bis heute Manuskript geblieben ist, legte er die Gedanken von 1532 in ihren Grundzügen bereits ein erstes Mal nieder. Ein Vergleich der beiden Schriften ergibt allerdings auch Unterschiede: Während Bullinger 1532, wahrscheinlich im Blick auf die besondere Ausrichtung auf Zwingli, die kritische Funktion des Propheten als mindestens gleichgewichtig neben die Funktion des Auslegers stellt, hat er 1525 eigentlich nur von der richtigen Schriftauslegung und Verkündigung, von Exegese und Homiletik gehandelt. In Anlehnung an Erasmus und Melanchthon wollte er in die Schrift und die Methode ihrer Auslegung einführen. Etwas vereinfachend ausgedrückt: Während 1532 eindeutig der Reformator und Nachfolger Zwinglis, Bullinger, spricht, hat 1525 eher der Humanist Bullinger die Feder geführt. Dabei ist allerdings auch zu beachten, daß Bullinger 1525 deutlicher als 1532 Christus als Mittelpunkt aller Verkündigung betont hatte. Oder noch anders ausgedrückt: Während 1532 der Pfarrer am Großmünster spricht, hat 1525 der Lehrer im Kloster Kappel über den Propheten geschrieben.

---

[9] S. oben S. 49 ff.
[10] Zentralbibliothek Zürich, Car. I 166. Kopie von Heylrich Syricteus (Pfeifer) in der Zentralbibliothek Zürich, Ms. A 82, S. 44 ff. Über Inhalt, vor allem aber Schicksal dieser Arbeit vgl. JOACHIM STAEDTKE, *Die Theologie des jungen Bullinger*, Zürich 1962, S. 275 f.

III

Wir müssen deshalb noch etwas schärfer nach der Bedeutung der Rede »De
prophetae officio« fragen. Ich sehe sie in drei Punkten: 1. Bullinger bestätigt
mit dieser Schrift die Ansicht, daß der Begriff des Propheten in den Anfangs-
jahren der Zürcher Reformation von zentraler Bedeutung gewesen sein muß.
Damit bestätigt er natürlich auf seine Weise zugleich die besondere Rolle der
Zürcher Reformation als Hort des Biblizismus. »De prophetae officio« gehört
in den Zusammenhang der »Prophezey« und damit der Zürcher Bibelübersetzung und des gewaltigen Zürcher Bibel-Kommentarwerkes, das methodisch
nicht nur die modernen Wörterbücher vorweggenommen, sondern von Anfang
an von der Aktualität der Bibel wie ihrer Verkündigung gezeugt hat. 2. Im
besondern liegt die Bedeutung der Rede »De prophetae officio« darin, daß
Bullinger hier bewußt versucht, Zwingli gewissermaßen geschichtlich, wenn
nicht heilsgeschichtlich einzuordnen. Sein Epilog stellt den ersten Versuch
nach Zwinglis Tod dar, das Wesen des Reformators in seinen entscheidenden
Auswirkungen zu erfassen. Ein Vergleich mit den beiden andern, bekannteren
zeitgenössischen Versuchen einer »Biographie« Zwinglis — ich meine »Das
älteste Lebensbild Zwinglis« von Oswald Myconius[11] und die Beschreibung
von »Gepurt, harkommen, leben, leer, thatten, arbeit und todt Zuingli« durch
Johannes Stumpf[12] — ergibt nämlich für Bullinger eine mehr als auffällige
Konzentrierung auf das Wesentliche; das Prophetische wird dort überhaupt
nicht oder nur indirekt erwähnt. Myconius berichtet wohl auch über Zwingli
als Ausleger der Heiligen Schrift und Kämpfer gegen Laster, über seine
Bemühungen, »die evangelische Lehre zum Lobe Gottes und zum Besten der
ganzen Schweiz einzupflanzen«; doch bei aller persönlichen Sympathie für den
gefallenen Reformator, trotz aller humanistischen Lobrednerei gelingt ihm
nicht die zusammenfassende Schau Bullingers. Und wenn Stumpf neben der
Aufzählung der wichtigsten Stationen von Zwinglis Leben auch eine fast
lückenlose Bibliographie Zwinglis bietet, so bringt er neben Bullinger noch
weniger als Myconius das eigentliche, existentielle Anliegen des Reformators
zur Sprache. Daß Bullinger engagierter wirkt, erklärt sich freilich leicht: Er
muß nun selber den Dienst des Propheten tun. Dabei ist er nicht unange-
fochten; wir wissen, daß Bullinger (mit seinen Amtsbrüdern) unmittelbar nach
seiner Wahl nach Zürich darum gebeten worden ist, in seiner Predigt nicht nur
jede Einmischung in politische Fragen, sondern auch ein allzu strenges Schelten
der Leute zu unterlassen. Bullinger hat am 13. Dezember 1531 der ersten
Forderung entsprochen (»sofern uns nicht verwehrt wird, das zu predigen, was

---

[11] *Ulrich Zwingli, Eine Auswahl aus seinen Schriften auf das vierhundertjährige Jubiläum der
Zürcher Reformation*, im Auftrag des Kirchenrates des Kantons Zürich übersetzt und herausgegeben von GEORG FINSLER, WALTHER KÖHLER und ARNOLD RÜEGG, Zürich 1918, S. 1 ff.
[12] *Johannes Stumpfs Schweizer- und Reformationschronik* II, Basel 1955, S. 186 ff.

in bezug auf das weltliche Regiment in der Heiligen Schrift gelehrt wird«), nicht
aber der zweiten: Auf »die Laster und Übeltaten, sie mögen die obere Gewalt
oder den gemeinen Mann, den Rat, die Gerichte, weltliches oder geistliches
Regiment betreffen, werden wir in der Weise, wie das Laster und die
Lasterhaften es nötig machen, jetzt sanft, jetzt rauh, ohne Ansehen der Person,
mit Worten, die der Heiligen Schrift und dem Laster gemäß sind, hinweisen
und tadeln. Denn das Wort Gottes will ungebunden sein, und man muß Gott
mehr gehorchen als den Menschen[13].« Wenn Bullinger Ende Januar 1532 in
seiner Rede über das Prophetenamt ausführlich und in eindeutigstem Bezug auf
Zwingli die ethisch-soziale Komponente der Predigt herausstreicht, kann das
nur den Sinn gehabt haben, die begonnene »Politik« in jeder Beziehung zu
rechtfertigen. Aber noch mehr: Wir wissen auch, daß es nach den Niederlagen
von Kappel und am Gubel Leute (Protestanten und Kryptokatholiken) in
Zürich gegeben hat, welche dieses Unglück Zwingli und den Prädikanten, der
Reformation überhaupt vorgeworfen und im Tod des Reformators eine
gerechte Strafe Gottes erblickt haben[14]. Denen muß Bullinger jetzt auch
Antwort geben. Er erfüllt diese Pflicht, indem er am Schluß seiner Rede vom
Prophetenamt, gewissermaßen an ihrem Höhepunkt, auf zahlreiche Persön-
lichkeiten aus der profanen und biblischen Geschichte verweist, »die um der
Gerechtigkeit willen verfolgt«, geschmäht und getötet wurden. 3. Damit ist die
Rede viel mehr als ein schöner Nachruf auf Zwingli. Vor Geistlichen und
Gelehrten der intellektuell und geistig-geistlich führenden Schicht Zürichs am
Karlstag gehalten, hat sie auch die Bedeutung eines feierlichen Versprechens,
das durch Zwingli begonnene Reformationswerk unbeirrt und im gleichen
Geist weiterzuführen.

                                    IV

    Sed quid vetera produco, qui domesticis exemplis non careo, propriis
quidem illis et absolutissimis? Quid enim huic negotio prophetico quadrantius
accedere potest exemplo Hulderichi Zvinglii praeceptoris nostri viri clarissimi?
Etenim in hoc viro semel et absolute reperias quicquid in vero propheta Dei
requiras. Apud rhetores quidem Gentilium, nondum perfectus aliquis orator
repertus est, sed Zvinglius noster propheticam cyclopaediam adeo absolvit, ut
nihil in eo desyderes, etiamsi vitae conversationem spectes, nihil inamoenum
aut indecorum invenias. Nescio enim si hoc homine viderit orbis aut humanius
aut sanctius, si mores hominis perpendas, aut prudentius, si maximarum rerum
administrationem spectes. Dictio vero talis erat, qualem superius ex [Blatt

---

[13] Vgl. *Heinrich Bullingers Reformationsgeschichte, nach dem Autographon herausgegeben auf
Veranstaltung der vaterländisch-historischen Gesellschaft in Zürich* von J. J. HOTTINGER und H. H.
VÖGELI, Bd. III, Frauenfeld 1840, S. 287 ff.
[14] Vgl. *Johannes Stumpfs Schweizer- und Reformationschronik* II, Basel 1955, S. 213_{18}-214_{10}.

XXXIIv] eruditis adumbravimus. Erat enim candida, pura, perspicua et minime adfectata vel ad fucum composita: omnia plana et quorumvis exposita oculis, neque hic iacebat aut humi reptabat [!] quicquam, omnia vivebant et robore quodam compacta ultro sese amabili quadam vi in auditorum ingerebant animos. Iuditium autem in scripturis habebat candidum, acre, sanctum et incomparabile. Mira illi in eruendis sacrarum arcanis dexteritas. Mira in tractando simplicitas et facilitas. Mira et in reddendis ex aliena linguis proprietas et perspicuitas. Testamur hac in re lucubrationes eius in Isaiam et Ieremiam adornatas verius quam scriptas. Testamur et fragmenta alia quae nobis ex doctissimorum quorundam virorum diligentia, restant; ex quibus aestimamus, ceu ex ungue Leonem, [Blatt XXXIIIr] quantus hic in exponendis sacris fuerit. Sola haec quae extant paucula equidem viam quandam scripturas enarrandi aperire videntur, ut in iis clare et copiose ea tanquam in exemplari quodam videas, quae nos praeceptionibus in initio orationis huius, tradidimus vel adumbravimus potius. Et in refellendis erroribus, quis unquam laboravit foelicius? quis circumspectius aut eruditius? Et quod alii gloriam reducis euangelii, aliis (qui tamen et suis praecellunt donis, et adhuc agunt in vivis, ut nondum istorum canendum sit encomium) non citra inanem iactantiam et adulationem tribuerunt, id revera Zvinglio nostro tribuendum erat. Nam per hunc virum restituit nobis Deus ecclesiae suae gloriam. Unus enim restituit testamenti et aeterni foederis capita, obsoletaque renovavit. [Blatt XXXIIIv] Unus omnipotentiam et bonitatem Dei, imo et unitatem, divorum invocatione et cultu obscuratam, pristino restituit nitori. Idem Ezechiae et Iosiae sanctissimorum regum exemplo omnia sustulit simulachra: ut solus per omnia et in omnibus, spiritu regnaret fide et charitate, Deus. Sacramenta porro ecclesiae, foedissimis erroribus prorsus foedata, repurgavit, et nitidissima populo Dei restituit, baptismum intelligo et eucharistiam. Hanc tamen non sine Theseo restituit. Magna est enim hac in re Joannis Oecolampadii gloria, quem Zvinglius noster hac in laude habuit comitem, virum alias vita inculpatum, eruditione incomparabilem, et evangelicae doctrinae absolutissimum professorem. Caeterum cum Zvinglius eucharistiam restituit, simul et innumeras superstitiones, [Blatt XXXIIIIr] impietatem item summam, Missam puto, penitus sustulit, totumque orbem manifestissima idololatria liberavit. Et de peccatorum remissione, et de clavibus, quis unquam vel ex vetustis vel neotericis, disputavit clarius et verius? Quis antichristi regnum quassavit fortius? Quis omnem errorem et superstitionem subruit constantius? Totum enim pontificis Romani, hoc est, Antichristi regnum, huius viri opera (imo Dei gratia quae per hunc agebat) pietate, industria et eruditione, prostratum, convulsum et extinctum iacet. Haec autem omnia peculiaria habet, et ita peculiaria, ut summos in Europa, utriusque factionis viros, partim invidia et zelo, viros inquam et optimos et doctissimos, partim avaritia et iniquitate, homines alias atros, illos inquam omnes saeve repugnantes [Blatt XXXIIIIv] citra negotium vicerit, et sua indies clarius et firmius proposuerit. Sed et ipsa catabaptistarum phalanx, hypocrisi, fuco, loquentia et spiritu, nescio quo, probe instructa, victori palmam ferre coacta est. Quarum rerum omnium locupletissima habemus viri testimonia. Extant enim huius libri De vera et falsa religione conscripti, De Baptismo et Eucharistia plurimi: in quibus nihil quod ad summam eruditionem et maiestatem spectet, desyderes. Nemo enim hoc homine nervosius. Nemo telum in adversarium torquet acrius, aut exceptum retorquet mirabilius. Est enim hac in re ultra communem hominum sortem admirabilis. Quis vero delectat urbanius? quis movet efficatius? quis laudat candidius? quis saudet gravius? quis hortatur ardentius? Omnia in hoc homine [Blatt XXXV r] summa. Laudent ergo Romani suum in eloquentia Tullium, et in restituenda libertate Brutum. Efferant Graeci suos, vel imperatores, vel legislatores, Temistoclem, Periclem, Lycurgum et Solonem: nos multo et verius et iustius Zvinglium nostrum (multis nominibus praecellentem et sancta maiestate verendum) sancta quadam gratitudine veneramur: ut qui post maxima pietatis studia, in restituenda libertate et renovandis bonis ac sacris studiis mire laborarit. Parva autem haec sunt quae diximus, si iis conferantur quae nunc dicemus. Nam in hoc homine ardens amor iustitiae, flagrans aequitatis studium, et inexplebilis patriae foelicitatis cupiditas, fuit: contra vere summum in flagitiosos et extremum in flagitia odium. Nemo enim facile explicarit quantis sudoribus luxum [Blatt XXXV v] inertem, sanguinolentas largitiones, et multorum saevam expugnarit olygarchiam: et rursus quanta cura avitam frugalitatem, probitatem et sanctum (loiade ad amorem) studuerit restituere imperium: quas ob res vir Dei sanctus, pulchram tandem opetiit mortem. Ab iis enim caesus est, quibus ipse sese tota impenderat vita, ut illos a largitionibus, bellis, luxu, pessimis quoque suis studiis, in viam reduceret iusticiae. Haec autem mortis viri iustissimi, verissima est caussa, ut ut alij alias necis iacitent caussas. Nolim autem quenquam tanti viri clade, miseroque (ut nonnullis uideri poterat) mortis genere offendi: maxime cum optimi et sapientissimi quique misere semper interierint. Nam Sotades author est, Socratem in carcere bibisse cicutam. Diogenem vero crudum [Blatt XXXVI r] commedisse polypedem et interiisse. Aeschilo autem scribenti incidisse testudinem. Porro Sophoclem acino uvae praefocatum excessisse. Canes item Thracios bonum discerpsisse Euripidem, sed divinum Homerum fame fuisse confectum. Prophana sint haec. Quis vero non lugeat optimi eruditissimi simul et piissimi viri Ioan. Oecolampadii mortem? Illum enim, illum inquam, totius Germaniae imo Christianae reipublicae summum decus, virum iustissimum, non multis post Zvinglii interitum diebus, neci dedit carcinus. Quin in sacris legimus istis prorsus paria. Quo enim quisque sanctior, hoc miserabiliori mortis genere interiit. Nam quis nescit sanctissimi Isaiae caedem? Hieremiae et Zachariae indignam cladem? Stephani quoque et sacratissimi Ioannis baptistae interitum? [Blatt XXXVI v] Quid quod tunc quoque in sancti viri corpus desaeviebat truculenta scortorum rabies? Huc facit quod Zvinglium nostrum non animi libido ad pugnam animavit, sed sanctum magistratus edictum armavit. Et quoties oro iusta in caussa, a iustissimis, infoelicissime pugnatum? Aut quis nescit Iosiam et Machabaeum, summos in pietate viros, infoelici clade infoelicissime periisse? Nec obscurum est tum quoque cum viri illi interirent, campos multo et civium et hostium cruore repletos. Sic enim erat in fatis. Nec quisque Iosiae, improbitatis notam impingebat, quod ipsa res praeter omnium expectationem sinistrius cessisset. Haec autem veluti per epilogum contexui, ut tute videres tanquam in vivo exemplo, quae esset prophetae iusta administratio. Nostrum deinceps fuerit veritatem summo studio [Blatt XXXVII r] et si res ita postularit, vitae quoque dispendio propugnare, scripturas sanctas pure enarrare, plebem ad sancta ardenter hortari, moestos pie consolari, erroribus prudenter contraire, et haereses constanter eliminare, scelera quoque et scelestos non minus pie quam fortiter impugnare, eaque omnia summa cum fide et diligentia agere, ut cum apparuerit pastorum princeps, immarcessibilem coronam reportemus.

6. ZWINGLI UND LAKTANZ

Beobachtungen bei der Lektüre von Zwinglis »De providentia Dei«[*]

Es ist ein altes Desiderat der Zwingli-Forschung, die geistigen Herkünfte des Reformators zu klären. Natürlich weiß man, seit Walther Köhler vor allem, daß Christentum und Antike, Patristik und Scholastik, Erasmus und Luther Zwinglis Denken beeinflußt haben: ein Stück weit schon in der Schul- und Studienzeit, über die in Kürze endlich eine sorgfältig gearbeitete Studie vorliegen wird[1], stärker und entscheidend in der vorreformatorischen Zeit, da Zwingli als »Kilcher zuo Glaris« und »Pfarrer zuo Einsidlen«[2] in der Stille der Studierstube immer intensiver seine humanistischen und theologischen Kenntnisse erweiterte und vertiefte, stärker praktisch, auf die dringenden Bedürfnisse des Alltags ausgerichtet, schließlich auch in der reformatorischen Zeit.

Wir sind jedoch noch weit von einer genaueren, detaillierten Kenntnis all dieser Einflüsse entfernt.

Das zu zeigen, ist nicht zuletzt der Sinn der folgenden Bemerkungen zum Verhältnis Zwingli-Laktanz, die auf Beobachtungen beruhen, die ich bei der Vorbereitung des Kommentars zu Zwinglis großer Schrift »Sermonis de providentia dei anamnema« (im folgenden abgekürzt »Anamnema«) gemacht habe und hier nicht so sehr als abgeschlossene Studie denn als Anregung zu weiteren Forschungen auf einem sehr weiten Feld vorlege und Gottfried W. Locher zueignen möchte.

I

Zwingli und Laktanz — das Thema müßte eigentlich schon im Blick auf ganz oberflächliche Zusammenhänge in der Luft liegen. Caelius Firmianus Lactantius (um 260-320), möglicherweise Lehrer Kaiser Konstantins, Verfasser vor allem der sieben Bücher »Divinae Institutiones«, einer apologetisch ausgerichteten systematischen Darstellung der christlichen Lehre, dann aber auch weiterer theologischer Werke[3], war ein Lieblingsautor der Humanisten. Nicht nur war das erste, 1465, in Italien gedruckte Buch eine Ausgabe der Werke des

---

[*] In: Zwingliana Bd. 13, 1971, S. 375-399.

[1] Gerd Wiesner, Zwinglis Lehr- und Studienjahre (Diss. theol. Zürich; Entwurf Herbst 1971).

[2] Oskar Farner, Huldrych Zwingli, Bd. II: Seine Entwicklung zum Reformator, Zürich 1946, S. 7-210.

[3] »Epitome« (nach 314); »De opificio Dei« (um 303/304); »De ira Dei« (nicht vor 313); »De mortibus persecutorum« (vor 321); »De ave Phoenice« u.a., vgl. Berthold Altaner/Alfred Stuiber, Patrologie; Leben, Schriften und Lehre der Kirchenväter, 7., völlig neu bearbeitete Aufl., Freiburg/Basel/Wien 1966, S. 185-188 (zit. Altaner[7]).

Laktanz. Seit G. F. Pico della Mirandola nannten die Humanisten Laktanz um seiner vollendeten sprachlichen Form willen den »christlichen Cicero«[4]. Ohne weitere Belege, doch vermutlich im Anschluß etwa an Walther Köhler[5] stellt von Campenhausen in seiner kleinen lateinischen Patrologie fest: »Erasmus und Zwingli schätzten ihn, weil sie die ideale Vereinigung von Christentum und Antike in seinen Schriften erreicht sehen«[6].

Dann aber wird das Thema Zwingli und Laktanz auch durch Zwingli selber gestellt: Wenn im Briefwechsel und in den Werken Zwinglis der Name Laktanz auch nicht gerade häufig auftaucht, so hat er doch einiges Gewicht. Dem Briefwechsel sind die mindestens biographisch interessanten Tatsachen zu entnehmen, daß Glarean Ende 1516 in Basel für Zwingli eine Laktanz-Ausgabe gekauft und diese dann — zusammen mit einer Ausgabe Tertullians und der »Cornucopiae« des Nikolaus Perotti — als für einen Gelehrten und christlichen Theologen äußerst notwendige Literatur nach Einsiedeln spediert hat[7], daß Zwingli diese Laktanz-Ausgabe 1517 sogar in seine Badekur nach Pfäfers mitgenommen hat[8].

---

[4] Vgl. Antonie Wlosok, Artikel Laktanz, in: Lexikon der Alten Welt, Zürich/Stuttgart 1965, Sp. 1668 f. Altaner[7], S. 185.

[5] Walther Köhler, Desiderius Erasmus, Ein Lebensbild in Auszügen aus seinen Werken, Berlin 1917; Die Klassiker der Religion, Bd. XII/XIII. Ders., Zwingli als Theologe, in: Ulrich Zwingli, Zum Gedächtnis der Zürcher Reformation 1519-1919; Zürich 1919, Sp. 9-74. Ders., Ulrich Zwingli und die Reformation in der Schweiz, Religionsgeschichtliche Volksbücher, IV. Reihe, 30./31. Heft, Tübingen 1919. Ders., Die Geisteswelt Ulrich Zwinglis; Christentum und Antike, Gotha 1920. Ders., Artikel Zwingli, in: RGG[2] V, Sp. 2152-2158. Ders., Huldrych Zwingli, Leipzig 1943/1954. Zur Sache selber vgl. Gottfried W. Locher, Die Wandlung des Zwingli-Bildes in der neueren Forschung, u.a. in: Gottfried W. Locher, Huldrych Zwingli in neuer Sicht, Zehn Beiträge zur Theologie der Zürcher Reformation, Zürich/Stuttgart 1969, S. 137-171.

[6] Hans Freiherr von Campenhausen, Lateinische Kirchenväter (Urban-Bücher 50), Stuttgart 1960, S. 75.

[7] Glarean an Zwingli, 19. Oktober 1516: »Emi et in eadem litera tibi Lactantii Firmiani omnia quae possunt haberi opera una cum Tertulliani voluminibus, libros Christiano theologo et viro in bonis literis erudito oppido quam necessarios. Habes autem apud me scuta tria et quattuor quos vocant corvos. Pro Cornucopiae et caeteris adpressis solvi duos aureos, pro Lactantio et Tertulliano non plane aureum« (Z VII, 42₅₋₁₁); vgl. dazu den Brief Glareans an Zwingli, 25. Oktober 1516: »Emi tibi Copiam cornu, cum Pompeio Varrone et Nonio, Lactantium cum Tertuliano, non addens, quantum quodlibet illorum constet« (Z VII, 47₄₋₆). Vgl. übrigens auch Z VII, 195₁₁-196₁ mit der dazugehörigen Anm. 4.

[8] Salandronius an Zwingli, 16. September 1517: »S. D. Oportune quidem, suis et horis, doctissime Zuingli, Lactantium Firmianum tuum, quem in Thermis Paphiis (sic ardes musas vel sacras) tecum habuisti, in usus meos per aliquot dies dari ad me repeto. Audio enim te nescio quos egregios codices Basilee in via ex Aquisgrano redeuntem comparasse. Quorum lectione (ut tum solemus nova quasi devorare) occupatus, cui ego nullam, dum mecum erit Lactantius, requiem ... faveas, doctissime, libro eundemque cum Crispino nostro ad me remitte, mei Lactantii et toge et pallio splendorem et ornatum additurum: is enim in latinis et graecis Lactantio penitus est dissimilis.« (Z VII, 66₁₋₁₀). Ob Zwingli den Wunsch des Salandronius erfüllt hat, wissen wir leider nicht. An sich wäre das denkbar; erstaunlicherweise sind nämlich in dem angeblich Zwingli gehörenden Exemplar des Laktanz in der Zentralbibliothek Zürich keine Randglossen enthalten. Vgl. Walther Köhler, Huldrych Zwinglis Bibliothek, Zürich 1921, in: Neujahrsblatt auf das Jahr

Zwei Stellen in Zwinglis Werken lassen darüber hinaus vermuten, daß Laktanz für Zwingli nicht bloß ein Autor unter anderen gewesen ist, sondern zu den Kirchenvätern gezählt haben dürfte, die er kannte sowie nötigenfalls und natürlich im rechten Sinn auch zu zitieren verstand[9]. Einmal weist er 1525 in seiner »Antwort, Valentin Compar gegeben« darauf hin, daß er im Gegensatz zu Papst und Konzilien durchaus Achtung vor der Tradition der hl. Väter hat: »Götzen eren [Verehren von Heiligenbildern] habend Lactantius, Tertullianus, Augustinus, ander erkent wider gott sin, und ist vor vil hundert iaren der götzendienst durch die frommen lerer und keiser mer denn hundert gantze iar undertruckt gewäsen[10]«, um etwas weiter unten grundsätzlich, verallgemeinernd und unter Berufung auf das Corpus iuris canonici noch beizufügen: »Ich gedar by gott und allen creaturen sagen, das ich die aller grösten ding, mit denen wir hüt bi tag umbgond, by den alten träffenlichsten leteren zum ersten hab glernet verston. Nit, daß ich inen vertruwt hab, sunder, wie sy iren grund in gottes wort setzend, also hab ich dasselb besehen, und, so vil gott geben hat, ermessen, ob sy das wort recht bruchind oder nit. Do ich nun gesehen hab, daß etlichen orten einer die gschrifft also verstat, der ander ein andren weg, hab ich ouch erfunden, wannen derselb gebrest komen ist, und hab den leteren gar urlob geben, nit, das ich sy verachte oder nümmen lesen welle, sunder das ich sich, ob wir glych gheinen leerer hettind, wir dennoch über das gotzwort sitzen müßtind, und dasselb in imm selbs lernen erkennen. Wer lart den ersten leerer? So wir aber nit all zum ersten von gott also erlüchtet werdend, daß wir in sinem wort one fälen wandlind, rat ich noch hüt bi tag offt etlichen einvaltigen, daß sy mittenzů ouch die leerer besehind, doch all zyt mit ernstlichem uffsehen, das niemans irrung ieman schaden mög. Also liß ich die leerer, als wenn einer den andren fragt, wie er die sach verstande, nit, das er uff inn buwen welle, sunder einen mitgzügen haben. Es habend die leerer selbs all wegen anzeigt, das man inen so vil gloubens geb, so vil sy in biblischer gschryfft ggründt syind. Und hat der bapst dieselben meinung uß den worten Augustini in sin rechtsbůch gesetzt distinctione 9: ego solis [Corpus iuris canonici c. 5, Dist. IX]. Sy habend ouch selbs sich all weg begeben, wo sy die warheit nit troffen oder yeman mit zangg neben die warheit gefůrt sye, das sy da nütz gelten söllind, wie denn der bapst an genanter 9.distinction durchuß in sin recht verfasset hat[11].«

1921 Zum Besten des Waisenhauses in Zürich hg. von der Gelehrten Gesellschaft, 84. Stück, Nr. 143, S. *22. Z XII, 390/391.

[9] Vgl. Pontien Polman, Die polemische Methode der ersten Gegner der Reformation, Münster i.W. 1931; Katholisches Leben und Kämpfen im Zeitalter der Glaubensspaltung, Heft 4. Hughes Oliphant Old, The patristic roots of reformed worship, Diss. theol. Neuenburg 1971 (Zürcher Beiträge zur Reformationsgeschichte 5). Zürich 1975.

[10] Z IV, 79₁₂-80₃ mit Anm. 5.

[11] Z IV, 81₆-82₇. Vgl. als späte Stellungnahme Zwinglis zur Väter-Tradition auch die »Fidei expositio« (S IV, 67).

Zum andern macht Zwingli Luther in seiner abschließenden Stellungnahme im Abendmahlstreit »Über D. Martin Luthers Buch, Bekenntnis genannt« darauf aufmerksam, daß »die analogiam (die änliche) des brots gegem lychnam Christi« nicht nachzuweisen sei; »sag ich nützid anders weder, das er das sechßt cap. Joa. läß, und wenn er das überläsen hat, findt er die änliche nit, das, wie das brot den lyb sterckt, als die einig stercke, trost und spyß der seel *Christus* sye ... Lese ouch *Lactantium Firmianum* lib.4 de vera sapientia cap. 18, Augustinum in Joannem tracta. 26 et tractatu. 13 und harnach Ecolampadium[12]«. Das heißt: Zwingli scheute sich auch in der so wichtigen Auseinandersetzung mit Luther nicht, auf die Kirchenväter zurückzugreifen und — für unsern Fall besonders wichtig — auch hier wie schon in der Auseinandersetzung mit dem römischen Gegner Laktanz in unmittelbarer Nachbarschaft mit seinem »Kronzeugen« Augustin zu zitieren.

Natürlich mahnt der Umstand, daß Zwingli selber Laktanz in seinem ganzen Opus meines Wissens nur zweimal direkt erwähnt bzw. zitiert, zur Vorsicht; beim Versuch, dem »christlichen Cicero« im Denken des Zürcher Reformators eine mehr oder minder bedeutende Rolle beizumessen, sollte nicht zu unbedacht von Parallelen und Abhängigkeiten gesprochen werden. Anderseits ist freilich auch zu bedenken, daß August Hahn schon vor fast hundertvierzig Jahren absolut richtig bemerkt hat, daß sich im 5. Kapitel des »Anamnema«, konkret in der dort unternommenen Theodizee, »was das Wesentliche betrifft, ganz die Grundsätze des relativen Dualismus des Lactantius (Institutt. II 9.13, VI 15.22 und VII 3) [finden]; das Böse ist notwendig als interpretatio boni (contraria contrariis innotescunt) und als Entwicklungsmoment der vernunftbegabten Geschöpfe; etc.[13]«.

Dieser kleine Hinweis hat mich jedenfalls dazu verleitet, dem Verhältnis Zwingli-Laktanz wenigstens in bezug auf das »Anamnema« etwas nachzugehen—wie mir scheint nicht ohne Erfolg. Im Werk des Laktanz, vor allem in seinem Hauptwerk, den sieben Büchern der »Divinae Institutiones[14]« und der »Epitome divinarum institutionum«, einem von Laktanz verfaßten, sehr verbreiteten und häufig gelesenen Auszug aus dem Hauptwerk, der »wegen mannigfacher Verbesserungen und Änderungen von eigenem Wert[15]«

[12] Z VI/II, 191₁₃₋₂₁. (Sperrungen vom Verfasser).
[13] August Hahn, Zwinglis Lehre von der Vorsehung, von dem Wesen und der Bestimmung des Menschen sowie von der Gnadenwahl, in: Theologische Studien und Kritiken, 10.Jg., 1837, S. 796f., Anm. a.
[14] Corpus Scriptorum Ecclesiasticorum Latinorum, Vol. XIX, 1-672 (zit. CSEL). Altaner[7], S. 186, schreibt: »Es ist eine Apologie des Christentums und zugleich eine Einführung in seine Hauptlehren, veranlaßt durch die Angriffe heidnischer zeitgenössischer Schriftsteller (einer war wohl Hierokles von Bithynien); der erste, allerdings sehr mangelhaft ausgefallene Versuch, in lateinischer Sprache eine Gesamtdarstellung des christlichen Glaubens zu schreiben.«
[15] Altaner[7], S. 186.

ist[16], dann aber auch in »De opificio Dei[17]« und in »De ira Dei[18]« lassen sich
eine Fülle von Gedanken und Überlegungen, Begriffen und Worten inhaltlicher wir formeller Art nachweisen, die wieder in Zwinglis »Anamnema«
auftauchen, sich darüber hinaus aber mehr oder minder dicht durch das ganze
Werk des Reformators ziehen.

II

An der Spitze dieser Gedanken steht ohne Zweifel die *Lehre von der
Vorsehung* selber. Diese hat für Zwingli und Laktanz zunächst formell eine
ähnlich zentrale Bedeutung—Zwingli widmete ihr nicht bloß das »Anamnema«,
sondern kam in seinem gesamten Opus, vom »Commentarius« bis zu den
letzten großen Bekenntnisschriften, immer wieder auf sie zu sprechen[19];
Laktanz behandelt sie vor allem in »De opificio Dei« und in den »Divinae
Institutiones[20]« — viel wichtiger aber: die Lehre von der Vorsehung hatte für
Zwingli und Laktanz sachlich die gleiche Funktion: die Vorsehung ist eigentlicher Ausdruck, »letzte Konsequenz eines Gottesbildes, welches im gläubigen
Erkennen Gott als die höchste Freiheit und unbegrenzte Allmacht erfährt[21]«.
Zwingli hat im »Anamnema« — ähnlich wie in seinen andern Schriften —
grundsätzlich zwei Wege eingeschlagen, um zur Erkenntnis der Vorsehung zu
kommen: einerseits hat er im 1. Kapitel die Providenz, die er als »ewige und
unveränderliche Herrschaft und Verwaltung der gesamten Dinge« definiert[22],
aus der göttlichen Einheit von Allmacht, Güte und Wahrheit als Elementen
des »summum bonum« abgeleitet[23]; andererseits im 3. (und 7.) Kapitel aus

---

[16] CSEL XIX, 673-761.

[17] CSEL XXVII, 1-64. Hier werden nach Altaner[7], S. 186, ohne alle christlichen Anklänge die
Schönheit und Zweckmäßigkeit des menschlichen Organismus und die Vorzüge seiner Vernunft
erörtert.

[18] CSEL XXVII, 65-132. Altaner[7], S. 187: »De ira Dei (nicht vor 313) zeigt gegenüber den
Epikureern und Stoikern, daß Gott nicht bloß Güte ist, sondern daß es auch eine strafende
Gerechtigkeit Gottes geben müsse.«

[19] Vgl. die Übersichten bei August Baur, Zwinglis Theologie, Bd. II, Halle 1889, S. 686-707,
sowie Gerardus Oorthuys, De Anthropologie van Zwingli, Diss.theol., Leiden 1905, S. 67-84.

[20] von Campenhausen, a.a.o., S. 61: »Die Vorsehung ist für Laktanz zu allen Zeiten ein
Zentralpunkt seiner christlichen Lehre geblieben und insofern ein theologischer Begriff«; S. 62:
»Der Vorsehungsglaube ist für Laktanz, wie gesagt, eine Grundwahrheit, die nur Epikur und seine
Schule zu leugnen wagen.« Über die Rolle der Vorsehung in der klassisch-antiken Philosophie und
Theologie vgl. Theologisches Wörterbuch zum Neuen Testament, in Verbindung mit zahlreichen
Fachgenossen hg. von Gerhard Kittel, Bd. IV, Stuttgart 1942, S. 1004 ff.

[21] Siegfried Rother, Die religiösen und geistigen Grundlagen der Politik Huldrych Zwinglis, Ein
Beitrag zum Problem des christlichen Staates, Erlangen 1956; Erlanger Abhandlungen zur
mittleren und neueren Geschichte, Neue Folge, Bd. VII, S. 118.

[22] Die Definition der Providenz steht im Mittelpunkt des 2. Kapitels des »Anamnema«; sie
lautet: »providentia est perpetuum et immutabile rerum universarum regnum et administratio«
(S IV, 84).

[23] »Istud interim ostendere non gravabimur, quod quae patri, filio et spiritui sancto, uni tamen
deo et numini tribuimus, originem ex fontibus istis habere videri. Patri enim omnipotentia, filio

der gläubigen Betrachtung der Allmacht und Allwirksamkeit Gottes in der Schöpfung[24]. So schreibt er dort etwa im Anschluß an seine Auslegung von Apg. 17, 28: »Nicht der Mensch allein ist, lebt und bewegt sich in Gott, sondern alles, was ist, ist, lebt und bewegt sich in ihm. Denn nicht vom Menschen allein hat Paulus gesprochen: in ihm leben, weben und sind wir, sondern synekdochisch von allen Geschöpfen. Denn da unter den sinnlichen Kreaturen der Mensch allein mit Vernunft und Rede begabt ist, so redet er von allen als ihr Patron und Anwalt. Auch ist nicht der Mensch allein göttlichen Geschlechts, sondern alle Kreaturen«[25], und im Anschluß an Mt. 10,29 f., »daß auch das, was wir als durch Zufall und von ungefähr geschehen ansehen, so nicht ist, sondern daß alles durch den Befehl und die Anordnung Gottes geleitet wird«[26].

Diesen zwei Wegen begegnen wir schon bei Laktanz — sicher nicht mit der gleichen Sauberkeit voneinander getrennt, wohl aber mit der gleichen Selbstverständlichkeit der Aussage: daß es eine Vorsehung gibt, welche die Welt geschaffen hat, erhält und regiert. So heißt es gleich am Anfang der »Epitome«, daß am Dasein der Vorsehung niemand zweifelt: »Wer könnte auch an der Vorsehung zweifeln beim Anblick einer solchen Anordnung und Einrichtung des Himmels und der Erde, daß alles zu wunderbarer Schönheit und Pracht, alles zum Nutzen und zur Annehmlichkeit des Menschen und der übrigen Geschöpfe aufs trefflichste zusammenstimmt? Was also mit Vernunft fortbesteht, kann nicht ohne Vernunft angefangen haben«[27].

---

gratia et bonitas, spiritui vero sancto veritas in sacris literis tribuuntur. Quae tamen omnia unius eiusdemque numinis et οὐσίας esse scimus, non aliter quam hic potentiam, bonitatem ac veritatem, quae ratione ac finitione quidem discriminata sunt, unum tamen atque idem summum bonum esse oportere, demonstravimus. Ut quemadmodum pater omnipotens, filius benignus et misericordiae arrabo et spiritus sanctus spiritus veritatis unus natura deus sunt, ita numen omnipotens bonum et verum natura est« (S IV, 83). S. dazu Gottfried W. Locher, Die Theologie Huldrych Zwinglis im Lichte seiner Christologie, Erster Teil: Die Gotteslehre, Zürich 1952; Studien zur Dogmengeschichte und systematischen Theologie, Bd. I, S. 123 (zit. Locher I).

[24] Im 3. Kapitel (»causas secundas iniuria causas vocari; quod methodus est ad providentiae cognitionem«) zeigt Zwingli zuerst nochmals in streng logischer Gedankenführung, daß sowohl die Erde wie die Gestirne — vom Menschen sollte das 4. Kapitel handeln — nicht aus sich selber oder einer Zweitursache, sondern nur aus Gott stammen können. Dann bestimmt er das Verhältnis des geschöpflichen Seins zum Sein Gottes in dem Sinne, daß »alles was ist, er selbst, in ihm selbst, durch ihn selbst ist«. Abschließend beweist er gewissermaßen naturwissenschaftlich, biblisch und philosophisch, daß Gott das Sein aller Dinge ist; naturwissenschaftlich durch Hinweis auf den Satz von der Erhaltung der Materie und den Naturbegriff bei Plinius, biblisch durch Schriftzeugnisse von Ex. 3,14; Röm. 11,36; Apg. 17,28; Mt. 10,29 (das heißt Zwinglis stets wiederkehrende Beweise für die Vorsehung!), philosophisch mit Zitaten aus Seneca (siehe unten S. 80). Im 7. Kapitel wollte Zwingli durch die Kraft der Beispiele alles Vorhergehende bestätigen.

[25] S IV, 92. Im Anschluß an diese Sätze holt Zwingli zu einem eigentlichen Lobpreis Gottes in der Schöpfung aus, indem er Gottes Weisheit, Macht, Güte und Kraft an Beispielen aus der belebten und unbelebten Natur aufdeckt.

[26] S IV, 93.

[27] CSEL XIX, 676₅ff.; ausführlicher die in der folgenden Anmerkung genannten Stellen.

Was dieser Übereinstimmung von Zwingli und Laktanz in bezug auf Rolle und Funktion der Providenz nun aber recht eigentlich Rückgrat und Gewicht gibt, ist der beiden gemeinsame Hintergrund. Zwingli und Laktanz diente der Vorsehungsglaube der Abwehr des Fortuna- bzw. des Zufallsglaubens ihrer Zeit. Zwingli hat sich in dem »Anamnema« an zwei Stellen besonders deutlich mit dem Fortunaglauben der Renaissance auseinandergesetzt: zuerst am Schluß des eben zitierten 3. Kapitels, in dem er der Behauptung »einiger Atheisten« gegenüber erklärt, »daß nichts von ungefähr oder zufällig (‚fortuito aut temere‘) geschieht, daß vielmehr die oberste Vernunft sogar die Haare auf unserm Haupte zählt[28]«, sodann im 7. Kapitel, in dem er ganz klar feststellt, daß Vorsehungs- und Zufallsglauben sich absolut ausschließen: »Auf gut Glück kann nämlich nichts geschehen, wenn alles von der Vorsehung abhängt[29].« Laktanz seinerseits diente der Vorsehungsglaube überhaupt auf Schritt und Tritt dazu, den »Erzpiraten und Räuberhauptmann« Epikur abzuwehren. Einmal meint er unter Bezug auf Cicero und andere Stoiker wie im Blick auf das übereinstimmende Zeugnis der Völker, daß selbst einer, der nichts von Gottes Vorsehung wisse, aus der Größe, der Bewegung, Anlage, Dauer, Natürlichkeit und Schönheit der Dinge auf einen großen Plan schließen müsse[30]; dann stellt er Epikur den Hermes, die Sibyllen und

---

[28] »Qua sententia id summatim discimus: nihil fortuito aut temere ferri, quantumvis istud philosophi ac theologi controvertant, cum intellectus ille princeps pilos capitis nostri in numerato habeat« (S IV, 97); »Temere igitur ferri nihil potest. Haec tam certa et firma est collectio, ut, quicunque providentiam rerum universarum inficietur, eadem opera deum neget esse. Nam si deus est (ut est; solummodo enim argumentamur adversum ἀθέους, hoc est: anumines), iam est, qui omnia videat, qui omnia curet atque constituat, qui omnia operetur ac foveat. Contra vero, si quicquam fortuito et temere fertur, si quicquam sui iuris et alienum a numinis imperio est, iam eadem ratione quidque temere est fortuitoque diffluit et perinde omnis omnium intellectuum sapientia, consilium, ratio frustranea est et vana. Si enim quicquam extra numen est, vivit et movetur, iuxta illud pari iure ferri extra deum homo dici potest. Nihil igitur erunt intellectus, ratio, consilium. Cuncta enim suae spontis ac soluta erunt, ut casui et fortunae universa, illis vero nulla pareant. Et sic numen prorsus nullum erit. Quod quam impium sit ac sceleratum vel cogitare modo, satis docet universi consyderatio, ubi quodlibet contempleris, quodque tam mancum, frivolum ac languidum est, ut a seipso esse nequeat« (S IV, 98).

[29] »Fortuitorum nomen a veba religione abhorret; forte enim fortuna nihil fieri potest, si omnia providentia geruntur. Porro quae sic fieri creduntur, cum ostenderimus a numine data opera f eri, spes erit, et si nomen fortuitorum sive, ut neoterici locuti sunt, contingentium maneat, re tamen ipsa patefieri dei opus esse, quae fortunae aut casui referuntur« (S IV, 131).

[30] »Suscepto igitur inlustrandae ueritatis officio non putaui adeo necessarium ab illa quaestione principium sumere, quae uidetur prima esse natura, sitne prouidentia quae rebus omnibus consulat an fortuito vel facta sint omnia uel gerantur. cuius sententiae auctor est Democritus, confirmator Epicurus. sed et antea Protagoras qui deos in dubium uocauit et postea Diagoras qui exclusit et alii nonnulli qui non putauerunt deos esse quid aliud effecerunt nisi ut nulla esse prouidentia putaretur? quos tamen ceteri philosophi ac maxime Stoici acerrime rettuderunt docentes nec fieri mundum sine diuina ratione potuisse nec constare, nisi summa ratione regeretur. sed et Marcus Tullius quamuis Academicae disciplinae defensor esset, de prouidentia gubernatrice rerum et multa et saepe disseruit Stoicorum argumenta confirmans et noua ipsa adferens plurima: quod facit cum in omnibus philosophiae suae libris tum maxime in iis qui sunt de natura deorum. nec difficile sane fuit paucorum hominum praua sentientium redarguere mendacia testimonio populorum atque

Propheten, Pythagoreer, Stoiker und Peripatetiker, die sieben Weisen bis
Sokrates und Plato gegenüber, welche einstimmig gelehrt hätten, daß die Welt
wie die Materie durch die göttliche Vorsehung geschaffen worden sei; bald hält
er Epikur gegenüber fest, daß die Vorsehung alles durchdringe, Himmel und
Erde, Wind und Wetter, die Fruchtbarkeit der Felder und Wälder, das Wasser
der Quellen und Flüsse, des Meeres, ordne und regle[31]; bald bezeichnet er die
Lehre Epikurs, es dürfte wohl einen Gott geben, doch keine Providenz,
kurzerhand als Unsinn[32].

---

gentium in hac una re non dissidentium. nemo est enim tam rudis, tam feris moribus quin oculos
suos in caelum tollens, tametsi nesciat cuius dei prouidentia regatur hoc omne quod cernitur,
aliquam tamen esse intellegat ex ipsa rerum magnitudine motu dispositione constantia utilitate
pulchritudine temperatione nec posse fieri quin id quod mirabili ratione constat consilio maiore
aliquo sit instructum. et nobis utique facillimum est exsequi hanc partem quamlibet copiose: sed
quia multum inter philosophos agitata res est et prouidentiam tollentibus satis responsum uidetur
ab hominibus argutis et eloquentibus et de sollertia diuinae prouidentiae per totum hoc opus quod
suscepimus sparsim dicere nos necesse est, omittamus in praesenti hanc quaestionem, quae cum
ceteris sic cohaeret, ut nihil a nobis uideatur disseri posse, ut non simul de prouidentia disseratur«
(CSEL XIX, 6_9-7_{16}).

[31] »nam diuina prouidentia effectum esse mundum, ut taceam de Trismegisto qui hoc
praedicat, taceam de carminibus Sibyllarum quae idem nuntiant, taceam de prophetis qui opus
mundi et opificium dei uno spiritu et pari uoce testantur, etiam inter philosophos paene uniuersos
conuenit; id enim Pythagorei Stoici Peripatetici, quae sunt principales omnium disciplinae. denique
a primis illis septem sapientibus ad Socratem usque ac Platonem pro confesso et indubitato
habitum est, donec unus multis post saeculis extitit delirus Epicurus, qui auderet negare id quod est
euidentissimum, studio scilicet inueniendi noua, ut nomine suo constitueret disciplinam. et quia
nihil noui potuit reperire, ut tamen dissentire a ceteris uideretur, uetera uoluit euertere: in quo
illum circumlatrantes philosophi omnes coarguerunt. certius est igitur mundum prouidentia
instructum quam materiam prouidentia conglobatam. quare non oportuit putare idcirco non esse
mundum diuina prouidentia factum, quia materia eius diuina prouidentia facta non sit, sed quia
mundus diuina prouidentia sit effectus, etiam materiam factam esse diuinitus. credibilius est enim
materiam potius a deo factam, quia deus potest omnia, quam mundum non esse a deo factum,
quia sine mente ratione consilio nihil fieri potest« (CSEL XIX, 138_7-139_5).

[32] »cum uero mundum omnesque partes eius ut uidemus mirabilis ratio gubernet, cum caeli
temperatio et aequalis in ipsa uarietate cursus astrorum luminumque caelestium, temporum
constans ac mira descriptio, terrarum uaria fecunditas, plana camporum, munimenta et aggeres
montium, uiriditas ubertasque siluarum, fontium saluberrima eruptio, fluminum opportuna
inundatio, maris opulenta et copiosa interfusio, uentorum diuersa et utilis aspiratio ceteraque
omnia ratione summa constent, quis tam caecus est ut existimet sine causa esse facta in quibus mira
dispositio prouidentissimae rationis elucet? si ergo sine causa nec est nec fit omnino quicquam, si et
prouidentia summi dei ex dispositione rerum et uirtus ex magnitudine et potestas ex gubernatione
manifesta est, hebetes ergo et insani qui prouidentiam non esse dixerunt. non inprobarem, si deos
idcirco non esse dicerent ut unum dicerent, cum autem ideo ut nullum, qui eos delirasse non putat,
ipse delirat. — 4. Sed de prouidentia satis in primo libro diximus: quae si est, ut apparet ex
mirabilitate operum suorum, necesse est etiam hominem ceterasque animantes eadem prouidentia
creauerit« (CSEL XIX, 592_{13}-593_{12}).

»postea uero Epicurus deum quidem esse dixit, quia necesse sit esse aliquid in mundo praestans
et eximium et beatum, prouidentiam tamen nullam: itaque mundum ipsum nec ratione ulla nec
arte nec fabrica instructum, sed naturam rerum quibusdam minutis seminibus et insecabilibus
conglobatam. quo quid repugnantius dici possit non uideo. etenim si est deus, utique prouidens est
ut deus nec aliter ei potest diuinitas tribui, nisi et praeterita teneat et praesentia sciat et futura
prospiciat. cum igitur prouidentiam sustulit, etiam deum negauit esse. cum autem deum esse

III

Eine zweite Gruppe, gewissermaßen ein ganzes Bündel von Parallelen und Möglichkeiten direkter und indirekter Abhängigkeiten Zwinglis von Laktanz betrifft die *Lehre von der Schöpfung*. Dabei geht es weniger um die gemeinsame Basis, das heißt den exegetisch in der Regel aus Gen. 1 f., systematisch aus der Providenz abgeleiteten ersten Artikel des Credos als solchen[33]. Interessant sind in diesem Zusammenhang vielmehr ein paar, Laktanz und Zwingli offenbar gemeinsame, Anliegen. Dazu gehören unter anderem 1. Bezeichnungen des Schöpfers wie »parens«, »opifex«, »architecton universi«, »totius mundi pater familias« und ähnliche, 2. die konsequente Betonung der »creatio ex nihilo« und 3. die ausgeprägt teleologische Ausrichtung der Schöpfung.

1. In dem »Anamnema« gebraucht Zwingli nicht nur die bei ihm üblichen Begriffe Schöpfer (creator), »πρῶτον κινοῦν«, Ursprung aller Dinge und ähnliche; wenn er von Gott als Schöpfer handelt, spricht er einmal auch von dem, »der der uns vertraute Beweger, Urheber, Gott und Vater aller Dinge ist[34]«, er zitiert Seneca, der im 66.Brief an Lucilius vom Schöpfer dieser Welt als »rerum formator et artifex« spricht[35]; er fordert den Leser auf, zu Gott aufzusteigen und den »Baumeister des ganzen Universums« zu betrachten[36]; vor allem aber vergleicht Zwingli Gott als Vater der ganzen Welt mit dem römischen »Pater familias[37]«. Diese und noch weitere Ausdrücke, Synonyma für den Schöpfer, erscheinen in reicher Fülle auch bei Laktanz. Auch der »christliche Cicero« spricht vom Schöpfer gerne als »parens[38]«, als »artifex[39]«

---

professus est, et prouidentiam simul esse concessit: alterum enim sine altero nec esse prorsus nec intellegi potest« (CSEL XXVII, 83,6-17).

[33] Für Laktanz siehe u.a. CSEL XIX, 132,4ff., 138,7ff., 142 ff., 582,3-596,3; XXVII, 84-97, für Zwingli vor allem seine »Credo-Predigt« vom 19. Januar 1528, Z VI/I, 451,17-462,11, sowie die »Fidei expositio« S IV, 44-75.

[34] »Astra verum cum infinita non sint ... constat ab alio esse; qui alius, noster ille motor et autor rerum universarum, deus ac parens est« (S IV, 88).

[35] »Ego non quaeram, quae sint initia universorum, quis rerum formator, quis omnia in uno mersa et materia inerti convoluta discreverit? Non quaeram, quis sit artifex huius mundi, qua ratione tanta magnitudo in legem et ordinem venerit« (S IV, 94).

[36] »Quod si quibus paulo sublimius ista contemplari datur, dii boni, quanta voluptate fruuntur, cum ubique deprehendunt sapientiam et bonitatem numinis, ut iam totius mundi quantumvis pulchri contemplatio sordeat prae ista amoenitate, quae occurrit, cum in deum ascendunt et facturae universi architectona consydarant« (S IV, 135).

[37] »Nihil enim illum potest latere. Et quemadmodum pater familiae, qui domum refertam habet omnigenis tum opibus tum armis, tum denique varia supellectile diversisque instrumentis, nihil omnium ignorat, ubi nam aut quomodo sit, attritum an rubigine sordidum, integrum an fractum; nunc ista ad utendum profert, illa vero recondit, nec quicquam est omnium, quod queratur ses nimis aut minus tractari, neque patrifamiliae ulla imputari potest iniuria, dum alias attrito crebrius utatur quam eo, quod otio perit. Sic totius mundi paterfamiliae deus nihil potest ignorare omnium, quae in sua domo sunt, aut illorum curam negligere« (S IV, 137).

[38] CSEL XIX, 512,9; XXVII, 69,6.

[39] CSEL XIX, 115,6; »est ergo aliquis artifex mundi deus et seorsum erit mundus qui factus est, seorsum ille qui fecit« (CSEL XIX, 120,21-23).

bzw. »fictor atque artifex deus[40]«, »aedificator mundi et artifex rerum vel quibus constat vel quae in eo sunt[41]«, »summus ille rerum conditor atque artifex deus[42]«, »artifex ille noster ac parens deus[43]«, im weiteren auch von »constitutor«, »effector«, »fabricator«, »factor machinator«. Wie für Zwingli ist indes auch für Laktanz der Begriff des Vaters — »pater«, »parens«, »pater familias« — besonders wichtig, weil dieser das Schöpferverhältnis (daß Gott der wahre Vater der Menschen ist, der sie wirklich ins Leben gerufen hat und am Leben erhält), mit diesem Schöpfungsverhältnis verbunden auch die Rechtsstellung, den Besitz der »patria potestas« als Herrschafts- und Strafgewalt einerseits, Schutz- und Fürsorgepflicht anderseits herausstreicht[44].

Ohne Zweifel muß gerade bei solchen terminologischen Parallelen einmal die Frage aufgeworfen werden, ob Zwingli wirklich von Laktanz beeinflußt sei oder nicht ganz allgemein von der antiken, vor allem römisch-stoischen Tradition: das heißt nicht nur von Laktanz, sondern auch von Cicero, Seneca, Ovid und vielen andern. Dazu möchte ich bemerken: Direkte Kenntnis all dieser Autoren ist selbstverständlich bei Zwingli durchaus möglich; dafür sprechen seine Schulbildung und seine humanistischen Studien wie besonders deutlich seine Randglossen etwa zu Cicero[45] oder Livius[46]. Solche direkte Kenntnisse hatte indes auch Laktanz, und vor allem: gerade bei einzelnen Ausdrücken, seltener wohl bei größeren textlichen Zusammenhängen, könnte es sich beim einen wie beim andern überhaupt nicht um literarische Entlehnungen im eigentliche Sinne handeln, sondern um einen gemeinsamen geistigen Lebensraum ...

2. Auf die Lehre von der »*creatio ex nihilo*« kommt Zwingli im 3. Kapitel des »Anamnema« zu sprechen, in dem er beweisen will, »daß die zweiten Ursachen zu Unrecht Ursachen genannt werden«. Wie geschieht das? Zwingli zeigt in streng logischer Gedankenführung, daß Erde und Gestirne — »die niedersten und die höchsten Dinge« — ihr Sein nicht aus sich selber oder einer Zweiturursache haben können, sondern von Gott aus dem Nichts geschaffen sein müssen. Um nur die zentrale Stelle zu erwähnen: in bezug auf die Erde schließt Zwingli: »Hat die Erde eine andere Ursache, so muß sie geschaffen sein. Denn wir haben soeben gehört, daß sie nicht aus einem Urstoff stammt. Sie muß also aus dem Nichts stammen; denn das heißt geschaffen sein: aus dem Nichts

---

[40] CSEL XXVII, 105$_5$.

[41] CSEL XIX, 24$_{4f}$.

[42] CSEL XXVII, 6$_3$.

[43] CSEL XXVII, 7$_{14}$.

[44] Siehe Antonie Wlosok, Laktanz und die philosophische Gnosis. Untersuchungen zur Geschichte und Terminologie der gnostischen Erlösungsvorstellung; Abhandlungen der Heidelberger Akademie der Wissenschaften, philosophisch-historische Klasse, Jg. 1960, 2. Abhandlung, Heidelberg 1960, S. 183 und 232-246.

[45] Z XII, 197-221.

[46] Z XII, 392-400 (unvollendet).

stammen, oder existieren, was früher nicht existierte; aber nicht aus einem Urstoff stammen[47].« Dann aber, unmittelbar nach dieser Definition, sichert sich Zwingli ab von »gewissen Philosophen«, die angesichts des auch von ihnen gezogenen Schlusses auf einen »ersten Beweger« nicht eindeutig genug vom Schöpfer sprächen[48].

Vergleichen wir damit die Schöpfungslehre des Laktanz, so findet sich auch bei ihm das Anliegen der »creatio ex nihilo[49]«, findet sich damit verbunden aber auch bei ihm die Ablehnung der Ansichten der Dichter und Philosophen, die Schöpfung könne aus sich selber oder durch »Zweitursachen« entstanden sein. In diesem Zusammenhang setzt Laktanz sich sogar außerordentlich scharf gerade von den Stoikern, vor allem von Cicero, ab, der in »De natura deorum« frg. 2 behauptet hatte, Gott habe mit der ihm zur Verfügung stehenden Materie die Welt geschaffen[50].

Laktanz stellt im Rahmen seiner Ausführungen zur »creatio ex nihilo« indes noch weitere Überlegungen an, die Zwingli von ihm in dem »Anamnema« übernommen haben könnte: etwa ob die Natur die Welt gemacht habe[51], oder daß die Welt nicht Gott ist[52] — diese Parallelen herzustellen und die damit gestellten Probleme zu behandeln, würde aber hier zu weit führen. Interessanter scheint mir noch der Hinweis, daß

3. Zwingli wie Laktanz eine ausgesprochen teleologisch bzw. anthropozentrisch ausgerichtete Begründung der Schöpfung entwickeln. Zu Zwinglis

---

[47] »Si tellus ex alio est, ut ex causa, iam creatam esse oportet. Modo enim auditum est ex materia non esse. E nihilo igitur esse necesse est« (S IV, 86 f.).

[48] S IV, 87; vgl. Locher I, 46, Anm.4a.

[49] »nemo quaerat ex quibus ista materiis tam magna, tam mirifica opera deus fecerit: omnia enim fecit ex nihilo. nec audiendi sunt poetae, qui aiunt chaos in principio fuisse, id est confusionem rerum atque elementorum, postea uero deum diremisse omnem illam congeriem singulisque rebus ex confuso aceruo separatis in ordinemque discriptis instruxisse mundum pariter et ornasse. quibus facile est respondere potestatem dei non intellegentibus, quem credant nihil efficere posse nisi ex materia subiacente ac parata: in quo errore etiam philosophi fuerunt« (CSEL XIX, 132$_{3-12}$); »at si concipiat animo quanta sit diuini huius operis inmensitas »eamque« cum antea nihil esset, tamen uirtute atque consilio dei ex nihilo esse conflatam« (CSEL XIX, 9$_{14-17}$); »cum deus pro uirtute maiestatis suae mundum de nihilo condidisset caelumque luminibus adornasset« (CSEL XIX, 694$_{6ff.}$) usw.

[50] »quibus facile est respondere potestatem dei non intellegentibus, quem credant nihil efficere posse nisi ex materia subiacente ac parata: in quo errore etiam philosophi fuerunt. nam Cicero de natura deorum disputans ait sic: primum igitur non est probabile eam materiam rerum unde omnia orta sunt esse diuina prouidentia effectam, sed et habere et habuisse uim et naturam suam. ut igitur faber cum quid aedificaturus est, non ipse facit materiam, sed utitur ea quae sit parata, fictorque item cera, sic isti prouidentiae diuinae materiam praesto esse oportuit, non quam ipsa faceret, sed quam haberet paratam. quodsi materia non est a deo facta, ne terra quidem et aqua et aer et ignis a deo factus est. o quam multa sunt uitia in his decem uersibus« (CSEL XIX, 132$_{9-23}$). CSEL XIX, 132$_{23}$-138$_7$ widerlegt Laktanz jede einzelne dieser stoischen Aussagen. Vgl. auch CSEL XIX, 693$_{11-28}$.

[51] CSEL XXVII, 90$_{21ff}$. Vgl. Zwinglis Ausführungen zum Naturbegriff des Plinius, S IV, 90f.

[52] Z. B. CSEL XIX, 119$_{10}$, 120$_8$, 121$_{13}$, 587$_{22ff}$. Hier stellt sich natürlich das vielverhandelte Problem des »Pantheismus« Zwinglis, S IV, 88 f.

besonders in dem »Anamnema« vertretenen dualistischen Anthropologie[53] gehört unter anderem auch die Erörterung der Motive, die Gott bei der Erschaffung des Menschen geleitet haben. Zwingli kennt deren vier: der Mensch sollte Gottes Ebenbild sein; er sollte unter allen Geschöpfen dasjenige sein, welches Gott genießt; er sollte die Menschwerdung Christi vorabbilden; er sollte Spiegelbild der göttlichen Weisheit sein. An dieser Stelle sagt Zwingli dann auch, daß der Mensch für die Welt das ist, was Gott für den Menschen, und daß alles, was wir sehen, um des Menschen willen und zu seinem Besten geschaffen ist[54].

Wenn wir hier als Beispiel zunächst nur diesen letzten Satz im Auge behalten, erscheint er geradezu als eine Zusammenfassung von Gedanken, die Laktanz im gleichen thematischen Rahmen in epischer Breite schon 1200 Jahre früher entwickelt hat. In Auseinandersetzung wieder mit griechischen und lateinischen Philosophen stellt dieser in den »Divinae Institutiones« VII 1-5, noch schärfer indes in der »Epitome« 63 f., fest: »quando et quare mundus sit effectus a deo«; nämlich daß Gott die Welt nicht um seinetwillen geschaffen hat[55], sondern um der Welt willen[56], diese aber letztlich um der Menschen willen[57]. »Um der Menschen willen«, sagt Laktanz mit den Stoikern, »denn man baut nicht ein Haus bloß zu dem Zweck, damit es ein Haus ist, sondern daß es den Bewohner aufnehme und schütze. Man zimmert nicht ein Schiff in der Absicht, daß lediglich ein Schiff zu sehen ist, sondern daß die Menschen auf ihm das Meer befahren ... So muß auch Gott die Welt zu irgendeinem Gebrauche geschaffen haben ... Gott hat die Welt um des Menschen willen gemacht. Wer das nicht einsieht, der unterscheidet sich nicht viel vom Tiere. Wer schaut zum Himmel empor außer der Mensch? Wer bewundert die Sonne, die Gestirne, die sämtlichen Werke Gottes außer der Mensch? Wer hat die Fische, wer die Vögel, wer die vierfüßigen Tiere in der Gewalt außer der Mensch[58]?« Dann aber fährt Laktanz, an den gleichen Stellen, »*gegen die Philosophen*« fort: »Die Stoiker behaupten, daß die Welt um der Menschen willen geschaffen ist; und das mit Recht, denn die Menschen genießen all die Güter, welche die Welt in sich schließt. Weshalb aber die Menschen selbst

---

[53] Siehe unten S. 84.

[54] S IV, 98.

[55] »mundus igitur a deo factus est non utique propter ipsum mundum: neque enim aut calore solis aut lumine lunae aut adspiratione uentorum aut umore imbrium aut alimonia frugum, cum sensu careat, indiget« (CSEL XIX, 594₇₋₁₁).

[56] »apparet ergo animantium causa mundum esse constructum, quoniam rebus iis quibus constat animantes fruuntur: quae ut uiuere, ut constare possint, omnia iis necessaria temporibus certis sumministrantur« (CSEL XIX, 594₁₄₋₁₇).

[57] »rursus ceteras animantes hominis causa esse fictas ex eo clarum est, quod homini seruiunt et tutelae eius atque usibus datae sunt, quoniam, siue terrenae sunt siue aquatiles, non sentiunt mundi rationem, sicut homo« (CSEL XIX, 594₁₇₋₂₁).

[58] CSEL XIX, 751₂₂₋₂₄, 751₁f., 753₃₋₈.

geschaffen worden sind oder welchen Nutzen an ihnen jene kunstreiche
Schöpferin der Dinge, die Vorsehung, hat, das haben die Stoiker nicht erklärt
... Die Folgerung, die sich daraus ergibt, haben sie nicht durchschaut, daß
nämlich Gott den Menschen selbst um Gottes willen geschaffen hat. Denn das
wäre der folgerichtige, pflichtgemäße und notwendige Schluß gewesen: Nachdem Gott um des Menschen willen so große Werke geschaffen, nachdem der
dem Menschen solche Ehre und Macht verliehen hat, daß er Herrscher ist in
der Welt, so muß der Mensch in Gott den Urheber so großer Wohltaten
erkennen, muß in ihm den Schöpfer erkennen, der den Menschen und die Welt
um des Menschen willen geschaffen hat, und muß ihm die gebührende
Anbetung und Verehrung erweisen[59].«

IV

Wie in den umfassenderen Problemkreisen der Providenz bzw. der
Schöpfung finden sich weitere Parallelen zwischen Zwinglis »Anamnema« und
Laktanz' *Anthropologie* (im engeren Sinn). Dabei fallen auf den ersten Blick 1.
die optimistische Definition des Menschen, 2. der anthropologische Dualismus,
3. die ewige Bestimmung des Menschen auf.
     1. Zwingli geht in seiner Lehre vom Menschen im 4. Kapitel des »Ana-
mnema« vom Ausspruch eines leider nicht zu identifizierenden Mohamme-
daners Abdala aus, den er G. Pico della Mirandolas Buch »De hominis
dignitate« entnommen hat: »Der Mensch ist unter allen Dingen auf der
Weltbühne das weitaus wunderbarste[60]«, und unterstreicht dieses Lob dann in
dreifacher Hinsicht, indem er zuerst die Vorzüge des Menschen gegenüber
Engeln und Tieren erwähnt, dann die schon oben (S. 83) erwähnten besonderen Motive Gottes bei der Erschaffung des Menschen hervorhebt und
schließlich noch auf die spezielle »Zusammensetzung« des Menschen aus Leib
und Geist bzw. Seele hinweist. Was seine optimistische *Definition des Menschen*
— des Menschen freilich vor dem Fall! — betrifft, ist diese eindeutig vom
Humanismus bestimmt. Das ergibt sich nicht nur aus dem Zitat aus Pico,
sondern auch aus Zwinglis unmittelbar daran anschließender eigener Meinung:
»Wir werden auf Befragen antworten, der Mensch sei das *eigenartigste und
wunderbarste Geschöpf*. Er übertrifft an Wunderbarkeit auch die Schönheit der
Engel ... Im ganzen Geisterreigen findest du niemand, der in irdischem und
sichtbarem Leibe steckt; zugleich findest du in der ganzen Schar irdischer
Lebewesen aller Art keines, das über den leitenden und regierenden Verstand
verfügt[61].« Im übrigen kann Zwingli in dem »Anamnema« den Menschen auch
als »coeleste animal« bzw. »intellectuale animal«, das Gott erkennen und

---

[59] CSEL XIX, 752₂₋₆, 753₁₀₋₁₇.
[60] S IV, 98.
[61] S IV, 98.

genießen sollte[62], schließlich als »aller Werke einzigartigstes« (»omnium operum rarissimum«[63]) bezeichnen.

Gerade solche humanistisch gefärbte Ausdrücke finden sich nun aber wieder bei Laktanz, wobei sich Unterschiede höchstens in der Terminologie in engerem Sinne, nicht aber in der Sache ergeben. Auch für Laktanz ist der Mensch ein »divinum animal[64]« oder »caeleste[65]« bzw. »caeleste ac divinum«, das sich deutlich vom Tier abhebt[66]; auch Laktanz vertritt schon die optimistische Schau vom Menschen in bezug auf Leib und Seele[67]. Im einzelnen mag für ihn die philosophische Überlieferung vom aufrechten Stand und dem Himmelsblick als Symbol für die natürliche Bestimmung des Menschen zur Gotteserkenntnis und Gottesverehrung — wenigstens in diesem Zusammenhang — eine größere Bedeutung als für Zwingli besessen haben[68], in der Sache sind sie sich indes auch hierin durchaus einig[69].

2. Die zweite Parallele in bezug auf die Anthropologie betrifft die dualistische Sicht des Menschen, wie sie Zwingli ebenfalls im ersten Teil des 4. Kapitels des »Anamnema« im Gegensatz zu fast allen seinen andern Schriften vorträgt[70]. Im Gegensatz nicht nur zum biblischen Menschenbild, sondern nun

---

[62] S IV, 111.

[63] S IV, 139.

[64] CSEL XIX, 278₅.

[65] CSEL XIX, 984f., 102₁₁; XXVII, 27₁₃.

[66] »nobis autem status rectus, sublimis uultus ab artifice deo datus sit, apparet istas religiones deorum non esse rationis humanae, quia curuant caeleste animal ad ueneranda terrena. parens enim noster ille unus et solus cum fingeret hominem id est animal intellegens et rationis capax, eum uero ex humo subleuatum ad contemplationem sui artificis erexit. quod optime ingeniosus poeta signauit: pronaque cum spectent animalia cetera terram, os homini sublime dedit caelumque uidere iussit et erectos ad sidera tollere uultus. hinc utique ἄνθρωπον Graeci appellauerunt, quod sursum spectet. ipsi ergo sibi renuntiant seque hominum nomine abdicant qui non sursum aspiciunt, sed deorsum: nisi forte id ipsum quod recti sumus sine causa homini adtributum putant. spectare nos caelum deus uoluit utique non frustra. nam et aues et ex mutis paene omnia caelum uident, sed nobis proprie datum est caelum rigidis ac stantibus intueri, ut religionem ibi quaeramus, ut deum, cuius illa sedes est, quoniam oculis non possumus, animo contemplemur: quod profecto non facit qui aes aut lapidem, quae sunt terrena, ueneratur« (CSEL XIX, 97, 98₂₋₂₁). »an aliquis cum ceterarum animantium naturam considerauerit, quas pronis corporibus abiectas in terramque prostratas summi dei prouidentia effecit, ut ex hoc intellegi possit nihil eas rationis habere cum caelo, potest non intellegere solum ex omnibus caeleste. ac diuinum animal esse hominem, cuius corpus ab humo excitatum, uultus sublimis, status rectus originem suam quaerit et quasi contempta humilitate terrae ad altum nititur, quia sentit summum bonum in summo sibi esse quaerendum memorque condicionis suae, qua deus illum fecit eximium, ad artificem suum spectat?« (CSEL XIX, 612₁₃₋₂₃); XXVII, 7-9, 77 ff.

[67] Zwingli: S IV, 99. Für Laktanz kommt hier vor allem »De opificio Dei« in Frage (CSEL XXVII, 32 f.).

[68] Vgl. CSEL XIX, 98₂₋₂₁ (zit. oben Anm. 66). Wlosok, Laktanz und die philosophische Gnosis, a.a.O. S. 8-47.

[69] Siehe unten Punkt 3 dieses Abschnitts.

[70] Vgl. Rudolf Pfister, Das Problem der Erbsünde bei Zwingli, Leipzig 1939; Quellen und Abhandlungen zur Schweizerischen Reformationsgeschichte, Bd. IX, S. 12 ff. Gerardus Oorthuys, De Anthropologie van Zwingli, Diss. theol. Leiden 1905, S. 15-56, bes. S. 17 ff., 36.

natürlich auch zum humanistischen Lobpreis der charakteristischen Einheit von Körper und Geist im Menschen zeichnet Zwingli hier[71] den Menschen als aus zwei gegensätzlichen Elementen zusammengesetztes Mischwesen, in dem Leib und Geist doch ihre eigene Natur behalten und voneinander wegstreben. Der menschliche Geist, Licht von Natur, stammt aus Gott; er erkennt und liebt darum das Gute und Wahre und strebt nach Unschuld und Gerechtigkeit. Der menschliche Leib dagegen ist nichts als eine faule Dreckmasse, welche die Seele beschmutzt. Ja, Leib und Geist sind voneinander so verschieden, daß sie unaufhörlich miteinander im Streit liegen.

Oorthuys und Pfister haben längst mit Recht festgestellt, daß diese Gegenüberstellung des göttlichen Geistes und des irdischen bösen Leibes als Sitz des Bösen dem Denken der Antike entspringt. Ich bin der Meinung, daß auch hier nicht nur an Plato, Seneca und andere heidnische Philosophen zu denken ist, sondern zunächst an Laktanz. Der »christliche Cicero« weiß ebenfalls, daß der Mensch aus Fleisch und Geist besteht und daß die beiden miteinander im Streit liegen[72], daß der Mensch aus einem irdischen und himmlischen Element besteht[73], daß der Leib letztlich nur das Gefäß der Seele ist[74]. Was Zwingli von Laktanz dann allerdings *nicht* bzw. nur im Hinblick auf die Rechtfertigung des Bösen übernommen hat, ist der grundsätzliche Dualismus des Kirchenvaters, der den ganzen Kosmos durchzieht und beispielsweise auch im Gegenüber, in der Polarität von Mann und Frau, Feuer und Wasser, Licht und Finsternis, Leben und Tod, letztlich natürlich Gott und dem Teufel, sichtbar wird[75].

---

[71] S IV, 99.

[72] CSEL XIX, 376$_{14}$ff.

[73] CSEL XIX, 612$_{13-23}$ (zit. oben Anm. 66); »praeterea non exiguum inmortalitatis argumentum est quod homo solus caelesti elemento utitur. nam cum rerum natura his duobus elementis, quae repugnantia sibi atque inimica sunt, constet, igni et aqua, quorum alterum caelo, alterum terrae adscribitur, ceterae animantes quia terrenae mortalesque sunt, terreno et graui utuntur elemento, homo solus ignem in usu habet, quod est elementum leue sublime caeleste« (CSEL XIX, 613$_{6-13}$).

[74] CSEL XIX, 157$_{10}$f.

[75] CSEL XIX, 155$_7$-156$_2$; »ex rebus ergo diuersis ac repugnantibus homo factus est sicut ipse mundus ex luce ac tenebris, ex uita et morte: quae duo inter se pugnare in homine praecepit, ut si anima superauerit quae oritur ex deo, sit inmortalis et in perpetua luce uersetur, si autem corpus uicerit animam dicionique subiecerit, sit in tenebris sempiternis et in morte. cuius non ea uis est ut iniustas animas extinguat omnino, sed ut puniat in aeternum. eam poenam mortem secundam nominamus, quae est et ipsa perpetua sicut et inmortalitas. primam sic definimus: mors est naturae animantium dissolutio, uel ita: mors est corporis animaeque seductio; secundam uero sic: mors est aeterni doloris perpessio, uel ita: mors est animarum pro meritis ad aeterna supplicia damnatio. haec mutas pecudes non adtingit, quarum animae non ex deo constantes, sed ex communi aere morte soluuntur. in hac igitur societate caeli atque terrae, quorum effigies expressa est in homine, superiorem partem tenent ea quae sunt dei, anima scilicet quae dominium corporis habet, inferiorem autem ea quae sunt diaboli, corpus utique, quod quia terrenum est, animae debet esse subiectum sicut terra caelo. est enim quasi uasculum, quo tamquam domicilio temporali spiritus hic caelestis utatur. utriusque officia sunt, ut hoc quod est ex caelo et deo, imperet, illut uero quod ex terra et diabolo, seruiat« (CSEL XIX, 156$_{16}$-157$_{13}$).

3. Daß Zwingli und Laktanz in ihrer Anthropologie die göttliche Bestimmung des Menschen betonen, ist schon weiter oben angedeutet worden. Ich bemerkte, daß bei Zwingli zu den Motiven, die Gott bei der Erschaffung des Menschen bewegt haben, auch die »fruitio Dei« gehöre[76], daß für Laktanz sich aus der Erschaffung der Erde um des Menschen willen mit Notwendigkeit der Schluß aufdrängt, daß dieser Gott erkennt, anbetet und verehrt[77]. Es kann sich deshalb hier nur noch darum handeln, die gewissermaßen göttliche Bestimmung des Menschen etwas genauer zu umreißen. Während in Zwinglis »Anamnema« selber kaum, in seinen andern Schriften dagegen unzählige Belege zu finden sind[78], lassen sich für Laktanz recht zahlreiche interessante Stellen gerade im Rahmen seiner Ausführungen über die Erschaffung des Menschen nachweisen. Von dem für Laktanz richtungsweisenden Symbol des »rectus status« und der »contemplatio caeli[79]« ausgehend, kann der Kirchenvater geradezu von einer Verpflichtung des Ebenbildes Gottes zum Gottesdienst[80] bzw. von einem »sacramentum hominis[81]« sprechen. Dabei ist nicht zu übersehen, wie zwinglisch, ja modern er zu diesem Gottesdienst ganz selbstverständlich die Barmherzigkeit und Menschlichkeit dem Nächsten gegenüber rechnet[82] und im Anschluß an Lukrez auch zur Definition des Menschen als »animal sociale« kommt[83].

V

Ich erwähnte bereits, daß August Hahn schon 1837 auf die Herkunft von Zwinglis *Theodizee* aus den »Institutionen« des Laktanz hingewiesen hat[84], so daß ich mich auch bei dieser Parallele verhältnismäßig kurz fassen kann.

---

[76] Siehe oben S. 83.

[77] Siehe oben S. 84 f.

[78] Vgl. z.B. im »Commentarius« das Kapitel »De religione« (Z III, 665 ff.).

[79] Siehe oben Anm. 68.

[80] CSEL XIX, 514 f.

[81] CSEL XIX, 596$_{8\text{-}15}$.

[82] »Dixi quid debeatur deo: dicam nunc quid homini tribuendum sit; quamquam id ipsum quod homini tribueris, deo tribuitur, quia homo dei simulacrum est. sed tamen primum iustitiae officium est coniungi cum deo, secundum, cum homine. set illut primum religio dicitur, hoc secundum misericordia uel humanitas nominatur. quae uirtus propria est iustorum et cultorum dei, quod ea sola uitae communis continet rationem. deus enim qui ceteris animalibus sapientiam non dedit, naturalibus ea munimentis ab incursu et periculo tutiora generauit, hominem uero quia nudum fragilemque formauit, ut eum sapientia potius instrueret, dedit ei praeter cetera hunc pietatis adfectum, ut homo hominem tueatur diligat foueat contraque omnia pericula et accipiat et praestet auxilium. summum igitur inter se hominum uinculum est humanitas: quod qui diruperit, nefarius et parricida existimandus est. nam si ab uno homine quem deus finxit omnes orimur, certe consanguinei sumus et ideo maximum scelus putandum est odisse hominem uel nocentem. propterea deus praecepit inimicitias per nos numquam faciendas, semper esse tollendas, scilicet ut eos qui sint nobis inimici necessitudinis admonitos mitigemus. item si ab uno deo inspirati omnes et animati sumus, quid aliut quam fratres sumus, et quidem coniunctiores, quod animis, quam qui corporibus?« (CSEL XIX, 514$_6$-515$_6$).

[83] »deus enim quoniam pius est, animal nos uoluit esse sociale: itaque in aliis hominibus nos ipsos cogitare debemus« (CSEL XIX, 515$_{15\,f.}$); 545$_6$, 704$_8$.

[84] Siehe oben Anm. 13.

Zwingli hat sich in dem »Anamnema« zur Erörterung des Theodizeeproblems veranlaßt gesehen, weil sich in seinen Ausführungen über den Menschen, den Sündenfall und das Gesetz (4.Kapitel) in zunehmendem Maße der Gedanke aufgedrängt hatte, die Schuld für die Sünde müsse letzlich auf den Schöpfer zurückfallen. In den Kapiteln 5 und 6 versucht Zwingli, diesen Verdacht zu zerstreuen, indem er zeigt, daß hinter Schöpfung und Erlösung, erst recht hinter der Prädestination, Gottes Güte und Weisheit stehen. Er lehrt, daß zur Erkenntnis von Gottes Güte auch die Erkenntnis von Gerechtigkeit und Ungerechtigkeit gehöre, daß — auch nach dem Urteil der Philosophen, konkret des Demetrius — gerade die Erkenntnis des Guten sogar notwendig an die Erkenntnis des Gegenteils gebunden ist (»denn auch das Gute wird in seinem Wesen nicht erklärt, wenn nicht das Böse da ist, durch dessen Vergleich und Wertung das Gute sich zeigt[85]«), daß Gott, der von Natur aus wahr, heilig und gut ist, nicht an sich zeigen konnte, was Ungerechtigkeit ist und deshalb diese durch die Kreatur produzierte: im Engel durch Hochmut und Ehrgeiz, im Menschen durch den Teufel und das Fleisch[86]; daß Gott deshalb »Urheber, Beweger, Antreiber« von Verbrechen ist[87]. Es ist hier nicht notwendig, auf die umstrittenen Folgerungen hinzuweisen, welche aus diesen Überlegungen Zwinglis zu allen Zeiten, zum Teil vom Reformator selber, gezogen worden sind. Vielmehr möchte ich (wie es auch Hahn bemerkt hat) die Herkunft dieser Überlegungen bei Laktanz nachweisen. Hahn nannte seinerzeit »Institutt. II 9.13, VI 15.22 und VIII 3[88]« und faßte »die Grundsätze des relativen Dualismus des Lactantius« so zusammen: »Das Böse ist notwendig als ‚interpretatio boni‘ (contraria contrariis innotescunt) und als Entwicklungs- moment der vernunftbegabten Geschöpfe; die Sünde wird nicht erkannt als willkürlicher, durch freien Abfall der von Gott gut geschaffenen Wesen entstandener und in ihren Wirkungen als abnormer Zustand (Sündhaftigkeit) fortdauernder absoluter Gegensatz gegen den Willen des Schöpfers, sondern sie gehört dem Lactantius und seinen Nachfolgern zum normalen ursprünglichen Zustande der Menschen- und ganzen Geisterwelt, als einer vollendeten Offen- barung des göttlichen Wesens und Lebens. Die Entwicklung und Offenbarung des Guten soll bedingt und allein möglich sein durch den Gegensatz des Bösen; daher mußte Gott selbst diesen Gegensatz hervorrufen oder veranlassen[89].«

In der Tat entwickelt Laktanz »die Grundsätze des relativen Dualismus« an den von Hahn erwähnten Stellen der »Institutionen«, fast noch schärfer indes

---

[85] S IV, 108.
[86] S IV, 108.
[87] S IV, 112.
[88] Gemeint sind CSEL XIX, 144₁₃₋₁₅, 536₇-539₂₂, 564₁₋₂₀, 587₂₂-593₈.
[89] August Hahn, Zwinglis Lehre von der Vorsehung, von dem Wesen und der Bestimmung des Menschen sowie von der Gnadenwahl, in: Theologische Studien und Kritiken, 10.Jg., 1837, S. 796 f., Anm. a.

erscheinen sie in der »Epitome« sowie in der kleinen, nach den »Institutionen«
entstandenen Schrift »De ira dei«, welche vom Zorn Gottes als Ausdruck der
strafenden Gerechtigkeit, der »iustitia« des Gottes handelt, welcher als »pater
familias« zugleich Vater und Herr ist. Die entscheidenden Gedankengänge
dürften dabei sein: Gott schuf neben seinem Sohn (Christus) »noch einen
dritten (Geist), in dem sich die Wesenart seines göttlichen Geschlechtes aber
nicht mehr dauernd behauptete«, der sich in der Folge zu einem bösen
Widergott entwickelte[90]. Dieser Weg des Teufels erfolgte nicht von ungefähr,
sondern entsprach Gottes Absicht, die Welt durch zwei Prinzipien bestimmen
zu wollen. Wie schon bemerkt, gibt es für Laktanz kein Leben ohne Gegensatz[91]. Das gilt nicht zuletzt in bezug auf gut und böse. In »De ira dei« (lib. 15:
Der Ursprung des Bösen) schreibt er: »Hier könnte man vielleicht fragen:
Woher sind denn die Sünden an den Menschen gekommen, und welche
Verkehrtheit hat die Unwandelbarkeit der göttlichen Anordnung zum
Schlechteren gezerrt, so daß der Mensch, der doch zur Gerechtigkeit geboren
ist, die Werke der Ungerechtigkeit tut? Ich habe bereits oben auseinander-
gesetzt, daß Gott dem Menschen Gutes und Böses vor Augen gestellt hat, das
Gute, um es zu lieben, das Böse, das dem Guten widerstrebt, um es zu hassen,
und daß er darum das Böse zugelassen, damit auch das Gute hervorstrahle;
denn das eine kann ohne das andere, wie öfters bemerkt, nicht bestehen. Ist ja
auch die Welt aus zwei widerstrebenden und doch miteinander verbundenen
Elementen zusammengesetzt, dem feurigen und dem flüssigen; und es hätte das
Licht nicht entstehen können, wenn nicht auch Finsternis gewesen wäre; denn
es kann kein Oberes geben ohne Unteres, keinen Aufgang ohne Untergang, wie
es auch Warmes ohne Kaltes, Weiches ohne Hartes nicht geben kann. So sind
auch wir aus zwei gleichermaßen widerstrebenden Bestandteilen zusammen-
gesetzt, der Seele und dem Leibe. Der eine Bestandteil gehört der Ordnung des
Himmels an, denn er ist fein und unfaßbar; der andere gehört dem Gebiet der
Erde an, denn er ist faßbar und greifbar. Die Seele ist unvergänglich und ewig,
der Leib gebrechlich und sterblich. Der Seele haftet das Gute an, dem Leib das
Böse, der Seele Licht, Leben und Gerechtigkeit, dem Leib Finsternis, Tod und
Ungerechtigkeit. Daraus entstand im Menschen die Verschlechterung seiner
Natur, so daß man ein Gesetz aufstellen mußte, das die Laster in Schranken
halten und die Pflichten der Tugend einschärfen sollte. Da es also im
menschlichen Leben Gutes und Böses gibt, wovon ich den Grund dargelegt
habe, so muß Gott nach beiden Seiten hin angeregt werden, zur Gnade, wenn

---

[90] »deinde fecit alterum, in quo indoles diuinae stirpis non permansit. itaque suapte inuidia
tamquam ueneno infectus est et ex bono ad malum transcendit suoque arbitrio, quod illi a deo
liberum fuerat datum, contrarium sibi nomen adsciuit« (CSEL XIX, 129[13-17]); »nox autem, quam
prauo illi antitheo dicimus adstributam, eius ipsius multas et uarias religiones per similitudinem
monstrat« (CSEL XIX, 144[13-15]).
[91] Siehe oben S. 86.

er Gerechtes geschehen sieht und zum Zorne, wenn er ungerechte Werke schaut[92].«

Und an anderer Stelle: »Gott wollte, daß diese Unterscheidung von Gut und Böse ist, damit wir die Qualität des Guten aus dem Bösen kennen, ebenso die des Bösen aus dem Guten ... Gott schloß also das Böse nicht aus, damit das Verständnis (‚ratio‘) der Tugend sich erhalten kann«[93]. Ferner: hat Laktanz in der eben zitierten Stelle über den »Ursprung des Bösen« in »De ira dei« vor allem die aus dem Dualismus sich ergebenden Konsequenzen für Gott unterstrichen (»Da es also im menschlichen Leben Gutes und Böses gibt, ...so muß Gott nach beiden Seiten hin angeregt werden, zur Gnade ... und zum Zorne«), zeichnet er an anderer Stelle diejenigen für den Menschen: dieser ist, solange er lebt, vor die Entscheidung gestellt. Er soll mit seinem himmlischen Teil, der Seele, gerade gut und böse unterscheiden lernen und sich in Freiheit bewähren[94]. Ebenso im Blick auf das Böse und die Bösen seiner Zeit: »Man wird einwenden: Warum läßt denn der wahre Gott diese Dinge geschehen? Warum beseitigt oder vernichtet er nicht lieber die Argen? Warum hat er vielmehr selbst den obersten der Dämonen von Anfang an geschaffen, damit es nicht an dem gebreche, der alles zugrunde richtet und verdirbt? Ich will kurz den Grund angeben, warum Gott das Dasein eines solchen Dämons gewollt hat. Ich frage: Ist die Tugend ein Gut oder ein Übel? Unbestreitbar ein Gut. Wenn die Tugend ein Gut ist, so ist das Gegenteil der Tugend, das Laster, ein Übel. Wenn das Laster darum ein Übel ist, weil es die Tugend bekämpft, und die Tugend darum ein Gut, weil sie dem Laster widerstreitet, so kann also die Tugend ohne das Laster nicht bestehen; nimmt man das Laster hinweg, so nimmt man auch das Verdienst der Tugend hinweg; denn es kann keinen Sieg geben ohne Feind. Daraus ergibt sich, daß das Gute ohne das Böse nicht bestehen kann. Dies hat Chrysippus in seinem Scharfsinne erkannt; und in seiner Abhandlung über die Vorsehung zeiht er jene der Torheit, die wohl das Gute von Gott geschaffen sein lassen, nicht aber auch das Böse. Die Anschauungen des Chrysippus hat A. Gellius in den ‚Attischen Nächten‘ dargelegt mit den Worten: ‚Die Männer, die nicht annehmen, daß die Welt um Gottes und der Menschen willen geschaffen ist und daß die menschlichen Dinge von der Vorsehung gelenkt werden, glauben einen wichtigen Beweisgrund anzuführen, wenn sie sagen: ‚Gäbe es eine Vorsehung, so würde es keine Übel geben; denn nichts verträgt sich weniger mit der Vorsehung, als daß es in einer Welt, die um

---

[92] CSEL XXVII, 106₁-107₂, zit. nach: Des Lucius Caelius Firmianus Lactantius Schriften, Von den Todesarten der Verfolger, Vom Zorne Gottes; Auszug aus den göttlichen Unterweisungen, aus dem Lateinischen übersetzt von Aloys Hartl, München 1919; Bibliothek der Kirchenväter, Bd. XXXVI, S. 104 f. »ita fit ut bonum sine malo esse in hac uita non possit« (CSEL XIX, 537₁₆f.).

[93] CSEL XIX, 419₂₂-420₂.

[94] CSEL XIX, 594₂₁-595₁₅.

der Menschen willen geschaffen sein soll, eine solche Unmasse von Mühselig-
keiten und Leiden geben.' Gegen diesen Einwurf wendet sich Chrysippus im
vierten Buche seiner Abhandlung über die Vorsehung, indem er sagt: ,Nichts
ist geistloser als die Annahme, daß es hätte Güter geben können, wenn es nicht
zugleich auch Übel gäbe. Denn da Güter und Übel entgegengesetzt sind, so
müssen sie beiderseitig zueinander im Gegensatz stehen und wie durch
wechselseitigen Druck und Gegendruck sich stützen und halten; so wenig kann
etwas entgegengesetzt sein, ohne daß ein anderes entgegensteht. Wie hätte der
Begriff der Gerechtigkeit entstehen können, wenn es nicht Ungerechtigkeiten
gäbe? Oder was ist die Gerechtigkeit anders als die Verneinung der Ungerechtigkeit? Wie könnte man sich die Tapferkeit denken ohne Gegenüberstellung
der Feigheit, wie die Selbstbeherrschung ohne die Unenthaltsamkeit, wie
endlich die Klugheit, wenn nicht die Unklugheit gegenüberstünde? Törichte
Menschen', ruft Chrysippus aus, ,die nicht auch das noch verlangen, daß es
eine Wahrheit geben soll und eine Lüge nicht geben soll. Denn zugleich
bestehen Güter und Übel, Glück und Unglück, Lust und Schmerz; das eine ist
an das andere, wie Plato sagt, Schopf an Schopf gebunden; nimmt man das
eine hinweg, so hat man beide hinweggenommen'.

Du siehst also, daß, wie oft bemerkt, das Gute und das Böse so miteinander
verknüpft sind, daß das eine ohne das andere nicht bestehen kann. Mit
höchster Weisheit hat daher Gott den Stoff, aus dem die Tugend sich aufbaut,
in das Böse verlegt; und das Böse hat Gott darum gemacht, um uns
Gelegenheit zum Wettkampf zu geben und die Sieger mit dem Lohn der
Unsterblichkeit zu krönen[95].«

Wie gerade dieses letzte Zitat zeigt, haben auch die Stoiker, unter diesen vor
allem neben Seneca Zenon und Chrysipp, sich intensiv mit dem Problem der
Theodizee befaßt[96]. Es wäre somit denkbar, daß Zwingli auch in diesem Fall
seine Gedanken direkt aus der heidnischen Philosophie, vor allem Senecas,
bezogen hätte; der einzige, mehr als dürftige »Beweis« auf den bei Seneca
erwähnten Demetrius[97] dürfte dafür allerdings kaum genügen, um so weniger,
als Seneca zum Problem der Theodizee außer der dualistischen Anthropologie
kaum etwas beigetragen hat. Laktanz hingegen zitiert nicht nur Zenon und
Chrysipp, sondern versucht eine über die Stoa hinausreichende Lösung, die
derjenigen Zwinglis sehr ähnlich sieht.

---

[95] CSEL XXVII, 697₆-699₂, zit. nach der Übersetzung von Aloys Hartl a.a.O., Bibliothek der
Kirchenväter, Bd. XXXVI, S. 154-156. Ähnlich CSEL XIX, 172₃ff.
[96] Vgl. dazu Friedrich Billicsich, Das Problem der Theodizee im philosophischen Denken des
Abendlandes, Bd. I: Von Plato bis Thomas von Aquin, Innsbruck/Wien/München 1936, S. 34ff.
[97] S IV, 108.

VI

Ich muß darauf verzichten, noch weitere Parallelen zwischen Zwingli und Laktanz nachzuweisen[98]. Eine zwar nicht im Detail, wohl aber generell nachzuweisende muß allerdings noch erwähnt werden, weil sie zugleich zu einigen Schlußbemerkungen überleitet. Laktanz und Zwingli treffen sich grundsätzlich in der *Wertschätzung der heidnischen Philosophen*. Beide kennen sich in der klassischen Philosophie aus; sie schätzen und bilden sich an Plato, Cicero, Seneca, Plinius. Diese gemeinsame Vorliebe zeigt sich deutlich darin, daß beide in ihren Werken nicht nur gerne philosophische Themen — wie wir gesehen haben das Problem der Vorsehung als zentrale Frage — abwandeln, sondern in ihrer Theologie die biblischen Wahrheiten sehr häufig, doch immer kritisch, auch mit Belegen untermauern, welche »erleuchtete Heiden[99]« in ihren Schriften lieferten. Wenn Zwingli in dem »Anamnema« meint, er wage auch von Heiden Entlehntes göttlich zu nennen, wenn es nur »sanctum, religiosum ac irrefragabile« sei[100], so kann er das bei niemandem besser gelernt haben als bei Laktanz[101]. Sicher kann Zwingli zu dieser »liberalen«, weitherzigen Auffassung auch durch Augustin und besonders Erasmus, den »Cicero christianus« des Humanismus des 16.Jahrhunderts, gekommen sein. Die zahlreichen Parallelen zwischen Zwinglis »Anamnema« und Laktanz legen indes die Vermutung nahe, Zwingli habe diese Auffassung schon beim »Cicero christianus« der Alten Kirche — quasi aus erster Hand — gelernt. Diese Annahme liegt um so näher, als die im Verlaufe dieses Aufsatzes nachgewiesenen Parallelen zwischen Zwinglis »Anamnema« und Laktanz doch kaum nur künstliche Konstruktionen sind, sondern sich formell und sachlich geradezu als Selbstverständlichkeit aufdrängen. Formell, insofern Zwingli die Meinungen über die Providenz, Schöpfung, Anthropologie und Theodizee wohl in dieser und jener Form auch direkt bei Plato, Cicero, Seneca hätte finden können, aber gerade die Beschränkung auf die Konzentration dieses Themenkreises auf Laktanz hinweist. Sachlich, insofern Zwingli, wie schon bemerkt (S. 72), wohl seine Klassiker alle gelesen und als allgemeines theologisches Bildungsgut »besessen« haben könnte, anderseits die Zahl der

---

[98] Immerhin mögen in einer Fußnote noch ein paar solcher Parallelen erwähnt werden. Ich denke da etwa an die pythagoreische Seelenwanderungslehre (S IV, 89f.; CSEL XIX, 239₁₆f., 656₄₋₈, 707₆₋₁₅), an die etwa bei Ovid belegte Mahnung, Menschen nicht vor dem Tod zu beurteilen (S IV, 123; ähnlich auch S IV, 136; CSEL XXVII, 119₁₃-121₁₁), an die allerdings bei Zwingli nicht im »Anamnema«, jedoch in der »Fidei expositio« vertretene Lehre des Kreatinismus (»Attamen divinam eius naturam nemo quam pater genuit, sicut in homine quoque corpus mater, animum solus deus«, S IV, 52; CSEL XIX, 155₁₃₋₁₅; Wlosok, Laktanz und die philosophische Gnosis, a.a.O., S. 182f.).

[99] Vgl. dazu die ausgezeichnete Arbeit von Rudolf Pfister, Die Seligkeit erwählter Heiden bei Zwingli, Habil. theol. Biel 1952.

[100] S IV, 95.

[101] Vgl. dazu von Campenhausen a.a.O., S. 63.

direkten klassischen Zitate in dem »Anamnema« auffällig klein ist, vor allem Zwingli in einer nicht zu übersehenden kirchlichen Tradition stand, wenn er Laktanz las. Diese Auffassung dürfte nicht zuletzt dadurch gestützt werden, dass Zwingli seinerseits Laktanz keineswegs kritiklos übernommen hat. Es gibt auch gewichtige Nicht-Parallelen zwischen Reformator und Kirchenvater. Ich denke hier vor allem an die verschiedenen Auffassungen des Begriffs der »religio« oder des »summum bonum«, auf die ich hier allerdings nicht mehr näher eingehen möchte!

Was ergibt sich aus all dem? Ich würde meinen, daß gerade die hier angedeuteten Parallelen und Abhängigkeiten zwischen Laktanz und Zwingli uns dazu führen könnten, das Verhältnis von Antike und Christentum, Humanismus und Reformation beim Zürcher Reformator erneut zu untersuchen. Die Synthese von Antike und Christentum, welche beide Theologen (beides eigentlich Apologeten!) versuchen, ist so kompliziert, aber auch so interessant, daß es nicht genügt, sie schlagwortartig als überholt oder unwichtig abzutun. Im Hinblick auf Zwingli müßte sie einerseits im besonderen in der Form wieder aufgenommen werden, daß neben den Einflüssen Augustins und anderer Kirchenväter auch jene des Laktanz überall genau und systematisch nachzuweisen wären und darüber hinaus auch diejenigen all der klassischen Autoren, deren Kenntnis bei Zwingli anzunehmen ist. Anderseits sollte sie aber auch dazu führen, einmal alle jene Loci in Zwinglis Theologie systematisch zu untersuchen und darzustellen, welche durch die Verwandtschaft mit der antiken Welt zur Diskussion gestellt sind: Vorsehung, Schöpfungslehre, Anthropologie. Meines Erachtens wäre diese Aufgabe in Kirche und Theologie unserer Tage nicht nur von historischer, sondern aktueller Bedeutung.

7. SCHRIFT UND DIENST BEI ZWINGLI*

Über Schrift und Dienst bei Zwingli darf ich an dieser außerordentlichen Synode zum 500. Geburtstag unseres Reformators zu Ihnen sprechen. Ich könnte mir kein sinnvolleres Thema denken, zunächst um des Ortes, des äußeren Rahmens willen. Was eine Kirchensynode immer war, ist und bleiben muß, ist eine Versammlung von Christen, die sich mit Schrift und Dienst befaßt. Das war das Thema der Zürcher Synoden, an denen Zwingli selber teilgenommen hat, allen voran der ersten und zweiten Zürcher Disputation, mit denen die Reformation eingeleitet worden ist. An der ersten Zürcher Disputation vom 29. Januar 1523, heute also fast auf den Tag genau vor 461 Jahren, haben Bürgermeister und Räte beschlossen, »das meister Ulrich Zwingli fürfaren [dürfe] unnd hinfür wie bißhar das heilig euangelion unnd die recht göttlich gschrifft verkünde so lang unnd vil, biß er eins besseren bericht werde« (Z I 470$_{23}$-471$_3$). An der zweiten Zürcher Disputation, die vom 26.-28. Oktober 1523 dauerte, wurde dann bereits über praktische Reformen in der Kirche diskutiert und zum Teil auch beschlossen, welche sich von der im Januar offiziell bewilligten, besser gesagt, geforderten schriftgemäßen Predigt her aufdrängten: im Vordergrund stand die Abschaffung der Bilder und der Messe.

Blättert man in den Akten dieser zweiten Disputation, so finden sich viele und interessante Voten zu diesen zwei, damals aktuellsten Fragen der Reform des Kultus. Noch interessanter, weil grundsätzlicher Natur, sind nun allerdings Zwinglis Voten zur Reformation der Kirche überhaupt, neben dem Thema der Kirche insbesondere zu unseren heutigen Themen: einerseits zur Schrift, verstanden als Wort, das Gott an uns richtet, anderseits zum Dienst, verstanden als unsere menschliche Antwort auf dieses Wort. Ich denke dabei (und gehe im folgenden davon aus) zuerst an einen Rechenschaftsbericht, den Zwingli am Morgen des 26. Oktober im Rahmen einer ausführlichen Diskussion zum Thema Kirche über seine Predigttätigkeit abgelegt hat, und ich denke dann, Ihrem Wunsch entsprechend, an die Predigt »Der Hirt«, welche Zwingli am Morgen des dritten Verhandlungstages vor versammelter Synode gehalten hat. Vor einem recht großen, gemischten Auditorium, vor den Räten und den Geistlichen aus Stadt und Land, vor insgesamt wohl gegen 900 Leuten.

I

Damit sind wir bei unserem ersten Punkt: die Schrift bei Zwingli. Der Reformator sagte dazu am 26. Oktober 1523 wörtlich: »Ich zů mim teyl hab

* Vortrag gehalten am 31.1.1984 an der ausserordentlichen Kirchensynode des Kantons Zürich aus Anlass des 500. Geburtstags von Zwingli.

also hie zů Zürich, so ich zů dem ersten harkummen bin, von stund an an die hend genommen das heylig euangelion Matthei ze predigen on allen zůsatz des menschlichen thants. Ich hab semlichs ouch offenlich vor probst und capitel anzogen, das ich dis fürnäme. Hierumb ich mich mines yngangs wol berůmen mag wie Paulus, das er ouch wol bekant gewesen ist. Demnach hab ich die gschicht der heyligen botten gepredget, die epistel Pauli zůn Galatern, die zwo zum Timotheo, bed epistlen Petri, die zů den Hebreern und ietz den Lucam.« (Z II 707₃₁-708₆)

Dieser knappe Rechenschaftsbericht verrät ein überlegen konzipiertes Programm. Die genannten Schriften des Neuen Testamentes ergeben als absolut klar umrissenes Ziel die Auferbauung der Gemeinde. Programm, Ziel, wie vor allem die Reihenfolge spiegeln — subjektiv gesehen — Zwinglis eigene innere Entwicklung zwischen Anfang 1519 und Ende 1523; objektiv gesehen zeigen sie in überzeugender Eindringlichkeit, daß das Fundament der Kirche, das Fundament auch jeder Reform nur die Heilige Schrift sein kann. Zwingli begann mit der Auslegung des Matthäus-Evangeliums. Wie wichtig gerade dieses war und bleibt, belegt nichts deutlicher als die Tatsache, daß der Reformator bis zu seinem Tode auf die Titelseite aller seiner gedruckten Werke als Motto den Heilandsruf aus Mt. 11₂₈ setzte: »Kommet her zu mir alle, die ihr mühselig und beladen seid, ich will euch Ruhe geben.« Zwinglis Nachfolger Bullinger sollte später diesen Brauch sinngemäß weiterführen mit einem entsprechenden Motto aus Mt. 17₅: »Dies [Jesus] ist mein geliebter Sohn, an dem ich Wohlgefallen gefunden habe; höret auf ihn.« Nach dem Matthäus-Evangelium zeigte Zwingli anhand der Apostelgeschichte, wie das Evangelium ausgebreitet wurde, später anhand der Briefe an Timotheus und Petrus, wie Gemeinden gebaut wurden. In der Auslegung des Galaterbriefes legte der Reformator Zeugnis ab von der zentralen reformatorischen Erkenntnis, wonach das Heil aus dem Glauben kommt, nicht aus den Werken. Der Hebräerbrief half ihm, die Messe — damals der Stein des Anstoßes — nicht als Wiederholung des einmaligen Opfertodes Christi, sondern als Gedächtnis-, Dankes- und Freudenmahl, vor allem aber als Gemeinschaftsmahl zu verstehen. Das Lukas-Evangelium endlich öffnete ihm und den Zürchern die Augen für die sozialen Aspekte, für die gesellschaftliche Verantwortung der christlichen Gemeinde.

Zwingli hat bis zu seinem Tod in dieser Weise ebenso konsequent wie planmäßig weitergepredigt und noch viele andere Schriften des Alten und Neuen Testamentes ohne alle menschlichen Zusätze ausgelegt. Auch darin sollten seine Mitarbeiter und Nachfolger sein Werk fortsetzen, daß sie in der Form der lectio continua, d.h. in Reihenpredigten, Buch für Buch, Abschnitt um Abschnitt in fortlaufender Auslegung ihren Gemeinden die ganze Bibel vertraut machen wollten.

Warum hatten Schriftauslegung und Predigt eine derart zentrale Stellung in der Zürcher Reformation? Die klassische Antwort, Bullingers Formulierung im ersten Kapitel des Zweiten Helvetischen Bekenntnisses, lautet: »Der Herr hat selbst im Evangelium gesagt (Mt. 10_{10}; Lk. 10_{16}; Joh. 13_{20}): ‚Denn nicht ihr seid es, die reden, sondern der Geist eures Vaters ist es, der in euch redet.' Deshalb: wer euch hört, der hört mich, und wer euch verwirft, der verwirft mich.« *Die Predigt des Wortes Gottes ist Gottes Wort.* Wenn also heute dieses Wort Gottes durch rechtmäßig berufene Prediger in der Kirche verkündigt wird, glauben wir, daß Gottes Wort selbst verkündigt und von den Gläubigen vernommen wird.«

Um schon jetzt unser zweites Thema anzudeuten: Kirche, Kirchenreform; nach Gottes Wort reformierte Kirche gibt es nur, wo man bereit ist, auf Gottes Stimme zu hören — mit einem anderen, für Zwingli und Bullinger besonders typischen Motiv ausgedrückt: Reformation und reformierte Kirche gibt es nur, wo diese bereit ist, »auf die Stimme ihres Hirten« zu hören. Dieses Motiv bildete — daran mag in diesem Jahr und in dieser Versammlung sogar bewußt erinnert werden — den Hintergrund der Theologischen Erklärung von Barmen 1934, die vor 50 Jahren den Kirchenkampf gegen Hitler eingeleitet hat.

Der Schrift, der Predigt von Gottes Wort — diesem Grundgesetz und Fundament der Kirche — wußte sich Zwingli verpflichtet. Aus dieser Verantwortung heraus hat er in Zürich auch das Instrument geschaffen, welches die »verbi divini ministri«, d.h. die Diener am göttlichen Wort, instand setzen sollte, ihrer Aufgabe gerecht zu werden: die Prophezei, die Zürcher Theologenschule, Mutter und Muster nicht nur unserer heutigen Universität, sondern aller reformierten Akademien und Hochschulen in aller Welt. Ich würde Sie jetzt am liebsten in die Sakristei des Großmünsters oder in die Regale der Zentralbibliothek Zürich führen, um Ihnen eine Vorstellung von der großartigen und gewaltigen Arbeit zu geben, welche die Zürcher Theologen im 16. Jahrhundert auf dem Gebiet der Übersetzung und Auslegung der Schrift geleistet haben. Das ist leider nicht möglich; dafür zitiere ich Ihnen einige Sätze aus dem Vorwort (Zwinglis?) zur 1531 gedruckten, ersten vollständigen deutschen Bibelübersetzung, der sog. Froschauer Bibel: »Der die Wort allein der geschrifft lißt/und auff den sinn vnd geist nit acht hat/der falt gar vil schwaarlicher dann der/ders nie gelåsen hat. Ein speyß, die nit wol geküwt vnd getöuwt (gekaut und verdaut) wirt, gibt dem leyb kein tucht noch krafft …: die edle blům reücht nit, man zerreybe sy dann vor: die süsse des kernens wirt nit empfunden, dieweyl man an der hülsen leckt/biß das man die schalen auffbricht und den kernen zerbyßt« (f. 2^r).

II

Ich komme zum zweiten Thema: Dienst bei Zwingli. Wie bemerkt gehe ich dabei von seiner am 28. Oktober 1523 gehaltenen Predigt »Der Hirt« aus, nach dem genauen Wortlaut des Titels: »Wie man die waren christlichen hirten und widrumb die valschen erkennen, ouch wie man sich mit inen halten sölle« (Z III 5₁ f//HS 1, S. 165-242). Bevor ich Zwinglis Gedanken darlege und mich dabei ganz bewusst auf seine Beschreibung des guten Hirten beschränke, bedarf es allerdings noch einer Vorbemerkung. Um diese Überlegungen verstehen, sie richtig interpretieren und würdigen zu können, müssen wir nicht nur an seine damaligen Zuhörer und Leser denken, sondern mindestens in ein paar Strichen den geschichtlichen Gesamtrahmen zu zeichnen und zu sehen versuchen. Gerade das sollte unserer Generation an sich nicht allzu schwerfallen. Zwingli lebte wie wir in einer Welt des Umbruchs, so gewaltiger geistiger und materieller Umbrüche, daß diese fast nur noch in apokalyptischen Bildern darzustellen sind. In dieser Welt stieß man wohl wie heute von Entdeckung zu Entdeckung vor, aber wie heute 4-5 Milliarden Menschen waren schon damals 40-50 Millionen auf einem einzigen, zerbrechlichen Planeten festgehalten, einer dem andern gegenüber, feindlich gesinnt, oft jeder gegen jeden, gefangen in einem unentwirrbaren Gewebe politischer, gesellschaftlicher und wirtschaftlicher Strukturen, bestimmt und verpflichtet dem menschlichen Erfindungsgeist einerseits, der Schwester Natur, der Schöpfung anderseits.

Woran waren, woran sind in einer solchen Welt gute Hirten zu erkennen? Worin besteht ihr Dienst? Ich durfte am letzten Reformationssonntag (6. November 1983) an einem Gottesdienst in jenem Land mitwirken, das bis heute wohl am nachhaltigsten von der Gedankenwelt Zwinglis, seiner Nachfolger Bullinger und Calvin, von ihrer Vision einer Gottesstadt auf dem Berge geprägt ist — in den Vereinigten Staaten von Amerika. Das war in Pennsylvania, in der Nähe von Philadelphia, der Stadt der Bruderliebe, der ersten Hauptstadt der Vereinigten Staaten, wo bisherige Kolonien im Aufblick auf und in voller Verantwortung vor Gott feierlich ihre Unabhängigkeit von Großbritannien erklärten und wo damals schon, vor 250 Jahren, Quäker, Anglikaner, Lutheraner, Reformierte, Täufer, Katholiken, Juden (und seit Ende des 18. Jahrhunderts sogar eine »Free African Society«) friedlich Seite an Seite lebten und sich gegenseitig als Brüder anerkannten. In einer eindrücklichen Predigt sprach in diesem Gottesdienst ein Kollege über die 3 R der Reformation: Revelation, Reconciliation, Revolution. Leider lassen sich diese drei englischen Ausdrücke mit Révélation, Réconciliation, Révolution wohl französisch, aber nicht auf deutsch mit dem gleichen Anfangsbuchstaben wiedergeben; dafür mit V, Victory, Victoire, zu deutsch: Sieg: Verkündigung, Versöhnung, Veränderung. »Gott aber sei Dank, der uns den Sieg gibt durch unseren Herrn Jesus Christus.« (1. Kor. 15₅₇)

Es zeugt für Zwinglis überlegenen und großartigen Geist, daß er in seinen Ausführungen über die guten Hirten genau, d.h. auch in dieser Reihenfolge, über den Dienst der Verkündigung, der Versöhnung und Veränderung spricht — und im Grunde noch viel genialer in diesem Fall zugleich von den drei alten christlichen Tugenden: »Nun aber bleibt Glaube, Hoffnung, Liebe, diese drei; am grössten aber unter diesen ist die Liebe.« (1. Kor. 13$_{13}$)

V 1: Der erste Dienst, den zuerst *der* gute Hirte Christus leistete, den aber auch die Kirche, der Pfarrer, wir alle zu leisten haben, besteht in der Verkündigung des Evangeliums. Was das heißt, beschreibt Zwingli in unserer Predigt selber so: »Daraus [das heisst aus dem Wort Gottes] soll der Hirt den ihm anbefohlenen Seelen zu verstehen geben, wo ihre Fehler liegen, und wenn sie verstanden haben, dass sie aus eigenen Kräften nicht können selig werden, so soll er sie an die Gnade Gottes verweisen, dass sie sich voll Vertrauen darauf verlassen. Denn Gott hat uns zu gewisser Versicherung seiner Gnade seinen eingeborenen Sohn Jesus Christus, unsern Herrn gegeben, durch den wir in Ewigkeit einen sicheren Zugang zu Gott [vgl. Römer 5$_2$] haben. Und wenn sie dann die Seligkeit und Versicherung von Gottes Gnade geglaubt haben... so sind sie auch schuldig, in Zukunft nach Gottes Willen zu leben; denn sie sind ein neues Geschöpf Gal. 6$_{15}$.« (Z III 22$_{1-11}$//HS 1, S. 187f.) Einsicht in das Elend und die Sünde; Gnade und Vertrauen; dankbare Nachfolge: diese drei Stücke evangelisch-reformierter Verkündigung finden sich als Zusammenfassung des christlichen Glaubens nicht erst im berühmtesten Glaubensbuch der nach Gottes Wort reformierten Kirche, in Frage 2 des Heidelberger Katechismus, sondern schon 40 Jahre früher in Zwinglis Beschreibung des guten Hirten an der zweiten Zürcher Disputation! Zwingli hat dabei mit Nachdruck darauf hingewiesen, daß dieser Dienst der Verkündigung nicht einfach ist.

Ganz offensichtlich aufgrund eigener Erfahrungen — auch ich weiß, wovon ich rede — beginnt Zwingli seine Ausführungen über den Dienst der Verkündigung des Evangeliums mit Bemerkungen über Schwierigkeiten, über die nicht immer leicht zu erfüllenden Anforderungen, welche mit diesem Dienst verbunden sind. Dieser Dienst, sagt er, verlangt Selbstverleugnung (und unter Umständen sind wir — wie in einer Ehe — gezwungen, Vater und Mutter zu verlassen); dieser Dienst verlangt tapferes Bekennen, Standhaftigkeit; dieser Dienst verlangt Widerstand gegen alle äußeren und alle inneren Anfechtungen; in diesem Dienst geht es um beispielhafte Nachfolge Christi, damit um Kreuz, Kampf und Tod; denn dieser Dienst, die Verkündigung des Evangeliums, fordert nicht bloß schöne Worte, sondern im Grunde eine vollständige Identität von Wort und Werk, Nachfolge Christi, Identität mit Christus. Wörtlich: »Glych als ouch Christus, von den todten ufferstanden, nümmen stirbt, also sy ouch den alten menschen hingelegt, ein nüwen anlegen söllend [vgl. Eph. 4$_{22.24}$], der gott glych sicht, das ist: den herren Jesum Christum. Denselben anlegen ist nütz anders denn wandlen, wie er gewandlet hatt.« (Z III 19$_{9-13}$//HS 1, S. 184) »Hieby ist aber eygenlich ze verhůten, das der hirt nit ein glychsnet kleyd für das war anlege, also, das er sich mit kappen und kappenzypflen verhencke, und aber inwendig voll gyts stecke, als die münch

und theologi zum merenteil thůnd diser zyt; sich tieff bucke, und aber ein
hochfertig gmůt hab; ein wyß hemd antrag, und aber unküscher sye denn ein
äber; hoch schůh und hůt, und aber voll nyds und hasses sye; vil psalmen
murmle, und das clar wort gottes verlassen etc.« (Z III 20$_{15\text{-}22}$//HS 1, S. 186).
Das heisst, er darf kein Heuchler, kein Wolf im Schafspelz sein, sondern muss
bedenken, dass »das läbendig byspil me denn hunderttusent wort [lehrt]«. (Z
III 21$_{18\,f}$//HS 1, S. 187)
   Aufgrund eigener Erfahrungen beginnt Zwingli diesen ersten Teil wohl mit
dem Hinweis auf die Anforderungen an den Hirten. Das Schwergewicht seiner
Ausführungen liegt indes im Trost, in der Zuversicht, welche der Hirt gerade
bei der Verkündigung des Evangeliums erfahren darf: daß Gott in diesem
unaufhörlichen Kampf hilft, daß Gott alles schenkt, was der Hirte braucht,
zeitliche Nahrung, insbesondere aber Kraft, Mut, Freude, Geduld und Ausdauer, und das alles aus dem heiligen Geist.
   V 2: Damit ist nicht die Wunderwaffe aus dem 2. Weltkrieg gemeint, sondern
Versöhnung, das Wunder des Kreuzes Christi. Woran ein guter Hirt zu
erkennen ist, erweist sich — zentral — an seinem »Verhalten zu den andern
äusseren Dingen« (Z III 23 ff//HS 1, S. 188 ff.). Damit nimmt Zwingli
natürlich Gedanken auf, die er schon im ersten Teil angedeutet hat. Grundsätzlich gilt, dass der Hirt — oder wie Zwingli in diesem Zusammenhang fast
noch lieber sagt: der Prophet — sich an jenen Auftrag hält, den Gott dem
Propheten Jeremia gegeben hat: »Der Herr streckte seine Hand aus und
berührte meinen Mund. Und er sprach zu mir: Damit lege ich meine Worte in
deinen Mund. Siehe, ich setze dich heute über die Völker und über die
Königreiche, auszureissen und niederzureissen, zu verderben und zu zerstören,
zu pflanzen und aufzubauen.« (Jer. 1$_{9\text{-}10}$) Grundsätzlich besteht — so haben wir
gehört — der Dienst der Versöhnung in der Verkündigung des Evangeliums, in
der Vergebung der Sünde, in der Zuwendung zu allen Elenden, Kranken,
Gefangenen und Verfolgten, Geschlagenen und Leidenden dieser Welt. Zwingli
erinnert denn auch in unmittelbarem Anschluss an das eben zitierte Wort aus
dem Propheten Jeremia an das Handeln *des* Propheten im Neuen Testament:
Christus habe mit dem verführten Volk grösstes Erbarmen gehabt; er habe es
in der Hauptsache freundlich gelehrt. Wenn er habe schelten müssen, habe er
das Volk jedoch nie so rauh angegriffen, wie die verführenden Pfaffen (vgl. Z
III 23$_{17\text{-}24}$//HS 1, S. 189).
   Dies vorausgeschickt gilt dann freilich auch, daß zum Dienst der Versöhnung des Hirten, zu seinem prophetischen Auftrag, der Kampf gegen
Gewalt und Laster gehört, ein unbarmherziger und schonungsloser Widerstand
gegen Eigennutz, Geiz, Neid, Ehrgeiz, insbesondere gegen jede Form von
Heuchelei und Abgötterei. In diesem Kampf erweist sich sogar erst, wer
wirklich Christus nachfolgt. Das beweisen die Beispiele, die Zwingli weniger
um der Personen als um der Sache willen zur Illustration beibringt. Es sind

dies: Mose vor dem Pharao (gegen Tyrannei und Unterdrückung); Samuel vor Saul (»Gehorsam ist besser als Opfer«); Nathan vor David (Ehebruch und Mord); Elia gegen die Baalspropheten auf dem Carmel und vor König Ahab (Gewalttat an Naboth); Johannes der Täufer vor Herodes (Salome), und selbstverständlich Christus selber. Diese Propheten belegen mit ihrem Leben den Ernst, die Tragweite, die Gefahren ihres Auftrags, daß der Dienst der Verkündigung und der Versöhnung tatsächlich mit dem Tod enden könnte.

Umgekehrt beweisen gerade sie allerdings auch, daß aufs Ganze gesehen die Torheit des Kreuzes in Wahrheit eine Kraft ist. Der Versöhnungstod Christi, das heißt der Glaube an den Auferstandenen, nimmt alle Angst. Für und mit Christus zu sterben, ist die größte Ehre. Genau an dieser Stelle steht im »Hirt« das berühmteste aller Zwingliworte: »*Nit förchten ist der harnesch*« (Z III 39₁₆//HS 1, S. 208).

Wir würden Zwinglis Predigt von der Versöhnung, die mit dem Kampf gegen Laster beginnt, vollkommen mißverstehen, wenn wir an dieser Stelle — immer seinen Überlegungen im »Hirt« folgend (vgl. Z III 36₇₋₁₀//HS 1, S. 204) — nicht beachteten, daß Hirten allerdings nicht bloß die Pfarrer sind. Im Grunde steht jeder Christ im Dienst Gottes, im Dienste der Versöhnung. Jeder ist seines Bruders Hüter, in bevorzugter, damit unvergleichlich verantwortungsvollerer Stellung freilich der Pfarrer und neben diesem die weltliche Obrigkeit. Das mußte Zwingli seinen damaligen Hörern allerdings gar nicht sagen. Die Mitglieder des Kleinen und Großen Rates, welche sich seine Predigt über den Hirten anhörten, kamen ja im Rathaus regelmäßig zusammen, um über die Geschicke ihrer Stadt, ihrer Bürger und Untertanen zu wachen und zu beraten, zu beschließen und Gesetze zu erlassen — wie es wegweisend im Neuen Testament heißt: als »Gottes Dienerin zum Guten«, aber auch als »Rächerin zum Zorngericht für den, der das Böse verübt«, nötigenfalls mit dem Schwert (vgl. Röm. 13₄). Aber noch mehr: Gerade diese Obrigkeit hatte zu Gottes Ehre und zum Wohle der Stadt auch die zwei Disputationen veranstaltet. Und es waren in den folgenden Jahren immer die Räte und Bürger dieser Stadt Zürich, die Zwingli bei der Durchführung seiner Pläne zur Reform von Kirche und Gesellschaft unterstützten, meist aus Überzeugung und willig, manchmal nur teilweise und zögernd, gelegentlich überhaupt nicht. Sie trugen die eigentliche Verantwortung; sie allein hatten die entsprechende Kompetenz zur Abschaffung der Bilder, des Zölibats, der Klöster, der Messe; sie finanzierten mit den Einnahmen der säkularisierten Klöster auch Armenfürsorge und Schule; sie haben der reformierten Kirche auch ihre Ordnung, sogar ihre Gottesdienstordnung gegeben; sie gaben der Stadt Zürich ein Eherecht, das heute noch vorbildlich wäre. Diese Räte und Bürger sind schließlich um des Glaubens willen mit Zwingli auch in den Krieg gezogen und in Scharen mit ihm verblutet. In aller Deutlichkeit: im Dienst der Versöhnung steht auch der Militärdienst. Weil das so war und ist, war Zwingli keineswegs eine gespaltene

Persönlichkeit: er war nicht Pazifist, schon gar keine Kriegsgurgel, sondern ein Christ, als guter Christ zugleich ein guter Bürger, als solcher auch wehrpflichtig (vgl. Bundesverfassung der schweizerischen Eidgenossenschaft von 1874, Art. 18: »Jeder Schweizer ist wehrpflichtig.«)

Mit diesen Bemerkungen soll weder Zwinglis Bedeutung als Reformator noch die Aufgabe der kirchlichen Hirten als Wächter geschmälert werden. Wenn wir heute unter dem Dach des Rathauses versammelt sind, dürfen wir aber nicht übersehen, daß Zwinglis Zürich im 16. Jahrhundert ein »corpus permixtum«, eine »respublica christiana« war, in der freie Bürger zugleich Christen waren. In Zürich war das Gemeinwesen mit der sichtbaren Kirche identisch. In diesem Organismus gehörten göttliche und menschliche Gerechtigkeit zusammen. Dienst an der Versöhnung leisteten und leisten nicht nur die Prediger als Verkünder der göttlichen Gerechtigkeit (vgl. 2. Kor. 5_{18f}); Dienst an der Versöhnung leisteten und leisten, nicht nur mit Worten, sondern mit Antworten, nämlich mit Taten, die Vertreter der menschlichen Gerechtigkeit, Behörden und Bürger. Wie wichtig diese Sicht für Zwingli war, wie sehr er sich damit total von Luthers Zwei-Reiche-Lehre distanzierte, zeigt mit letzter Deutlichkeit sein Brief an Ambrosius Blarer in Konstanz vom 4. Mai 1528. Danach gilt in grundsätzlicher Beziehung: »Christus will also auch für die äusserlichen Dinge der Masstab sein und befiehlt auch solchermassen. Sein Reich tritt auch äusserlich in Erscheinung.« (Z IX 454_{16f}) Dann in bezug auf unsere spezielle Frage: »Wenn eine christliche Obrigkeit ,nichts von jenen äusserlichen Dingen, die zur christlichen Religion in Beziehung stehen, gebieten oder verbieten' könnte, so dürften die Apostel und Gemeinden, denen das Regieren ja untersagt ist, noch viel weniger gebieten oder verbieten.« (Z IX 455_{21-24}), und noch interessanter und aktueller: »So weit gefehlt ist es also, ,dass ein christlicher Magistrat in nichts sich unterscheide von einem heidnischen', dass sogar, wenn der christliche nicht fromm, er schlimmer als ein heidnischer ist. Und ein heidnischer, wenn er fromme Gesinnung in sich hegt, christlich ist, auch wenn er Christus nicht kennt.« (Z IX 459_{5-8})

Seit dem 16. Jahrhundert haben sich die Verhältnisse gewaltig verändert, insbesondere in bezug auf das Verhältnis von Staat und Kirche. Bei aller Entflechtung sind die Aufgaben dieser beiden Institutionen jedoch die gleichen geblieben. Sowie die Kirche wir alle sind, bilden wir alle zusammen auch den Staat. Geblieben sind in beiden Lagern die Hirten. Geblieben ist für die verbi divini ministri wie für die Magistraten, das heisst unsere Behörden zu Stadt und Land, in Kanton und Bund, und selbstverständlich für alle Bürger der Dienst, gerade der Dienst der Versöhnung. Es darf nicht meine Aufgabe sein, darüber zu befinden, ob und wie diese ihn heute leisten. Als Historiker erlaube ich mir aber die konkrete Frage, welche Seite in den Zeiten seit Zwinglis Reformation ihren Dienst besser geleistet hat. Ganz pointiert: Welche Seite (Kirche oder Staat) hat besser zu ihren Schafen geschaut? Welche Seite hat die verlorenen

Schafe gesucht? Welche Seite hat aus »Schafen« mündige und souveräne
Menschen gemacht?

Noch einmal, wir befinden uns im Rathaus. Ich hoffe, meinen beiden Ko-
Referenten, Frau Regierungsrat Lang und Herr Stadtpräsident Wagner, nicht
zu nahe zu treten, wenn ich sie jetzt einen Augenblick nicht als Vertreter der
kantonalen und städtischen Räte betrachte, sondern als Repräsentanten von
zwei politischen Parteien. Sie vertreten zwei Weltanschauungen, Sozialismus
und Liberalismus, die manchmal sicher sich widersprachen und auch widersprechen müssen, die in Wirklichkeit sich aber ergänzen. Beide sind tief im
Christentum, in Humanismus und Reformation verwurzelt, beide sind letztlich
aus der großen Befreiungsbewegung der Aufklärungszeit hervorgegangen.
Beide haben im 19. und 20. Jahrhundert Wesentliches zur Geschichte der
Menschheit und auch unseres Landes beigetragen. Sozialismus und Liberalismus stellten und stellen heute noch Hirten, die wachten und wachen, weckten
und wecken, da die offiziellen Kirchen (sicher nicht alle Christen!) und viele
schwarzgewandete Zionswächter einen sehr unseligen Schlaf der Gerechten
schliefen und manchmal auch heute noch schlafen. Mit ihren Forderungen
nach Menschenrechten, mit ihrem Kampf für die Verwirklichung dieser Rechte
haben ungezählte Sozialisten und Liberale, leider oft genug gegen die Kirche,
mehr zum Bau des Reiches Gottes beigetragen als viele dafür bestellte und
meist auch gut bestallte Pastoren.

Zwingli hat in seinem theologischen Testament, in seiner »Erklärung des
christlichen Glaubens« 1531 dem allerchristlichsten König Franz I. von
Frankreich in Aussicht gestellt, er werde einmal im Himmel zwischen allen
Heiligen und vielen seiner Ahnen (den Ludwigen, Philippen, Pipinen) auch
Herkules, Theseus, Sokrates und weitere griechische und römische Große
treffen. In Fortführung dieses großartigen Gedankens, wonach Gottes Geist
weht, wo *er* will, wage ich den allerchristlichsten Bürgern unserer Zeit zu
bedenken zu geben, sie könnten im Himmel einmal zwischen Zwingli und
seinen Kollegen in Zürich, Genf und Wittenberg, Schleiermacher und Karl
Barth, ganz sicher Mozart, aber auch Marx, Montesquieu, Lincoln und
Churchill begegnen. Diese Liste ist ohne Gewähr, unvollständig, vor allem aber
offen.

Darf ich noch ein paar Worte sagen zu V 3: Revolution, Veränderung? Zum
Dienst des guten Hirten, der Kirche, aller Christen und Bürger gehört als
Ergänzung, Erfüllung der Verkündigung und der Versöhnung notwendig die
Veränderung, und zwar zu allererst die Veränderung des eigenen Herzens
durch die Liebe. Um auf Zwinglis Beschreibung des guten Hirten zurück-
zukommen und es kurz zu machen: Er beginnt und schließt seine Ausführungen über die Liebe mit zwei Worten, die eigentlich alles sagen. Am Anfang steht
ein bekanntes Wort: »Darumb ist die liebe notwendig, das alle ding nach iro
gericht unnd gemessen werdind. Dann der zimmerman ist so grad mit dem

ougenmess nitt, im ist ouch darzů das richtschyt not. Also ist alle dapfergheit, kunst und glouben nütz, sy werdind denn nach der liebe gericht 1. Corintio. 13. [1. Cor. 13₄₋₈]: Die liebe ist duldmůtig, fründtlich; die liebe vehet nit; die liebe ist nit můlich; wirdt nitt uffgeblaßen; handlet nitt ungestalt noch uneerlich; sůcht nit iren eignenn nutz; ist nitt gechzornig; rechnet nit das übel zemen; fröwt sich nit uff unbill; fröwt sich aber mit der warheyt; treyt alle ding, vertruwt alle ding, hofft alle ding. Die liebe empfalt oder fälet nimmer. Sichst du hie an der art der liebe, das sy dem hirtenn für alle andren götlich tugendenn not ist.« (Z III 41₃₋₁₄//HS 1, S. 210) Am Schluß, weniger bekannt, schreibt Zwingli: »Also folgt, daß uff den lon gheiner sehen mag, der ein rechter hirt ist. Dann truwt er, der lon sye gewüsß, so ist der gloub vorhin richtig da. Ist der da, so volgt die liebe mit. So nun das vertruwen und liebe vorhin da sind, so wirt uß denen gearbeitet und nit uß ufsehen des lons. Die knecht sehend allein uff den lon, aber die sün sehend nit uff den lon, sonder arbeytend mit trüwen in ires vatters xind, lassend den lon iren vatter bestimmen, ob und wie er wil. Nun sind wir sün gottes Galat. 4. [Gal. 4₇] und miterben Christi Ro. 8. [Röm. 8₁₇]«. (Z III 44₁₅₋₂₃//HS 1, S. 215) Um nicht mißverstanden zu werden: Hier spricht Zwingli natürlich nicht vom Lohn in klingender Münze; wenn er von der Arbeit, von der in Taten umgesetzten Liebe spricht, denkt er vielmehr an jeden Dienst, der wirklich aus der Liebe kommt. Aus der Liebe — das heißt bei Zwingli aber immer: aus Gott; von Gottes Geist getrieben, von Gottes Geist aber auch ermutigt und gestärkt. Daß zu dieser Liebe auch die Forderung nach Gerechtigkeit gehört, ist selbstverständlich. Gute Hirten sollten allerdings dabei nie vergessen, daß dazu — allen voran — die zwei ersten Dienste, d.h. die Verkündigung des Evangeliums und der Dienst der Versöhnung gehören.

Anläßlich des Gedächtnisses der ersten Zürcher Kirchensynode 1528 durfte ich vor der Zürcher Synode am 13. Juni 1978 daran erinnern, daß diese nicht eigentlich eine Erfindung Zwinglis war, sondern nur die Neuentdeckung und Neuanwendung einer uralten Institution zur Durchführung von Reformen in der Kirche. Mir scheint , wir könnten unsere heutige Besinnung über Schrift und Dienst bei Zwingli, das Gedächtnis seines 500. Geburtstags und der zweiten Zürcher Disputation samt Zwinglis Predigt »Der Hirt« nicht sinnvoller begehen als im festen Willen, den heute überall in Gang gekommenen synodalen Prozeß zu fördern. In der Welt des Protestantismus: im Großen im Oekumenischen Rat der Kirchen; in unseren reformierten Schweizer Kirchen, in der heutigen Synode, in der Disputation 1984 und in der Schweizerischen Evangelischen Synode. Im Rahmen der römisch-katholischen Kirche: in Konzil und Bischofssynode, auf unserem Platz in der seit letztem Jahr ebenfalls bestehenden Zürcher Synode. Mir scheint allerdings, daß angesichts der alle bedrängenden Probleme und der großen, die ganze Welt bedrohenden Gefahren die Zeit gekommen wäre, *1984* etwas wirklich Tapferes zu tun: als

Christen nicht länger nur getrennt, sondern auch geeint zusammenzutreten, zu gemeinsamem Hören auf die Schrift und zu gemeinsamem Dienst in Glauben, Hoffnung und Liebe.

Anmerkung des Verfassers: Bei diesem Beitrag handelt es sich um eine leicht, vor allem um einige Zitate aus Zwinglis Predigt »Der Hirt« erweiterte Fassung eines Vortrags, der anläßlich einer außerordentlichen Synode der evangelisch-reformierten Landeskirche am 31. Januar 1984 im Zürcher Rathaus im Rahmen der Feiern zum 500. Geburtstag Zwinglis (1. Januar 1484) gehalten wurde.

Die Zitate aus dem Brief an A. Blarer folgen der neuen Übersetzung von Hans Rudolf Lavater; in: Zwingliana. Beiträge zur Geschichte Zwinglis, der Reformation und des reformierten Protestantismus. Bd. XV/Heft 5, 1981/1, S. 338-381.

Der Kollege, der mir am 6. November 1983 in seiner Predigt zum Reformations-sonntag die Anregung zu dem 3-fachen Dienst der Revelation (Verkündigung), Reconciliation (Versöhnung), Revolution (Veränderung durch Liebe) gab, war Allan O. Miller vom Eden College in St. Louis Mo, Chairperson im Committee on Theology der Caribbean and North American Area der World Alliance of Reformed Churches.

Im Zusammenhang mit Philadelphia erlaube ich mir schließlich drei Bemerkungen, welche die Bedeutung der Zürcher Reformation und ihres besonderen Charakters für die Vereinigten Staaten unterstreichen wollen:

1) 1701 begann William Penn seine »Charter of Liberties« mit folgenden Worten:

»First, Because no People can be truly happy tho' under the greatest enjoyment of civil Liberties, if abridged of the Freedom of their Consciences as to their Religious Profession and Worship ... I do hereby grant and declare, That no Persons inhabiting in this Province or Territories who shall confess and acknowledge One Almighty God, the Creator, Upholder and Ruler of the World; and profess himself, or themselves, obliged to live quietly under the civil Government, shall be in any Case molested or prejudiced in his or their Person or Estate, because of his or their conscientious Persuasion or Practice...«

2) 1751 wurde zum 50-jährigen Bestehen dieser für die damalige Zeit außerordent-lichen Freiheitsrechte eine Liberty Bell für das State House in Philadelphia gegossen. Als Aufschrift wählte man folgendes Bibelzitat:

»And ye shall hallow the fiftieth year, and proclaim liberty throughout all the land unto all the inhabitants thereof; it shall be a jubilee unto you...« (3. Mose 25₁₀)

3) 1776, d.h. 75 Jahre nach Penns Charter, 25 Jahre nach Herstellung der Freiheits-Glocke, erfolgte die amerikanische Unabhängigkeitserklärung durch Jefferson (4. Juli 1776). In der der Verfassung vorgeordneten »Bill of Rights« vom 12. Juni 1776 stehen die Grundsätze der zivilen und religiösen Freiheit, die sog. Menschenrechte, ins-besondere

Art. 1 »Alle Menschen sind von Natur aus gleichermaßen frei und unabhängig und besitzen gewisse angeborene Rechte, deren sie, wenn sie den Status einer Gesellschaft annehmen, durch keine Abmachung ihre Nachkommenschaft berauben oder entkleiden können, und zwar den Genuß des Lebens und der Freiheit und dazu die Möglichkeit, Eigentum zu erwerben und zu besitzen und Glück und Sicherheit zu erstreben und zu erlangen.«
Art. 16 »Religion oder die Pflicht, die wir unserem Schöpfer schulden, und die Art, wie wir ihr nachkommen, kann lediglich durch Vernunft oder Überzeugung geleitet werden, nicht durch Zwang oder Gewalt, und deshalb haben alle Menschen gleichen Anspruch auf freie Ausübung der Religion gemäß den Geboten des Gewissens; es ist eine gegenseitige Pflicht aller, christliche Geduld, Liebe und Güte im Verkehr untereinander zu üben.«

Abschließend möchte ich an dieser Stelle festhalten, daß die im Vortrag erwähnten Schriften Zwinglis, »Der Hirt« und »Die Erklärung des christlichen Glaubens«, die ersten Zwingli-Schriften gewesen sind, die schon kurz nach dem Tod Zwinglis ins Englische übersetzt worden sind.

8. BULLINGER ALS PROPHET

Zu seiner Frühschrift ‚Anklag und Ermahnen' *

In den vergangenen Jahrzehnten hat sich Max Niehans wie kein zweiter seit Traugott Schieß des Nachlasses Heinrich Bullingers angenommen. Es ist deshalb sicher sinnvoll, gerade in dieser Gedenkschrift auf ein paar Probleme hinzuweisen, welche dieser Nachlaß zu lösen aufgibt. Ich wähle dazu als Beispiel allerdings nicht einen der zehntausend Briefe, die Niehans registriert hat und die heute von Mitarbeitern des Zwinglivereins in Zürich und des Instituts für Schweizerische Reformationsgeschichte der Universität Zürich für den Druck vorbereitet werden, sondern eine der frühesten, leider kaum bekannten Druckschriften des historisch und theologisch interessierten Humanisten Bullinger: die *Anklag und ernstliches ermanen Gottes Allmächtigen zů eyner gemeynenn Eydgnoschafft das sy sich vonn jren Sünden zů imm keere* (1525/26).

Zwar hat schon Carl Pestalozzi die im folgenden einfach »Anklag« genannte Schrift in seiner Bullinger-Biographie erwähnt[1], hat auch Joachim Staedtke sie in seiner *Bibliographie Heinrich Bullingers bis zum Jahre 1528* kurz charakterisiert[2], ihre Geschichte, ihr Inhalt und ihre Bedeutung sind bis heute aber noch nie gewürdigt worden. Fritz Blanke erwähnt sie in seinem schönen Büchlein über den jungen Bullinger nicht.

---

* In: Alles Lebendige meinet den Menschen. Gedenkbuch für Max Niehans. Hrsg. v. Irmgard Buck/Georg K. Schauer. Bern: Francke Verlag 1972, S. 249-270.

[1] Carl Pestalozzi: Heinrich Bullinger. Leben und ausgewählte Schriften. (= Leben und ausgewählte Schriften der Väter und Begründer der reformierten Kirche, V. Theil). Elberfeld 1858. S. 47 f »Von demselben Geiste heiligen Ernstes beseelt und von edler Vaterlandsliebe durchdrungen sind noch zwei kleinere Schriften Bullingers aus dieser Zeit. Die erste derselben, vorzüglich bestimmt alle noch Widerstrebenden im ganzen Vaterlande darauf zu weisen, wie eben das neuerwachte Evangelium als der (S. 48) Gipfelpunkt all der großen Wohlthaten zu betrachten sei, welche Gott der Eidgenossenschaft erzeigt habe, heißt ‚Anklage und ernstliches Ermahnen Gottes des Allmächtigen an die gesammte Eidgenossenschaft, daß sie sich von ihren Sünden zu ihm kehre'. Erst 1528 gaben sie seine älteren Freunde Brennwald und Uttinger mit Verschweigung seines Namens heraus ... Die andere dieser beiden Schriften, welche unter Bullingers eigenem Namen im Jahre 1526 erschien, ist die ‚freundliche Ermahnung zur Gerechtigkeit wider alles Verfälschen richtigen Gerichts' ...«

[2] Joachim Staedtke: Die Theologie des jungen Bullinger (= Studien zur Dogmengeschichte und systematischen Theologie, Band 16). Zürich 1962, S. 290. Vgl. auch Hans Georg Zimmermann: Heinrich Bullingers schriftliche Arbeiten bis zum Jahre 1528, in: Zwingliana. Beiträge zur Geschichte Zwinglis, der Reformation und des Protestantismus in der Schweiz. Bd. IX/Heft 4, 1950/Nr. 2, S. 234.

I

Das ist erstaunlich, wenn man zunächst nur einmal die Geschichte bzw. die Überlieferung der *Anklag* beachtet, die grundlegend schon Gottlieb Emanuel von Haller zu Ende des achtzehnten Jahrhunderts nachgewiesen hat[3]. Bullinger muß die *Anklag* 1525 oder 1526 als ganz junger Schulmeister in Kappel geschrieben haben. Nach seinen eigenen Angaben im *Diarium* wurde sie 1528 in Zürich herausgegeben[4] und erlebte in der Folge im sechzehnten Jahrhundert mindestens zwei weitere, ebenfalls anonym gehaltene Auflagen[5]. Wenn Haller in seinem Bericht auch schrieb, es wäre sehr zu wünschen gewesen, »dass Bullinger in dem, was er von den Römisch-Katholischen anbringt, gemäßigter gewesen wâre[6]«, so ist die Anonymität doch kaum auf besondere Vorsicht oder gar Ängstlichkeit zurückzuführen, sondern hängt aufs engste mit der Konzeption des rund 50 bis 60 Oktavseiten füllenden Druckes zusammen: Bullinger versucht mit ihr, »eine gewisse prophetische Autorität zu gewinnen. Hier wird nicht eine Privatmeinung vertreten, sondern es handelt sich um Gottes Anklage und Mahnung[7]«. Schon die erste Auflage fand offenbar weite Verbreitung; sie ist nicht bloß in den Bibliotheken von Zürich, Aarau, Zofingen, Basel, Bern und Luzern, sondern auch in denjenigen von Berlin, Göttingen und Moskau vorhanden[8]. Wie ich noch etwas ausführlicher darlegen werde[9], erfuhr die *Anklag* indes nach einem Unterbruch von mehr als hundert Jahren um die Mitte des siebzehnten Jahrhunderts weitere Auflagen. Auch diese Ausgaben erschienen im allgemeinen anonym, erfolgten aber zum Teil in veränderter Form: neben einem unveränderten Neudruck, der wieder nicht zu datieren und lokalisieren ist, brachte Hans Caspar Kayser, Schullehrer in Altstetten-Zürich, die *Anklag* 1642 und 1643 in Zürich in Gedichtform

---

[3] Gottlieb Emanuel von Haller: Bibliothek der Schweizer-Geschichte. 3. Theil, Bern 1786, S. 112 f. Von Haller gibt an dieser Stelle auch eine kleine Zusammenfassung des Inhalts der *Anklag*.

[4] Heinrich Bullingers Diarium (Annales vitae) der Jahre 1504-1574. Zum 400. Geburtstag Bullingers am 18. Juli 1904 hg. v. Emil Egli (= Quellen zur Schweizerischen Reformationsgeschichte, II). Basel 1904. S. 12 »In Aprili Tiguri edita est typis Germanica illa prosopopoeia Dei expostulantis cum Helvetia et hortantis ad poenitentiam«. Auf Bl. 1 b des in der Zentralbibliothek Zürich erhaltenen Exemplares findet sich der Vermerk: »Dum Capellae Tigurinorum Ludimagister essem, exercui me in scribendo et dicendo, ut usum aliquem assequerer linguae Germanicae ac hunc Libellum ut alios plures, qui nunquam sunt editi, composui. Eum cum legissent clarissimi Viri D. Heinrychus Brenwaldius et D. Heinrychus Utingerus curarunt meo nomine expuncto Anonymum imprimi Tiguri. Ex Bullingeri Autographo«.

[5] Vgl. dazu die nächstens erscheinende, vom Zwingliverein in Zürich und vom Institut für Schweizerische Reformationsgeschichte der Universität Zürich herausgegebene, von Joachim Staedtke zusammengestellte Bibliographie Heinrich Bullingers. Beschreibendes Verzeichnis der gedruckten Werke von Heinrich Bullinger, Nr. 3-9.

[6] a.a.O., S. 113.

[7] Staedtke, Theologie, S. 280.

[8] Staedtke, Bibliographie, Nr. 3.

[9] S. unten S. 120.

heraus, der Luzerner Jesuit Laurentius Forer dagegen 1647 in Luzern als Parodie »zugunsten der Katholiken« (von Haller). Damit wurde sie sogar Anlaß für eine über mehrere Jahre sich hinziehende Kontroverse zwischen Forer und dem Zürcher Pfarrer und Theologieprofessor Johannes Wirz. Während Bullingers Manuskript von 1525/26 offenbar verloren ist, hat sich in der Zentralbibliothek Zürich neben den eben erwähnten Drucken eine auf das Jahr 1549 datierte Abschrift[10] der *Anklag* erhalten, welche um zahlreiche lateinische Bibelzitate, aber auch durch bunte Darstellungen von Tieren und Jagden erweitert ist. Dieser Text liegt unserer Inhaltsangabe zugrunde.

II

In inhaltlicher Beziehung ist Bullingers *Anklag* einfach, verständlich und zugleich eindrücklich. Es handelt sich im wesentlichen um die Entfaltung von drei formal durch Gott vorgetragenen Gedanken, die untereinander eng zusammenhängen: 1. Gott hat die Eidgenossen vor allen andern Völkern erwählt, indem er sie mit zahlreichen Gütern beschenkt und im besondern gegen viele äußere und innere Feinde geschützt hat. 2. Unseligerweise haben die Eidgenossen sich dieser Wohltaten nicht würdig erwiesen, sie haben Gottes Wort verlassen und befolgen an seiner Stelle menschliche Satzungen, damit haben sie Gottlosigkeit und Götzendienst, aber auch Unrecht und Gewalt Tür und Tor geöffnet und sich selber in größte Gefahr gebracht. 3. Um die pflichtvergessenen Eidgenossen nicht wie Israel in einem furchtbaren Gericht vernichten zu müssen, ruft Gott mahnend zu Buße und Besserung auf. Ohne im folgenden dem Aufbau der Schrift sklavisch zu folgen, skizziere ich diese im Stil einer alttestamentlichen Prophetie formulierten Grundgedanken etwas ausführlicher.

1. Ganz allgemein gesehen erscheint Gottes Verhältnis zu der Eidgenossenschaft auf den ersten Blick als das eines liebenden Vaters zu seinen Kindern. Bullingers Gott steht nur wenig höher als sein Volk und trägt durchaus menschliche Züge: er zürnt zwar, zaudert aber mit Strafen und erklärt, dabei selber Schmerzen zu empfinden; er wirbt und feilscht geradezu um ein bißchen Dankbarkeit. »Såhend an, das doch unvernünfftige thier, Löwen, Båren und Delphyn sich zů denen liebend, die sy liebend« (f. 7v). Bei genauerem Zusehen ergibt sich indes, daß Gott die Eidgenossenschaft nicht bloß allgemein liebt wie der Schöpfer seine Geschöpfe, sondern seine Liebe zu den Eidgenossen

[10] Zentralbibliothek Zürich, Ms A 73. Es handelt sich im ganzen um eine saubere, gut lesbare Handschrift, die übersichtlich in Abschnitte gegliedert ist. Eine maschinengeschriebene, ausführlich kommentierte Kopie dieser Abschrift haben Heidi Wallinger und Alois Büchel für ein im Wintersemester 1966/67 an der Universität Zürich durchgeführtes Seminar zum Problem der Theokratie bei Zwingli hergestellt. Ich möchte diesen beiden Kommilitonen nachträglich an dieser Stelle nochmals danken, weil sie mit ihrer Arbeit den Grund für diesen Beitrag gelegt haben.

durchaus exklusiven Charakter trägt. Gott hat sie vor allen andern Völkern erwählt: »Da by ir ouch minen gunst spüren mögend, den ich zů üch für ander uß gehebt, und üch mir in sonders ußerkoren hab ... Ey so erkennend yetzt das ich üch für andere völker ußerkoren hab« (f. 7 r-v). Bullinger vergleicht dementsprechend die Eidgenossen immer wieder mit den alten Israeliten. Er überträgt alle mit Israel verbundenen Vorstellungen und Assoziationen auf die Verhältnisse der Eidgenossenschaft. Wie in Israel spielt dabei auch in der Eidgenossenschaft die Befreiungstradition die Hauptrolle. Es ist Gott, der den Eidgenossen Land und Freiheit geschenkt, sie in vielen Schlachten gnädig geführt hat. »Hieby betrachtend ouch, von wannen üwer ettliche in dieses land gezogen sind: und ob ich üch nit hie hår gefůrt habe mit starcker krafft, wie mine Israeler in das land Chanaan. Betrachtend ouch was not und angst ir in üwerem gepirg erlitten habend vonn den Vögten und dem můtwilligen Adel, wie die selben üch pijniget habend, wie sy üch üwere wiiber und tochteren uff die schlösser hinfůrtend, und sy da mißbruchtend so lang es inen geliebet, und dem nach erst wiederumb heim schicktend, und so yemandts ützid darwijder reden wolt, gefangen, geplaget, und beschåtzt [= mit Lösegeld belegt] ward. Ir habend one zwijfel noch nit vergåssen, deß uppigen röuberischen fråffels, da mit sy besåssen, üch alle die hab namend, die inen gefiel: und darüber erst unertråglich bürdinen mitt stüren und diensten uffleytend, das ir yetzund in grosser armůt, vil ellender warend, dann mine steintråger in Egypten« (f. 4 v-5 r). Bullinger erinnert an »Landvogt Gryßler« (f. 5 r) und Wilhelm Tell, an den Sturm der Festungen Regensberg, Sargans, Landenberg, Schwanau und Schönenberg, an die Schlachten, in denen die Eidgenossen, stark und einig, geschlagen haben »das huß von Oesterych und Meyland, die Engellånder, die Burgundier, die Schwaben, die Kron von Franckrych, und das Römischrych. In denen kriegen und schlachten allen was ich üwer gott, ich streit für üch, ich beschirmbt üch: sunst wåre es nit müglich gsyn das ir hettind die thaaten gethon, die ir aber gethon habend« (f. 5 v). Gott trieb die österreichischen Ritter in Morgarten in den See, er gab Herzog Leopold »mitsampt vierhundert gekrömter Helmen« (f. 6 r) bei Sempach in die Hand der Eidgenossen; er selber war Hauptmann der Zürcher in der Schlacht bei Dätwil usw.

Damit aber nicht genug! Gottes Liebe zu den Eidgenossen ist sogar noch größer als diejenige zu Israel: »Yetzund aber so kummend har, und zeigend mir an, uß allen minen rijchen, einiges, denen ich so früntlich und so vyl thon hab. Ir finden warlich keinß. Nit der Persen, nit der Macedonen, nit Griechen nit der Roemeren, nit miner Israeleren selbs. Dise rych sind garnach alle lange jar gestanden, und ist aber üwers noch nit gar zweyhundert iårig: und habend doch sölich thaaten in so kurtzen iaren gethon. So sind in ihenen rychen besonders wyß lüt gewåsen, sy habend groß rychtümm gehebt, måchtig landschafften und vyl lüt. Deren ir üch nit besonders vil rhůmen mögend. So můß ye volgen, das miner krafft das alles sige, das under üch wunderbarlich beschåhen ist. Da bij ir ouch minen gunst spüren mögend, den ich zů üch für ander uß gehebt, und üch mir in sonderß ußerkoren hab, das ich allein under üch regierte« (f. 7 r).

Die Bevorzugung der Eidgenossen vor allen andern Völkern erweist sich nach Bullinger freilich nicht bloß in der Geschichte der Eidgenossenschaft — in diesem Zusammenhang wird übrigens ausdrücklich auf die angesehene Stimme der Eidgenossenschaft im Konzert der Mächte aufmerksam gemacht —, sondern ist schon in der Natur, in der Beschaffenheit des Landes zu bemerken. Wie die Israeliten in einem Land wohnten, da »Milch und Honig fließen«, leben die Eidgenossen in einem Paradies. Als fruchtbare und wunderschöne Oase inmitten trockener Wüsten ist die Schweiz ein mit allen nur wünschbaren Gütern gesegnetes Land:»dann ir üch keins grossen mangel klagen moegend: dann ir üch darinn vast wol enthalten mögend, dann üwer Alpen, Berg und bühel sind eintweders vollen fruchtbarer wyn råben, oder aber sy sind lustig weiden, in welcher grass üwere schönen ků und ochsen, bis an den buch wattend. So sind üwere tåler und fålder vollen korns, habers und mit anderen früchten, besonders schönen fruchtbaren boůmen, lustig ze såhen. Da gib ich üch jarlich alles des das der mensch gelåben soll ein zimliche notturfft. Der lufft ist by üch edler und gsünder, dann by keinem volck Europe. Ir habend ouch unzalbarlich vil grosser Seen, die vollen allerley fischen gond. Von üch wie von Paradys louffend die måchtigesten stromen Europe, schiffryche wasser, und die Rüss die gold treyt. Ir habend gross und lustig wåld, gsund, und uss der massen kůl brunnen, mancherley båder, und vil starcker und schöner stetten, dörffer, flåcken und schlösser« (f. 22 v).

Wichtiger noch als die Belege für die Sonderstellung der Eidgenossenschaft ist Bullinger die Absicht, die Gott damit verfolgt. Die Eidgenossenschaft sollte ein Beispiel der Liebe, der Treue, der Standhaftigkeit und des Glaubens sein, und, damit eng verbunden, ein Hort der Gerechtigkeit, eine Freistatt für Verfolgte:»Dar zů hatt ich üch verordnet, das üwer land ein fryheit wåre der verkümmerten, und ein huß der gerechtigkeit. Darfür habends ouch by üweren vorderen alle rechtlosen und geengstigten erkendt« (f. 10 r.).

2. Vor diesem Hintergrund eines in jeder Beziehung idealen Verhältnisses zwischen Gott und seinen auserwählten Eidgenossen hebt sich düster und verhängnisvoll die Realität ab. In Wirklichkeit ist die Eidgenossenschaft zu Beginn des sechzehnten Jahrhunderts durch den *Abfall von Gott* gekennzeichnet. Hier setzt denn auch die eigentliche Anklage Bullingers bzw. Gottes ein. Sie besteht im wesentlichen aus drei Vorwürfen: a) dem allgemeinen, daß die Eidgenossen Gott verlassen, das heißt dem Worte Gottes menschliche Satzungen vorgezogen haben; b) dem speziellen des Solddienstes und Pensionenwesens und c) des falschen Gottesdienstes.

a) In bezug auf den allgemeinen Vorwurf des Abfalles von Gott beschränkt sich Bullinger auf eine Paraphrase von Jeremia 2, 13: »Dann üwer ettlich verlassend den låbendigen brunen mines ewigen worts und besudlend sich in den leimgrůben die sy inen selbs grabend: die Båbstlichen menschlichen satzungen verston ich ... Sidmal ir min Wort verachtend, und weder miner propheten noch Apostlen gschrifften wöllend hören, und sy erkåtzetend und verbrantend ee ir sy annåmind: und der Båpsten satzungen, die uff den gyt und glychsnery gegründt sind, die gåltend vyl by üch. Darumb ir mich warlich verlassen habend. Dan wer min wort und die minen haßet, der haßet ouch mich. Ir růmend üch ouch vil üwer våtteren, alten brüchen, und langem herkommen: hettend aber üwer våtter nur den zehenden teyl gehört, den ir verstanden habend, sy hettind min leer langest erkennt. Was ist lenger gebrücht dann min wort? Das leert nun nützid dan gerechtigkeit« (f. 8 r).

b) Wenn wie für Zwingli auch für Bullinger grundsätzlich der Abfall vom Worte Gottes Ausgangspunkt und Maßstab der Anklage bildet, so befaßt sich doch Bullingers *Anklag* im besondern zuerst mit den konkreten ethischen Problemen, die sich der Eidgenossenschaft zu Beginn des sechzehnten Jahrhunderts stellten. Sie kritisiert und verurteilt Solddienst, Pensionenwesen und die damit zusammenhängenden Schäden: Verrohung und Lasterhaftigkeit, Grausamkeit und Betrug. Wenn die Eidgenossen Pensionen nehmen und für fremde Herren in den Krieg ziehen, so verstoßen sie gegen alle Gebote der Gerechtigkeit und der Liebe. Sie stellen sich in eine Reihe mit jenen Israeliten, die Mose als Mörder verurteilt hat: sie vergießen — gewissermaßen auf verschiedenen Ebenen — unschuldiges Blut. Sie werden auch von Jesaja gegeißelt, wenn er sagt: »Wie ist zur Dirne geworden die treue Stadt, die voll war des Rechts! Gerechtigkeit wohnte in ihr, jetzt aber Mörder ... Deine Führer sind Aufrührer und Gesellen der Diebe. Sie alle lieben Bestechung und jagen Geschenken nach. Der Waise helfen sie nicht zum Recht, und die Sache der Witwe kommt nicht vor sie« (Jesaja 1, 21. 23). Im besondern befaßt sich Bullinger mit den katastrophalen Folgen der Solddienste. Völlig unabhängig von ihrer Verurteilung durch Gottes Gebot, rein menschlich gesehen, führen sie zu Müßiggang, der aber aller Laster Anfang ist. »Wöllend irs aber noch nit verston, so můß ich üch doch erzellen, was ir mit üwerem kriegen und pensionen gewünnend, und wil ytzund miner eer und mines rychs geschwygen, und allein weltlich darvon reden. Und zum ersten, mag niemants loůgnen, daß můssiggan ein ursprung ist alles bösen. Da by sehend ir aber tåglich, das kriegen nützid dann můssiggenger zücht. Ytzund lůgend was der můssiggengern frucht sigend. Sy spylend, sy schweerend, sy lesterend mich übel, sy sind tag und nacht vollen wyns, sy hůrend und eebrechend, sy můtwillend, und kurtz darvon geredt sy zerstörend ein gantz regiment, alle erberkeit und zucht. Dann die wyl sy unzüchtiger dann unzüchtig sind, lernet die jung welt nüt von inen dann unzucht. Wo nun in statt und uff land die iuget nüt soll, was hoffnung kan man haben? Und die kriegsgurglen [Leute, die vom Krieg nicht genug bekommen können] sind ire schůlmeister, und fůrend sy fry an, das sy

vatter und můter übersehend, und ouch ertzschelmen werdend, wie ire meister«
(f. 10 v). Bullinger macht indes nicht bloß auf moralische Schäden aufmerksam,
sondern auch auf wirtschaftliche: das in fremden Diensten erworbene oder in
Pensionen angeeignete Geld ist im Grunde unfruchtbar. Wenn die Eidgenossen
glauben, davon leben zu können, machen sie die Rechnung ohne den Wirt.
Zwar versteht das jetzt noch niemand; alle meinen: »Was gadt mich ir pracht
und prassen an, ich můß es nit bezahlen. Ia du metzger, du råbman, du
pursman, du můst das bezalen, das die unnütz kriegsgurgel durch das
hinderricht [=anrichtet], und dôßt [=zerstört] wenn du an diner arbeit bist«
(f. 11 r). Der Luxus führt zu Kapitalexport, die Kriege selber zum Verlust der
Söhne. Schließlich verurteilt Bullinger die politischen Mißstände der Zeit. Er
warnt vor dem Größenwahn der Oligarchen: »Ir im regiment, soltendt üch nit
alles gewalts underwinden als Landtsfürsten, üwer land ist nit ein Oligarchia,
sunder ein Democratia, ein Commun. Darumb sôltend ir üwers armen volcks
patres (:das ist Våtter:) syn: üwer volck soltend ir halten wie mitbürger, da sy
lieben wie kind, vor schaden vergoumen [=bewahren]« (f. 13 r).

c) Schließlich führt der Abfall von Gott zu religiösen und kirchlichen
Mißständen. Wieder in engster Anlehnung an den Propheten Jesaja (Kapitel 1)
verurteilt Bullinger den falschen Gottesdienst seiner Zeit: »Dann so ir billich
üwer mißthat sôltend erkennen und üch zů mir von sünden keeren, so
schätzend irs nüt, kümmernd und wôllend erst allen üweren wůst verkleiben
mit üwerem erdichten diensten, die ich von üch nie erforderet« (f. 13 v). So
wenig Gott die Brandopfer von Widdern, das Fett der Mastkälber, das Blut der
Stiere, Lämmer durch die Israeliten, israelitische Feste und Feiern wünschte,
geschweige denn würdigte, so wenig mag er jetzt bei den Eidgenossen:
»Orenbycht, Ablaß, Måßen, Bildermachen und der glychen. Wår hatts üch
empfolhen? Thůnd sy dannen, ich bin iren můd. Und so ir glych üwere arm zů
ußstreckend, wil ich min angsicht von üch wenden. Und wenn ir schon vil und
lang båttend, so wil ich üch doch nit erhôren: dann üwer hånd sind vollen
blůts« (f. 13 v). Im besonderen verurteilt er, nicht ohne jeweilen den rechten
Brauch auch anzuführen, die eben angeführten Formen des römischen Gottesdienstes. Buße wäre nicht die Ohrenbeichte, sondern Befolgung der Worte
Jesajas: »Waschet, reiniget euch! Tut hinweg eure bösen Taten, mir aus den
Augen! Höret auf, Böses zu tun, lernet Gutes tun! Trachtet nach Recht, weiset
in Schranken den Gewalttätigen; helfet der Waise zum Rechte, führet die
Sache der Witwe« (Jesaja 1, 16 f). Rechter Gottesdienst bestünde darin, »das du
uff mich allein såhist, mich erkennist mitt warem glouben, als das einig
vollkommen, oberist gůt, von dem alles gůts sye, das ich sye der einig gott, der
allmåchtig schôpfer aller dingen, die ewige krafft, die alles in allem thůt, die
alles durchtringt, erfüllt, und an allen orten gegenwirtig ist, und das barmhertig
gůt, das dem menschen wol wil: und darumb ouch minen einigen liebsten sůn
für die wålt hin in tod geben hab« (f. 14 r). Die von den Eidgenossen so

hochgehaltene Messe ist nichts als eine menschliche Erfindung; Päpste wie
Gregor der Große, Hadrian I., Gregor VII. (»ein münch, der mit der
schwartzen Kunst umgieng und Hilbrand hieß«, f. 15 v) haben aus der
Eucharistie ein Opfer gemacht und dem Papsttum damit insofern viel Gut
eingebracht, als »alle gestifften, pfründen, iar zyt und pracht« der katholischen
Geistlichkeit auf der Messe gründen. Die Messen »sind mir«, so klagt Gott,
»ein wůst und grüwel ... Dann min einiger sůn ist nit mee dann einist uff
geopfferet ...« (f. 16 r). Priester können und sollen nicht Brot und Wein in den
Leib und das Blut Christi verwandeln. »Wår hatt doch der glychen unsinnig-
keiten ye gehört? Min einiger sůn Christus hanget mit grossem schmertzen an
dem Crütz, und ir essend in also: so mag es nit mit schmertzen zůgon« (f. 16 v).
Auf menschliche Erfindung, auf Gregor den Großen, Leo III. und die
»unverschampten trüllen Hirene Keiserin zů Constantinopel« geht auch die
Bilderverehrung zurück. Die Folgen dieses Abfalls liegen bereits klar zutage.
Während die alte Eidgenossenschaft der Gründer- und Befreiungszeit als
Verwirklichung eines idealen Bundes zwischen Gott und seinem Volk charakterisiert werden kann, ist der Zustand der von Gott abgefallenen Eidgenossenschaft um 1520 zutiefst bedrückend. Die politischen und religiösen Zustände
sind derart verheerend, daß Gott, nachdem er lange Zeit Barmherzigkeit hat
walten lassen, nun nach seiner Gerechtigkeit handeln will. Bullinger verweist
auf dessen strafendes Handeln an Israel und Juda: »Hůtend üch das ir nit ouch
ein end nemmind wie sy. Ich warnen üch, reitzend mich nit zů größerem zorn,
es ist gnůg« (f. 26 r) und zieht näherliegende Beispiele aus der unmittelbaren
Vergangenheit heran, indem er an die Niederlagen der Eidgenossen im
fünfzehnten und sechzehnten Jahrhundert erinnert: »Ich wil üch gentzlich mit
der maaß måßen, wie ir ander lüten måßend. Das måß můß schwårdt, spieß,
fhür, båttel, hunger, angst, und tyranny syn. Das werdend ir mir nit
abbochen. Oder kennend ir mich nit mee? Habend ir schon miner schwåren
hand vergeßen? Hatts üch so bald verschmürtzen [= verschmerzen]? Wo sind
üwer starck schön hålden? Hab ich sy üch nit umbracht? O was hertten
volcks? Habend ir schon des zürchkriegs, des Delphynen zů Basel an der Birs,
und der schlacht zů Marion in Meyland vergessen? Wüssend ir noch nit wår
üch den grossen schaden und das erbarmklich leid zůstattet? Ich habs
gethon, ich, Ich, üwer herr und grusamer gott: und hab da mit üwer sünd,
haß, verbrunst, pensionen, gålt, gyt, und hochmůt schwarlich und rüch
heimgsůcht« (f. 27 r).

   3. Doch bleibt Bullinger nicht bei der Anklage stehen. Drohungen sind
nicht das Letzte. Auf »Gottes anklag« folgt das »ermanen«, der *Aufruf zur
Umkehr*, zu Buße und Besserung. Dieser Bußruf ist durch die doppelte Sorge
des Verfassers um den Fortgang der Reformation in der Eidgenossenschaft
einerseits und, damit selbstverständlich verbunden, um die politische Stabili-
tät und Einheit der Eidgenossenschaft als eines freien, starken Staates

andererseits, bestimmt. Die Mahnung erschöpft sich darum nicht in allgemein gehaltenen Kassandrarufen, sondern im Versuch, ein paar Beiträge zu einer Neuordnung der Eidgenossenschaft zu leisten. Der Wurzel des Übels, dem Abfall von Gott entsprechend, stellt Bullinger die Fortsetzung der Reformation als religiöse und kirchliche Erneuerung in den Vordergrund. Gott verlangt echten Gehorsam gegenüber seinem Wort — »darum entlich, wȯllend ir mine diner syn, wȯllend ir wüssen was ir thůn und lassen sȯllend, so losend minem wortt« (f. 21 r) — und den rechten Glauben: »Darumb so ist es gwüß, das du den für dinen Gott hast, by dem du hielff und trost sůchst. Nun wil ich aber das ir mich allein anbåttind, anrůffind und vereerind im geist. Dan ich bin der einig gott, und on mich ist kein gott, kein hilff, kein trost« (f. 19 r). Gott allein vergibt die Sünden: »Dann wåm sündend ir, dem pfaffen oder mir? Mir. Ey so bychtend mir mit demůtigen und růwenden und warhafften hertzen, fallend vor mir nider, und språchend: O barmhertziger Gott, ich hab vilfaltig wider dich gesündet, und bin nit wirdig das ich mee din kind genennt werde, biss aber du mir gnådig durch das blůt und bitter sterben dines liebsten sůns Jesu Christi unsers herren. Såhend so wil ich üch gnådig sin. Ich verzych die sünd allein, Ich kenn üwer hertz allein, und kan růw geben allein, und kein mensch ...« (f. 14 v). Einziger Mittler ist Jesus Christus. Neben diesen Grundforderungen nach einer an Gottes Wort genährten Erneuerung des Glaubens steht folgerichtig die Forderung nach rechter Verkündigung. Eine gewissenhafte Auswahl tüchtiger Prediger tut not: »Darzů erwellend üch fromm menner, die das mit dem låben zeigind, das sy mit worden leerind. Erwellend wolgelert und trüw dapffer menner, die es koennind und dȯrffind. Erwellend fridsam und vernünfftig lüt, die nit uffrůrind, und sȯmlich lassend üch das wort fürtragen: die werdend dann minen willen vollkommen anzeigen, den sünden weeren und das gůt pflantzen: denen losend ir mit gantzem flyß, und gstaltend üch nach irer leer« (f. 21 v). Über die im eigentlichen Sinn kirchliche Organisation schweigt sich Bullinger dagegen aus.

Mindestens ebenso bedeutsam wie die *Erneuerung des Glaubens* ist für Bullinger die *Erneuerung des politischen Lebens der Eidgenossenschaft.* Wiederum dem Hauptvorwurf an die Eidgenossen entsprechend, sie ließen sich von Oligarchen regieren, die Solddienst und Pensionenwesen zu ihren eigenen Gunsten förderten, damit aber das Volk ins Verderben stürzten, verlangt Bullinger prinzipiell einen demokratischen Staatsaufbau, der die radikale Beseitigung aller staatsfeindlichen Elemente und die Förderung einer vertrauenswürdigen Schicht von Regenten und Richtern bedingt. In bezug auf die Forderung nach Beseitigung der Oligarchen meint Bullinger, daß es nicht bloß »unmännlich, onmåchtig, verkouft, erschrocken und wybisch« wäre, vor ihnen zu kuschen, sondern daß unter Umständen sogar ein Tyrannenmord notwendig wäre: »Wo sy aber nit abstond, rüw und leid habend, wie kȯnnend ir anders mit inen handlen dann Salomon mit Joab handlet, in nåbend den kopff leyt? Dann es ist besser wenig verrůchter blůthunden hindan gethon mit recht, dan ein gantz land verderbt mit uffrůr, iamer, hunger, krieg und ellend« (f. 25 r). Das Schwergewicht legt Bullinger freilich auch hier wieder auf die positiven Anforderungen an die künftigen Führer der Eidgenossen. Von der hohen Vorstellung ausgehend, diese sollten eigentlich »Elohim (: das ist gôtter :) syn, mine statthalter in gricht und gerechtigkeit, in sorg, ernst, gůte und straaff« (S. 24), stellt er einen ganzen Katalog von Eigenschaften auf, die sie erfüllen sollen: Gottesfurcht, Ehrlichkeit, Tapferkeit, Gerechtigkeit, Nächstenliebe. »Darum wo ir in allem volck gottsfôrchtig lüt habend die nit glychßner sind, sunder eins uffrechten vollkomnen hertzens: die dapffer redlich lüt sind und nit forchtsam, die ab yedem troüwen erschråckend, sunder die mann sind, wie Cato was und David: die standhafft sind, nit biegsam, hüt einß wellend, morn ein anderß: die starck sind, und manßhertz habend, nit fråfel Iugurthe: die wyß sind, das recht wol wüßend: die liebhaber der gerechtigkeit sind, fyend des unrechten und můtwillens, ouch trüw und warhafft, nit schwåtzer und falsch, die ouch den gmeinen nutz liebend, dem gyt ghaß sind, und gar kein gaaben nemmend: die richtig im rechten fürgond, alles das thůnd was die gsatzten vermôgend und billigkeit, nimants darumb ansehend« (f. 21 v). Unter ausdrücklichem Hinweis auf das in der altgriechischen Amphiktyonie geübte und bewährte Auswahlverfahren schlägt er vor, bei der Bestellung von Rats- und Richterstellen zunächst Erkundigungen über Leben, Lebensunterhalt und Beruf der Anwärter einzuziehen, diese dann dem Rat bzw. der Volksversammlung vorzustellen (wobei jedermann erlaubt sein sollte, »fry ze reden, was er arges wüßte«, f. 22 r), sie schließlich noch einer längeren Lehr- bzw. Probezeit zu unterwerfen, während der sie die Gesetze und Rechte der Gemeinschaft kennen lernen, aber auch Charakter und Geistesgaben beweisen sollten!

III

Es kann sich nicht darum handeln, in diesem Hinweis Bullingers *Anklag* in den Gesamtzusammenhang seiner Frühschriften, geschweige denn seines theologischen Lebenswerkes einzuordnen[11]. Wir wollen hier nur nach der geistesgeschichtlichen Einordnung fragen. Wie im Titel schon angedeutet, wie durch die Zusammenfassung des Inhalts jetzt bewiesen, trägt die *Anklag* eindeutig prophetischen Charakter. Mehr noch: dadurch, daß in der *Anklag* Gott selber spricht, ist diese selber eine die prophetischen Bücher des Alten Testaments nachahmende prophetische Schrift. Propheten wie Jesaja und Jeremia werden nicht bloß ausgiebig zitiert, sondern recht eigentlich nachgeahmt[12]. Wie diese

---

[11] Vgl. dazu Staedtke: Theologie, S. 16 ff. (Voraussetzungen der Theologie Bullingers).
[12] Vgl. zum folgenden etwa Gerhard von Rad: Theologie des Alten Testaments. Bd. II, Die

verkündigt der junge Kappeler Lehrer das Gottesrecht. Er erinnert an Gottes
Wohltaten, aber auch an Gottes Forderungen gegenüber seinem auserwählten
Volk. Wie die großen Propheten des Alten Bundes kämpft Bullinger für die
aktuelle und konkrete Herrschaft Gottes in seinem Volk. Er zeigt, wie der
Abfall von Gottes Wort bzw. Gottes Herrschaft einen Zustand der Verwirrung
herbeigeführt, Lebensgrundlagen und Lebensordnungen zerstört hat. Wie die
großen Propheten klagt Bullinger sein Volk darum an. Sein Wort dringt dabei
in alle Bereiche des Lebens ein, in besonderer Schärfe in diejenigen des
Gottesdienstes und der Politik. Bullinger verwirft alle Scheinfrömmigkeit, und
statt leeren religiösen Betriebes verlangt er Recht und Gerechtigkeit. Vollends
wie die großen Propheten des Alten Testaments kündigt Bullinger wohl Gottes
Gericht an, er ruft zugleich aber zu Umkehr und Buße auf.

Bullinger erweist sich mit der *Anklag* als Zweiundzwanzigjähriger bereits als
hervorragender Kenner und Interpret des Alten Testaments, der Bibel überhaupt[13], im besondern nicht bloß des Buchstabens, sondern auch des Geistes
der Schrift! Darüber hinaus zeichnet er sich schon als Schriftsteller von Rang
aus. Wie kam er aber auf die Idee, eine *prophetische* Schrift zu verfassen,
gewissermaßen — als Schulmeister von Kappel — den Propheten zu spielen?
Ohne Zweifel dürfte dafür das Beispiel Zwinglis eine entscheidende Rolle
gespielt haben. Bekanntlich hat sich der Zürcher Reformator in zunehmendem
Maße als Prophet verstanden. Er faßte seine Zeit, die Reformationszeit, als
eschatologisch bestimmte Zeit auf[14]. »Du siehst«, sagt er schon 1522,
»unserem Jahrhundert schenkt Christus höhere Gunst, denn er offenbart sich
heute klarer als vielen vergangenen Jahrhunderten[15].« Darum hatte nicht nur
er selber, sondern jeder Pfarrer (pastor, episcopus) den Auftrag, als Prophet
Gottes Gnade und Gottes Gericht zu verkündigen: »Wo die Propheten oder
Verkündiger des Wortes also hingesandt werden, da ist es ein Zeichen der
Gottesgnade, daß er seinen Erwählten seine Erkenntnis vermitteln will, und für
die, denen sie verweigert wird, ist es ein Zeichen drohenden Zornes[16].«
Rücksichtslos gegenüber sich selber wie gegenüber den ihnen anvertrauten

---

Theologie der prophetischen Überlieferungen Israels, München 1960, passim; im besonderen S.
125 ff. über »die Eschatolosierung des Geschichtsdenkens durch die Propheten«; Hans Joachim
Kraus: Das Volk Gottes im Alten Testament. Zürich 1958, bes. S. 30 ff. (Der Abfall von Gott), S.
38 ff. (Das prophetische Wort).

[13] Bullinger bezieht sich in der *Anklag* auffallend selten auf das Neue Testament. Das ist zwar
vom Thema her verständlich, steht aber in merkwürdigem Gegensatz zu der Tatsache, daß er zu
Kappel in Vorlesungen für die Mönche ausschließlich neutestamentliche Bücher ausgelegt hat. Vgl.
Fritz Blanke: Der junge Bullinger, 1504-1531. Zürich 1942, S. 63 f.

[14] Vgl. Gottfried W. Locher: Das Geschichtsbild Huldrych Zwinglis, in: Huldrych Zwingli in
neuer Sicht. Zehn Beiträge zur Theologie der Zürcher Reformation. Zürich/Stuttgart 1969, S. 75 ff.
Fritz Büsser: Der Prophet — Gedanken zu Zwinglis Theologie S. oben S. 49 ff.

[15] Huldreich Zwinglis Sämtliche Werke, hg. v. Emil Egli und Georg Finsler, Bd. I, Berlin 1905,
S. 203, 14 ff. (diese Ausgabe im folgenden zitiert Z).

[16] Z VI/II 813₁₄₋₁₆.

Gemeinden, wie gegenüber einer pflichtvergessenen Kirche oder tyrannischen Obrigkeit mußten sie Gottes Wort verkünden: allem voran Gottes Güte und Gnade, nicht weniger deutlich indes seine Gebote. Bullinger hat diese Sicht Zwinglis übernommen, nämlich in der Rede »De prophetae officio« vom Karlstag 1532, worin er seinem in Kappel gefallenen Freund und Vorgänger das entsprechende Denkmal gesetzt hat[17].

Bullingers *Anklag* geht allerdings noch über Zwinglis Vorbild hinaus. Einmal hat der junge Bullinger darin selber die Rolle des Propheten in einer Art und Weise übernommen, wie sie in so durchaus geschlossener und überzeugender Form in seiner Zeit weder von Zwingli noch von anderer Seite erreicht worden ist. Sicher hat Zwingli an vielen Stellen über das Prophetenamt sich geäußert, sicher ist er als Ausleger der Schrift wie als Wächter seiner Gemeinde, in Predigt und politischer Wirksamkeit selbst Prophet gewesen, sicher hat Zwingli und nicht Bullinger die »Prophezei« ins Leben gerufen und damit das Prophetenamt im reformierten Zürich sozusagen institutionalisiert — eine die alttestamentlichen Prophetenbücher in Form und Inhalt, Anliegen und Durchführung geradezu imitierende Schrift liegt von ihm aber nicht vor. Sie zu schreiben blieb Bullinger vorbehalten.

Darin darf freilich nichts Außergewöhnliches gesehen werden. Wenn das Phänomen leider auch in keiner Weise — weder historisch noch theologisch-systematisch — untersucht worden ist, fällt doch auf, daß Begriff und Wesen des Prophetischen gerade in den Sturm- und Drangjahren der Reformation, in der Zeit des Anbruchs und »Wildwuchses« der Reformation[18] eine außerordentlich große Rolle spielten. Aus naheliegenden Gründen waren sie allerdings stark belastet. Zahllose Beispiele zeigen, daß man unter »Propheten« gerne falsche Propheten verstanden hat. Das gilt für Luther so gut wie für Zwingli und Bullinger. So polemisierte Luther eindeutig gegen revolutionär gesinnte reformatorische Kräfte, als er 1525 seine *Predigt und Warnung, sich zu hüten vor falschen Propheten* und *Wider die himmlischen Propheten, von den Bildern und Sakramenten* schrieb. Von Zwingli wissen wir, daß er sich von den gerade 1525 in Zürich öffentlich als Propheten auftretenden Zollikoner Täufern aufs schärfste abgrenzte[19]. Dabei fanden »falsche« und »echte« Propheten sich in der gemeinsamen Auffassung vom Prophetenamt bestimmt und beriefen sich gemeinsam auf die zuerst durch den Propheten Jona, dann durch die Apostelgeschichte übernommene Verheißung einer neuen, am Ende der Tage eintretenden Ausgießung des Heiligen Geistes, wie das etwa der St.

---

[17] S. oben S. 60 ff.

[18] So Franz Lau: Reformationsgeschichte bis 1532 (= Die Kirche in ihrer Geschichte, ein Handbuch, hg. v. Kurt Dietrich Schmidt und Ernst Wolf, Bd. 3, Lieferung K) Göttingen 1964, S. 17 ff.

[19] Vgl. Z VI/I 43; Fritz Blanke: Brüder in Christo, Die Geschichte der ältesten Täufergemeinde (Zollikon 1525), Zürich 1955, S. 68 ff.

Galler Chronist Johannes Keßler in der Vorrede seiner *Sabbata* schreibt:
»Dann wer kain sich gnůg ab diser zit verwunderen, ainer so großen
verenderung hoher ständen und wesens, so der von natur barmhertzig Gott
ainen so unversechnen, wiewol prophetisierten glast [= Glanz] sines worts (er
welle uns den nit wie ainen plix wider zucken) uf erden erglanzen laßen, durch
welchen so vil irthumb entdeckt, das man die sechen und grifen mag[20].«

Die *Anklag* ist allerdings nicht bloß ein Zeugnis für Bullingers alttestament-
lich, prophetisch orientierten Biblizismus. In ihr brechen immer wieder auch
humanistische Züge durch, unter anderem der wiederum auch bei Zwingli[21]
feststellbare Patriotismus und im besondern die damit verbundenen Topoi von
der Auserwähltheit der Eidgenossenschaft in allen ihren Konsequenzen. Wie
weit diese gehen, mag ein einziges Beispiel andeuten. Ich zitierte[22] den Passus,
der die Eidgenossenschaft als Paradies schildert. Wie Ernst Rudolf Curtius
nachgewiesen hat[23], bildete von der römischen Kaiserzeit bis zum sechzehnten
Jahrhundert der Topos vom »Lustort« (locus amoenus) das Hauptmotiv aller
Naturschilderung. Das gilt auch für Bullinger, insofern seine Schilderung des
eidgenössischen Paradieses sich bei näherem Zusehen eindeutig als eine der
zahlreichen Variationen über das Lob des Landlebens erweist, das Vergil in der
Georgica II (467) angestimmt hat:

»Dafür habt ihr den sicheren Trost einfältigen Wandels,
Reich an verschiedenem Besitz; ihr habt im Frieden des Erbguts
Grotten, lebendige Seen und kühldurchduftete Täler,
Weidender Herden Gebrüll und Rast im Schatten der Bäume,
Habt der begrüneten Schlüfte genug und Lager des Wildes.«
(Übersetzung von Rudolf Alexander Schröder)

Ebenso eindeutig humanistische Topoi sind auch das Lob der Eidgenossenschaft als solches[24] und die von Curtius »Überbietung« genannte Sonder-
form des Vergleiches (der Eidgenossenschaft mit Israel)[25] mit den gerade
in der schweizerischen Chronistik seit Johannes von Winterthur selbstverständ-
lichen Parallelen zwischen den israelitischen und alteidgenössischen Freiheits-
kämpfen, anderseits natürlich auch die scharfe Kritik an der Gegenwart.
Eindeutig humanistisch sind sowohl das gesteigerte Nationalgefühl mit dem
Hinweis auf die ideale Gerechtigkeit, Ehrbarkeit, Tapferkeit und Frömmigkeit
der alten Eidgenossen wie umgekehrt die Klage über den Zerfall dieser

---

[20] Johannes Kesslers *Sabbata* mit kleineren Schriften und Briefen. Hg. v. Hist. Verein des
Kantons St. Gallen 1902, St. Gallen S. 15₃₉ff.
[21] Vgl. jetzt Eduard Kobelt: Die Bedeutung der Eidgenossenschaft für Huldrych Zwingli, in:
Mitteilungen der Antiquarischen Gesellschaft in Zürich, Bd. 45, Heft 2, Zürich 1970, S. 6f. 8ff.
[22] S. oben S. 109.
[23] Ernst Robert Curtius: Europäische Literatur und lateinisches Mittelalter, 3. Aufl., Bern und
München 1961, S. 202ff. bes. S. 205.
[24] Vgl. ebenda, S. 166f.
[25] Vgl. ebenda, S. 171ff.

Tugenden infolge des Abfalls von Gott zum Materialismus des sechzehnten Jahrhunderts, ganz zu schweigen von der Kritik an den Schäden der Kirche. Bullinger mag dabei sogar so stark von seinen humanistisch geprägten Bildern fasziniert gewesen sein, daß er jeden Sinn für die wirtschaftlichen und sozialen Realitäten seiner Zeit verliert. Daß die Eidgenossen nicht nur aus Freude am Kriegshandwerk oder Raffgier, sondern oft genug aus purer Armut und um verbreiteter Arbeitslosigkeit willen in fremde Dienste zogen, sieht er nicht. Leider fehlt hier der Platz, näher auf die weitgehend noch unerforschten Zusammenhänge Bullingers mit den Humanisten und Chronisten hinzuweisen[26].

IV

Wir wissen leider nicht, wie Bullingers anonym herausgekommene *Anklag* auf die Zeitgenossen im einen oder andern Lager gewirkt hat. Irgendwelche direkten oder indirekten Zeugnisse sind mir nicht bekannt. Wahrscheinlich haben die stürmisch bewegten Jahre unmittelbar nach ihrem Erscheinen das Interesse der Reformierten wie der katholisch gebliebenen Eidgenossen von der Theorie auf die Praxis abgelenkt. Umgekehrt muß allerdings die Praxis auch die Theorie beeinflußt haben: die Niederlage von Kappel und der Untergang Zwinglis bewirkten in Zürich mindestens indirekt eine Besinnung auf die prophetischen Anliegen der Reformatoren im allgemeinen, Zwinglis und Bullingers im besondern. Das in ganz Europa widerhallende Triumphgeschrei der römischen Partei, aber auch die Erkenntnis der Parteigänger der Reformation, bei deren Durchführung zu wenig treu und gehorsam vorgegangen zu sein, führten bekanntlich in Zürich zu größter Verzagtheit.

Da äußere und innere Gegner, ja selbst Zwinglis Anhänger die Niederlagen von Kappel und vom Gubel als Strafe Gottes interpretierten, bestand für einige Zeit in Zürich sogar die Gefahr eines religiösen Umschwungs[27]. In dieser schwierigen Lage war es Bullinger, der die Situation in meisterhafter Weise zu retten verstand. Zu seinen Bemühungen, in Zürich zuerst und darüber hinaus in der Eidgenossenschaft überhaupt Ordnung und Ruhe wiederherzustellen, gehört interessanterweise auch jene schon erwähnte, sehr programmatischzweckbestimmte Rede, die Bullinger am 28. Januar 1532, am Karlstag, *Vom Amt des Propheten* vor versammelten Geistlichen und Gelehrten gehalten hat[28]. Diese bis heute kaum bekannte Rede, im Kern eigentlich die erste Zwingli-Biographie, muß als geradlinige Fortsetzung der *Anklag* wie auch

---

[26] Ich verweise immerhin auf Hans Müller: Der Geschichtsschreiber Johann Stumpf. Eine Untersuchung über sein Weltbild, Zürich 1945, bes. S. 117 ff.; Jean-Pierre Bodmer (Hrsg.): Der alte und der neue Prophet des Schweizerlandes, in: Mitteilungen der Antiquarischen Gesellschaft in Zürich, Bd. 44, Zürich 1966.

[27] Pestalozzi: Bullinger, S. 68 ff.

[28] Vgl. oben Anm. 14.

als verbesserte Ausgabe einer unveröffentlichten Abhandlung Bullingers *De prophera libri duo*[29] betrachtet werden, weil Zwinglis Nachfolger darin nicht nur allgemein die Pflichten eines rechten Dieners am Wort Gottes, das heißt eben eines Propheten, sondern im besondern am Beispiel Zwinglis darlegt.

Bullingers *Anklag* sollte indes noch weit über die eigentliche Reformationszeit hinaus wirken. Sie erschien gegen Ende des Dreißigjährigen Krieges nicht bloß in einer neuen Auflage, sondern war damit auch Anlaß zu zwei, in Ursache und Wirkung sehr verschiedenen Unternehmungen.

Harmlos, um nicht zu sagen amüsant, ist zunächst eine Bearbeitung der *Anklag* durch den aus dem Schwarzwald stammenden Schullehrer Hans Caspar Kayser[30]. Dieser hat 1642 und 1643 Bullingers Prosaschrift in siebzig Strophen zu je acht Verschen umgedichtet. Nach seinem Vorwort — »Demnach / da ich diser zeit müssig ward / söllichen bösen gedancken für zukommen / hab ich ein Büchlin, welches genennt wirt die anklage Gottes, darinnen alle gütthaten, Gottes / wunderwerck und Schlachten / die Gott einer loblichen Eydgnoschafft bewiesen hat / hab ich für die hand genommen / und auff das kürtzest uberlauffen und in Reimen verfaßt« — scheint er Bullingers prophetische Anklage in ein Traktätlein über den nach 1. Mose 3, 19 alle Übel bewegenden Müßiggang umgestaltet zu haben —; in Wirklichkeit erzählt er Gottes Wohltaten, läßt aber alle kirchlichen, konfessionellen und religiösen Abschnitte sowie die Mahnungen zu politischer und kirchlicher Reformation weg. Ein paar Verse mögen seine (geringen) dichterischen Fähigkeiten zeigen:

1

»Merckt auff / und nempt zu hertzen /
　Ihr Himmel und auch Erd:
Was ich euch klag mit schmertzen /
　Von meiner bösen herd.
Mit fleyß hab aufferzogen /
　Sind von mir gfallen ab /
Sag ich ohn alls verborgen /
　Werdend sein bald schabab.

3

Den thun ich wee verkünden /
　Alß einem bösen Geschlächt: ...

2

Ein Ochs erkennt sein Herren
　Der Esel s'Meisters stall:
Mein Volck wil sich nit bkeren /
　Ist worden unnütz zmall /
Und wil mich nit erkennen /
　Für jhren wahren Gott:
Sonder thünd von mir rennen /
　Gleich wie ein böse rott.

10

Wolan / so thünd betrachten /
　Wie ich euch hertzlich lieb /
Und thün euch auch hoch achten
　Alß d'Kinder Israël /
Darzu hab ich euch geben /
　Ehr / Gut / und große Gaab:
Alß Römern und Griechen eben /
　Von jewält geben hab.

---

[29] Vgl. Staedtke: Theologie, S. 275 f.
[30] Vgl. Hans Rudolf Schmid: Chronik der Gemeinde Altstetten, Altstetten-Zürich (1933), S. 141 f.

67	68
Drumb lassend uns ohn schertzen	Daß wie in gutem friden /
Gott bitten jnniglich /	Hie zeitlich mõgind bstahn
Daß er uns newe hertzen	Und endtlich durch das leyden /
Und rechten Geyst verleych /	Daß Christus fûr uns than /
Daß steinig hertz wõl nemmen /	Mõgind auffgenommen werden /
Ein fleischlichs in uns schaff /	In d'Himmlisch sâligkeit /
Auch rechte gehorsammen /	Und seinen heilgen Nammen /
In einer Eydgnoschafft.	Werd globt in ewigkeit.«

Viel gewichtiger und folgenreicher als Kaysers Bearbeitung war eine Um-
arbeitung der *Anklag*, die nur wenige Jahre später in Luzern erschienen ist. Wie
zuerst Haller[31], zuletzt Ernst Staehelin in seiner verdienstvollen Geschichte der
Jesuiten in der Eidgenossenschaft[32] nachgewiesen haben, gab 1647 der bedeutende Luzerner Jesuit Laurentius Forer (1580-1659), zuerst Lehrer der
Philosophie, Theologie und Kontroverse in Ingolstadt und Dillingen, später
Rektor des Kollegiums in Luzern und Beichtvater des Bischofs von Augsburg,
auch Bullingers *Anklag* neu heraus — wie sich bei genauerem Lesen dann
zeigt, allerdings nicht wort- und sinngetreu, sondern als Parodie[33]. Damit
erregte Forer, ein gewiegter Polemiker, begreiflicherweise den Zorn des
Zürcher Theologieprofessors Johannes Wirz (1591-1658)[34]. Als guter reformierter Zürcher replizierte dieser 1648 mit einem Neudruck von Bullingers
Original — *Anklag Gottes ... vor mehr als hundert Jahren getruckt, sammt
nothwendiger Rettung derselben / wider ein Papistische / Verkehrte / unlangest
außgesprengte Anklag / zu steür der Evangelischen Waarheit* —, die sich aus
Bullingers Original, aus einer Kopie von Forers Parodie, und dazu aus einer
rund 650seitigen Widerlegung zusammensetzte. Damit aber immer noch nicht
genug: diese *Rettung* der *Anklag* durch Wirz nahm nun Forer wieder derart
wichtig, daß er 1650-1652 in Luzern eine fünfteilige Duplik — *Colloquium oder
Gespräch. Zwischen einem catholischen Bidermann und einem genannt refor-*

---

[31] Haller, a.a.O., S. 113.

[32] Ernst Staehelin: Der Jesuitenorden und die Schweiz. Geschichte ihrer Beziehungen in
Vergangenheit und Gegenwart, Basel 1923, S. 83 f.

[33] Carlos Sommervogel: Bibliothèque de la Compagnie de Jésus, Brüssel und Paris 1890 ff., Bd.
3, Sp. 863 ff. zählt nach einer Kurzbiographie 66 Titel Forers auf, unter denen sich wohl das
obenerwähnte Colloquium oder Gespräch, nicht aber die Parodie der *Anklag* befindet. Vgl. dazu
auch Bernhard Duhr S.J.: Geschichte der Jesuiten in den Ländern deutscher Zunge, Bd. II, 2.
Hälfte, Freiburg 1913, S. 355-357.

[34] Wirz war nacheinander Vorschreiber, dann Präzeptor am Carolinum, Pfarrer in Zumikon,
Alumnatsinspektor, erster Pfarrer in Winterthur, Dekan, Professor der Logik und Chorherr in
Zürich, Bauherr des Stifts, Professor für neutestamentliche Theologie, daneben Verfasser zahl-
reicher Gedichte sowie philosophischer und theologischer Abhandlungen. Zürcher Pfarrerbuch
1519-1952. Im Auftrage des zürcherischen Kirchenrates hg. v. Emanuel Dejung und Willy
Wuhrmann. Zürich 1953, S. 625.

mierten Haechlenmann — verfaßte, die ihrerseits alle Einwürfe Wirzens zu entkräften versuchte.

Es würde zu weit führen, diese durchaus zeitgenössische Polemik bis in Einzelheiten hinein zu verfolgen. Ein paar Kostproben sollen abschließend Einblick in die Kontroverse bieten. Interessant ist einmal die Charakterisierung der Parodie Forers durch Wirz. Er schreibt im ersten Kapitel *Von dem Zweck der Verkehrung* der *Anklag*:

> »Erst newlich aber ist auffgetreten einer von wideriger Religion / der diß Búchlin angegriffen: aber nicht offentlich / sonder gantz verschmützer / verdeckter / arglistiger weise. Dann er den titel und die uberschrifft allerdings / wie die von dem Authore gesetzt / behalten; auch den búchstaben und formm also nachgeáfft / daß es den schein und ansehen hat / es sey eben das alte wolgemeinte Werck und Arbeit. Deßgleichen setzt er von wort zu wort / (wenig außgenommen / das er außgelassen / weil es jhme nicht in seinen kraam gedienet) in sechs gantzen blätteren die vilfaltigen einer Eydgnoschafft von dem allmächtigen Gott erzeigten gútthaten / wie die einandern nach in der alten Anklag Gottes stehen; Nach dem er aber für die wolthaten Gottes fürüber kommen; da fangt er an alles umbkehren / worab sich Gott in der Alten Ar.klag erklagt; Was Er seinen Eydgnossen verweißt; das understehet [S. 4] er vast alles zubeschónen / und bemänteln / und die wolgefúhrten gründ der Alten Anklag zuwiderlegen und umbzustossen: mit nicht wenigen lásterungen / vertrájungen / und Sophistereyen« (S. 3 f.).

Dann meint Wirz, Forer gleichsam schon das Stichwort der Replik gebend: da das Büchlein nicht bloß in papistischen Landen vertrieben, sondern auch in reformierte Gebiete eingeschmuggelt werde, sei es notwendig,

> »gedachte verkehrung der Alten Anklag Gottes durch die háchel zuzeühen ...: fürnemmlich den einfaltigen zu einer praeservativ und bewarung / damit sie nicht unwüssend von dem Papistischen saurteig dises tuckenmáusers hinderschlichen / und von den richtigen wegen Gottes auff ... abweg ... gefúhrt werden« (S. 4 f.).

Wie sieht die Polemik nun aber im einzelnen aus? Besonders aufschlußreich ist zuerst einmal die Parodie Forers selber. Diese setzt, von wenigen Kleinigkeiten abgesehen, aus begreiflichen Gründen nicht bei Anfang der alten *Anklag*, sondern erst nach der Aufzählung der Guttaten Gottes an den Eidgenossen beim Abfall ein. Doch wie verschieden sieht dieser Abfall aus:

Forer erinnert daran, daß die guten alten Eidgenossen ja gerade auch den guten alten Glauben gehabt hätten, daß sie in dieser Zeit auch einig gewesen wären:

> »Mercket doch ein wenig / und thúend die augen uff / so werdend jhr sehen daß jhm also ist. hánd jhr nit selbst gschriben / unnd offentlich bekennt (wie üwere erst núwlich ußgangene schrifft / die am tag ligt / bezúget / unnd ich úch jetz nach lengs erzehlet dass ich úch vil grosse / máchtige / sonderbare guotthaten / mer dann allen anderen vólckeren inn Europa erzeigt hab? dass ich úch für min ußerweltes volck ghabt / unnd uß einem kleinen húfflin ein unzalbare menge / uß dryen orten dryzechne ...« (Bjv). »Nun aber dencket auch / was jhr dasselb mal für ein glauben ghabt habend. Sind jr nit dazu mal gut Pábstisch Catholisch gsyn

/ unnd hånd Mariam mines lieben Suns heilige Muoter in eeren ghan? hånd jhr
nit derselben Waxkertzen mit ůweren Wappen und Schilt gen Einsidlen gschickt /
und ůwere lůth lassen dahin wallfahrten / dem Priester bichtet / die Gebott der
Christlichen Kilchen ghalten / das Hochwůrdig H. Sacrament des Altars anbettet
/ Meß ghört / unnd die Bilder der Heiligen ungeschåndet glassen? Ja frylich. So
müessen dann dise ding nit so unrecht / gottloß und abgöttisch syn / wie ůwere
unwarhaffte Predicanten sågen: sunst hette ich ůch allen mit einander nit sovil
guts than. Ich hett ůwer unchristlichs, unapostolisch wåsen: wann es ein sölliches
gsyn wer / nit also gestůret und gestercket: Ich hett kein so grosse lieb und
neygung gegen ůch vor allen anderen volckeren tragen / sonder hett ůch damalen
vil billicher sollen gantz ußrüten und vertilgen / wyl jr dasselb mal alle sind
Catholisch und Påbstisch gsyn ...« (Bijr). »... Nachdem aber der Tüfel [Biijr] hat
das unkrut der Mißhelligung und Zwitracht im glauben / inn ůweren Acker
gesåyet / unnd jhr hånd angefangen den waaren / alten / Catholischen glauben mit
ungrund verlåsteren der Glichsnery und Abgötterey bezůchtigen / mine liebe /
und rechtmessige / von mir bestelte Seelenhirten hassen / schmåhen und verfolgen
/ hånd jhr ůwer starcke macht unnd ansehen sambt minem göttlichen segen
verloren / und ich habe mine gutthåtige hand hindersich zogen / und hab die
rören miner gnaden verstopffet / dann jhr sinds nit mer wůrdig gsin, warumb?
Dan jhr habend die crůtz uß ůweren fahnen / die bilder uß ůweren kilen / die
heilthumb viler Marterer gar uß dem weg than / und veruneeret: jhr hånd ouch
die Måssen / die Wallfahrten / die Fasttåg / die Bycht abthan / by welchen dingen
allen jr zuvor von mir so augenschinlich sind gesegnet / ouch mit so grossen
landen und lůthen begabet / und fry gmacht worden.

Was wend jr am Jůngsten tag fůr ein entschuldigung bringen / wyl jhr mit der
warheit so starck sind uberwisen? unnd nůt desto weniger thůnd jhr noch
eißdarig die Catholischen umb ihres waaren glaubens willen schånden und
schmåhen / heisset sie Abgötterer Götzendiener / diewyl sy mich mit der heiligen
Måß / und anderem gottseeliglich vereeren. Ja jhr saget / es syen lutter
Menschensatzungen / welches doch min gottlicher will ist ...« (Bijv-iijr).

Wirz begegnet diesen Einwürfen grundsätzlich, indem er zunächst das
katholische Traditionsprinzip und den katholischen Kirchenbegriff kritisiert,
bzw. widerlegt, dann auch noch über die Differenzen in bezug auf Heiligenverehrung, Fasten, Wallfahrten, Beichte, Bilder, Messe und Abendmahl
referiert. So entgegnet er auf Forers Vorwurf, die Evangelischen legten die
Schrift falsch aus, bzw. hätten überhaupt kein Schriftverständnis mit folgenden Worten:

»Er sollte aber sehen wie es diß orts umb seine Jesuiter und andere Mönchen /
umb seine Canonisten und Casisten stehe. O wie tieff ligen selbe in disem Spital
kranck! Seind jergend in der Welt verkerer der H. Schrifft gewesen / die die
heilig Schrifft nach jhrem phantastischen kopff außgelegt / die außlegungen der
Bibel auß jhrem eigenen hirn gesponnen / so sind sie solche. Wir wollen jhme ein
und das ander beyspil für augen stellen / und es nicht bey der einfalten ansag unn
anklag / wie er gethan / bewenden lassen ...« Johannes 21, 15-17 ist »dem Jesuit
Bellarmino so vil gesagt: *Hab gewalt König und Potentaten / wenn sie zu wütenden
bocken werden /* reccludendi, in numerum ovium redigendi, *abzusetzen / zu
verstoßen /zu Privatpersonen zu machen«* ... Ist freylich ein herrliche / Him-[S.
24]melische Außlegung / die dem Verstand des Herren / und der verrichtung Petri

sehr gemäß«. Was Petrus Apostelgeschichte 10, 13 (»Schlachte und iß«) gesagt ist, »das ist dem Cardinal Baronio in einem Sendbrieff / in welchem er den Bapst wider die Venediger angehetzt / so vil / als / *setz König ab* / *wann sie nicht tantzen wollen wie du pfeiffest* / *dondere wider sie* / *und schieß auff sie mit der straal des Bans*« (S. 23 f.).

Den Anspruch Forers aber, die römisch-katholische Kirche sei allein die wahre Kirche Christi, weist Wirz so zurück:

»Das ist ein liebliches pfeiflein / aber nur dahin gericht: daß der einfaltige mit dem süssen gethôn in das kleb gebracht und gefan-[S. 60]gen werde: im grund ists anders nichts als ein eiteles geschwätz. Daß der verkehrer von der heütigen Römischen ... Wir wollen die vermeinten gründ / damit er dem einfaltigen zur heütigen Römischen Kirch ruefft und locket / auff die prob einandern nach legen.

Den vorerab muß dises Argument haben:

Die heütige Römische Kirch ist die wahre Alte / Christliche Kirch. ... Wie staht es aber da umb den ersten Spruch? Zuwünschen were es / daß derselb waarhaft und in der that sich also befunde. Aber es ist ein eiteler / nichtiger rühm / gleich wie der Phariseeren und Schrifftgelehrten zur zeit unsers Heylands im fleisch ... [S. 61] Wie könnte das ein wahre Kirch Christi seyn / welche 1. einen anderen Bräütigamm / Ehmann / und Haupt / erkännt / als den Herren Christum / und sich selbigem underwirfft? Gestalten Bellarm. Den *Bapst* außtrucklich den *Bräütigamm der Kirch* nennet ... Wie könnte das ein wahre Kirch Christi seyn / welche 2. die ehr deß unsterblichen unvergängklichen Gottes in bilder / die den vergängklichen Menschen gleichen / verwandlet; die denen Gottesdienst erzeigt / die von natur nicht Götter / sondern Creaturen? ... Wie solte das ein wahre Kirch Christi seyn, welche 3. von dem Glauben abgefallen / die anhanget verführischen Geisteren / und lehren der Teüflen / so verbieten Ehelich zuwerden / und die spei-[S. 62]sen / welche Gott geschaffen den Gläübigen ...? Wie solte das ein wahre Kirch Christi seyn / welche 4. die stimm des Ertzhirten die in der H. Schrifft begriffen / verachtlich und schmählich haltet / darüber wil meister und richter seyn; ... [S. 77] / Die Römisch Kirch ist ein *Müter aller Gläübigen.* Derhalben sollet jhr Evangelischen sie hören / eüch in jhre schooß begeben ... Dann die heütige Römische Kirch liebet die recht Gläübigen ... nicht als ein Müter; sonder hasset und verfolget dieselben mit fewr und schwert; ist gegen jhnen ein Müter grad wie Athalia / die Königin von Juda [2. Chron. 22, 10] ... *Ein Müter* wirt die heütige Römisch Kirch von S. Johansen genennt *der Hüreyen* /hüren und hürerer (der leiblichen und geistlichen) und der grewlen auff erden ...« (S. 57 ff.).

9. DIE ÜBERLIEFERUNG
VON HEINRICH BULLINGERS BRIEFWECHSEL*

Ungefähr zur selben Zeit, aus der die ersten Dokumente von Bullingers Briefwechsel stammen, gab Erasmus einen von langer Hand vorbereiteten Traktat »De conscribendis epistolis« heraus (1522)[1]. Unter reichlicher Berufung auf antike Theorien und Vorbilder[2] stellte er die Kunst des Briefeschreibens dar: Er forderte in einem Kapitel »De habitu epistolae«, daß ein Brief, der diesen Namen verdient, sich »aus ausgesuchtesten Sentenzen, gewähltesten, doch zugleich geeigneten Worten« zusammenzusetzen und im Stil nach der Sache, aber auch nach den Personen auszurichten habe[3]; er zeigte, sich an die klassische Rhetorik anlehnend, die wichtigsten Arten der Briefe auf: die »epistola exhortatoria«[4], die »epistola suasoria«[5], die »epistola demonstrativa«[6], die »epistola judicialis«[7], und äußerte sich auch zu Gruß, Titel der Adressaten, Ort und Datum sowie vielen weiteren scheinbaren Äußerlichkeiten.

I

Wir wissen nicht, wieweit die Epistolographie des Erasmus Bullinger und seinen zahlreichen Briefpartnern bekannt gewesen ist und sie bestimmt hat. Seine Theorie, vielleicht sogar noch deutlicher die Praxis läßt sich allerdings weiterhin nachweisen[8]. Zum Verständnis irgendeines Briefwechsels aus dem 16. Jahrhundert ist sie ohne Zweifel hilfreich. Man schrieb im 16. Jahrhundert ganz allgemein den Brief als notgedrungenen Ersatz für eine Mitteilung, die nicht mündlich überbracht werden konnte. Die Briefe jenes Jahrhunderts sind dementsprechend individuelle Äußerungen konkreter, unmittelbar situationsbedingter menschlicher Aktivität und darum erstklassige Quellen.

Oft waren die Briefe schon bei der Abfassung für weitere Kreise und eine spätere Veröffentlichung bestimmt; das mochte ihre Ursprünglichkeit zwar

---

* In: Heinrich Bullinger. Briefwechsel Bd. 1: Briefe der Jahre 1525-1531. Bearbeitet von U. Gäbler und E. Zsindely. Zürich: Theologischer Verlag 1973, S. 7-21.

[1] Opera omnia Desiderii Erasmi Roterodami I/1, Amsterdam 1971, 205-579.
[2] Ebenda 184 ff.
[3] Ebenda 222, 11-223,17.
[4] Ebenda 324 ff.
[5] Ebenda 365 ff.
[6] Ebenda 513 ff.
[7] Ebenda 516.
[8] Johan Huizinga, Erasmus. Deutsch von Werner Kaegi, Basel [1941[3]], S. 118: »Es gab kaum einen so gesuchten Artikel auf dem Buchmarkt wie Briefe von Erasmus.«

gelegentlich etwas bedrohen, förderte anderseits aber Willen und Möglichkeit, Briefe zu sammeln und zu publizieren. Auf diese Weise sind von Humanisten und Reformatoren gedruckte Briefsammlungen entstanden, schon im 16. Jahrhundert von Erasmus, Luther, Melanchthon, Zwingli, Calvin, dann von diesen und vielen andern, in immer größerem Umfang und mit wissenschaftlich verfeinerten Methoden, im 19. und 20. Jahrhundert. Auch Bullingers Korrespondenz besteht aus diesen beiden Briefarten. Er selbst schrieb neben »gewöhnlichen« Briefen (nuntii) zahlreiche eigentliche Abhandlungen, häufig mit paränetischem Charakter, die an einen oder mehrere Empfänger, meist auf deren Wunsch verfaßt, gerichtet sind.

Wenn diese erst heute in ihrem ganzen Umfang herausgegeben werden soll, ist das allerdings mehr als verständlich. Einmal geht sie in ihrem Umfang weit über die anderen Briefsammlungen des 16. Jahrhunderts hinaus, zum andern gilt noch heute, was Emil Egli anläßlich der 400-Jahr-Feier von Bullingers Geburtstag 1904 festgestellt hat: »Heinrich Bullinger, Zwinglis Nachfolger im Pfarramt Großmünster, hat um die Kirche und das geistige Leben Zürichs, ja der ganzen reformierten Welt, hohe Verdienste erworben, ist aber im Verhältnis dazu viel zu wenig bekannt und gewürdigt«.[9] Das gilt nicht zuletzt für die »ökumenische Opferbereitschaft, mit der Bullinger Stadt und Gemeinde Zürich zu einem europäischen Zentrum der Freiheit und Gastfreundschaft für Glaubensflüchtlinge aus allen Ländern gemacht hat«[10].

Was den Umfang der Bullinger-Korrespondenzsammlung betrifft, so ist die bis heute bekannte, die Briefe von und an Bullinger umfassende Korrespondenz allein umfangreicher als diejenige Luthers, Zwinglis, Calvins und Vadians zusammen. Während nämlich der Briefwechsel Luthers und Calvins je etwa 4200, derjenige Zwinglis etwa 1300 Nummern umfaßt, sind von Bullingers Briefwechsel heute ungefähr 12 000 Nummern bekannt, doch dürfte diese Zahl noch um einige Tausend höher sein[11]. Der Umfang hält ebenso den Vergleich mit Erasmus (etwa 3100) oder Melanchthon (etwa 10 000) aus. Diese Überlegenheit ist sicher zum Teil darauf zurückzuführen, daß Bullingers Briefwechsel sich über einen beträchtlich längeren Zeitraum erstreckt; zum größeren Teil beruht sie aber auf der Tatsache, daß in Zürich diese Dokumente mit größter Sorgfalt aufbewahrt worden sind, wie Traugott Schieß vor vierzig Jahren feststellte[12].

Das ist in erster Linie Bullingers persönliches Verdienst. Obwohl Bullinger wie Vadian einiges vernichtet hat, sammelte er doch nicht nur die ihm zukommenden Briefe, sondern suchte auch seine eigenen an verstorbene

[9] Emil Egli, Zur Erinnerung an Zwinglis Nachfolger Heinrich Bullinger, geboren 1504, in: Zwa I 419-437.
[10] Joachim Staedtke, Bullingers Bedeutung für die protestantische Welt, in: Zwa XI 381.
[11] Siehe unten S. 140.
[12] Traugott Schieß, Der Briefwechsel Heinrich Bullingers, in: Zwa V 396-409, bes. 397 f.

Freunde wieder an sich zu bringen.«Seinem Beispiel und wohl auch ausdrück-
licher Weisung darf man es zuschreiben, daß auch die Korrespondenz seiner
Mitarbeiter und Nachfolger zum guten Teil erhalten blieb und so der einzig-
artige Schatz von Briefen aus der Reformationszeit zustande kam, der in den
Briefbänden des Staatsarchivs und der Hottingersammlung der Zentralbibliothek Zürich enthalten ist und in den Abschriften der Simmlersammlung auf der
Zentralbibliothek, um einzelne Originale, auch Druckwerke und Kopien aus
den Sammlungen in Genf, Straßburg, St. Gallen usw. bereichert, allein für das
16. Jahrhundert rund 200 Bände füllt«[13]. Und um nochmals Egli zu zitieren:
»Aber es ist beinahe die gesamte reformierte Welt, welche mit den Jahren zu
Zürich in Beziehung trat. Bullinger ist neben Calvin und dann — was nicht zu
übersehen ist — noch zwölf Jahre nach ihm der vornehmste Name unter den
Glaubensgenossen aller Länder geworden. Wie ein Patriarch steht er nach allen
Seiten da, überallhin reformiertes Wesen pflanzend und schützend mit Rat und
Tat. Es ist eine wahre reformierte Mission fast durch das ganze Europa. Es
wird in der Welt kaum eine reichere Sammlung zur Reformationsgeschichte
geben, als sie Zürich im Briefwechsel Bullingers besitzt«[14].
    Was heißt das konkret?
    Dieser Briefwechsel setzte 1523 ein und endete im Herbst 1575. Er diente vor
allem der Verbreitung und Erhaltung der Reformation in Zürich und in der
Schweizerischen Eidgenossenschaft (Bern, Basel, Schaffhausen, St. Gallen,
Glarus, Graubünden, Neuenburg, Genf, um nur die wichtigsten Orte zu
nennen), dehnte sich in zunehmendem Maße auf Süd- und Norddeutschland
(Bayern, Württemberg, Pfalz, Hessen, Niederrhein, Schlesien, Sachsen, Friesland, die Hanse-Städte), dann auch auf Frankreich (das Elsaß eingeschlossen),
England, Italien, Polen, Österreich, Ungarn, Siebenbürgen und Dänemark aus.
Unter Bullingers Briefpartnern stehen Pfarrer, Theologen und andere Gelehrte
natürlich im Vordergrund, doch fehlen weltliche Große, Fürsten, Minister,
Behörden sowenig wie Studenten, einfache Männer und Frauen. Ein Blick
in die vorhandenen Register zeigt Hunderte von bekannten und weniger
bekannten Zeitgenossen: Luther und Melanchthon, Calvin, Farel, Beza,
Myconius und Grynäus, Berchtold und Johannes Haller, Bonifacius Amer-
bach, Thomas und Felix Platter, Vadian, Ägidius Tschudi, die Gebrüder
Blarer, Bucer und Capito, die Herzoge Ulrich und Christoph von Württemberg, Landgraf Philipp von Hessen, Herzog Albrecht von Preußen, Erzbischof
Cranmer, Jane Grey, König Eduard VI. von England, König Sigismund von
Polen, die Prinzen von Condé und Admiral Coligny.
    In inhaltlicher Beziehung spiegelt sich in diesem Briefwechsel natürlich
die gesamte Zeitgeschichte: die großen theologischen Auseinandersetzungen

---

[13] Ebenda 398.
[14] Egli, aaO, S. 430.

zwischen Wittenberg, Zürich, Genf und Rom (Abendmahlsstreit, Tridentinum, Heidelberger Katechismus, Zweites Helvetisches Bekenntnis), das kirchliche Leben im allgemeinen und im besonderen vieler einzelner Gemeinden, ja ungezählter Einzelner, die durch ihren reformierten Glauben und ihr Bekennen sich untereinander verbunden fühlten; die innere und äußere Entwicklung vor allem natürlich der reformierten Kirchen, nicht weniger aber die große Politik (Schmalkaldischer Krieg, Anfänge der Hugenottenkriege, Türkengefahr) und große Persönlichkeiten, das Erziehungs- und Schulwesen, und neben dieser Zeitgeschichte erst noch die ganze weitere Welt der sogenannten kleinen Sorgen, persönlichen Nöte und familiären Angelegenheiten.

Leo Weisz konnte nachweisen[15], daß Bullinger als einer der ersten um Notwendigkeit und Nutzen eines gut funktionierenden Nachrichtendienstes wußte; wohl aus dem gleichen Interesse, das den Theologen und Kirchenmann zum bedeutenden Chronisten gemacht hat, sammelte er auf dem Korrespondenzweg »Neue Zeitungen«, die wie heute Großes und Kleines, Ernstes und Lächerliches nahe zusammenrücken und wohl oft viel besser als andere, berühmtere Quellen die Grundlagen bilden für jenes Gewebe, das wir Geschichte nennen.

II

Heute liegen ungefähr 12 000 Briefe in Abschriften bzw. Photokopien von Emil Egli und Traugott Schieß in der Zentralbibliothek Zürich; zum Teil gibt es schon Abdrucke oder gedruckte Regesten. Es ist unmöglich, die Überlieferung dieses Materials hier im einzelnen darzustellen. Wollten wir die Schicksale der einzelnen Briefe oder nur vereinzelter Briefgruppen — etwa einzelner nach Personen oder Orten geordneter Korrespondenzen — nachzeichnen, müßten wir unsere ganze Ausgabe gewissermaßen in Form eines Registers vorwegnehmen. Immerhin soll hier wenigstens auf die wichtigsten handschriftlichen und gedruckten Sammlungen zum Bullinger-Briefwechsel hingewiesen werden, die in den vergangenen vier Jahrhunderten angelegt worden sind.

Hinsichtlich der handschriftlichen Sammlungen stellten wir schon oben fest, daß die gute Überlieferung von Bullingers Korrespondenz der Sorgfalt und dem Interesse zu verdanken ist, welche man in Zürich selber seit je dem Erbe der Väter entgegengebracht hat. Die weitaus größte Zahl der Briefe von und an Bullinger liegt seit Jahrhunderten zum Teil im Original, zum Teil in einer oder mehrfacher Abschrift im Staatsarchiv Zürich und in der Zentralbibliothek Zürich. Die meisten Originale beider Institute hatten ursprünglich zum Anti-

---

[15] Leo Weisz, Die Bullinger Zeitungen, Zürich 1933, S. 3.65 f; Leo Weisz, Der Zürcher Nachrichtenverkehr vor 1780, Zürich 1954, S. 22.

stitialarchiv oder Stiftsarchiv Zürich gehört. Weitaus am bedeutendsten für die Überlieferung war das heute im Staatsarchiv untergebrachte Antistitialarchiv Zürich, das heißt das Archiv der zentralen Kirchenbehörden Zürichs, welches Antistes Johann Jakob Breitinger (1575-1645) gegründet und mit folgenden Worten seinen Nachfolgern im Amt zur Weiterführung ans Herz gelegt hatte: »Zur Zeit, als die göttliche Gnade mich geringen zum Nachfolger jener ausgezeichneten Männer bestimmte, durch welche dieselbe die Zürcherische Kirche reformierte, zierte und erhielt, fand ich so viel als kein Archiv vor. Ich glaube wohl darum, weil die Söhne, Tochtermänner und übrigen Erben Bullingers und Gwalters herrlichen Andenkens beinahe Alle entweder Diener unserer Kirche oder doch Gelehrte waren, welche die Schriften und Acten ihrer Väter als zur Bibliothek und Erbschaft gehörigen Geräthe, als ihnen zugehörig betrachteten. Daher kam es auch, daß die kirchlichen Acten unter den frommen Vorstehern Stumpf und Leemann von den Erben nicht als öffentliche, sondern als Privat-Schriften angesehen wurden. Ich glaubte der Armuth einer so berühmten Kirche begegnen zu sollen, daher ich theils das Wenige, das übrig war, theils das allmählig aus Privat-Bibliotheken Hervorgesuchte nicht sowohl ordnete, als in Eine Masse sammelte. Nun hat mein Hausgenosse Caspar von Schennis, den ich lieber Sohn als Verwandten nenne, die Inhaltsanzeige dieser Materialien aufs fleißigste zusammengeschrieben. Dieses Register, dieses neue Archiv, das ich mit möglichster Treue und Sorgfalt eingerichtet, empfehle ich dir, Bruder, aufs angelegentlichste. Führe fort und mehre, was ich angefangen, und lade durch dein Beispiel deine künftigen Nachfolger zur Nachahmung ein. Das ist eine Gott, der Kirche, dem Vaterland, den Nachkommen schuldige Pflicht, deren treue Befolgung belohnt wird«[16].

Wie Anton Largiadèr in seiner Geschichte des Staatsarchivs dargelegt hat, umfaßt dieses Antistitialarchiv, im 19. Jahrhundert vorübergehend zwischen Staatsarchiv und Kantonsbibliothek aufgeteilt, seit 1890 »die Akten der Synode, des Examinatorenkonvents (Kirchenrats), die Visitationsakten über die einzelnen Pfarrstellen, Pfrund- und Stiftungsakten, Bevölkerungsverzeichnisse, Exulantenakten und, was den größten Wert des Kirchenarchivs ausmacht, die Briefsammlungen von Zwingli, Bullinger und den späteren Inhabern der Antisteswürde, zusammen etwa 400 Bände! Von diesen sind es heute namentlich die Bände E I 25,8; E II 106; 335-378; 437 u.a.; 441-443; 453, welche Bullingers Briefwechsel enthalten: alles in allem eine in Quantität und Qualität absolut einmalige Quellensammlung zur Reformationsgeschichte«[17].

---

[16] Zürich StA, Kat. 245 [Vorwort]; zit. nach der deutschen Übersetzung bei Johann Caspar Mörikofer, J. J. Breitinger und Zürich, Leipzig 1874, S. 50 f.
[17] Anton Largiadèr, Das Staatsarchiv Zürich 1837-1937, Zürich 1937, S. 24.

Neben dem Staatsarchiv enthält auch die aus der ehemaligen Stadt-, Kantons-, Stifts- und Universitätsbibliothek sowie weiteren Instituten zusammengewachsene Zentralbibliothek Originale und Abschriften von Bullingers Briefwechsel. Den Reichtum ihrer entsprechenden Bestände zeigt schon ein Blick in den Handschriftenkatalog[18], erst recht aber dessen genaueres Studium. Es läßt sich nämlich erkennen, daß in jedem Jahrhundert mindestens einmal ein größerer Versuch unternommen wurde, Bullingers Briefe systematisch zu sammeln.

Wie schon Gagliardi aufgrund von Vermerken festgestellt hat, dürften mindestens die Manuskriptbände A 43 f; 65 (Sammelbände zur kirchlichen und politischen Geschichte des 16. Jahrhunderts); A 82 (Bullingers Kopialbuch); A 84 (Sammelband zur Geschichte des Konzils von Trient); Ms Car I 155 und 166 aus dem Besitze Bullingers stammen, doch müssen neben dem Reformator selber noch im 16. Jahrhundert auch der Chronist Johann Stumpf und dessen Sohn Johann Rudolf Stumpf (A 69, 70; L 47; S 313), der Kyburger Landvogt und Zürcher Bürgermeister Hans Rudolf Lavater (A 81), schließlich Johann Jakob Wick (F 17.19.21) Akten und Briefe Bullingers gesammelt haben. Im 17. Jahrhundert hat der Polyhistor Johann Heinrich Hottinger (1620-1677) nicht nur neun Bände »Historiae ecclesiasticae novi testamenti« und einen »Methodus legendi historias Helveticas« herausgegeben, sondern sich vor allem als Quellensammler betätigt[19]. Die Frucht seiner lebenslangen Tätigkeit ist der sogenannte »Thesaurus Hottingerianus« der Zentralbibliothek Zürich, der in den Manuskriptbänden F 36-87 Schriftstücke, besonders Briefe, zur Reformationsgeschichte und zur schweizerischen sowie allgemeinen Kirchengeschichte, unter diesen natürlich zahlreiche Originale oder Abschriften von Briefen von und an Bullinger, enthält (u.a. die Bände Ms F 36. 37. 43. 46. 59. 62. 63. 80)[20]. Eine kleinere Sammlung, die auch eine stattliche Anzahl Bullingerbriefe aufweist, stammt von Hans Rudolf Steiner[21] bzw. Ratsherr Johann Kaspar Steiner[22].

---

[18] Gagliardi nennt folgende Manuskriptbände, die Autographen und Abschriften aus Bullingers Briefwechsel enthalten: A 40, 43, 44, 63-66, 69, 70, 81, 82, 127; B 86, 171, 211; C 50a, 86a; D 197d; E 28; F 17, 19, 21, 36-87, 95, 106, 107, 154, 178, 182, 213; H 221; J 53, 59, 290, 304; K 40; L 47, 87, 530; P 2013; S 4-196, bzw. 1-266, 313, 340; T 406; W 26; Car I 108b, 152-167 (bes. 158), XV 20; Z I 625, V 351, XI 309. Das noch nicht gedruckte Register zu Gagliardi wird diese Liste noch erweitern.

[19] Siehe Gustav Adolf Benrath, Reformierte Kirchengeschichtsschreibung an der Universität Heidelberg im 16. und 17. Jahrhundert, Speyer a. Rh. 1963. — Veröffentlichungen des Vereins für pfälzische Kirchengeschichte, Bd. IX, S. 79-104.

[20] Über Geschichte und Aufbau des Thesaurus Hottingerianus s. Gagliardi 516. In der Zentralbibliothek Zürich befindet sich ein alphabetisches Verzeichnis der im Thesaurus Hottingerianus enthaltenen Briefe.

[21] Ms J 53: Collectanea ecclesiastica et politica, s. Gagliardi 777.
Ms J 290: Kopienband: Schriften von Heinrich Bullinger, s. Gagliardi 859.
Ms J 304: Collectanea ecclesiastica et politica Tigurina, s. Gagliardi 863.
Über Hans Rudolf Steiner s. HBLS VI 534 f.

[22] Ms W 26: Lebensbeschreibungen der Geistlichen an Großmünster, St. Peter und Frau-

Noch wichtiger als das 16. und 17. Jahrhundert sollte indes für die Erhaltung der Bullinger-Briefsammlung das 18. Jahrhundert werden. Weitaus der erfolgreichste Zürcher Sammler dieser Zeit war Johann Jakob Simler (1716-1788), ein Nachkomme von Peter Simler, Prior in Kappel zur Zeit Bullingers, und des Josias Simler, Professor an der Stiftsschule und Alumnatsinspektor. Er hat, wie Salomon Vögeli erzählt, die Mußezeit seines ganzen Lebens auf das Studium der vaterländischen Kirchen-, besonders der Reformationsgeschichte verwandt und »eine in diesem Fache sehr reiche Bibliothek, namentlich aber eine höchst umfassende Sammlung kirchengeschichtlicher Urkunden, vornämlich Briefe, von der Reformationszeit bis auf die Gegenwart, in meist von ihm selbst vorgenommenen Abschriften«[23] hinterlassen. Diese Sammlung, welche dank der Aufmerksamkeit von Junker Ratsherr Blarer sofort nach Simlers Tod für die Zürcher Stadtbibliothek aufgekauft werden konnte, umfaßt heute die Bände Ms S 1-266 der Zentralbibliothek, wobei Ms S 4-196 die Simlersche Sammlung im engern Sinn bilden, während Ms S 205-266 vorwiegend Register und Regesten enthalten und Ms S 197-204 (a-s) ursprünglich wohl überhaupt nicht zur Sammlung gehört haben.[24] Daß Bullinger für Simler eine zentrale Gestalt war, ist eindeutig: Nicht nur finden sich Tausende von Briefen und Aktenstücken, größtenteils in Abschriften, doch auch im Original, in rund 120 der chronologisch angeordneten Bände; wie man weiß, kopierten Johann Heinrich Escher und Leonhard Usteri für Simler zahlreiche Bullinger-Originale in Genf, Gottlieb Emanuel von Haller in Paris[25].

Simler versuchte den geplanten Druck seiner ganzen Sammlung durch eine 1780 gedruckte Einladungsschrift »De Reformationis Ecclesiae Anglicanae Annalibus e Chartis diplomaticis anectotis edendis Consilium« zu propagieren, welcher als Probe der erste der drei Briefe von Jane Grey an Bullinger nebst einem Faksimile beigegeben war[26].

Die Bedeutung der Simlerschen Sammlung geht vor allem aus der Tatsache hervor, daß alle bedeutenden gedruckten Briefsammlungen zur Geschichte des 16.Jahrhunderts von ihr profitierten, ganz zu schweigen von den wenigen Arbeiten über Bullinger selbst. Pestalozzi unterstreicht in den Erläuterungen zu

---

münster von Zwingli bis auf Joh. Kaspar Waser sowie anderer Geistlicher und Gelehrter, s. Gagliardi 1482.

[23] Salomon Vögeli, Geschichte der Wasserkirche, 7 Hefte, in: Njbl., hg. v. der Stadtbibliothek Zürich auf die Jahre 1842-1848, S. 110.

[24] Siehe Gagliardi 1255-1276.

[25] Siehe Gagliardi 1298 und Correspondance de Théodore de Bèze, recueillie par Hippolyte Aubert, publiée par Fernand Aubert et Henri Meylan, t. I, Genf 1960, S. 13. Vgl. die Notiz in dem unten S. 133, Anm. 54 erwähnten Scrinium antiquarium, Bd. IV/I, S. 446: ... »bene se habet, quod Rev. Simlerus, quem modo laudabam, optimum cepit consilium, ejus Epistolas omnes publicandi, cui consilio ... eas ipsas Bullingeri Epistolas ex Archivo Londinensi depromptas, huic Scrinio Antiquario inserere voluimus.«

[26] Vögeli, aaO, S. 110, Anm. 35.

den Quellen seiner Bullinger-Biographie, daß sich alle ungedruckten Briefe und Aktenstücke, über die er nichts anderes vermerkt habe, bei Simler fänden[27].

Neben diesem fleißigsten aller Sammler und Abschreiber nehmen sich die andern zwar eher klein aus, doch haben sie zur Überlieferung ebenfalls wertvolle Beiträge geliefert, etwa Hans Konrad Füssli[28], Erhard Dürsteler[29], Johann Esslinger[30], Hans Wilpert Zoller[31], Johannes Leu[32] und schließlich ein unbekannter Sammler von Schriften Heinrich Bullingers, Rudolf Gwalthers und Huldrych Zwinglis[33].

Der Bullinger-Briefwechsel setzt sich nun freilich nicht bloß aus den in Zürich befindlichen bzw. in Zürich bis heute bekannten Stücken zusammen. Wie nicht zuletzt die im nächsten Abschnitt aufgezählten gedruckten Ausgaben größerer oder kleinerer Teile des Bullinger-Briefwechsels zeigen, sind im Laufe der Zeit auch in der übrigen Schweiz und im Ausland verschiedene Sammlungen von Bullinger-Briefen entstanden.

Zu den wichtigsten gehören im Ausland Straßburg mit dem Thesaurus Baumianus[34]; in der Schweiz Basel[35], Bern[36], Chur[37], St. Gallen[38], Genf[39],

[27] Carl Pestalozzi: Heinrich Bullinger. Elberfeld 1858, S. 626.
[28] Ms B 171: Kopienband, enthaltend Briefe, größtenteils an Heinrich Bullinger, etwa 1533 bis 1557, s. Gagliardi 250 f.
Ms B 211: Sammelband zur Schweizergeschichte, vorwiegend des 16. und 17. Jahrhunderts, s. Gagliardi 278 f.
Zu Füssli s. HBLS III 358.
[29] Ms E 28: = Bd. IV von Erhard Dürstelers »Anhang der Beschreibung der Geschlechteren einer loblichen Statt Zürich«, s. Gagliardi 470 f.
Zu Dürsteler s. HBLS II 758.
[30] Ms F 106/107: Acta ecclesiastica intermixtis politicis et politicoecclesiasticis manuscripta ex ipsis fontibus hausta, in variis fol. tomis chronologice pro administratione antistitii Turicensis in ordinem redacta, s. Gagliardi 539. Über den Inhalt sowie die Geschichte von Ms F 106 berichtet Attilio Bonomo, Ein Beitrag zu Bullingers Lebensaufzeichnungen, in: Zwa IV 90-92.
Zu Esslinger s. Pfarrerbuch 262.
[31] Ms J 59: Sammelband: Schriftstücke meist zur schweizerischen Kirchengeschichte des 16. und 17. Jahrhunderts. Angelegt von Hans Wilpert Zoller, s. Gagliardi 779-783.
Zu Zoller s. HBLS VII 675.
[32] Ms L 530: Collectanea Tigurina, s. Gagliardi 1081 f.
Zu Leu s. HBLS IV 664 f.
[33] Ms T 406: Sammelmappe: Schriften Heinrich Bullingers, Rudolf Gwalthers und Ulrich Zwinglis, s. Gagliardi 1397-1399.
[34] Thesaurus Baumianus. Verzeichnis der Briefe und Aktenstücke, hg. v. Johannes Ficker, Straßburg 1905.
[35] Siehe den Zettelkatalog der Universitätsbibliothek Basel.
[36] Hier vor allem die Burgerbibliothek, s. Catalogus codicum MSS Bibliothecae Bernensis annotationibus criticis illustratus ... curante J. R. Sinner, 3 Bde., Bern 1772, S. 249 f, 258 ff.
[37] Über die Chur und Graubünden betreffenden Sammlungen unterrichtet Traugott Schieß in der Einleitung zu Graubünden Korr. I, S. V f. Vor allem wird auf das Archiv der Familie Salis-Zizers und von Pfarrer Petrus Dominicus Rosius de Porta aufmerksam gemacht, der schon im 18. Jahrhundert »die ganze irgendwie die Reformationsgeschichte Graubündens betreffende Korrespondenz zusammenzubringen« trachtete.
[38] Siehe unten S. 136, Anm. 81.
[39] Vgl. dazu die Einleitung zum Thesaurus Epistolicus Calvinianus, in: CO X/2 XXXI-XXXV.

Neuenburg⁴⁰ und Zofingen⁴¹. Wie viele unbekannte Stücke jedoch im In- und Ausland darüber hinaus noch vorhanden sind, ist im Augenblick überhaupt nicht zu bestimmen.

III

Carl Pestalozzi wies schon in seiner 1858 erschienenen Bullinger-Biographie auf die gedruckte Überlieferung von Bullinger-Briefen hin⁴². Allerdings konnte man bereits aufgrund der ersten Biographien von Bullingers Schwiegersöhnen Josias Simler und Ludwig Lavater⁴³ sowie der Leichenrede von Johann Wilhelm Stucki⁴⁴ um die Bedeutung derselben wissen. In teilweiser Ergänzung zu Pestalozzis Angaben handelt es sich vor allem um folgende Werke: Die ersten Briefsammlungen Bezas⁴⁵, und Calvins⁴⁶, die Briefe des Hieronymus Zanchi⁴⁷, Gabbemas »Epistolae virorum illustrium«⁴⁸, Johann Heinrich Hottingers Kirchengeschichte⁴⁹, den Briefwechsel von Franz und Johannes Hotman⁵⁰, die sogenannten »Miscellanea Tigurina«⁵¹, Johann Conrad Füsslis Briefe der Schweizer Reformatoren⁵², Johann Jakob Breitingers »Museum Helveticum«⁵³ und das »Scrinium antiquarium« des Holländers Daniel Gerdes⁵⁴.

---

⁴⁰ Ebenda XXXIX.

⁴¹ Vgl. Emil Egli, Aus Zofingen, in: Zwa II 152f.

⁴² Pestalozzi 626.

⁴³ Narratio de ortu, vita et obitu reverendi viri, D. Henrici Bullingeri, Tigurinae Ecclesiae pastoris; inserta mentione praecipuarum rerum quae in Ecclesiis Helvetiae contigerunt & Appendice addita, qua postrema responsio Iacobi Andreae confutatur, auctore Iosia Simlero Tigurino, Zürich 1575; Lavater.

⁴⁴ Oratio funebris Ioannis Guilelmi Stukii, in obitum clarissimi viri Domini Henrici Bullingeri pastoris Ecclesiae Tigurinae fidelissimi, Zürich 1575.

⁴⁵ Epistolarum theologicarum Theodori Bezae Vezelii liber unus, Genf 1573, Hannover 1597³.

⁴⁶ Joannis Calvini epistolae et responsa, quibus interiectae sunt insignium in Ecclesia Dei virorum aliquot epistolae, Genf 1575; Nachdruck: Lausanne 1576 (9 Briefe Bullingers, 2 Briefe Calvins aus den Jahren 1550-1558).

⁴⁷ Clariss. viri D. Hie. Zanchii Omnium operum Theologicorum Tomus VIII: Epistolarum Theologicarum libri duo, Genf 1619 (14 Briefe).

⁴⁸ Epistolarum ab illustribus et claris viris scripturarum centuriae tres, quas passim ex autographis collegit ac ed. Simon Gabbema, Harlingen 1663 (5 Briefe an Johannes à Lasco und Calvin).

⁴⁹ Johann Heinrich Hottinger, Historiae ecclesiasticae novi testamenti, 9 Bde., Hannover 1655-1667 (bes. die Bände 6, 8 und 9 enthalten zahlreiche, z.T. allerdings fehlerhafte Briefauszüge).

⁵⁰ Francisci et Joannis Hotomanorum patris ac filii et clarorum virorum ad eos epistolae, Amsterdam 1700 (23 Briefe Hotmans).

⁵¹ Misc. Tig. I/1-4.6; II/2.

⁵² Epistolae ab Ecclesiae Helveticae reformatoribus vel ad eos scriptae ... ex autographis recensuit ac ed. Johannes Conradus Fueslinus, 2 Bde., Zürich 1742 (zahlreiche Briefe von und an Bullinger mit Regesten; oft nur in Auszügen).

⁵³ Museum Helveticum ad juvandas literas in publicos usus apertum, 8 Bde., Zürich 1746-1753.

⁵⁴ Scrinium antiquarium sive Miscellanea Groningana nova ad historiam reformationis ecclesiasticam praecipue spectantia, hg. v. Daniel Gerdes, 8 Bde., Groningen-Bremen 1748-1765 (enthält in Band IV 431 ff 25 Briefe Bullingers an Jan Utenhove und à Lascos an Bullinger).

Aber noch mehr: seit dem 18. Jahrhundert taucht immer deutlicher der Wunsch, der auch Simler zu seiner Sammlung bewegt hat, auf, es möchten Bullingers Briefe in einer umfassenderen Sammlung gedruckt werden. So stellen schon die »Miscellanea Tigurina« 1722 fest, daß Bullingers Briefe »nicht bey hunderten, sonder bey tausenden zu rechnen« seien. »Und so sie jemals in ein Corpus wären zusamen gebracht worden, wie etwann anderer Reformatorum, als eines Zvvinglii, Oecolampadii, Calvini, Melanchtonis, Bezae, etc. auch Hr. Bullinger die Zeit gehabt oder genommen hätte, sie zu dem End hin zu copiren, oder copiren zu lassen, (das wol zu wünschen wäre,) so miechen sie nicht bloß etwann einen Band in Quarto, oder auch in Folio, sonder verschiedene Folianten auß«[55]. An derselben Stelle wird an die Aussagen Johann Wilhelm Stuckis erinnert, »daß wann Hr. Bullinger sein gantz Leben lang nichts anders gethan als nur alle jhme zugekommene Brieff beantworten, so müßte doch jedermann summam illius industriam, laborem, ingenii celeritatem, seinen erstaunlichen Fleiß, Arbeitsamkeit und Fertigkeit seines Ingenii bewundern«[56]. Schließlich versuchen die »Miscellanea Tigurina« noch einen ersten Überblick über den Umfang von Bullingers Briefwechsel zu vermitteln, meinen jedoch, daß »alle seine Correspondenten hier außzusetzen, wurde zu lang werden«[57].

Auch Füssli stellt 20 Jahre später fest, daß Bullingers Briefe von vielen gewünscht würden, und wunderte sich, daß bisher bei der Bedeutung, Bildung, Frömmigkeit und Liebenswürdigkeit Bullingers noch niemand auf die Idee gekommen sei, dieselben herauszugeben[58]. Um so größer war dementsprechend die Freude J. J. Breitingers, als er im »Museum helveticum« auf den Beginn der Sammlertätigkeit Johann Jakob Simlers hinweisen durfte[59].

Der Wunsch nach einer Veröffentlichung von Bullingers Korrespondenz blieb auch im 19. Jahrhundert wach — und unerfüllt. Zwar unterstrichen ihn

---

[55] Misc. Tig. I/4 67.

[56] Ebenda, vgl. Misc. Tig. I/2 88: »Sonsten finde widerum im Diario ad hunc annum 69. [HBD 97, 24 f] eine merkwürdige Passage, woraus von Hrn. Bull. weitläuffiger und entsetzlicher Correspondenz leicht zuurtheilen ist. Es schreibet namlich Hr. Bull. p. 102.a. also: Plurimas & varias, ad diversa & plurima loca Epistolas hoc anno scripsi. Verbrucht darzu bey einem Rysen Pappyr.«

[57] Misc. Tig. IV/1 68; die erwähnte Liste füllt dann doch zwei Seiten.

[58] Füssli I, S. XXVf: »Bullingeri epistolae à multis desideratae sunt. Miror sane, quod hactenus nemini in mentem venerit, eas emittere. Is ob eruditionem, & pietatem, animique mansuetudinem multis charus fuit, in rebus alicujus momenti consilia ejus maxime valuerunt, omnium afflictorum, exulum, aut aliqua parte haesitantium confugium ad ipsum fuit, Principes, Magistratus, Doctores publici & privati ab ipso adjuvari cupiverunt. Ex quo intelligi potest, quantum intersit, ut ejus tandem epistolae in publicum prodeant.«

[59] Museum Helveticum, Bd. 3, S. 79, Anm.: »Hosce Annales ecclesiasticos ex αὐτογράφῳ transcriptos amice nobiscum communicavit Vir praeclariss. J. Jac. Simlerus, V.D.M. qui laudabili prorsus conatu in colligendis Magni Bullingeri nostri Literis ac Responsis Theologicis, maximam partem ineditis, per plures jam annos strenue occupatur.«

die beiden Bullinger-Biographen deutlich: Hess, indem er 1829 im Vorwort zu seiner »Lebensgeschichte Heinrich Bullingers« Antistes Jakob Hess zitierte: »Ganz besonders frappierte mich auch immerhin, so wie ich ihn des Nähern kannte und seine Handschriften durchsah, seine Reinlichkeit und Ordnungsliebe im Kleinen wie im Großen, die Fruchtbarkeit seiner weitläufigen Correspondenz, und besonders, was er, ganz im Stillen, und ohne Geräusch und Aufsehen, im gläubigen Aufblick auf den Vater im Verborgenen, Gutes that. Es wäre wohl der Mühe werth, diese Correspondenz, die wir in unsern Archiven so vollständig als möglich besitzen, freylich mit Auswahl, durch den Druck gemeinnützig zu machen, wie die von Zwingli, Luther, Melanchthon; unsere jüngern und ältern Minister und alle Freunde praktischer Literatur könnten sich daran erbauen«[60]; Carl Pestalozzi, indem er nach einem Hinweis auf Hess eher resigniert wünschte, daß es vielleicht »unserer Zeit aufbehalten ist, den Gedanken zur Ausführung zu bringen«[61], zu etwas grundsätzlich anderem als dem Abdruck weniger Stücke der Bullinger-Korrespondenz kam es auch jetzt kaum. So finden sich Bullinger-Briefe in Schlossers »Leben« Bezas und Vermiglis[62], bei Hundeshagen[63], in Henrys Calvin-Biographie[64], in Baums Beza-Biographie[65], bei Trechsel[66], Sudhoff[67], in der Johann-a-Lasco-Edition[68], der Briefwechselausgabe Dryanders[69], bei Bonnard[70] und etwas zahlreicher dann in den wenigen Schriften, die sich, wie schon Heß und Pestalozzi, im besonderen mit Bullinger befaßten wie bei Johann Friedrich Franz[71], Gottlieb Friedländer[72], Carl Krafft[73], Ferdinand Meyer[74] oder

---

[60] Heß II, S. VIII f.

[61] Pestalozzi 626.

[62] Friedrich Christoph Schlosser, Leben des Theodor de Beza und des Peter Martyr Vermigli. Ein Beytrag zur Geschichte der Zeiten der Kirchen-Reformation. Mit einem Anhang bisher ungedruckter Briefe Calvins und Bezas und andrer Urkunden ihrer Zeit; aus den Schätzen der Herzogl. Bibliothek zu Gotha, Heidelberg 1809.

[63] Carolus Bernardus Hundeshagen, Die Conflikte des Zwinglianismus, Luthertums und Calvinismus in der Bernischen Landeskirche von 1532-1558, Bern 1842.

[64] Paul Henry, Das Leben Johann Calvins des großen Reformators, 3 Bde., Hamburg 1835-1844.

[65] Johann Wilhelm Baum, Theodor Beza nach handschriftlichen Quellen dargestellt, 2 Theile und ein separater Anhang, Leipzig 1843-1852.

[66] Friedrich Trechsel, Lelio Sozini und die Antitrinitarier seiner Zeit, Heidelberg 1844.

[67] Karl Sudhoff, C. Olevianus und Z. Ursinus, Elberfeld 1857. — LSRK VIII.

[68] Johannis a Lasco Opera tam edita quam inedita. Duobus voluminibus comprehensa, ed. Abr. Kuyper, Frankfurt 1866.

[69] Francisci Dryandri, Hispani, epistolae quinquaginta, ed. Böhmer, in: Zeitschrift für Historische Theologie 40. Bd., 1870, S. 387-442.

[70] Auguste Bonnard, Thomas Eraste (1524-1583) et la discipline ecclésiastique, Thèse théol. Lausanne 1894.

[71] Johann Friedrich Franz, Merkwürdige Züge aus dem Leben des Zürcherischen Antistes Heinrich Bullinger, nebst dessen Reiseinstruction und Briefen an seinen ältesten Sohn Heinrich, auf den Lehranstalten zu Straßburg und Wittenberg, Bern 1828.

Theodor Elze[75]. Ein eigentlicher Durchbruch zu umfassenderem Druck von Bullinger-Briefen erfolgte erst im Zusammenhang mit den größeren Quellensammlungen zur Reformationsgeschichte des 19. Jahrhunderts. Hier ist nun allerdings zuerst an eine Briefsammlung zu erinnern, die Bullinger sogar in die Mitte rückte, die sich aus sechs Bänden zusammensetzende Publikation von Briefen der schweizerischen und englischen Reformatoren der Parker Society[76]. Dieser, an Bedeutung für Bullinger kaum nachstehend, folgten im »Corpus reformatorum« die Briefwechsel Melanchthons[77] und Calvins[78], im Rahmen der Veröffentlichungen der Wodrow Society derjenige von John Knox[79], Herminjards leider unvollständig gebliebene Ausgabe der »Correspondance des Réformateurs dans les pays de langue française«[80], schließlich die Vadianische Briefsammlung[81] und »Der Briefwechsel der Schweizer mit den Polen«[82].

---

[72] Gottlieb Friedländer, Beiträge zur Reformationsgeschichte. Sammlung ungedruckter Briefe des Reuchlin, Beza und Bullinger nebst einem Anhange zur Geschichte der Jesuiten, Berlin 1837.

[73] Krafft, Karl und Wilhelm[Hg.], Briefe und Documente aus der Zeit der Reformation im 16. Jahrhundert nebst Mittheilungen über Kölnische Gelehrte und Studien im 13. und 16. Jahrhundert. Elberfeld 1875.

[74] Ferdinand Meyer, Die evangelische Gemeinde in Locarno, ihre Auswanderung nach Zürich und ihre weitern Schicksale. Ein Beitrag zur Geschichte der Schweiz im 16. Jahrhundert, 2 Bde., Zürich 1836.

[75] Primus Trubers Briefe. Mit den dazugehörigen Schriftstücken gesammelt und erläutert von Theodor Elze, Tübingen 1897. — Bibliothek des litterarischen Vereins in Stuttgart, Bd. CCXV.

[76] Original Letters relative to the English reformation, written during the reigns of king Henry VIII., king Edward VI., and queen Mary: chiefly from the archives of Zurich. Translated... and edited... by the Rev. Hastings Robinson. 2 Bde., Cambridge 1846-1847. Ausgabe derselben Briefe im lateinischen Originaltext unter dem Titel: Epistolae Tigurinae... 1531-1558, Cambridge 1848.
The Zurich Letters, comprising the correspondence of several English bishops and others, with some of the Helvetian reformers, during the early part of the reign of queen Elizabeth. Translated... and edited... by the Rev. Hastings Robinson. 2 Bde., Cambridge 1842-1845 (Briefe im lateinischen Originaltext am Schluß jedes Bandes). Gekürzte Ausgabe (ohne lateinische Originaltexte) in einem Band: Cambridge 1846.

[77] CR I-X; s. Heinz Scheible, Überlieferung und Editionen der Briefe Melanchthons, in: Heidelberger Jahrbücher, XII, 1968, S. 135-161.

[78] OC X/2-XX; über die Bedeutung dieser Werke s. Henri Meylan in: Correspondance de Théodore de Bèze, t. I, Genf 1960, S. 16 f.

[79] The Works of John Knox, collected and edited by David Laing, 6 Bde., Edinburgh 1864-1895 (Nachdruck: New York 1966); Index betreffend Bullinger Bd. VI, S. 694 und 719.

[80] Correspondance des Réformateurs dans les pays de langue française. Recueillie et publiée avec d'autres lettres relatives à la réforme et de notes historiques et biographiques par A. L. Herminjard, 9 Bde., Genf und Paris 1866-1897 (enthält in den Bänden III-IX etwa 50 Briefe von und an Bullinger).

[81] Vadian BW; Register betreffend Bullinger Bd. VII 157.170; s. dazu Werner Näf, Vadian und seine Stadt St. Gallen, Bd. I, St. Gallen 1944, S. 328 ff; über die Bedeutung Bullingers im Vadianischen Briefwechsel vgl. Traugott Schieß, Bullingers Briefwechsel mit Vadian, in: Jahrbuch für schweizerische Geschichte, Bd. XXXI, 1906, S. 23-68.

[82] Der Briefwechsel der Schweizer mit den Polen, hg. v. Theodor Wotschke, Leipzig 1908. — ARG, Erg. Bd. III.

IV

Damit setzte nun freilich schon die moderne, neueste, zu unserer Ausgabe unmittelbar hinführende Registrierung und Abschreibarbeit von Bullinger-Briefen ein, wie sie mit der 1897 gegründeten Vereinigung für ein Zwingli-museum, dem späteren Zwingliverein in Zürich und dessen erstem Präsidenten Emil Egli, vor allem aber mit dem Namen von Traugott Schieß verbunden ist. Aus den Akten des Zwinglivereins geht hervor, daß der verdiente Erforscher der Zürcher Reformation Emil Egli (1848-1908) um die Jahrhundertwende die Herausgabe von Bullingers Briefwechsel sogar vor die Edition der Werke Zwinglis im Corpus Reformatorum stellte: »Wichtiger schien ihm, da Zwinglis Werke in immer noch brauchbarer Ausgabe vorhanden seien, das Augenmerk auf Bullinger und auf Herausgabe seines Briefwechsels zu wenden. Aber Finslers Beredsamkeit siegte. Egli erklärte sich bereit, Bullinger hinter Zwingli zurückzustellen«[83]. Das hinderte ihn allerdings nicht, neben seiner umfang-reichen schriftstellerischen und editorischen Arbeit an der Neuausgabe von Zwinglis Werken, an den »Analecta reformatoria«, den »Quellen zur schweizerischen Reformationsgeschichte«, an der Neuausgabe von Keßlers »Sabbata« sich mit der ihm eigenen Energie für das Andenken Bullingers einzusetzen. Wenn Gerold Meyer von Knonau in einem Nachruf auf Egli meinte, es dürfe »wohl ohne Übertreibung gesagt werden, daß seit dem 16.Jahrhundert, seit den Tagen des großen Bullinger, von keiner Seite mit einer solchen Hingabe, einer solchen Liebe zur Sache, einer solchen Gewissenhaftig-keit auf dem Boden der Geschichte Zwinglis gearbeitet worden ist, wie das durch Egli geschah«[84], so gilt dieses Lob jedenfalls in besonderem Maß für Eglis Arbeit an Bullinger: Er erinnerte nicht nur anläßlich des 400. Geburts-tages Bullingers durch die Herausgabe des Diariums und durch einen akademischen Rathausvortrag[85] nachdrücklich an die Bedeutung Bullingers; er vermachte nicht bloß testamentarisch 5000 Franken für das am 2. November 1941 endlich eingeweihte Bullinger-Denkmal am Großmünster in Zürich und machte damit den Anfang »zur Abzahlung einer Ehrenpflicht, die Zürich einem seiner edelsten Söhne schuldet«[86], sondern er legte auch durch die Anfertigung von etwa 500 Briefabschriften den Grundstock für unsere Ausgabe.

Auf diesem Grundstock konnte der St. Galler Stadtarchivar Traugott Schieß (gest. 1935) weiterbauen, der mittlerweile neben Egli sich in noch viel größerem

---

[83] H[ermann] E[scher], Entstehung und Entwicklung des Zwinglivereins, in: Zwa V 388, vgl. dazu den XII. Jahresbericht des Zwingli-Vereins über das Jahr 1908, in: Zwa II 286: »Nur mit Überwindung ließ er von diesem Gedanken ab, als die Neuausgabe der Werke Zwinglis auf den Plan trat.«

[84] Gerold Meyer von Knonau, Emil Egli, in: Zwa II 261.

[85] HBD; s. oben S. 126, Anm. 9.

[86] In dem in Anm. 83 zitierten Bericht des Zwinglivereins, S. 286.

Maße mit dem brieflichen Nachlaß Bullingers zu beschäftigen begonnen hatte. Ursprünglich Altphilologe, Lehrer für klassische Sprachen an der Kantonsschule in Chur, war Schieß schon früh von der Geschichte, im besonderen der Reformation, in den Bann gezogen worden. Wie Hermann Escher in seinem Nachruf schrieb, »waren es nicht die politischen Bewegungen und die auch ins folgende Jahrhundert hinübergreifenden schweren Stürme, die ihn beschäftigten, sein stiller, nicht nur kriegerischem Treiben, sondern jedem lauten Auftreten abgeneigter Sinn wandte sich lieber den humanistischen Auswirkungen der bewegten Zeit zu. Und vor allem fesselten ihn, der sich, ohne davon Worte zu machen, als Kind der Reformation fühlte, die religiöse Bewegung und die Männer, die lehrend, ratend und helfend im Lande selber und von außen für die Glaubenserneuerung eintraten. Vor allem wandte er sich der warmen, mitfühlenden, hilfreichen Persönlichkeit Bullingers zu. Seiner jeglichen Polemik abholden Natur entsprach das Wesen des Nachfolgers Zwinglis, dessen Aufgabe nicht war, kämpferisch neuen Boden zu gewinnen, sondern ratend, ermunternd, aufrichtend und tröstend den bereits gewonnenen, aber bedrohten Boden zu behaupten. So galt, da der ursprüngliche klassische Philologe sich besonders zu editorischer Tätigkeit gedrängt fühlte, eine erste große Arbeit der Sammlung und Herausgabe von Bullingers Korrespondenz mit den Trägern der Reformation in Graubünden, die 1904 bis 1908 in drei Bänden erschien. Die Arbeit brachte Schieß, der inzwischen an die Stadtbibliothek und das Stadtarchiv St. Gallen gewählt worden war, einen Auftrag aus dem Nachbarlande seitens der Badischen historischen Kommission zur Herausgabe des Briefwechsels des Konstanzer Brüderpaares Ambrosius und Thomas Blaurer (od. Blarer), die einst tatkräftig in die Reformation Süddeutschlands und der Schweiz eingegriffen hatten. 1908 bis 1912 erschien, ebenfalls in drei Bänden, mit Unterstützung des Zwingli-Vereins auch diese Frucht sorgfältigster und liebevollster Arbeit, an der ihn wiederum das rein Menschliche angezogen hatte.«[87] Schieß hat in diesen beiden großen Briefsammlungen zusammen etwa 2500 Stücke aus dem Briefwechsel Bullingers teils in extenso, teils in Auszügen beziehungsweise Regesten veröffentlicht. Was Wunder, daß er nach deren Abschluß dem Zwingliverein schließlich die Herausgabe der gesamten Korrespondenz Bullingers vorschlug. In Anbetracht der Tatsache, daß Egli schon mit Abschriften begonnen hatte, vor allem daß sich kein geeigneter Bearbeiter finden ließ, trat dieser 1911 »mit größter Freude auf die Anregung ein, beschloß, vorerst das Material in möglichst weitem Umfang zu sammeln, indem man alle Fragen redaktioneller Art (ob alle Briefe mit vollem Wortlaut oder z.T. nur in Auszügen zu drucken, ob bereits veröffentlichte wieder aufzunehmen oder nur durch Verweise zu erledigen seien und dergleichen) vorderhand zurücklegte, und traf mit Schieß eine Abrede,

---

[87] in: Zwa VI 129f.

indem man gleichzeitig einen engeren Kreis von Freunden um finanzielle Mithülfe bat«[88].

Es entstanden nebeneinander ein »Fonds zur Herausgabe des Bullingerschen Briefwechsels« (Anfangskapital Fr. 5805.—) und ein »Fonds für Drucklegung von Bullingers Briefwechsel« (Legat von Traugott Schieß im Betrag von Fr. 1000.—). Man rechnete, daß Schieß ab 1913 bis zu dem auf das Zwingli-Jubiläum 1919 erhofften Abschluß der kritischen Zwingli-Ausgabe das Material sammeln würde und daß dann mit dem Druck sofort begonnen werden könnte. Leider verzögerte sich die Realisierung dieser Pläne immer mehr. Nicht, daß etwa Schieß selber sich nicht an die Arbeit gemacht hätte! Im Gegenteil: »Unermüdlich hat der Verstorbene«, nach dem schon oben zitierten Nachruf H. Eschers, »seither unter ausgedehntester Verwendung auch seiner Abendstunden das Material gesammelt, hat die großenteils in Zürich liegenden Vorlagen photographiert und in seiner klaren Handschrift abgeschrieben. Und wenn in einzelnen Jahren andere Arbeiten ihn von Bullinger fern hielten, so kehrte er nach deren Abschluß um so lieber wieder zu ihm zurück, in der Stimmung, der der Redaktor unserer Zeitschrift [Leonhard von Muralt] in seinem Gratulationsartikel der ‚NZZ‘ zum 30. Oktober 1934 so hübschen Ausdruck verliehen hatte: ‚Gegen Abend empfindet jeder Geschäftsmann das Bedürfnis nach Ausspannung, nach dem Verkehr mit vertrauten Menschen und Freunden. Da versammelt Schieß die Korrespondenten Bullingers aus aller Welt um sich, sympathische und unsympathische, Fürsten und Räte, Kirchenmänner und Theologen, und nimmt teil an ihren politischen, kirchlichen, religiösen und besonders an ihren persönlichen Nöten und Sorgen‘«[89].

Schieß begann seine Abschriftensammlung in den Jahren 1914/15 mit ungefähr 4000 Briefausschnitten aus gedruckten Werken und rund 4500 Photokopien, die etwa 2500 Briefen entsprachen; dazu kamen die etwa 500 Briefabschriften, die noch Emil Egli angelegt hatte[90]. Dieses Material hat er in wahrhaft gedenkwürdiger, beispielhafter Weise im Laufe von rund 20 Jahren weiter gemehrt. (Vgl. Statistik S. 140).

Schieß hat am Ende seines Lebens über den Stand seiner Beschäftigung mit Bullinger mit folgenden Worten Rechenschaft abgelegt: »Die unentbehrliche Grundlage für die geplante Ausgabe bildet eine möglichst vollständige Sammlung der erreichbaren Materialien. Von diesen lagen etwa 500 Briefe in Abschrift von Prof. Emil Egli vor; für rund 2000 konnten Ausschnitte aus neueren Drucken angefertigt werden. Alles übrige, gegen 9000 Briefe, wurde zunächst in Photographien (Schwarz-weiß-Kopien) gesammelt; davon sind bis

---

[88] Ebenda 130.
[89] Ebenda 130 f.
[90] XIX. Jahresbericht des Zwinglivereins über das Jahr 1915, in: Zwa III 225.

jetzt fast 6000 abgeschrieben, von etwas über 3000 ist die Abschrift noch anzufertigen. Mit diesen insgesamt etwa 11 400 bisher gesammelten Stücken ist aber noch nicht einmal das in Zürich liegende Material völlig ausgeschöpft; was anderwärts in der Schweiz (außer in St. Gallen und Chur) und im Ausland liegt, muß erst noch beigebracht werden. Die Gesamtzahl der Briefe wird damit auf 12 000 und mehr ansteigen«[91].

Statistik über die Arbeit von Traugott Schiess am Bullinger-Briefwechsel[92]

Briefe von und an Bullinger

	fertige Ab-schriften	*kollatio-nierte Druckaus-schnitte*	*unkollatio-nierte Ab-schriften und Drucke*	*Photo-graphien*	*Abschriften von Prof. Egli*	*Total*
Ende 1915	1000	502	1728	1688	259	5177
1916	1280	641	1507	2208 + 700	341	6477
1917	1761	749	1381	2904	359	7154
1918	1978	777	1279	4173	433	8640
1919	2279	1141	824	4791	524	9559
1920	2388	1204	761	4809	524	9686
1921	2588	1425	540	5203	524	10280
1922	2832	1493	472	5424	524	10745
1923	3179	1593	372	5322	524	10990
1924	3421	1596	369	5277	524	11187
1925	3620	1597	368	5201	524	11310
1926	3958	1658	303	4927	528	11374
1927	4362	1658	303	4525	528	11376
1928	4764	1661	300	4124	528	11377
1929	5302	1663	298	3588	528	11379
1930	5721	1664	297	3170	528	11380

1931-1933 »Herr Dr. T. Schieß konnte zu seinem Bedauern im Berichtsjahr die Arbeit am Bullinger-Briefwechsel nur ganz wenig fördern, sodaß die Statistik kein neues Bild ergibt.«

Beim Tod von Schieß war Entscheidendes erreicht: Nun war wenigstens das in der Schweiz liegende Quellenmaterial im wesentlichen gesammelt, ungefähr zur Hälfte auch für den Druck vorbereitet. Gewaltige Aufgaben bleiben aber noch: Vor allem die Sammlung des noch im Ausland befindlichen Materials, die Herstellung weiterer bereinigter Texte, schließlich der Druck selber. Wenn der Zwingliverein diese Aufgaben in den folgenden Jahren neben der großen Arbeit an der Zwingli-Ausgabe auch nie ganz aus den Augen verloren hat, dauerte es doch wieder Jahre, bis an Bullingers Briefwechsel wieder weiter-gearbeitet wurde. Nicht zuletzt die rege Benützung des von Schieß gesammel-

---

[91] Traugott Schieß, Der Briefwechsel Heinrich Bullingers, in: Zwa V 396 f.

[92] Die Statistik beruht auf den Angaben im Jahresbericht des Zwinglivereins, der jeweils in der ersten Nummer eines Jahrganges der Zeitschrift Zwingliana erschien.

ten Materials führte dazu, daß man 1938 ein Briefschreiber- und Brief-empfängerregister herstellte und auch das noch von T. Schieß angelegte chronologische Verzeichnis der Briefe photokopierte. 1940 unterstützte der Zwingliverein die Arbeit von André Bouvier, »Henri Bullinger. Réformateur et conseiller œcuménique d'après sa correspondance avec les réformés et les humanistes de langue française«[93], mit der Begründung, »daß dieses Werk in gewissem Sinne als Teilpublikation des Bullinger-Briefwechsels betrachtet werden könne«[94]. Während des Zweiten Weltkrieges wurde sodann mit Mitteln, die das Eidgenössische Departement des Innern für arbeitslose Akademiker zur Verfügung stellte, mit Unterstützung von Kanton, Stadt und Kirchenrat Zürich, die Herstellung eines genauen Registers in Angriff ge-nommen. Bis Ende 1947 stellte dessen Bearbeiter, Max Niehans, für rund 3500 Briefe ein Register, dann für die bis Ende 1554 reichenden rund 3000 Briefe auch kurze Inhaltsangaben zusammen. Von etlichen kleineren und größeren Aufsätzen über Bullinger und seinen Briefwechsel abgesehen schlief dann aber die Arbeit am Bullinger-Briefwechsel ein weiteres Mal ein. Erst 1958 berichtete Fritz Blanke (1900-1967)[95] wieder über Vorarbeiten für eine Bullinger-Ausgabe. Seit 1961 trug der Schweizerische Nationalfonds zur Förderung der wissenschaftlichen Forschung auf Initiative des Zwinglivereins die Kosten zur Besoldung von Joachim Staedtke zwecks Herstellung einer Bibliographie der Werke von und über Heinrich Bullinger sowie der Registrierung noch nicht bekannten Briefmaterials. Nach der Gründung des Instituts für Schweizerische Reformationsgeschichte und der Anstellung Dr. Joachim Staedtkes durch den Kanton Zürich trat 1964 Dr. Endre Zsindely in die Vorbereitungsarbeiten zur Edition des Briefwechsels ein. Als Dr. Staedtke 1965 den Lehrstuhl für reformierte Systematik in Erlangen übernahm, kam Prof. Fritz Büsser an dessen Stelle und übernahm die Leitung des Instituts für Schweizerische Reformationsgeschichte, zu dessen Hauptaufgabe die Vorbereitung der Brief-edition gehört. Als weitere Mitarbeiter wirkten vorübergehend Albert-Jean Chenou und Maria-Grazia Huber-Ravazzi, seit 1970 Dr. Ulrich Gäbler und Dr. Kurt Maeder, seit 1971 lic. phil. Kurt Rüetschi an der Arbeit zur Herausgabe des Briefwechsels mit.

Dabei stellte sich leider bald heraus, daß die riesige Arbeit von Schieß quantitativ und qualitativ noch in erheblichem Maße ergänzt werden muß, einmal durch die Registrierung der noch fehlenden Briefe in Zürich selbst, vor allem aber in auswärtigen Archiven und Bibliotheken, zum anderen aber sind die Abschriften an präzisere Editionsgrundsätze anzugleichen und mit einem textkritischen Apparat zu versehen, auf den Schieß gänzlich verzichtet hatte.

---

[93] Neuchâtel-Paris 1940.
[94] 44. Jahresbericht des Zwinglivereins über das Jahr 1940, in: Zwa VII 335.
[95] 62. Jahresbericht des Zwinglivereins über das Jahr 1958, in: Zwa XI 63.

Vor allem ist ein vollständiges, nach modernen wissenschaftlichen Prinzipien konzipiertes Register zum gesamten Briefwechsel zu erstellen. Wobei vom Kommentar zu den einzelnen Briefen noch gar nicht gesprochen worden ist.

Daß jetzt, rund 400 Jahre nach Bullingers Tod endlich der erste Band der Bullinger-Briefsammlung erscheinen darf, erfüllt alle Mitarbeiter mit Freude. Diese ist gemischt mit tiefem Dank an die Instanzen von Bund, Kanton und Kirche, welche unsere Arbeit finanziell unterstützten, vor allem aber an die vielen Männer, welche gewaltige Vorarbeit geleistet haben: von Hottinger und Breitinger über Simler, Pestalozzi, Egli, Schieß bis hin zu Fritz Blanke und Leonhard von Muralt, die in den letzten Jahren die Verwirklichung der Bullinger-Ausgabe nicht nur ideell, sondern durch tatkräftigen Einsatz maßgeblich gefördert haben.

10. BULLINGER — DER PREDIGER*

Bullingers weltweite Beziehungen, seine Bemühungen um die Durchsetzung, Verbreitung und Verteidigung der (Zürcher) Reformation in ganz Europa sind von großartiger Eindrücklichkeit. Nicht minder eindrücklich ist die Tätigkeit, um derentwillen er nach der Schlacht von Kappel eigentlich nach Zürich gekommen ist — seine Tätigkeit als Prediger am Großmünster.

Statistisches

Um mit Äußerlichkeiten zu beginnen: Im reformierten Zürich wurde während der ganzen Amtszeit Bullingers — 1531-1575 — sehr viel gepredigt. Die Zahl der Feiertage war zwar infolge der Reformation drastisch auf Weihnachten, Neujahr, Ostern, Himmelfahrt und Pfingsten (in gewisser Beziehung dazu noch Gründonnerstag, Karfreitag und Ostersamstag) reduziert worden — diese Reduktion bedeutete aber, an heutigen Verhältnissen gemessen, nicht einfach eine Beschränkung der Gottesdienste auf den Sonntag. Im Gegenteil: auch im reformierten Zürich mit seinen rund 7000 Einwohnern wurde noch lange Zeit täglich zwar nicht mehr die Messe gelesen, dafür aber gepredigt: sonntags dreimal im Großmünster, je einmal in Fraumünster, St. Peter und Predigerkirche, jeden Werktag je einmal im Großmünster und in einer der andern Kirchen. Am Großmünster standen für diesen Dienst fünf Prediger zur Verfügung: der Pfarrer (Bullinger), zwei Prädikanten und zwei Diakone oder Helfer.

Bullinger übernahm in den ersten Jahren seiner Amtstätigkeit wöchentlich bis zu sechs Predigten, später in der Regel die Frühpredigten am Sonntag, Dienstag und Freitag. Während wir bei Zwingli im großen und ganzen nur wissen, daß er in Zürich, die alte Perikopenordnung durchbrechend, die Reihenpredigt (lectio continua, d.h. die fortlaufende Erklärung einzelner Schriften der Bibel) eingeführt hat, zwar auch die Abfolge der Reihen, jedoch nicht Umfang und Inhalt der einzelnen Predigten kennen, ist die Quellenlage bei Bullinger wesentlich günstiger. Wir können auf Grund seiner Notizen im Diarium, vor allem aber auf Grund seiner in der Zentralbibliothek sorgfältig aufbewahrten, immer ein Doppelblatt füllenden eigenhändigen Predigtkonzepte, schließlich auf Grund von rund sechshundert gedruckten Predigten nicht bloß ausrechnen, daß Bullinger in Zürich insgesamt zwischen 7000 und 7500 Predigten gehalten hat. Wir können diese weitgehend auch rekonstruieren.

---

* In: Neue Zürcher Zeitung, 27./28. September 1975, Nr. 224.

In drei nebeneinander herlaufenden Predigtreihen hat Bullinger zum Teil mehrfach praktisch alle Bücher des Alten und des Neuen Testaments ausgelegt. Nach dem Urteil seines Kollegen und Mitarbeiters Conrad Pellican gab es dabei »kein noch so schwieriges Problem im biblischen Kanon, das er nicht in der Muttersprache lichtvoll und fruchtbringend« erklärt hätte: ja er tat »das mit größerer Klarheit der Gedanken und Glaubenslehren, als es von Anfang an einer auf dem doktoralen Katheder der Pariser Universität gekonnt hätte«.

Gottes Wort

Es ist nur schwer vorstellbar, wieviel Arbeit, Einsatz und Zeit, welch eiserner Wille, welche Ausdauer, aber auch wieviel geistige Überlegung Bullinger in seine Predigten investiert hat. Wir können diese Investition aber erklären; mit Bullingers eigenen Worten: »Praedicatio verbi Dei est verbum Dei«; »Die Verkündigung des Gotteswortes ist Gottes Wort. Wenn heute dieses Wort Gottes durch rechtmäßig berufene Prediger in der Kirche verkündigt wird, glauben wir, daß Gottes Wort selbst verkündigt und von den Gläubigen vernommen werde.«

In diesen Sätzen aus dem von Bullinger verfaßten Zweiten Helvetischen Bekenntnis von 1566 (der wichtigsten Bekenntnisschrift des reformierten Protestantismus) steckt ein doppeltes. Zum einen, allgemein, eine theologische Umschreibung der Reformation überhaupt: daß die Erneuerung der Kirche und des Lebens im Namen von Gottes Wort gewagt wird; daß das Heil nicht im sakramentalen Handeln des Priesters, sondern ausschließlich im Wort Gottes zu erfahren ist. Zum andern, im besonderen, Bullingers Predigttheorie. Grundlage, Voraussetzung und Inhalt der Predigt ist, daß Gott zu uns gesprochen hat und — in der Predigt immer neu spricht. Bullinger legte großen Wert darauf, zu betonen, daß die Heilige Schrift als Quelle der Predigt erschöpfend und autoritativ ist. Aus Gottes Güte hervorgegangen, enthält sie alles, was wir für Glauben und Leben wissen müssen: »die wahre Weisheit und Frömmigkeit, die Verbesserung und Leitung der Kirchen, die Unterweisung in allen Pflichten der Frömmigkeit und endlich den Beweis der Lehren und den Gegenbeweis oder die Widerlegung aller Irrtümer, aber auch alle Ermahnungen.« Wer Gottes Wort glaubt und danach lebt, wird gerecht und ist Erbe des ewigen Lebens.

Bullinger sagt nun aber ausdrücklich, daß nicht nur die Heilige Schrift Gottes Wort ist, sondern gerade auch die Predigt. Das setzt bei den Hörern voraus, daß zum Glauben das sogenannte innere Zeugnis des Heiligen Geistes gehört, d.h. die Erleuchtung und Überzeugung, daß in und durch die Predigt Gott gegenwärtig spricht. Da das für den Prediger auch, ja in noch höherem Maße gilt, besteht seine Aufgabe vor allem darin, daß er die Schrift sachkundig und verantwortungsbewußt auslegt. Die Auslegung muß »rechtgläubig« und

»ursprünglich« sein, mit der Regel des Glaubens und der Liebe übereinstimmen, die Ehre Gottes und das Heil der Menschen im Auge halten. Das heißt konkret: die Auslegung hat von den Ursprachen, dem hebräischen und griechischen Text, nicht von der Vulgata auszugehen; neben der Kenntnis der einzelnen Begriffe ist immer der Gesamtzusammenhang der Bibel überhaupt, eines Buches, eines Kapitels oder einer Perikope zu beachten, aber auch der Kontext, der literarische und historische Rahmen, Absicht und Verhältnisse der einzelnen biblischen Verfasser bzw. Schriften. Schließlich soll die Auslegung klar, einfach und verständlich sein und soll die besonderen Bedürfnisse der Hörer berücksichtigen: »es eignet sich nicht alles für jede Kirche; Orte und Zeiten, die Gelegenheiten und Menschen sind verschieden.«

Bullingers Predigttheorie, die in der reformierten Kirche heute noch beachtet zu werden verdiente, stammte in formaler Beziehung aus der Welt des Humanismus. Damit hängt mit Einschränkung auch zusammen, daß Bullinger prinzipiell zwar die römische Auslegung der Bibel abgelehnt, die Auslegung der Kirchenväter und Konzilien der Alten Kirche aber berücksichtigt hat, soweit sie mit der Bibel übereinstimmten; daß er grundsätzlich wohl den Literalsinn berücksichtigte, nach dem Vorbild der Bibel aber auch gerne die allegorische Schriftauslegung anwandte; daß er schließlich dem reformierten Schriftprinzip gewissermaßen zum Trotz neben den zahllosen Bibelzitaten auch die heidnischen Schriftsteller stark berücksichtigte.

Bullingers Predigttheorie

Die Heilige Schrift selber als Quelle wie die konsequente Anwendung seiner Predigttheorie führten dazu, daß Bullinger auch praktisch über alles predigte, »was wir für Glauben und Leben wissen müssen«. Daß das auch tatsächlich der Fall war, beweisen nicht bloß die berühmten Dekaden — das bekannteste Predigtbuch des reformierten Protestantismus —, sondern auch die Predigtreihen und die einzelnen Predigten. Immerhin lassen sich drei Hauptthemenkreise nachweisen: Zunächst unterrichtete Bullinger seine Gemeinde ganz einfach im Glauben. Häufig von einer Erklärung der betreffenden Begriffe ausgehend, predigte er über das Wort Gottes und seine Auslegung, über das Apostolische Glaubensbekenntnis, über das Gesetz (die Zehn Gebote und das Doppelgebot), über die christliche Freiheit, den Lohn der guten Werke, über die Sünde, das Evangelium, die Gnade Gottes und die Bekehrung des Menschen, über den dreieinigen Gott, den Vater und Schöpfer, Christus und den Heiligen Geist, über die Kirche. Dabei scheute er sich keineswegs, auch heiklere oder umstrittene theologische Probleme wie Vorsehung und Prädestination, die Höllenfahrt Christi, die Lehre von Engeln und Teufeln, von der Seele und vom Abendmahl aufzugreifen. Dies geschieht jedoch immer mit Vorsicht und Zurückhaltung, ohne in die letzten, dem Menschen verborgenen Geheimnisse Gottes eindringen zu wollen.

Bullinger lehrte seine Gemeinde sodann das Kreuz. Als erfahrener Seelsorger wußte er um die aus Sünde, Armut, Krankheit und Tod erwachsene persönliche Anfechtung des Einzelnen. Als hellhöriger Zeitgenosse, der durch seine gewaltige Korrespondenz über alle politischen und kirchlichen Verhältnisse und Vorgänge in ganz Europa im Bilde war, sah er aber auch immer die mit der Reformation zusammenhängenden großen öffentlichen Anfechtungen. In einer Zeit, da die reformierte Kirche inner- und außerhalb der Eidgenossenschaft sowohl politisch wie konfessionell von links und rechts bedroht war, sah er deshalb eine seiner vornehmsten Aufgaben darin, gerade in der Predigt zu trösten, Gottvertrauen zu wecken, zu Geduld und Ausdauer im Kampf gegen alle Formen des Bösen aufzurufen, daneben allerdings auch scharf zu polemisieren. Von der Bibel als einer Geschichte erfüllter Verheißungen lernte er dabei, auch die Geschichte immer wieder als Lehrmeisterin beizuziehen. So hat er — im Gegensatz zu Luther, Zwingli und Oekolampad — die Apokalypse als das große Trostbuch der christlichen Kirche (wieder) entdeckt.

Schließlich unterrichtete Bullinger in der Predigt seine Gemeinde auch im Leben. Da er diese Gemeinde immer auch als politische und gesellschaftliche Größe verstand, gibt es praktisch keine Predigt ohne ganz konkreten Bezug auf die Praxis des täglichen Lebens des Einzelnen, der Kirche und der Gesellschaft. Die Schrift selber gewann damit — ein typisch reformierter Wesenszug! — oft fast den Charakter eines Lehrbuchs der Ethik; und wenn schon von Zwinglis Predigt gesagt wird, daß sie immer auf konkrete Mißstände und Ungerechtigkeiten zielte, ein »Gefälle zum aktuellen, vorab politischen Wort« hatte, so gilt das noch in vermehrtem Maß für Bullinger. Obschon er sich seiner »Wahlkapitulation« gemäß nicht mehr wie Zwingli direkt in die Staatsgeschäfte einmischen durfte, hatte er doch jederzeit die Freiheit und das Recht, auch und gerade auf der Kanzel zu politischen, sozialen und wirtschaftlichen Fragen Stellung zu nehmen. Das geschah in der Regel wohl eher in der grundsätzlichen Erörterung, recht häufig aber absolut situationsbezogen.

APPENDICES

A) PREDIGTREIHEN AUFGRUND VON BULLINGERS EINTRÄGEN IM DIARIUM

Die Quellenangaben (Seiten und Zeilen) beziehen sich auf: H. Bullingers Diarium. Hrsg. v. E. Egli, Basel 1904

1532	Heb., 1./2. Pet., Joh.	21,23 f
1533	Apg., Röm., 1./2. Kor., Gal., Eph.	22,18-20
1534	Am., Jon., Hab., Zeph., Phil., Kol., Thess., Tim., Tit., Phil.	23,21-23
1535	Mat., Ob., Sach., Hag., Mal.	24,9 f

1536	1. Mos., Luk., Hos., Joel	24,18 f
Joh.	11.11.1537 (So) —	25,25 f
2.Mos.	10.11.1537 (Sa) — 1539	25,25 f; 27,16
Heb.	(nach 2.Mos.) 1539	27,16; 27,29
1.Joh.	(»canonicam Ioannis epistolam«)	
	7.6.1539 (Sa) — Okt./Nov. 1539	27,23; 27,26
5.Mos.	9.11.1539 (So) — 15.5.1542 (Mo)	27,24 f; 30,27 f
Mark.	26.11.1539 (Mi) — 3.3.1541 (Do)	27,28; 29,3
1.Pet.	9.3.1541 (Mi) —	29,4
2.Pet.	— 24.11.1541 (Do)	30,13
Jos.	30.11.1541 (Mi) — 31.5.1542 (Mi)	30,13 f; 30,31 f
Richt.	1.6.1542 (Do) — 20.4.1543 (Fr)	30,31; 32,4
Luk.	11.6.1542 (So) — 3.6.1546 (Do)	30,29 f; 34,6
1.Sam.	27.4.1543 (Fr) —	32,4 f
2.Sam.	19.12.1544 (Fr) — 15.8.1546 (So)	32,17 f; 34,12 f
Apg.	20.6.1546 (So) — 8.7.1548 (So)	33,6 f; 36,12
1.Kön.	22.8.1546 (So) — 22.6.1548 (Fr)	34,12; 36,5
Dan.	27.7.1546 (Di) — 19.7.1547 (Di)	34,14 ff; 35,9
Sach.	26.7.1547 (Di) — 24.1.1548 (Di)	35,10 f; 35,23
Jes.	31.1.1548 (Di) —	35,24
2.Kön.	29.6.1548 (Fr) — 21.3.1550 (Fr)	36,6 f; 38,1
Röm.	22.7.1548 (So) — 29.9.1549 (So)	36,15 f; 37,12 f
Mat.	6.10.1549 (So) — 19.5.1555 (So)	37,13; 47,18
Heb.	11.4.1550 (Fr) — 28.8.1551 (Fr)	38,1 f; 39,17
1.Tim.	28.8.1551 (Fr) — 8.8.1552 (Mo)	39,17; 40,23
Hos.	— 23.2.1552 (Di)	40,11
Am.	1.3.1552 (Di) — 30.8.1552 (Di)	40,11 f; 41,8
2.Tim.	12.8.1552 (Fr) — 24.3.1553 (Fr)	40,23 f; 44,1 f
Jon.	6.9.1552 (Di) — 1.11.1552 (Di)	41,9; 43,11
Joel	8.11.1552 (Di) — 7.2.1553 (Di)	43,11; 43,22
Mi.	14.2.1553 (Di) — 18.7.1553 (Di)	43,22; 44,21
Tit.	7.4.1553 (Fr) — 11.8.1553 (Fr)	44,2; 45,6
Nah.	25.7.1553 (Di) — 29.8.1553 (Di)	44,21 f; 45,8
1.Kor.	18.8.1553 (Fr) — 24.5.1555 (Fr)	45,6 f; 47,20
Hab.	5.9.1553 (Di) — 7.11.1553 (Di)	45,8; 45,11
Zeph.	14.11.1553 (Di) — 6.2.1554 (Di)	45,11; 45,24
Ob.	20.2.1554 (Di) — 20.3.1554 (Di)	45,24 f; 46,3
Hag.	3.4.1554 (Di) — 15.5.1554 (Di)	46,3; 46,22
Mal.	29.5.1554 (Di) — 14.8.1554 (Di)	46,22 f
Off.	21.8.1554 (Di) — 29.12.1556 (Di)	46,23 f; 50,19
1.Pet.	9.6.1555 (So) — 26.4.1556 (So)	47,18 f; 48,17
2.Kor.	31.5.1555 (Fr) — 31.7.1556 (Fr)	47,20 f; 49,5
2.Pet.	3.5.1556 (So) — 20.9.1556 (So)	48,17 f; 49,3
1.Joh.	27.9.1556 (So) — 15.8.1557 (So)	49,3 f; 51,17
Gal.	7.8.1556 (Fr) — 30.4.1557 (Fr)	49,5 f; 51,15
Jer.	5.1.1557 (Di) — 28.6.1560 (Fr)	50,25 f; 64,3
	ab 30.6.1559 an Freitagen	60,3-5
Eph.	7.5.1557 (Fr) —	51,15 f
2.Joh.	22.8.1557 (So) — 12.9.1557 (So)	51,17 f
3.Joh.	19.9.1557 (So) — 3.10.1557 (So)	51,18 f

Jak.	10.10.1557 (So) — 17.4.1558 (So)	51,19 f; 56,8
Phil.	21.1.1558 (Fr) — 10.6.1558 (Fr)	56,4 f
Kol.	24.6.1558 (Fr) — 28.10.1558 (Fr)	56,6
1.Thess.	4.11.1558 (Fr) — 17.3.1559 (Fr)	56,6 f; 60,3
Jud.	nach »Jak.« (also Sonntagsreihe)	56,8
Joh.	26.6.1558 (So) — 7.12.1561 (So)	56,9; 65,30 f
2.Thess.	31.3.1559 (Fr) — 2.6.1559 (Fr)	60,3 f
Philem.	8.6.1559 (Do) — 23.6.1559 (Fr)	60,4 f
Mark.	5.7.1560 (Fr) — 30.4.1563 (Fr)	64,5; 72,3
Klag.	9.7.1560 (Di) — 17.12.1560 (Di)	64,3 f
Ps.	1561	65,32
Jes.	4.1.1562 (So) — 14.7.1566 (So)	68,8; 83,14
Ps.	(»dienstags«)	68,9 f
Dan.	18.5.1563 (Di) — 19.6.1565 (Di)	72,1; 79,29
Luk. 1-16	7.5.1563 (Fr) — Juli 1566 (Fr)	72,4; 83,17 f
Luk.16-24	21.7.1566 (So) — 7.3.1568 (So)	83,17 f; 91,5 f
Ps.	26.7.1566 (Fr) — 27.8.1574 (Fr)	83,18 f; 118,10-12
Apg.	14.3.1568 (So) — 26.4.1573 (So)	91,6 f; 112,16 f
Joel Jon. Nah. Zeph. Hag.	1571 (alle dienstags)	108,8-10
Sach.	2.12.1572 (Di) — 15.9.1573 (Di)	108,10; 112,21 f
Heb.	17.5.1573 (So) —	112,18 f
Mal.	29.9.1573 (Di) — 9.2.1574 (Di)	112,22; 118,7
Ob.	2.3.1574 (Di) — 27.4.1574 (Di)	118,7 f
Hab.	11.5.1574 (Di) — 10.8.1574 (Di)	118,8
Am.	7.9.1574 (Di) —	118,9
Richt.	10.9.1574 (Fr) —	118,13

B) UNVERÖFFENTLICHE LATEINISCHE PREDIGTKONZEPTE BULLINGERS

Am.	Collectanea in Amos prophetam ... (deutscher Text, Nachschr.), 18.1.1534-	ZBZ D 130, Nr. 1
Jon.	In Jonam Annota...	ZBZ D 130, Nr. 2
Hab.	Collectanea in prophetam Abacuk...	ZBZ D 130, Nr. 3
	Tagesordnungen, Notizen, Predigtkonzepte zu den Zürcher Synoden, 1533-3.5.1575	ZBZ D 220
	Natalis. Predigtkonzepte zum Weihnachtsfest, 1535-1570	ZBZ Car III 206 d
	De Coena Domini. Konzepte von Abendmahlspredigten, 1536-1575	ZBZ Car III 206 d
	Circvmcisio Domini. Konzepte zum Fest der Beschneidung Christi, 1536-1571	ZBZ Car III 206 d
	Resvrrectio Domini. Konzepte zu Ostern, 1537-1571	ZBZ Car III 206 d
Jes.	Annotationes in Sermones... Prophetae Isaiae, wahrscheinl. 1537	ZBZ Car III 195

1.Mos.	23.4.1536 (So) — 4.11.1537 (So)	ZBZ Car III 203
5.Mos.	9.11.1539 (So) — 14.5.1542 (So)	ZBZ Car III 203
	Passio Dominj. Predigtkonzepte zur Passion, 1541-1554	ZBZ Car III 206 d
Luk.	Memorialia Concionvm... in Euangelion D. Lvcae. Nachschr., 1542-3.6.1546	ZBZ D 51
Richt.	1543, 1. Angabe: 2.3.1543 (Fr)	ZBZ Car III 206
1.Sam.	27.4.1543 (Fr) — 12.12.1544 (Fr)	ZBZ Car III 206
2.Sam.	19.12.1544 (Fr) — 15.8.1546 (So), erhalten bis 4.6.1546 (Fr)	ZBZ Car III 206
Dan.	27.7.1546 (Di) — 19.7.1547 (Di)	ZBZ Car III 206 b
Sach.	26.7.1547 (Di) — 24.1.1548 (Di)	ZBZ Car III 206 b
Dan.	In Danielem prophetam annotata D. H.B., Nachschr. 1547	ZBZ Car XV 35, fo. 469-523
	Skizzen und Entwürfe zu Predigten u.a., meist lateinisch, 1547-1565	ZBZ D 113.2
Jes.	31.1.1548 (Di) — 7.7.1551 (Di)	ZBZ Car III 206 b
Apg.	4.3. (So) — 27.5.1548 (So)	ZBZ Car III 203
2.Kön.	29.6.1548 (Fr) — 25.1.1549 (Fr)	ZBZ Car III 206
Röm.	22.7.1548 (So) — 29.9.1549 (So)	ZBZ Car III 203
	Lateinische Inhaltsangaben von Predigten über Röm., 1.Tim., Heb., 1548-52, Nachschr.	ZBZ D 131, fo. 1-203
Mat.	6.10.1549 (So) — 19.5.1555 (So)	ZBZ Car III 204
Heb.	In Divi Pavli ad Heb. ... Concionvm Memorialia. 11.4.1550 (Fr) — 28.8.1551 (Fr)	ZBZ D 131, Nr. 3
1.Tim.	4.9.1551 (Fr) — 5.8.1552 (Fr)	ZBZ D 131, Nr. 2
Am.	1.3. (Di) — 30.8.1552 (Di)	ZBZ Car III 206 b
Jon.	Predigtnotizen zu Teilen von Jona 6.9. (Di) — 6.12.1552 (Di)	ZStA E II 453, fo. 151 ff.
Nah.	25.7. (Di) — 29.8.1553 (Di)	ZBZ Car III 206 b
Hab.	5.9. (Di) — 7.11.1553 (Di)	ZBZ Car III 206 b
Zeph.	14.11.1553 (Di) — 6.2.1554 (Di)	ZBZ Car III 206 b
Hag.	3.4. (Di) — 15.5.1554 (Di)	ZBZ Car III 206 c
Mal.	29.5. (Di) — 14.8.1554 (Di)	ZBZ Car III 206 c
1.Kor.	18.8.1553 (Fr) — 24.5.1555 (Fr)	ZBZ Car III 206
2.Kor.	31.5.1555 (Fr) — 31.7.1556 (Fr)	ZBZ Car III 206
Off.	21.8.1554 (Di) — 29.12.1556 (Di)	ZBZ Car III 206 c
Gal.	7.8.1556 (Fr) — 30.4.1557 (Fr)	ZBZ Car III 206
Jes.	4.1.1562 (So) — 14.7.1566 (So)	ZBZ Car III 205
Ps.1-57	26.7.1566 (Fr) — 6.5.1569 (Fr), erhalten ab 15.11.1566	ZBZ Car III 206 a
Ps. 58-104	8.7.1569 (Fr) — 2.11.1571 (Fr), erhalten ab 10.3.1570 — 19.1.1571	ZBZ Car III 206 a
Eph.	Predigtnotizen zu Eph. 1569-70, Nachschr.	ZBZ D 291
Ps. 104-119	9.11.1571 (Fr) — 17.7.1573 (Fr)	ZBZ Car III 206 a
Ps.120-150	24.7.1573 (Fr) — 27.8.1574 (Fr), erhalten ab 9.10.1573	ZBZ Car III 206 a

Apg.	14.3.1568 (So) — 9.7.1570 (So), dazu: Teile Mai, Dez. 1572	ZBZ Car III 205
	Predigtkonzepte zum Himmelfahrtsfest 4.5.1570, 24.5.1571, 15.5.1572, 30.4.1573	ZBZ Car III 206 d
Joel	13.11.1571 (Di) — 17.1.1572 (Do)	ZStA E II 453, fo. 95-109
Jon.	12.2. (Di) — 6.5.1572 (Di)	ZStA E II 453, fo. 151 ff
Nah.	13.5. (Di) — 8.7.1572 (Di)	ZBZ Car III 206 c
Zeph.	15.7. (Di) — 30.9.1572 (Di)	ZBZ Car III 206 c
Hag.	7.10. (Di) — 25.11.1572 (Di)	ZBZ Car III 206 c
Sach.	2.12.1572 (Di) — 15.9.1573 (Di)	ZBZ Car III 206 c
Mal.	29.9.1573 (Di) — 9.2.1574 (Di)	ZBZ Car III 206 c
Hab.	11.5. (Di) — 10.8.1574 (Di)	ZBZ Car III 206 c
Am.	7.9.1574 (Di) — 17.5.1575 (Di), abgebrochen	ZBZ Car III 206 c
Richt.	10.9.1574 (Fr) — 20.5.1575 (Di), letzte Predigt?	ZBZ Car III 206 a
Mat. Mark.	Annotationes in evangelia D.D. Matthaei et Marci, Nachschr., 1599/1601	ZBZ Car XV 51
	Predigtkonzepte und Manuskriptblätter verschiedenen Inhalts	ZBZ Car III 206 d
	»Homilien« zu verschiedenen Bibelstellen	ZBZ Car 195
1.Mos. 5.Mos.	Prologus in Genesim, Annotationes in Deuteronomium Domini H.B., Titelblatt des 2. Teils: Invenies etiam Annotationes collectae in concionibus ... Bullingeri de nativitate Salvatoris atque circumcisione in fine. (Undatierte Nachschr.)	ZBZ Car XV 26

C) GRAPHISCHE DARSTELLUNG VON BULLINGERS PREDIGTREIHEN, NACH DEN AUFGEFÜHRTEN QUELLEN DARGESTELLT

Die Daten bezeichnen Anfang und Ende der jeweiligen Predigtreihe.

Freitag	*Sonntag*	*Dienstag*
(bis 1542 wochentags)	23. Apr. 1536 | 1.Mos. |	
10. Nov. 1537 Sa | 2.Mos. | (1539)	4. Nov. 1537 11. Nov. 1537 | Joh. ( )	

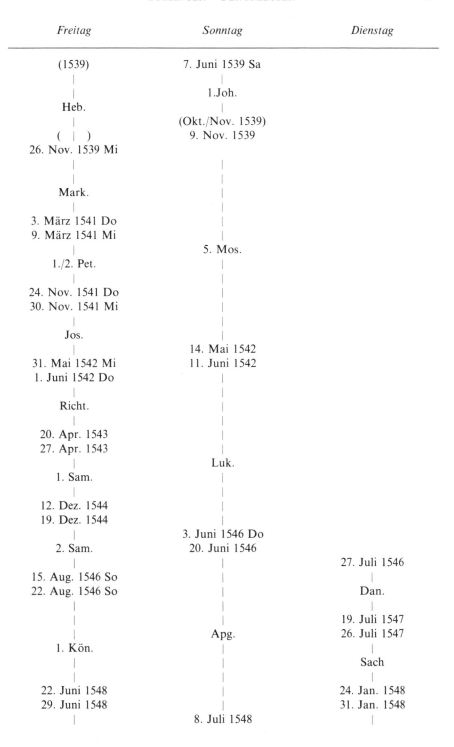

Freitag	*Sonntag*	*Dienstag*
(1539)	7. Juni 1539 Sa	
	1.Joh.	
Heb.		
	(Okt./Nov. 1539)	
(|)	9. Nov. 1539	
26. Nov. 1539 Mi		
Mark.		
3. März 1541 Do		
9. März 1541 Mi		
	5. Mos.	
1./2. Pet.		
24. Nov. 1541 Do		
30. Nov. 1541 Mi		
Jos.		
	14. Mai 1542	
31. Mai 1542 Mi	11. Juni 1542	
1. Juni 1542 Do		
Richt.		
20. Apr. 1543		
27. Apr. 1543		
	Luk.	
1. Sam.		
12. Dez. 1544		
19. Dez. 1544		
	3. Juni 1546 Do	
2. Sam.	20. Juni 1546	
		27. Juli 1546
15. Aug. 1546 So		
22. Aug. 1546 So		Dan.
		19. Juli 1547
	Apg.	26. Juli 1547
1. Kön.		
		Sach
22. Juni 1548		24. Jan. 1548
29. Juni 1548		31. Jan. 1548
	8. Juli 1548	

Freitag	Sonntag	Dienstag
	22. Juli 1548	
	Röm.	
2. Kön.		
	29. Sept. 1549	
	6. Okt. 1549	Jes.
21. März 1550		
11. Apr. 1550		
Heb.		
		7. Juli 1551
28. Aug. 1551		( )
4. Sept. 1551		
		Hos.
1. Tim.		
		23. Feb. 1552
		1. März 1552
5. Aug. 1552		Am.
12. Aug. 1552		
		30. Aug. 1552
		6. Sept. 1552
		Jon.
		1. Nov. 1552[1]
2. Tim.		8. Nov. 1552
		Joel
	Mat.	7. Feb. 1553
		14. Feb. 1553
24. März 1553		
7. Apr. 1553		Mi.
Tit.		18. Juli 1553
		25. Juli 1553
11. Aug. 1553		
18. Aug. 1553		Nah.
		29. Aug. 1553
		5. Sept. 1553
		Hab.

---

[1] Eine Predigtnotiz zeigt als Enddatum: 6. Dez. 1552 (Di).

Freitag	Sonntag	Dienstag
		7. Nov. 1553
		14. Nov. 1553
		Zeph.
		6. Feb. 1554
		20. Feb. 1554
1. Kor.		Ob.
		20. März 1554
		3. Apr. 1554
		Hag.
		15. Mai 1554
		29. Mai 1554
		Mal.
		14. Aug. 1554
		21. Aug. 1554
24. Mai 1555	19. Mai 1555	
31. Mai 1555	9. Juni 1555	
	1. Pet.	
2. Kor.		
	26. Apr. 1556	
	3. Mai 1556	
31. Juli 1556	2. Pet.	Off.
7. Aug. 1556		
	20. Sept. 1556	
	27. Sept. 1556	
Gal.		29. Dez. 1556
	1. Joh.	5. Jan. 1557
30. Apr. 1557		
7. Mai 1557		
	15. Aug. 1557	
	22. Aug. 1557	
	2. Joh.	
Eph.	12. Sept. 1557	

Freitag	Sonntag	Dienstag
	19. Sept. 1557	
	3. Joh.	
	3. Okt. 1557	
	10. Okt. 1557	
(|)		
21. Jan. 1558	Jak.	Jer. (1-13)
	17. Apr. 1558	
Phil.	(|)	
	Jud.	
10. Juni 1558	(|)	
24. Juni 1558	26. Juni 1558	
Kol.		
28. Okt. 1558		
4. Nov. 1558		
1. Thess.		
17. März 1559		
31. März 1559		
2. Thess.		
2. Juni 1559		
8. Juni 1559 Do		
Philem.	Joh.	
23. Juni 1559		
(»deinde«)		
Jer. (14-30)		
28. Juni 1560		
5. Juli 1560		9. Juli 1560
		Klag.
		17. Dez. 1560
Mark.		(1561)
	7. Dez. 1561	
	4. Jan. 1562	

Freitag	*Sonntag*	*Dienstag*
		Ps.
30. Apr. 1563		(1562/1563?)
7. Mai 1563		18. Mai 1563
		Dan.
Luk. (1-16)	Jes.	
		19. Juni 1565
	14. Juli 1566	Bull. übergibt
(Juli 1566)	21. Juli 1566	diese Predigtzeit
26. Juli 1566		an Joh. Wick
	Luk. (16-24)	(Diar. 79,30 f).
	7. März 1568	
	14. März 1568	
		13. Nov. 1571
		Joel
		17. Jan. 1572 Do
		12. Feb. 1572
		Jon.
		6. Mai 1572
	Apg.	13. Mai 1572
		Nah.
		8. Juli 1572
		15. Juli 1572
		Zeph.
Ps.		30. Sept. 1572
		7. Okt. 1572
		Hag.
		25. Nov. 1572
		2. Dez. 1572
	26. Apr. 1573	
	17. Mai 1573	Sach.

Freitag	Sonntag	Dienstag
		15. Sept. 1573
		29. Sept. 1573
		Mal.
		9. Feb. 1574
		2. März 1574
	Heb.	Ob.
		27. Apr. 1574
		11. Mai 1574
		Hab.
27. Aug. 1574		10. Aug. 1574
10. Sept. 1574		7. Sept. 1574
Richt.		Am.
20. Mai 1575		17. Mai 1575
vermutlich letzte Predigt Bullingers		bricht mit Kap. 4 ab.

D) GEDRUCKTE PREDIGTEN BULLINGERS

(Die Nummern beziehen sich auf: H. Bullinger. Bibliographie, Bd. 1. Beschreibendes Verzeichnis der gedruckten Werke von Heinrich Bullinger, bearbeitet von J. Staedtke. Theologischer Verlag Zürich 1972)

179-227	Sermonum decades quinque
246-248	Die rechten Opfer der Christenheit
260-263	Von rechter Hilfe und Errettung in Nöten
264	Vom wahren beständigen Glauben
265-266	Von der Verklärung Christi
267	Von rechter Busse oder Besserung des sündigen Menschen
268-270	Vom heiligen Nachtmahl
278-279	Vom Heil der Gläubigen
280	A Sermon of the true confessing of Christ
281-282	Das Jüngste Gericht
320-326	De fine saeculi et iuditio (»Orationes duae«)
327-356	In Apocalypsim conciones centum
357-362	In Jeremiae prophetae sermones conciones
363-366	De coena domini
369-375	Festorum dierum sermones
428-429	Conciones in Danielem

558	Conciones in Iesaiam
561	Von der Bekehrung des Menschen zu Gott
582-583	Predigten über den 130. und 133. Psalm
591	A Treatise of the Cohabitation of the Faithful
	(Autorschaft Bullingers ungewiss)

E) UNVERÖFFENTLICHTE PREDIGTEN BULLINGERS

Summa Sermonum in Amos, 1534	ZBZ G 419, fo. 17-34
Vier Predigten, 1535, 1538, 1543/44, lat.	ZBZ A 137, fo. 1-35
De Sacramento ex quodam sermone B., 1.9.1537, und Predigten, 1538/1549	ZBZ Car I 107
Mark.-Predigten, 1539-41	ZBZ Car XV 21, fo. 1-254
Passio Domini nostri Iesv Christi Praedicata ..., deutsch, 1540	ZBZ D 79.8
Luk.-Predigten, 1543-45/1558	ZBZ D 292 f
Homiliae in librum Iudicum ..., 1543	ZBZ Car XV 28
In librum primum Samuelis homiliae ..., 1543-44	ZBZ Car XV 29
De Coena Domini Sermo ..., 21.12.1544	ZBZ D 79.2
De Nativitate Christi Homilia ... (Luk. 2), 1544	ZBZ D 79.3
Ad Vespertinas Preces. Psalmi CX Explicatio. Weihnachten 1544	ZBZ D 79.4
Concio ... ex Lucae cap. II in die Stephani. 26.12.1544	ZBZ D 79.5
Predigten über Luk. und Apg., 1544-48	ZBZ D 266
De Circumcisione Lucae II ... Sermo. 1.1.1545	ZBZ D 79.6
Festtagspredigten von Palmarum 1545 bis Pfingstmontag 1545	ZBZ D 79.10
Daniel propheta explicatus per H.B., 27.7.1545-	ZBZ Car XV 21, fo. 255-404
Drei Predigten über die Obrigkeit und ob man der Obrigkeit schwören solle. 14.6.1545, 10.6.1552, drittes Datum nicht bekannt	ZBZ D 79.24
Predigten über 2. Sam., 1./2. Kön., 1545-50	ZBZ Car XV, 30-33
Dan.-Predigten 1546/47	ZBZ D 267, fo. 1-49
XII Feld predginen; sambt der form des Gemeinen gebätts. Autogr. 1547	ZBZ T 432.5
Sacharja-Predigten, 26.7.1547-25.1.1548	ZBZ D 267, fo. 51-76
In librum primum Samuelis Sermones ..., 27.11.1547-9.2.1550	ZBZ D 138
Predigten über Röm., 1548/49, Heb., 1560	ZBZ D 247.1/2
Predigten über Mat./Röm., ca. 1548-1552	ZBZ D 268
Hosea-Predigten, 4.8.1551-26.1.1552	ZBZ D 267, fo. 252-265
Amos-Predigten, 1.3.1552-16.8.1552	ZBZ D 267, fo. 269-278
Jona-Predigten (nur Bruchstücke), 1552	ZBZ D 267, fo. 281-283
Jesaja-Predigten, 21.11.1563-29.4.1565	ZBZ D 8
Predigten üb. 1./2. Sam., 1./2. Kön., undat.	ZBZ D 7
Notizen nach einer Predigt Bullingers, undat.	ZBZ F 178, fo. 126-128
Conciones castrenses M. H.B. adjectis precibus quibusdam militaribus, undat.	ZBZ Car I 196
Predigten von Bullinger u.a., undat.	ZBZ Car III 224

Jer.-Predigten   ZBZ Car XV 22-25
Auszüge (Nachschriften) aus Predigten und Reden
    Bullingers u.a.   Chur, StA Graubünden, B 2

Bemerkungen:
    Druckmanuskripte wurden nicht in die Liste aufgenommen.
    Soweit nicht besonders gekennzeichnet sind alle hier aufgeführten Predigten Nachschriften von
fremden Händen.
    Ich verdanke die Zusammenstellung der Reihen S. 146 ff. meinen Mitarbeitern H. U. Bächtold
und E. Jermann.

11. PROBLEME UND AUFGABEN
DER BULLINGER-FORSCHUNG*

Eine Besinnung über Probleme und Aufgaben der Bullinger-Forschung muß von zwei einander scheinbar widersprechenden Tatsachen ausgehen: einerseits von der belastenden Tatsache, daß es von Heinrich Bullinger, der in den entscheidenden Jahren der Reformation nicht nur in Zürich und der Eidgenossenschaft, sondern (weit darüber hinaus) einen europäischen Mittelpunkt des kirchlichen, kirchenpolitischen und theologischen Geschehens gebildet hat, noch nie ein Briefcorpus und eine vollständige Ausgabe seiner Werke gegeben hat. Anderseits von der durchaus erfreulichen Tatsache, daß trotz der durch das Fehlen kritischer Ausgaben erschwerten Arbeitsbedingungen in der Bullinger-Forschung immer, besonders aber im 20. Jahrhundert und nicht zuletzt in den vergangenen 25 Jahren in zunehmendem Maße intensiv gearbeitet worden ist: Wie ich noch zu beweisen hoffe, gibt es heute eine bemerkenswerte Reihe von historischen und theologischen Untersuchungen, gibt es heute so etwas wie eine unsichtbare Gemeinde von interessierten und engagierten Bullinger-Forschern in fast allen Ländern Europas und auch in Übersee. Ich sage: eine unsichtbare Gemeinde von Bullinger-Forschern, und meine damit auch eine dritte Tatsache: daß infolge der besonderen Quellenlage und trotz der geleisteten Arbeit Bullinger im Vergleich mit Luther und Melanchthon, Zwingli und Calvin nach wie vor zu den eher unbekannten Reformatoren gehört. Jedenfalls tragen die großen geschichtlichen, kirchen- und dogmengeschichtlichen Werke in Geschichte und Gegenwart seiner faktischen Bedeutung in keiner Weise Rechnung.

I

Ich erwähnte eben das Fehlen eines Briefcorpus und einer vollständigen Ausgabe von Bullingers Werken. Wie Sie alle wissen, wiegt diese belastende Tatsache heute nicht mehr ganz so schwer wie noch vor wenigen Jahren. Was zunächst den Briefwechsel Bullingers betrifft, so ist zunächst daran zu erinnern, daß sich Theologen und Historiker (seit Bullinger selber!) darum bemüht haben, ihn durch Druck der Forschung zugänglich zu machen. Sie kennen die Zurich Letters und Original Letters, die Korrespondenz Bullingers mit den Graubündnern. Wichtig für Bullinger sind natürlich auch die Korrespondenzen der Gebrüder Blarer, Vadians, Bucers, Calvins und Bezas, aber auch Melanch-

* In: Bullinger-Tagung 1975. Vorträge, gehalten aus Anlaß von Heinrich Bullingers 400. Todestag. Im Auftrag des Instituts für Schweizerische Reformationsgeschichte hrsg. v. U. Gäbler/E. Zsindely. Zürich: Juni 1977 (reprint 1982), S. 7-19.

thons und Luthers, der Briefwechsel der Schweizer mit Polen und anderes mehr: in ihnen spielt Bullinger eine zentrale Rolle. Sie wissen vermutlich auch um die Riesenarbeit, die Traugott Schieß neben den von ihm bereits veröffentlichten Corpora für die Sammlung und Erschließung von Bullingers Korrespondenz überhaupt geleistet hat. Das alles ist ungeheuer wertvoll und bildet gewissermaßen auch die Voraussetzung für die 1973 begonnene Gesamtausgabe von Bullingers Korrespondenz. Diese wird, so weit wir heute sehen, einmal über 12 000 Nummern umfassen, zu ungefähr 6/7 Briefe an Bullinger zu nur 1/7 Briefe von Bullinger. Ich brauche Ihnen nicht zu sagen, welch hervorragende Quelle diese Korrespondenz nicht bloß für den Reformator selber und die Reformation in der Schweiz, sondern für die Geschichte des 16. Jahrhunderts überhaupt ist. Ich möchte Ihnen aber mitteilen, daß zur Benutzung dieser Quellen heute neben den bestehenden Katalogen in der Zentralbibliothek Zürich und im Staatsarchiv Zürich, neben den erwähnten und einigen kleineren bestehenden Teileditionen im Zusammenhang mit der Vorbereitung der Gesamtedition im Institut für Schweizerische Reformationsgeschichte ein paar Hilfsmittel zur Verfügung stehen: einmal ein dreifach (chronologisch, nach Absendern und Empfängern) angelegter Zentralkatalog, der für jeden bekannten Brief Angaben über Standort, Nummer, Incipit, Publikation, Bezüge in der Literatur enthält; ein bibliographisch angelegtes Verzeichnis sämtlicher Briefpartner Bullingers, in dem über jeden einzelnen alle uns zur Verfügung stehenden Daten notiert sind; schließlich ein provisorischer Katalog der Literatur zur Bullinger-Korrespondenz. Die im Rahmen der im ersten Band bestimmten Grundsätze vorgesehene Edition von Bullingers Korrespondenz ist eine Riesenaufgabe und stellt noch viele Probleme; ganz abgesehen von den finanziellen und personellen Fragen ist sie nur möglich in engster Zusammenarbeit mit verwandten Unternehmungen.

Neben der Erstellung eines Bullinger-Briefcorpus erweist sich als ebenso großer Mangel wie dringliche Aufgabe sodann eine Ausgabe von Bullingers Werken. Wie Sie wiederum wissen, haben wir heute in dieser Hinsicht schon ein unentbehrliches Hilfsmittel zur Verfügung: Joachim Staedtke hat 1972 im Rahmen der Bullingerausgabe in der ersten Abteilung ein beschreibendes Verzeichnis der gedruckten Werke von Heinrich Bullinger bearbeitet, das — alle Ausgaben und Übersetzungen inbegriffen — nicht weniger als 772 Titel umfaßt. Zu den gedruckten Werken Bullingers gesellen sich indes noch viele ungedruckte! Ebenfalls auf Untersuchungen Staedtkes basierend bereitet das Institut für Schweizerische Reformationsgeschichte deshalb auch ein Verzeichnis der ungedruckten Werke vor. Angesichts des Riesenmaterials, das der Zürcher Antistes hinterlassen hat, sind wir in dieser Beziehung aber über das Stadium des Sammelns noch nicht herausgekommen. Wie die gedruckten Werke verteilen sich auch die Manuskripte auf die ganze Lebenszeit Bullingers und betreffen alle Aspekte seines Lebens und Wirkens.

Im Gegensatz zum Briefcorpus kommt inbezug auf die Werke zum vornherein keine integrale Ausgabe in Frage. Aufgrund von allerhand Vorbesprechungen sind zwei Werkreihen geplant: eine zwölfbändige Auswahlausgabe der theologischen Werke, das heißt der Exegetica, Dogmatica, Polemica, Practica, die vom Seminar für reformierte Theologie in Erlangen betreut wird, eine kleinere Auswahlausgabe der historischen Schriften durch unser Institut. Auch diese Aufgabe — die Herausgabe einer modernen Bullinger-Ausgabe — ist nur im Rahmen internationaler Zusammenarbeit sinnvoll lösbar. Ich möchte an dieser Stelle nicht unterlassen, all den Institutionen zu danken, welche die Zürcher Bullinger-Forschung in Erkenntnis ihrer Bedeutung unterstützen: der Erziehungsdirektion des Kantons Zürich, welche das IRG auf Vorschlag von Fritz Blanke 1965 geschaffen hat, dem Kirchenrat des Kantons Zürich und dem Schweizerischen Nationalfonds für wissenschaftliche Forschung, die beide jährlich namhafte Beiträge an Besoldungen und Druckkosten ausrichten. Die Deutsche Forschungsgemeinschaft bezahlt dazu eine Assistenten-Stelle in Erlangen.

In Ergänzung zu diesen einleitenden Bemerkungen und zugleich als Überleitung zum Hauptteil meines Referates darf ich Sie nun allerdings noch auf ein weiteres künftig unentbehrliches Hilfsmittel für die Bullinger-Forschung aufmerksam machen: als Band 2 der Abteilung Bibliographie bringt Erland Herkenrath in Zusammenarbeit mit Kurt Rüetschi nächstes Jahr ein »Beschreibendes Verzeichnis der Werke über H. Bullinger« heraus. Es enthält — Sie dürfen staunen — über 800 Titel seit dem 16. Jahrhundert! Wie der Titel zeigt, gibt Herkenrath dabei nicht bloß die üblichen bibliographischen Angaben, sondern zu jedem Titel auch eine kurze Inhaltsangabe, sowie Verweise auf Rezensionen und damit auf die unter Umständen ausgelöste wissenschaftliche Diskussion. Der Band wird neben den eigenen Registern auch ein Register zu Staedtkes Bibliographie der gedruckten Werke Bullingers enthalten.

II

Gerade Herkenraths Bibliographie wird zeigen, daß an Bullinger schon sehr viel gearbeitet wurde, daß man sich in Geschichte und Gegenwart schon vielen Aspekten der kirchlichen, theologischen und kirchenpolitischen Wirksamkeit des zweiten Zürcher Reformators zugewendet hat. Sie beweist, indirekt, allerdings auch, daß noch vieles, bzw. noch viel mehr zu tun ist.

1. Das beginnt mit dem Biographischen; nach ersten Skizzen von Bullingers Leben, die unmittelbar nach seinem Ableben Gwalther, Lavater und Stucki verfaßt hatten, erschienen noch im 19. Jahrhundert die beiden einzigen größeren Biographien des Reformators: die zweibändige Lebensgeschichte von Salomon Hess (1828/29), die allerdings unvollendet geblieben ist und nur die Zeit bis 1560 erfaßt, vor allem aber Carl Pestalozzis »Heinrich Bullingers

Leben und ausgewählte Schriften« (1858). Obschon in manchen Einzelheiten
überholt und ergänzt, stellt diese umfangreiche Bibliographie heute noch das
Standardwerk über Bullinger dar; sie bildete und bildet noch immer die Basis
für ungezählte Spezialarbeiten, nicht zuletzt für die biographischen Versuche
Christoffels »zur 3. Secularerinnerung an Bullingers Todestag« und von
Schulthess-Rechbergs zum 400. Geburtstag 1904. In diesem Jahr gab Egli auch
das Diarium heraus. Seither ist es um eine Gesamtbiographie größeren Stils still
geblieben; mit Einschränkungen werden wir gerade darauf sogar noch warten
müssen, bis die Zeit reif geworden ist. Immerhin sind wir über den ersten
Abschnitt von Bullingers Leben bis zur Berufung nach Zürich 1531 einigermaßen im Bild. Fritz Blanke hat 1942 in seinem Büchlein Bullingers unabhängige, aus der Lektüre der Kirchenväter und besonders der Bibel zu erklärende
Zuwendung zur Reformation, die Wirksamkeit Bullingers als Lehrer in
Kappel, als Pfarrer in Hausen am Albis und in der Heimatstadt Bremgarten,
auch Verlobung und Heirat liebevoll nachgezeichnet. Blankes Bild wurde
seither vor allem in Hinsicht auf die innere Entwicklung ergänzt durch
Staedtkes »Theologie des jungen Bullinger«, die zwar weniger historisch als
systematisch vorgeht, im übrigen als Anhang eine beschreibende Bibliographie
der Werke Bullingers bis zum Jahre 1528 enthält, durch Susi Hausammanns
Studie zu Bullingers Römerbriefvorlesung von 1525 »Römerbriefauslegung
zwischen Humanismus und Reformation« und eine kleine Studie von Ulrich
Gäbler über den jungen Bullinger und Luther. Sie alle kreisen um das
unübersehbare Thema der Voraussetzungen der Theologie Bullingers, — eine
Thematik, die sich noch viel komplizierter auch für die spätere Zeit stellt.

2. Während wir damit über den jungen Bullinger verhältnismäßig viel
wissen, ist das in bezug auf den Hauptabschnitt seines Lebens, seine 44-jährige
Tätigkeit als Nachfolger Zwinglis, als Antistes von 1531-1575 viel weniger der
Fall. Diese Feststellung gilt im besonderen zunächst für sein öffentliches
Wirken in Zürich selber: seine Arbeit als Leiter der Zürcher Kirche und Pfarrer
am Großmünster. Natürlich ist einigermaßen bekannt, daß Bullinger anläßlich
seiner Amtsübernahme im Dezember 1531 und in der Prediger- und Synodalordnung (1532) das Verhältnis von Kirche und Staat, im besonderen die
Freiheit der Predigt auch in politischer Beziehung, grundsätzlich geregelt hat,
daß er in der Folge jederzeit das Recht hatte, gefragt und ungefragt seinen bzw.
den Standpunkt der Geistlichkeit nicht nur zu kirchlichen und kirchenpolitischen, sondern auch zu politischen, gesellschaftlichen, wirtschaftlichen und
kulturellen Problemen mündlich oder in sogenannten Fürträgen, von denen
etwa 120 erhalten sind, schriftlich der Obrigkeit vorzulegen. Wir wissen auch,
daß Bullinger als Antistes zusammen mit einem Vertreter der Obrigkeit die
zweimal jährlich stattfindende Synode leitete und eine Art Dekan über die rund
130 Pfarrer in Stadt und Landschaft Zürich war, daß er über deren Ausbildung, Einsatz und Tätigkeit als wahrer »pastor pastorum« wachte. Wie diese

Tätigkeit Bullingers als Kirchenleiter im Zürcher Stadtstaat aber in praxi, de facto, aussah, welches sein Verhältnis zur Obrigkeit, seine Mittlerstellung, Vertrauensstellung zwischen Kirche und Staat, welches ihre politischen Hintergründe, ihre Möglichkeiten und Realisierungen, welches auch der personelle Kontext waren, ist jedoch noch weitgehend ungeklärt. Immerhin kann ich auch hier einige Arbeiten nennen, die diesen ganzen Fragenkomplex mindestens angehen: die Dissertation von Elsa Dollfuss-Zodel über Bullingers Einfluß auf das Zürcher Staatswesen von 1531-1575 (1931); Joseph Wayne Bakers Arbeit über »Covenant and Society: the Republica Christiana in the Thought of Heinrich Bullinger«, welche über die theologischen Hintergründe, aber auch über die Praxis Bullingers in der »Respublica Tigurina« orientiert; schließlich ein etwas versteckter, aber wegweisender Aufsatz von René Hauswirth »Zur politischen Ethik der Generation nach Zwingli«, in dem der Verfasser einerseits auf die Legitimität, die Einigkeit, das Vaterland und den gemeinen Nutzen als die konventionellen Normen aufmerksam macht, anderseits aber als großes Problem dieser Zeit das Verhältnis von reformiertem Glaube und Staatsräson bezeichnet. Ein Satz mag dieses für Bullingers Wirken zentrale Problem andeuten: »Es bestand ein innerer Widerspruch zwischen der führenden Stellung der Zürcher Theologen im reformierenden Europa außerhalb des Luthertums und dem vollständigen Verzicht auf eine Politik, die den Ergebnissen solchen Einflußes — Entstehung reformierter Gemeinden in einer feindlichen Umwelt — auch hätte Schutz angedeihen lassen« (Zwingliana XIII 318). Sichtbar wurde dieses Problem etwa in der weiteren Ächtung von Reislauf und Pensionen, der »Verehrungen« an Diplomaten, in der Bündnis- und Flüchtlingspolitik. Was das grundsätzliche Verhältnis Kirche und Staat zur Bulligerzeit angeht, ist im übrigen neben den älteren Arbeiten von Hundeshagen und Kressner noch Toiviainen zu nennen, »Kirkko ja valtio«, eine finnische Arbeit über Bullingers Ekklesiologie nach der Confessio Helvetica posterior.

Während die Forschung so in bezug auf das Ganze der Rolle Bullingers im Kräfteverhältnis Kirche und Staat in Zürich noch sehr im Dunkeln tappt, gibt es über die großen kirchenpolitischen Fragen der Zeit, das Verhältnis Bullingers (und Zürichs) zu den Lutheranern, zu den Täufern und auch zu Rom etliche wertvolle Spezialuntersuchungen. Ich erinnere zum Abendmahlsstreit in erster Linie an Köhlers großartiges Werk über Zwingli und Luther, an Ernst Bizers Arbeit über »Martin Butzer und der Abendmahlstreit« und seine »Studien zur Geschichte des Abendmahlstreites im 16. Jahrhundert«. In all diesen Werken, in denen eine Fülle von Material verarbeitet wird, tritt auch Bullinger begreiflicherweise immer wieder in Erscheinung: in den Bemühungen, Gesprächen und Auseinandersetzungen um die Wittenberger Konkordie, im Wiederaufflammen des Streites im Anschluß an Luthers »Kleines Bekenntnis« (1544/1545), im Consensus Tigurinus, im zweiten

Abendmahlsstreit. Was das Verhältnis Bullingers zu den Täufern bzw. zum linken Flügel der Reformation betrifft, orientiert darüber heute am besten Heinold Fasts große Monographie, die erstens Bullingers hervorragenden Anteil am eigentlichen Kampf, zweitens seinen unvergleichlichen Einfluß auf die Ausformung des Täuferbildes und drittens seinen Beitrag zur theologischen Begründung der eigenen und der Widerlegung der gegnerischen Lehre darstellt.

Ich sprach noch nicht von Bullingers Hauptarbeit in Zürich, als Pfarrer und Seelsorger. Natürlich ist auch in dieser Beziehung einiges bekannt: daß Bullinger in der Regel 44 Jahre lang wöchentlich durchschnittlich dreimal, im ganzen also schätzungsweise etwa siebentausendmal über alle Bücher des Alten und des Neuen Testaments gepredigt hat, daß etwa 600 Predigten auch gedruckt wurden, daß diesen Predigten viele ungedruckte und gedruckte Kommentare aus den 1530- und 1540-er Jahren zur Seite stehen. Dank Hollwegs Monographie über die Dekaden wissen wir wenigstens über Bedeutung und weltweite Verbreitung dieses bekanntesten Predigtbuches des 16. Jahrhunderts Bescheid. Ich selber versuchte zu zeigen, daß Bullinger sich wie Zwingli als Prophet verstand, der seiner Gemeinde, die Schrift auslegend, den Willen Gottes zu sagen hat. Nun liegen aber in der Zentralbibliothek Zürich noch die vorhandenen Predigtkonzepte Bullingers. Damit dürfte klar sein, daß über Bullingers Predigt ein abschließendes Urteil erst gegeben werden kann, wenn auch diese Konzepte einmal untersucht, mit dem ganzen gedruckten Material verglichen und auch in Zusammenhang mit der Liturgie (über die Jenny und Koch gearbeitet haben) und den von Ludwig Lavater dargestellten »Bräuchen und Einrichtungen der Zürcher Kirche« gesehen werden.

3. Bullingers Wirksamkeit beschränkte sich bekanntlich nicht auf Zürich; wie es Emil Egli formulierte, war er »ein reformierter Patriarch«, wie man es längst vermuten konnte und wie es sich immer deutlicher als Faktum erweist, neben und mit Calvin zusammen der große Baumeister der reformierten Kirchen Europas. Ich erinnere an Dicta von Paul Wernle und Leonhard von Muralt. Wernle hat zu Bullingers 400. Geburtstag 1904 geschrieben: »Bullinger ist das erste glänzende Beispiel eines protestantischen Kirchenfürsten, der sich streng in den Grenzen seines Berufes hält, aber hier durch seine überlegene Klarheit und Tüchtigkeit, durch seinen Takt und seine sichere Einschätzung der realen Verhältnisse ein fester, ruhiger Mittelpunkt für die nächsten und allerfernsten Wirkungskreise wird« (Basler Nachrichten 18.7.1904). Von Muralt hat in der Historia mundi über Bullinger absolut richtig geschrieben: »Um die Mitte des 16. Jahrhunderts war Heinrich Bullinger (und nicht Calvin) der Reformator, der eine ‚Weltkirche‘ durch das schlichte Band persönlicher Korrespondenz zusammenfügte« (Historia Mundi, Bd. VII, S. 111). Nun wäre es sicher falsch und ungerecht, wenn ich behaupten würde, daß gerade auf dem weiten Feld von Bullingers Außenbeziehungen, seines Verkehrs mit anderen Kirchen und einzelnen Persönlichkeiten in und ausserhalb der Eidgenossen-

schaft nicht schon viel geforscht worden wäre. Aber auch hier fehlen — trotz der erwähnten grösseren und vielen kleineren Briefeditionen und zahlreichen Darstellungen! — noch viele Einzeluntersuchungen, vor allem eine Sachen und Personen gleicherweise berücksichtigende Gesamtschau, die Bullingers effektiver Bedeutung gerecht würde.

Aber — wie schon bemerkt: trotz der durch das Fehlen eines umfassenden Briefcorpus (zu dem selbstverständlich auch die Widmungsvorreden zu zählen wären!) erschwerten Arbeitsbedingungen ist in der Bullingerforschung zu allen Zeiten gerade in bezug auf Bullingers Außenbeziehungen intensiv gearbeitet worden. So intensiv sogar, daß ich unmöglich auch nur sämtliche bedeutenden Publikationen aufzählen könnte. Ich beschränke mich deshalb im folgenden auf eine Auswahl einerseits besonders wichtiger, andererseits neuerer Titel. Ich erwähnte die Calvin (— und Beza —) Korrespondenz. Im Anschluß an diese haben schon im Calvinjahr 1909 Arnold Rüegg und Wilhelm Kolfhaus ausführlich den Verkehr der beiden Reformatoren, und die Geschichte ihrer nicht immer unbelasteten Freundschaft nachgezeichnet: Fragen der Verhältnisse der beiden zu Luther und Zwingli, des Abendmahls, der Kirchenzucht, der Prädestination, aber auch des (politischen) Verhaltens gegenüber der konfessionellen Entwicklung stehen hier begreiflicherweise im Vordergrund. Sie wurden später wieder aufgenommen in dem umfassenderen, bei aller Fülle des Stoffes aber doch nicht befriedigenden Buch von André Bouvier »Henri Bullinger, réformateur et conseiller oecuménique ..., d'après sa correspondance avec les réformateurs et les humanistes de langue française«. Ich erwähnte weiter die Zurich Letters and Original Letters, die Bullinger als Mentor der Reformation in England erweisen; auf ihnen basierend schrieb u.a. Garrett über The Marian exiles (1938), D. J. Keep über Henry Bullinger and the Elizabethan Church (1970); Niehans und Keep über Lady Jane Grey, John Opie und besonders W.M.S. West über John Hooper »with special reference to his contact with Henry Bullinger«. Bullingers Briefwechsel ist auch eine der Hauptquellen von Melvyn Eugene Pratts Dissertation »Zwinglianism in England during the Reign of Elizabeth«, sowie natürlich besonders der Dissertation von Frank Gullay »The Influence of Henry Bullinger and the Tigurine Tradition upon the English Church in the 16th Century« (1961). In ähnlicher Weise ist auch der Briefwechsel Bullingers mit anderen Ländern, mit Persönlichkeiten in den Niederlanden, in Deutschland, Polen, im Donauraum untersucht worden — häufig verbunden mit Quelleneditionen. Wie schon im Fall Calvin — Bullinger tritt der Antistes dabei allerdings gerne in den Hintergrund: Obschon in vielen Fällen der führende Teil einer Briefpartnerschaft, erscheint er oft als »junior partner«. Das mag im Verhältnis zu Luther, über das neulich James D. Mohr geschrieben hat: »Heinrich Bullingers (alles andere als eindimensionalen) opinions concerning Martin Luther« wohl zutreffen, in den meisten anderen Fällen sicher nicht.

Sicher nicht jedenfalls in bezug auf Bullingers amtliche und privaten Beziehungen zu den andern reformierten Schweizer Städten und den dort im Dienst der Reformation wirkenden Pfarrern und Lehrern, Theologen und Behörden. Unter Ausklammerung des besonderen Verhältnisses zu Genf ergibt nämlich eine Bestandesaufnahme gerade hier eine in doppelter Hinsicht groteske Situation: einerseits existieren die bekannten Briefcorpora zu Bullingers Verkehr mit den Graubündnern, mit Vadian und den Gebrüdern Blarer. Anderseits sind diese, von einigen Ausnahmen wie Bonorand und Dalbert zur Bündnergeschichte, Traugott Schieß und Werner Näf zu Vadian aber noch kaum ausgeschöpft worden. Vor allem aber existieren weder Quellenpublikationen noch Darstellungen der Beziehungen Bullingers zu den großen reformierten Schwesterstädten Bern und Basel. Auf eine kurze Formel gebracht: Wir wissen nicht, jedenfalls kaum, welchen konkreten Einfluß Bullinger auf die Reformation in seiner näheren Umgebung, auf die Reformation in der Ostschweiz (St. Gallen, Konstanz, Thurgau) und auf Bern und Basel ausgeübt hat. Dabei könnte schon eine nüchterne Betrachtung einiger Zahlen betreffend die Überlieferung zu denken geben. Es gibt an Briefen zwischen Bullinger und Bern: bei Berchtold Haller 108 an und zwei von Bullinger, bei Johannes Haller 629 zu 58, bei Musculus 104 zu 4; zum Briefwechsel mit Basel: bei Oswald Myconius 351 zu 209, bei Simon Sulzer 133 zu 4; bei Johannes Gast 178 zu 2. Aus St. Gallen gibt es neben 146 zu 99 Briefen Vadians unter anderem 29 von Kessler, 107 vom Kaufmann Hans Liner, 41 von Hans Vogler; aus Schaffhausen 60 von Jakob Rüeger, 28 von Erasmus Ritter, 44 von Simprecht Vogt, 104 (zum Teil ediert) von Johann Konrad Ulmer. Ich erwähne diese Persönlichkeiten und Zahlen, weil dahinter unzählige einzelne Verhältnisse, Schicksale und Ereignisse stecken. Diese müssen einmal ebenso minutiös wie umfassend interpretiert werden; ja wir müssen uns von jeder einzelnen dieser Korrespondenzen überhaupt erst einmal die Fragen stellen lassen, um weiter zu kommen, weiter zu kommen nicht bloß in der Biographie Bullingers, sondern in der gesamten politischen und kirchlichen Schweizergeschichte der Bullingerzeit. Diese Erhellung ist m.E. besonders notwendig für die Jahre vom Tod Zwinglis bis zur endgültigen Konsolidierung der Reformation in Genf anfangs der 50-er Jahre. Wir wissen darüber unverhältnismäßig wenig, und zahlreiche politische, gesellschaftliche, wirtschaftliche, kirchliche, theologische und kulturelle Fragen bedürfen noch einer genaueren Untersuchung.

4. Daß das mutatis mutandis auch in bezug auf die Bedeutung Bullingers für die Reformation in Europa gilt, brauche ich nach meinen vorherigen Ausführungen nur noch zu unterstreichen. Worum es dabei letztlich geht, erweist sich von selber, wenn wir uns nun in einem letzten größeren Abschnitt noch der Theologie Bullingers zuwenden. Obschon auch in dieser Beziehung namentlich in den letzten 25 Jahren verhältnismäßig viel gearbeitet worden ist, ergibt sich aufs ganze gesehen aber auch hier kein anderes Bild des Forschungsstandes als

in bezug auf Bullingers kirchliche und kirchenpolitische Wirksamkeit. Ganz
bedenklich ist zunächst einmal die Lage Bullingers (wenn ich so sagen darf!)
auf dem »dogmengeschichtlichen Markt«. Betrachten wir die Bemerkungen
(ich sage ausdrücklich Bemerkungen, in vielen Fällen sind es sogar nur Anmerkungen), welche in den größeren Dogmengeschichten zu Bullingers
Theologie zu finden sind, so erscheint der Zürcher Theologe in der Regel nur
als Gefolgsmann Zwinglis, in Vergleichen mit Luther und Melanchthon und
natürlich Calvin, selbstverständlich immer auch nur im Zusammenhang mit
den innerprotestantischen Kontroversen bzw. den typisch reformierten
Dogmen. So sagt Reinhold Seeberg in einem Satz grundsätzlich, daß »selbst
Zwingli so nahestehende Männer wie Bullinger an seinen Lehren nur in den
allgemeinen Umrissen festgehalten und sie ‚vertieft‘ und ‚fortgebildet‘ haben«;
daneben weist er im vierten Band an nur gerade sieben Stellen noch auf
Bullinger: im Zusammenhang mit den täuferischen Vorstellungen von der
reinen Gemeinde, Abendmahl, Abendmahlsstreit und Christologie, Consensus
Tigurinus, Bundeslehre und Praedestination (wobei er immerhin bemerkt, daß
Bullinger und Calvin die reformierte Abendmahlslehre geprägt haben). Otto
Ritschl gibt in seinem großen Werk im 50. Kapitel »Die reformierte Theologie
bis zur Dordrechter Synode in ihrer vorwiegenden Unabhängigkeit von
Calvin« zwar zu, daß Calvin nicht allein bestimmend für die reformierte
Theologie gewesen sei, sieht Bullingers Beitrag aber eigentlich nur im
Consensus Tigurinus. Wichtiger ist ihm eine starke Abhängigkeit von
Melanchthon und Luther betreffend iustificatio, bona opera, gloria dei,
Prädestination und Anti-Spiritualismus. Bedeutend ist Ritschl auch der
Bundesgedanke, als dessen Urheber er richtigerweise Zwingli bezeichnet,
Bullinger hat ihn dann ausgeformt. In Bullingers »de gratia Dei« will er — und
das ist immerhin interessant! — zum ersten Mal den Begriff nicht nur der
»dispensatio«, sondern den »ordo salutis« gefunden haben. Hans Emil Weber
erwähnt Bullinger in seinem dreibändigen Werk »Reformation, Rationalismus
und Aufklärung« ebenfalls eher zufällig! Herauszuheben sind seine Feststellungen, daß Bullinger sich dem neuen Prädestinationsdogma fern hielt und
damit die Wurzel legte für die dritte Richtung der altreformierten Dogmatik
neben Zwingli und Calvin, daß Bullingers Christusglaube stark bestimmt war
von einem »in-Christo-Sein«, daß der Glaubensbegriff Bullingers sich immer
stärker von der »fiducia« zur »gewissen Erkenntnis«, also von der Reformation
zur Orthodoxie verschob, womit auch der stark ethische Zug der reformierten
Theologie erklärt wird. Adam schließlich nennt Bullinger fünfmal und hält fest,
daß Bullinger seine theologische Überzeugung »in ausführlicher Form« in der
Confessio Helvetica posterior niedergelegt habe: »Er fand (dabei) Formulierungen, in denen sich die humanistische Verständigkeit des zwinglischen
Erbes mit einer leichten Abschwächung der calvinistischen Strenge verband,
wobei die biblische Begründung in den Vordergrund rückte«.

Ich machte diese Bemerkungen nicht aus Freude an Kritik an meinen größeren Kollegen, sondern aus anderen Gründen: einmal zeigen sie die grundsätzlich-prinzipielle Aufgabe, Bullinger als selbständigen Theologen neben den bisherigen großen Reformatoren herauszuarbeiten, zum andern stellen sie besonders deutlich die damit verbundenen Spezial-Aufgaben, einerseits die Wurzeln, anderseits die Einflüsse und Wirkungen von Bullingers Theologie im ganzen dogmen-, besonders reformationsgeschichtlichen Rahmen genauer abzuklären. Ich möchte nicht behaupten, daß alle diese Aufgaben in der Vergangenheit nicht gesehen worden wären — sie sind aber längst nicht gelöst trotz der erfreulich zahlreichen Untersuchungen zu Bullingers Theologie, gerade in den letzten Jahren!

Um mit den Gesamtdarstellungen zu beginnen: nach den Niederländern Gooszen und van t'Hooft im 19. Jahrhundert gab zunächst Walter Hollweg mit seiner Monographie über Heinrich Bullingers Hausbuch nicht nur eine Untersuchung über die Anfänge der reformierten Predigtliteratur, sondern zugleich, wenigstens ein Stück weit, Einblick in die Theologie der Dekaden. Dann folgt Joachim Staedtkes gründliche Darstellung der Theologie des jungen Bullinger. Zum 400. Jahrestag der Confessio Helvetica posterior gab es dann gleich eine ganze Reihe von sehr bemerkenswerten Beiträgen: Staedtkes Sammlung »Glauben und Bekennen« mit zahlreichen Aufsätzen zu Geschichte und Theologie des Bekenntnisses, weitere kürzere Arbeiten von Blanke, Locher und Niesel, besonders dann aber auch, an das Jubiläum anschließend die zwei Bände von Tökés »Commentarium in Confessionem Helveticam Posteriorem. Interpretatio petita ex operibus Henrici Bullingeri«, die aus 16 wichtigen theologischen Werken Bullingers zu den einzelnen Abschnitten der Confessio Parallelstellen bringen, einerseits, anderseits von Ernst Koch »Die Theologie der Confessio Helvetica posterior«. Das Bekenntnis erreicht nach Koch dank einer »alles umfassenden theologischen Konzeption« eine »großartige Geschlossenheit«, erweist sich als konsequent durchgehaltene »Entfaltung des Bundesbegriffs« und ist ihrem eigentlichen Wesen nach Pneumatologie. In einem Anhang stellt Kochs Untersuchung mit einer »tabellarischen Übersicht über den Aufbau von Bullingers Gesamtdarstellungen des christlichen Glaubens« mit Tökés, im übrigen auch mit Doweys Beobachtungen über den theologischen Aufbau der Confessio Helvetica posterior die außerordentlich wichtige Frage nach der Entwicklung bzw. der Einheit der Theologie Bullingers. Meines Erachtens liegt hier sogar die eine große Hauptaufgabe der theologischen Bullinger-Forschung: nicht nur für den jungen Bullinger müßte einmal untersucht werden, welche Entwicklungen Bullingers Theologie als ganze wie in bezug auf die einzelnen Loci durchgemacht hat. In diesem Kontext müßten natürlich ganz besonders scharf auch die an sich bekannten Einflüsse der Kirchenväter, der andern Reformatoren, aber auch des Humanismus nicht nur in der verhältnismäßig reinen Form des Erasmus, sondern auch der durch

Melanchthon, Zwingli oder Calvin gebrochenen untersucht werden. Dazu kommt — meines Erachtens ebenfalls außerordentlich bedeutsam — in bezug auf die Entwicklung von Bullingers theologischem Denken auf die Differenz zu den andern Reformatoren und die Ausformung der für Bullinger typischen Gedanken die Aufgabe, daß die soziologischen und sozialpsychologischen, aber auch die politischen Hintergründe stärker berücksichtigt werden müßten.

Ähnliches gilt zu einem großen Teil auch für die monographischen Darstellungen einzelner Lehrfragen, wie sie in und außerhalb des Rahmens der genannten Gesamtdarstellungen behandelt worden sind. Im Vordergrund stehen bei diesen die Fragen der Ekklesiologie, der Sakramente, besonders des Abendmahles, der Prädestination und der Bundestheologie. Sicher sind damit viele theologische Fragen schon angegangen, mindestens berührt worden, aber noch lange nicht alle. Ich denke, daß z.B. noch Monographien über Bullingers Verständnis des Glaubens, über das Verhältnis von Gesetz und Evangelium, über Rechtfertigung und Heiligung, über Ethik und christliches Leben, über die Eschatologie, über seine Pneumatologie durchaus notwendig und ergiebig wären.

Ich will hier nicht weiterfahren, auch nicht mehr über Bullinger als Historiker und Dichter und die in diesen nicht zu übersehenden Bereichen gestellten Probleme und Aufgaben sprechen, sondern zum Schluß kommen.

Wie ich eingangs bemerkte, gibt es infolge des Fehlens einer Werkausgabe und eines Briefcorpus große Schwierigkeiten, die sich der Bullinger-Forschung stellen, gibt es aber doch schon erfreulich viele historische und theologische Abhandlungen über den Nachfolger Zwinglis. Es stellen sich noch ungezählte Probleme und Aufgaben. Daß diese gelöst werden können, fruchtbringend gelöst werden können, beweisen die gesammelten Aufsätze, die jetzt eben zum 400. Todestag Bullingers erschienen sind, soll auch unsere Tagung beweisen. Der Jubiläumsband und die Vorträge sind daraufhin ausgerichtet worden, daß sie die Bullingerforschung an einigen der von mir erwähnten Problemen und Aufgaben weiterführen.

12. HEINRICH BULLINGER UND DIE ZÜRCHER REFORMATION*

Unter dem Titel »H. Bullinger and the Zürich Reformation« wird in den kommenden Jahren ein umfassendes Quellenwerk zur Geschichte der Zürcher Reformation erscheinen[1]. Der Grund dafür liegt darin, daß es gilt, ein tief verwurzeltes, aber falsches Geschichtsbild zu korrigieren. In den Darstellungen der Geschichte des 16. Jahrhunderts, auch in den Hand- und Lehrbüchern der Kirchen- und Dogmengeschichte, ist die Reformation meistens als Werk Luthers und Calvins, vielleicht auch noch Zwinglis dargestellt. Erst in den letzten zwei bis drei Jahrzehnten hat man in zunehmendem Maße neue Faktoren und Aspekte berücksichtigt. Dazu gehören z.B. die »Radical Reformation« (Williams)[2], die »nichttheologischen«, d.h. politischen, wirtschaftlichen und gesellschaftlichen Faktoren[3], die »Popular Dimension of the Reformation« (Hillerbrand)[4]. Zu dieser Erweiterung bzw. Korrektur des gewohnten Bildes der Reformation gehört in ganz besonderem Maße auch eine viel stärkere Berücksichtigung von Werk und Wirkung Bullingers und der Zürcher Reformation.

»Calvinismus« — Zweideutiges Schlagwort

Warum ist diese Korrektur nötig? Heinrich Bullinger (1504-1575) stand und steht in den Darstellungen des reformierten Protestantismus bisher im Schatten sowohl Zwinglis als Calvins. Das ist nicht nur einseitig, sondern wissenschaftlich unhaltbar. Einerseits hat Bullinger die Reformation in Zürich, damit in der Eidgenossenschaft überhaupt gerettet, nachdem Zwingli nach nur knapp zwölfjähriger Wirksamkeit 1531 in Kappel gefallen war. Ungleich gewichtiger noch ist aber anderseits die Tatsache, daß Bullinger ein Calvin (1509-1564) in Bedeutung und Wirkung für den reformierten Zweig des Protestantismus mehr als ebenbürtiger Partner war.

---

* Ankündigung der Edition: »H. Bullinger on Microfiche«. Zug/Leiden: Inter Documentation Company. In: Neue Zürcher Zeitung, 10./11. Februar 1979, Nr. 34.

[1] EPBU (s. Abkürzungsverzeichnis).
[2] Georg Huntston Williams: The Radical Reformation. Philadelphia: Westminster Press 1962.
[3] Bernd Moeller: Reichsstadt und Reformation. Gütersloh: Mohn 1962 (SVRG 180); Ders. in Engl.: Imperial Cities and the Reformation. Philadelphia: Fortress Press 1972; Stadt und Kirche im 16. Jahrhundert. Hg. v. Bernd Moeller. Gütersloh: Mohn 1978 (SVRG 190); A. G. Dickens: The German Nation and Martin Luther. London: Edward Arnold 1974; Steven E. Ozment: The Reformation in the Cities. The Appeal of Protestantism to Sixteenth-Century Germany and Switzerland. New Haven/London: Yale Univ. Press 1975.
[4] Hans J. Hillerbrand: The Popular Dimension of the Reformation. An Essay in Methodology and Historiography.

Dieser reformierte Zweig des Protestantismus wird üblicherweise als »Calvinismus« bezeichnet[5]. Wie ein unverdächtiger Zeuge, der bekannte katholische Calvin-Forscher A. Ganoczy, in der »Oekumenischen Kirchengeschichte« schreibt, ist dies aber »ein schwer definierbarer Begriff. Wollte man ihm einen möglichst klaren Inhalt geben, so ließe er sich als eine von Calvins Denken und Handeln bestimmte Strömung innerhalb des reformierten Kirchentums auffassen, wobei ,reformiertes Kirchentum' die auch von Bucer, Zwingli und Bullinger mitgeprägte, stark ekklesiologisch und ,kirchlich' geprägte Erscheinungsform des reformatorischen Christentums bedeutete[6].«

Diese Definition ist zwar verhältnismäßig großzügig, indem sie auch Bullinger neben Zwingli und Bucer mitberücksichtigt; dennoch bleibt der Begriff »Calvinismus« ein zweideutiges Schlagwort — schon von seiner Entstehungsgeschichte her; der Begriff ist im Zusammenhang mit Toleranzdebatten unter Humanisten und Flüchtlingen in Basel nach der Vertreibung Castellios aus Genf und der Verbrennung Servets in Genf entstanden; er diente dabei nicht bloß als neutrale Parteibezeichnung für die Anhänger Calvins, sondern hatte wie parallele Schlagwörter (»Papisten«, »Lutheraner«, »Wiedertäufer«) von Anfang an einen negativen Beigeschmack[7].

»Calvinismus« ist und bleibt ein zweideutiges Schlagwort vor allem aber deshalb, weil das »reformierte Kirchentum«, von dem Ganoczy spricht, im 16. und beginnenden 17. Jahrhundert, d.h. mindestens bis zur Synode von Dordrecht, in Tat und Wahrheit immer zwei Hauptzentren und zwei geistige Führer hatte: zuerst Zürich mit Bullinger, dem »Vater« und »Patriarchen«, der »überallhin reformiertes Wesen pflanzte und mit Rat schützte« (Egli)[8], der »eine Weltkirche durch das bloße Band persönlicher Korrespondenz zusammenfügte« (Muralt)[9], dann Genf mit Calvin, dem »Doctor ecclesiae«[10]. Bullinger und Calvin hatten als Weggenossen, ja als Freunde in bezug auf Theologie und Kirche, kirchliche Gestaltung und Wirksamkeit sicher viel

---

[5] Handbuch der Kirchengeschichte, Bd. 3: Reformation und Gegenreformation, von W. Maurer und H. Hermelink. Tübingen: Mohr 1931, S. 196-211; Geschichte der Kirche, Bd. 3: Reformation und Gegenreformation. Hg. v. L. J. Rogier u.a. Einsiedeln: Benziger 1965, S. 98-103; Handbuch der Kirchengeschichte, Bd. 4: Reformation, Katholische Reform und Gegenreformation. Hg. v. Hubert Jedin. Freiburg: Herder 1967, S. 405-436.

[6] Alexandre Ganoczy: Die Grundlegung des Protestantismus in Westeuropa. In: Oekumenische Kirchengeschichte, Bd. 2: Mittelalter und Reformation. Hg. v. R. Kottje/B. Moeller Mainz/München: Kaiser/Grünewald 1978 (2. Aufl.), S. 389.

[7] Uwe Plath: Zur Entstehungsgeschichte des Wortes »Calvinist«. In: ARG 66, 1975, S. 213-223.

[8] Emil Egli: Zur Erinnerung an Zwinglis Nachfolger H. Bullinger, geboren 1504. Akademischer Rathausvortrag am 7. Januar 1904. In: Zwa I, 1904, S. 430 (vgl. HB Bibl II, 1318).

[9] Leonhard von Muralt: Die Reformation. In: Historia Mundi, Bd. 7. Bern: Francke 1957, S. 111.

[10] Calvinus Ecclesiae Doctor. Die Referate des Internationalen Kongresses für Calvinforschung vom 25. bis 28. Sept. 1978 in Amsterdam. Hg. v. W. H. Neuser. Kampen: Uitgeversmaatschappij J. H. Kok o.J.

gemeinsam. Auf einen einfachen Nenner gebracht: sie waren gegenseitig immer zugleich Gebende und Nehmende. Was einzelne Forscher (van 't Hooft, Egli, Hollweg, Locher, Staedtke u.a.[11]) schon seit langem behaupten, neue und neueste Forschungen nun bestätigen, war Bullinger in diesem Tandem vor, neben und auch noch nach Calvin keineswegs nur der zweite. Er hatte einen Calvin mindestens ebenbürtigen, wenn diesen nicht sogar überragenden Einfluß auf Ausbreitung und Konsolidierungen, Verfassung, Theologie und Bekenntnis der reformierten Kirchen, dadurch aber auch auf die politische und gesellschaftliche Entwicklung großer Teile Europas. Das trifft nicht bloß für die reformierten Territorien der Eidgenossenschaft und des Deutschen Reiches, die Niederlande, Großbritannien und Ungarn, sondern selbst für Genf und Frankreich zu. Etwas überspitzt ausgedrückt: Calvins Lebenswerk ist gar nicht denkbar ohne den persönlichen, kirchlich-theologischen und politischen Rückhalt in Zürich[12].

Bullinger, nicht Calvin

Unter dieser Überschrift konnte ich 1976 an dieser Stelle[13] nachweisen, daß Bullinger auf dem für die Verbreitung reformatorischen Gedankengutes besonders wichtigen Gebiet der Bibelauslegung Calvin vorausgegangen ist, mehr noch, daß der später gerade als Exeget gefeierte Calvin selber Bullinger als Vorbild betrachtet hat. In seiner Widmungsvorrede zum Römerbriefkommentar bemerkt er, Bullinger habe »mit Recht viel Lob errungen, denn er verbindet Gelehrsamkeit mit Leichtverständlichkeit, in der er sich sehr bewährt hat«. Sichtbarer Ausdruck für diese Wertschätzung der Kommentare Bullingers ist die Tatsache, daß diese im Laufe des 16. Jahrhunderts zuerst einzeln, dann in Gesamtausgaben mehrfach herausgegeben worden sind und darum mindestens so wirkungsvoll wie diejenigen Calvins »zuerst den ehemals katholischen Pfarrern in den reformierten Gemeinden der Eidgenossenschaft, später verschiedenen Studenten- und Pfarrergenerationen in ganz Europa das notwendige Rüstzeug für Predigt und Unterricht geliefert haben«.

---

[11] Emil Egli: s. oben Anm. 8; Walter Hollweg: Heinrich Bullingers Hausbuch. Neukirchen: Erziehungsverein Neukirchen Kreis Moers 1956 (BGLRK 8); Gottfried W. Locher: Das Zweite Helvetische Bekenntnis (1966). In: Ders.: Huldrych Zwingli in neuer Sicht. Zehn Beiträge zur Theologie der Zürcher Reformation. Zürich: Zwingli-Verlag 1969, S. 289-305; Ders.: Die Zwinglische Reformation im Rahmen der europäischen Kirchengeschichte. Göttingen/Zürich: Vandenhoeck & Ruprecht 1979; Joachim Staedtke: Bullingers Bedeutung für die protestantische Welt. In: Zwa XI, 1961, S. 372-388; Ders.: Die Theologie des jungen Bullinger. Zürich: Zwingli-Verlag 1962; A.J. van't Hooft: De theologie van Heinrich Bullinger ... Amsterdam: Is. de Hoogh 1888 (HB Bibl II, 1265; EPBU-439/1); Vgl. auch HB Bibl II, 1534.

[12] J. Wayne Baker: Heinrich Bullinger and the Covenant. The other Reformed Tradition. Athens, Ohio 1980. Dazu heute auch: Fritz Büsser: Heinrich Bullinger (1504-1575). In: TRE 7, 1981, S. 375 ff.

[13] S. oben S. 105.

Zu dieser ersten Feststellung, welche allein die Forschung zu einigen Revisionen verpflichten würde, sind inzwischen weitere gekommen. Ich will im folgenden nur auf zwei besonders wichtige hinweisen. Zunächst: Was für die Kommentare zutrifft, gilt für das gesamte theologische Oeuvre der beiden großen Reformatoren überhaupt. Sicher ist Calvin mit der »Institutio« ein großartiger Entwurf reformierter Theologie gelungen, sicher haben seine »Ordonnances ecclésiastiques« und der Genfer Katechismus sowie viele theologische Abhandlungen Calvins entscheidende Beiträge zur Festigung der reformierten Kirchen geleistet. Mindestens ebensogroß ist aber auch auf diesem Feld Bullingers Einfluß. Neben der »Institutio« stehen Bullingers »Dekaden«, neben Genfer Kirchenordnung und Katechismus stehen die Zürcher Prediger- und Synodalordnung bzw. das Zweite Helvetische Bekenntnis.[14] Aber nicht nur das: über diesen in ihrer Tragweite durchaus vergleichbaren Parallelen steht die zuerst überraschende, jedoch nicht zu leugnende Tatsache, daß Bullingers theologisches Gesamtwerk nicht bloß zahlenmäßig größer und thematisch vielfältiger ist als dasjenige Calvins. Auf Grund der Auflagen und Übersetzungen muß Bullinger mit seinem Werk auch eine viel größere Verbreitung, damit auch Wertschätzung und Wirkung ausgeübt haben, als man bisher nur ahnen konnte. Alle Titel inbegriffen, umfaßt nämlich die gedruckte Bibliographie der Werke Calvins nur knapp sechs Spalten[15], die vergleichbare der Werke Bullingers dagegen neunzehn[16].

Woher stammt dieses Ungleichgewicht? Ich erwähnte die breitere thematische Vielfalt Bullingers. Da ich diese Behauptung hier unmöglich im einzelnen belegen kann, natürlich auch das verschieden lange Alter der beiden berücksichtigt werden müßte, beschränke ich mich auf den ebenfalls nur stichproben-artigen Nachweis, daß Bullingers Werke allein im 16. Jahrhundert ganz erstaunlich hohe Auflagen- und Übersetzungszahlen erreicht haben[17], wobei die Übersetzungen nicht bloß Latein und Deutsch, sondern — für Linguisten besonders interessant — auch die modernen Nationalsprachen Französisch, Holländisch und Englisch betreffen. So erschienen Bullingers »Dekaden«, das rund tausend Blätter zählende systematische Gegenstück zu Calvins »Institutio«, in sieben lateinischen Auflagen, als »Hausbuch« in drei deutschen, als »Huysboec« in fünf (total neun) holländischen, unter dem Titel »Fiftie godlie and learned Sermons« in drei englischen, schließlich und besonders interessant, in Genf zwischen 1559 und 1565 auch in zwei französischen Ausgaben.[18]

---

[14] Für die genaueren Titel: OC 59, Sp. 461 ff./HB Bibl I, 179-225, 605-607, 433-532.
[15] OC 59, Sp. 449-454.
[16] HB Bibl II, 250-259.
[17] Ich bin mir selbstverständlich der Problematik solcher Zahlen wohl bewußt.
[18] Sermonum decades quinque: Lat.: Einzelausgaben: 1549-1551, Gesamtausgaben (GA):

Ähnlich, wenn nicht noch erstaunlicher sind die Zahlen für die »Summa christlicher Religion«, eine für den theologischen Unterricht bestimmte Zusammenfassung der wohl schon damals als zu umfangreich empfundenen »Dekaden« (oder auch der »Institutio«?). Dieses Werk erschien 1556 gleichzeitig deutsch und lateinisch bei Froschauer in Zürich und erfuhr in der Folgezeit sieben deutsche, sechs lateinische, dreizehn französische, drei holländische und eine englische Ausgabe[19]. Besondere Aufmerksamkeit verdienen die dreizehn französischen Ausgaben; zehn erschienen zwischen 1556 und 1565, d.h. zu Lebzeiten Calvins, in Genf, eine 1563 in Caën, zwei ohne nähere Angaben[20]. Daß Bullingers Werke häufig gerade ins Französische übersetzt wurden, mögen noch drei Beobachtungen belegen. 1551 widmete Bullinger seine »Perfectio christianorum« (eine Anleitung zur wahren Frömmigkeit) König Heinrich II[21]. Die auf dem Hintergrund der Hugenottenkriege entstandenen 100 Predigten Bullingers über die Apokalypse erfuhren elf französische Ausgaben[22]. Beza, der Nachfolger Calvins in Genf, bekehrte sich auf Grund einer Frühschrift Bullingers zum reformierten Glauben[23].

1552, 1557, 1562, 1567, 1577, 1587 (wahrsch.) (HB Bibl I, 179-182, 184-189/EPBU-154/1-157/1, 159/1).

    Deutsch: GA: 1558, 1568, 1597/98 (HB Bibl I, 192-195/EPBU-160/1).

    Holländ.: GA: 1563, 1567, 1568, 1582, 1595 (zweimal) (HB Bibl I, 198-203/EPBU-161/1).

    Engl.: GA: 1577, 1584, 1587 (HB Bibl I, 218-220/EPBU-163/1).

    Franz.: Einzelausgaben: 1559-1560, GA: 1564, 1565 (HB Bibl I, 212-215/EPBU-162/1).

[19] Summa christlicher Religion: Lat.: 1556, 1559, 1562, 1563, 1569, 1598 (HB Bibl I, 291-296/EPBU-186/1).

    Deutsch: 1556, 1558, 1566, 1571, 1576, 1585, 1598 (HB Bibl I, 283-289/EPBU-185/1).

    Holländ.: 1562, 1567, 1581 (HB Bibl I, 310-312).

    Engl.: 1572 (HB Bibl I, 314).

    Franz.: 1556, 1557 (zweimal), 1558, 1559, 1560, 1560 (wahrsch.), 1561, 1562 (zweimal), 1563, 1564, 1565 (HB Bibl I, 297-309/EPBU-187/1).

[20] Resolution de tous les poincts de la religion chrestienne, comprise en dix livres, par Henry Bullingere, ministre de l'Eglise de Zurich. Nouvellement traduits, et mis en lumiere pour facilement instruire le Fidele en ce qu'il doit cognoistre et croire: contre tous assauts et doutes: persecutions et espouantemens de la mort. (Genf: Crespin 1557).

Genf	1556	Genf	1559	Genf	1562	Genf	1565
Genf	1557	?	1560	?	1562		
Genf	1557	Genf?	1560?	Caen	1563		
Genf	1558	?	1561	Genf	1564		

Angaben nach: HB Bibl I, 297-309.

[21] Perfectio christianorum ... ad Christianissimum, eundemque potentissimum Francorum regem Heinrychum eius nominis II. (HB Bibl I, 249/EPBU-169/1).

[22] Cent sermons sur l'Apocalypse de Iesus Christ. Ausgaben: 1558 (dreimal Genf, zweimal Strassburg), 1564 (zweimal Lyon, einmal Genf), 1565 (dreimal Genf). Für genauere Angaben s. HB Bibl I, 341-351. Die Widmung der ersten französischen Ausgabe ist gerichtet: »à l'Eglise Saincte de Dieu, qui est recueillie à Genève, des François, Italiens et Anglois fugitifs et chassez ...« (HB Bibl I, 341/EPBU-198/1).

[23] Brief Bezas an Bullinger vom 18. Aug. 1568. In: Correspondance de Théodore de Bèze, Bd. 9: 1568. Hg. v. Henri Meylan u.a. Genève: Droz 1978, S. 121: »Tuus autem olim quidem libellus [De origine erroris, Basel 1529] ... quod mihi veteris tui in me et incomparabilis plane beneficii memoriam mihi renovavit. Quod enim hodie Christum agnosco, idest quod vivo, id ego non

Bullingers Einfluß und Wirkung sind indes fast noch deutlicher als in den Werken an vielen bis heute ungedruckt gebliebenen Manuskripten, darunter besonders an der in jeder Beziehung singulären Korrespondenz von rund 12 000 Briefen, sichtbar. Diese beweist auf stringente Weise, daß Bullinger unzähligen Ratsuchenden aus allen Bevölkerungsgruppen Europas (einschließlich Calvin)[24] ein weises »Orakel« und tatkräftiger Helfer war. Eine vergleichende Analyse der Korrespondenzen Calvins und Bullingers ergibt indessen auch hier zwei überraschende Momente: einerseits einen großen quantitativen Unterschied, indem den 12 000 Briefen der Bullinger-Korrespondenz nur 3 500 bei Calvin entsprechen[25], anderseits eine deutliche Abgrenzung der Einflußsphären. Während das Schwergewicht der Korrespondenz Calvins im Westen (Frankreich, England) liegt, umfaßte Bullingers Korrespondenz ganz Europa, d.h. die Eidgenossenschaft, das Deutsche Reich, Holland, Polen und Ungarn, nicht weniger aber Frankreich und England. Ich erinnere in diesem Zusammenhang an die wertvolle Studie von A. Bouvier: »Henri Bullinger. Réformateur et conseiller oecuménique d'après sa correspondance avec les réformés et les humanistes de langue française«[26].

Angesichts dieser und weiterer Tatsachen erhalten die theologischen Unterschiede zwischen Bullinger und Calvin ein ganz anderes Gewicht. Bullinger muß mit seiner Theologie und deren Systematisierung anhand des Bundesbegriffes ebenso ernst genommen werden wie Calvin[27]. Statt vorläufige Ergebnisse auf diesem weiten Feld nur anzudeuten, weise ich abschließend auf die technischen Aspekte der im Titel erwähnten neuen Ausgabe »H. Bullinger and the Zurich Reformation« hin. Diese erscheint nämlich *on Microfiche* und

---

minima ex parte debere me tuo illi libro profiteor, quem quum olim, idest anno Domini 35 Biturigibus apud optimum virum piae memoriae D. Melchiorem Volmarium, observandum mihi praeceptorem, l(ege)rem, aperuit tum mihi Dominus oculos ea praesertim parte qua Hieronymi commenta refutas, ut in lucem veritatis intuerer.« Dazu: Henri Meylan: La conversion de Bèze ou les longues hésitations d'un humaniste chrétien. In: Henri Meylan: D'Erasme à Théodore de Bèze. Genf: Droz 1976, S. 112 [154].

[24] Vgl. Briefanreden Calvins an Bullinger. In: OC 11 f. Nr. 434: »Praeclaro Christi ministro D. Henricho Bullingero Tigurinae ecclesiae pastori fidelissimo fratri mihi observando et amico integerrimo«. Vgl. Nrn. 213, 532, 569, 664, 880, 946, 999 u.a.

[25] S. oben Aufsatz Nr. 8: »Die Überlieferung von Heinrich Bullingers Briefwechsel«, S. auch: Joachim Staedtke: Bullingers Bedeutung für die protestantische Welt. In: Zwa XI, 1961, S. 372-388.

[26] André Bouvier: Henri Bullinger. Réformateur et conseiller oecuménique d'après sa correspondance avec les réformés et les humanistes de langue française. Thèse. Neuchâtel: Delachaux & Niestlé 1940.

[27] S. Walter Hollweg: Heinrich Bullingers Hausbuch (s. oben Anm. 11); Joachim Staedtke: Die historische Bedeutung der Confessio Helvetica Posterior (1967). In: S., J.: Reformation und Zeugnis der Kirche. Ges. Studien. Hg. v. Dietrich Blaufuss. Zürich 1978; Ernst Koch: Die Theologie der Confessio Helvetica Posterior. Neukirchen: Verlag des Erziehungsvereins 1968. Joseph Wayne Baker: Covenant and Society: The Respublica Christiana in the Thought of Heinrich Bullinger. Thesis. Univ. of Iowa 1970; Fritz Büsser: Heinrich Bullinger (1504-1575). In: TRE 7, 1981, S. 375 ff.

wird der Bullinger-Forschung endlich weltweit die nötigen Unterlagen an
Quellen und Sekundärliteratur liefern. Dem Nachkommen eines Glarner
Geschlechts, das schon vor der Zeit der Schlacht bei Näfels nachgewiesen ist,
einem in Ehren ergrauten Schweizer Offizier sit venia verbo militari: Die
Vorstellungen vom sogenannten »Calvinismus« können nur mit einer geballten
Ladung »Bullinger« durchbrochen werden! Damit meine ich ein neues
Medium, das praktisch auf einen Schlag das Werk Bullingers und anderer
Zürcher Reformatoren jeder Bibliothek, jedem Forscher und Studenten auf der
ganzen Welt leicht zugänglich macht: eben die Microfiche. Diese gehört zu den
sogenannten »Microreading Media« und wird in der Encyclopedia Americana
folgendermaßen definiert: »Transparent card, usually 4 by 6 inches, containing
60 or more images of pages at a 20:1 reduction ratio. Searched manually.« Zu
deutsch: 60 -100 Seiten eines Buches oder Manuskriptes auf Postkartengrösse.
Obschon die Mikrophotographie etwa 100 Jahre alt ist, führte erst die
Verbindung von mikrophotographischer und photoelektrischer Technik
während des Zweiten Weltkrieges und im Zusammenhang mit der Weltraum-
fahrt zur praktischen und praktisch unbegrenzten Anwendung der Microfiche
auch im zivilen Sektor; zuerst in der ökonomischen Speicherung technischer
Daten z.B. im Luftverkehr oder in der Medizin, bald jedoch auch zur
Konservierung umfangreichen gedruckten Materials, im besondern wertvoller
und seltener Drucke und Manuskripte, ganzer Zeitungs- und Zeitschriften-
reihen, schließlich ganzer Bibliotheken. Im Vergleich mit Mikrofilm und
Reprint ist Microfiche handlicher, billiger, besser lesbar und in beliebigen
Auflagen reproduzierbar. Das zur Reproduktion notwendige elektrische
Lesegerät in der Größe eines Mikroskops ist für jeden Studenten erschwinglich,
leicht transportierbar und kann in Schule und Hörsaal auch als Projektions-
apparat verwendet werden. Für Private und Bibliotheken hat das neue,
faszinierende Medium noch zwei zusätzliche Vorteile: es hilft Platz sparen und
schont wertvolle Originale.

Die Inter Documentation Company, die »H. Bullinger and the Zurich
Reformation« herausbringen wird, hat innert kürzester Zeit weltweiten Ruf
gewonnen. Ihr Produktionskatalog umfaßt sämtliche Disziplinen von Technik,
Wissenschaft und Kunst. Im Vordergrund stehen Microfiche-Ausgaben
wissenschaftlich wertvoller Quellen und Literatur.

Dazu gehört auch die Reformationsgeschichte. Die eingangs erwähnte
Erweiterung ihrer Forschungsanliegen hat bereits zu zwei größeren Microfiche-
Ausgaben geführt: die erste betrifft die an der Universität Tübingen gesammel-
ten »16th century pamphlets in German and Latin«, die zweite — an der
Universität Amsterdam — »The Radical Reformation«. Diesen folgt als erstes
schweizerisches Projekt »H. Bullinger and the Zurich Reformation«. Dieses
stellt in zeitlicher und inhaltlicher Beziehung insofern nochmals eine geballte
Ladung dar, als es umfassend ist und darum auch die begonnene kritische

Ausgabe »Heinrich Bullinger. Werke« nicht konkurrenziert, sondern erweitert und bereichert, letztlich überhaupt erst möglich macht. Es enthält für die Jahre 1979-84 erstens 180 Erstausgaben und wichtige Übersetzungen von Bullinger-Werken, zweitens ungefähr gleich viel ausgewählte Werke Bullingers und anderer Zürcher Reformatoren (Jud, Pellikan, Gwalther, Lavater, Vermigli), drittens ungefähr 80 ausgewählte Werke über Bullinger und die Zürcher Reformation. Ob, wie und unter welchem Titel die bisher unedierten Manuskripte und Korrespondenzen der Zürcher Reformatoren berücksichtigt werden können, ist im Augenblick noch Gegenstand vorbereitender Abklärungen. Dagegen steht bereits fest, daß ich zusammen mit ein paar Kollegen in den nächsten Jahren eine Microfiche-Ausgabe zu realisieren gedenke, die nicht nur Zürich betrifft, sondern den Gesamtbereich des sogenannten »Calvinismus«.

APPENDIX

WIDMUNGEN UND WIDMUNGSVORREDEN BULLINGERS

Sofern nicht in späteren Auflagen Änderungen auftreten, sind nur die Erstausgaben genannt.

Widmungen wie »pio lectori«, »dem Christenlichen Läser« u. Ähnl. wurden nicht berücksichtigt.

EPBU = Reformed Protestantism. Sources of the 16th and 17th centuries on microfiche.

1. Switzerland, A. Heinrich Bullinger and the Zurich Reformation. Editor: Prof. F. Büsser (Zurich) — Inter Documentation Company (IDC), Zug/Switzerland.

HB Bibl 1 = Heinrich Bullinger. Bibliographie, Bd. 1. Bearbeitet von J. Staedtke. Theologischer Verlag Zürich 1972.

( ) = ergänzt, zu ergänzen. Zü. = Zürich

EPBU	HB Bibl I	Kurztitel		Ort, Datum	Empfänger
103/1	10	De origine erroris	Bl. 1ᵛ	Kappel 1527 Dez 27.	W. Joner, P. Simler, A. Kurianus (= Hoffmann), Kappel
104/1	11	De origine erroris	Bl. 2	Kap. (1528) Juni 4.	Ambr. Blarer, Konstanz
	12	De origine erroris libri duo	Bl. 2-4ᵛ	Zü. 1539 März ( )	»Omnibus Christianam Religionem incolumen optantibus«
			fo. 1-3	(Zü. 1539 März)	Ambr. Blarer, Konstanz
			fo. 179ᵛ f.	(Zü. 1539 März)	Peter Simler, Kappel
108/1	27	De Hebdomadis	Bl. 1ᵛ	Bremgarten, 1530 Feb 18.	Peter Simler
109/1	28	Von dem unverschämten Frevel der Wiedertäufer	Bl. 2-5ᵛ	Bremgarten, 1530 (Dez 25.)	Pfarrer und Prediger in Bremgarten und Freiamt
		Bericht von Zinsen	Bl. 172 ff.	(Zü. 1531)	Johannes Bullinger
111/1	33	De prophetae officio	Bl. 1ᵛ	Zü. 1532 Jan 28.	Geistliche im Zürichbiet
112/1	34	Sendbrief an Albrecht von Brandenburg	Bl. 2-10	Zü. (1532) Juni 17.	Albrecht v. Brandenburg/Preussen
113/1	35	Antwort auf J. Fabers Trostbüchlein	Bl. 2-3	Zü. 1532 Mai 11.	»Allen Evangelischer warheyt liebhabenden menschen«
115/1	38	Comm. in epistolam ad Hebraeos	Bl. 2-7	Zü. 1532 Aug 17.	Landgraf Philipp I. von Hessen
117/1	42	Comm. in epistolam ad Romanos	fo. 2-4	(Zü. 1533 Feb)	Berchtold Haller, Bern
118/1	43	Comm. in Acta apost.	Bl. 2-6	Zü. 1533 Aug 25.	Rat u. Volk v. Frankfurt a/M
119/1	52	Comm. in Petri epistolam utramque	fo. 1	Zü. 1534 März ( )	In Deutschland wohnhafte Glaubensflüchtlinge

120/1	53	Comm. in priorem ad Corinthios epistolam	fo. 2-4	(Zü. 1534 Juni)	Dionys Melander (d.Ae.), Antistes in Frankfurt a/M
123/1	62	Assertio utriusque in Christo naturae	Bl. 2-3	(Zü.) 1534 Okt ( )	Geistliche im Zürichbiet
124/1	71	Comm. in posteriorem ad Corinthios epistolam	fo. 2	(Zü.) 1535 März)	Dionys Melander (d.Ae.)
125/1	72	Comm. in epistolas ad Gal., Eph., Phil., Col.	fo. 1-4^v	Zü. 1535 Juli ( )	Ambros. u. Thom. Blarer, Joh. u. Konr. Zwick, Konstanz
128/1	81	Comm. ad Thess., Tim., Tit. et Philem. epistolas	Bl. 2-3^v	Zü. 1536 Jan ( )	Joh.-Jak., Nikl. und Reinhard von Wattenwyl, Bern (1./2. Thess.) / W. Steiner, Zürich (1./2. Tim.) / H. Utinger, Zürich (Tit., Philem.)
	99	Der alte Glaube	fo. 91 / fo. 205^{v}f.	Zü. 1536 Feb ( ) / (Zü. 1536 März)	Hans Heinr. Winkeli, Basel
136/1	111	De scripturae sanctae autoritate	fo. 2	Zü. 1537 März ( )	König Heinrich VIII. v. England
	113	Epistola ad Ioannem Traversum	Bl. 2-4	Zü. 1538 März ( )	Joh. Travers, Zuoz (Graubünden)
139/1	144	In evangelium secundum Matthaeum commentarius	fo. 2-6^v	Zü. 1539 Juli ( )	Joh. Hab, Dieth. Röist, Bürgermeister von Zürich
143/1	153	In evangelium secundum Ioannem commentarius	Bl. 2-7^v	Zü. 1542 Aug ( )	Joh. Rudolf Lavater, Zürich
147/1	160	Brevis antibole ... ad Ioannem Cochleum	Bl. 2-12^v	Zü. 1543 Aug ( )	Pfalzgraf Otto Heinrich
151/1	170	In evangelium secundum Marcum commentarius	fo. 2-13	Zü. 1544 Nov 10.	Christoph Froschauer, Zürich
152/1	173	In evangelium secundum Lucam commentarius	Bl. 2-8^v	Zü. 1545 Aug ( )	Joh. Welser, Bürgermeister von Augsburg
153/1	176	Series et digestio temporum et rerum	Bl. 2-6^v	Zü. 1546 Aug ( )	Rudolf Gwalther, Zürich
154/1	179	Sermonum Decades duae	fo. 2	Zü. 1548 Jan ( )	Dekane (namentlich aufgeführt) und Pfarrer von Zürich Stadt u. Land
155/1	180	Sermonum Decas tertia	Bl. 2-6^v	Zü. 1549 März 1.	König Eduard VI. von England
156/1	181	Sermonum Decas quarta	Bl. 2-4^v	Zü. 1550 März ( )	König Eduard VI. von England
157/1	182	Sermonum Decas quinta	Bl. 2-8^v	Zü. 1550 Aug ( )	Henry Grey, Duke of Suffolk
168/1	246	Die rechten Opfer der Christenheit	Bl. 1^v	Zü. 1551 März ( )	Konrad Pellikan, Zürich
169/1	249	Perfectio christianorum	Pag. 3-9	Zü. 1551 Aug 17.	König Heinrich II. von Frankreich
172/1	258	Ecclesias evangelicas orthodoxas et catholicas esse Apodixis	Pag. 1-8	Zü. 1551 Sept ( ) / Zü. 1552 Feb ( )	Graf Georg von Württemberg

EPBU	HB Bibl I	Kurztitel		Ort, Datum	Empfänger
182/1	276	De gratia dei iustificante	Bl. 2-14^v	Zü. 1554 Feb 1.	König Christian von Dänemark
184/1	281	Das Jüngste Gericht	Bl. 1^v	Zü. 1555 Feb ( )	Wolfgang Waidner, Worms
185/1	283	Summa christlicher Religion	Bl. 1^v-4^v	Zü. 1556 Feb ( )	Landgraf Wilhelm von Hessen
196/1	327	In Apocalypsim conciones centum	Bl. 2-10	Basel 1557 Aug ( )	In Deutschland/der Schweiz wohnhafte Glaubensflüchtlinge aus Frankr., Engl., It. u.a. Ländern
198/1	341	Cent sermons ... (Übersetzung von 327)	Bl. 24^v	Zü. 1557 Sept 1.	Flüchtlingsgemeinde Genf
202/1	361	In Jeremiae prophetae sermones conciones	Bl. 2-4	(Zü. 1557 Okt)	Wolfgang Waidner, Worms
204/1	369	Festorum dierum sermones	Bl. 2-7^v	(Zü.) 1558 Aug ( )	Nikl. Radziwill, Kanzler des polnischen Königs
206/1	377	Catechesis pro adultioribus	Bl. 2	Zü. (1559) Mai ( )	Joh. Fries, Sebastian Guldibeck, Zürich
208/1	383	Epistola ad eccl. Hungaricas eorumque pastores	Bl. 4 ff.	Zü. 1551 Juni ( )	»Pastoribus et ... ecclesiis dispersis per Hungariam«
	394	Der Wiedertäufer Ursprung	Bl. 2-6^v	Zü. 1560 März 15.	Georg Müller, Bürgermeister von Zürich
214/1	402	De conciliis	fo. 2-3^v	Zü. 1560 Nov 16.	Bernhard von Cham, Bürgerm. v. Zü.
216/1	416	Tractatio verborum Domini, in domo patris mei mansiones multae sunt	Bl. 2	(Zü.) 1560 Dez ( )	Niklaus von Diesbach, Bern
218/1	419	Threnorum Jeremiae prophetae explicatio	fo. 2-3	(Zü.) 1561 Jan 1.	Joh. Steiger, Bern
220/1	422	Responsio ad Ioannem Brentium	Bl. 2	Zü. 1561 Dez ( )	Niklaus von Diesbach, Bern
221/1	425	Fundamentum firmum	fo. 2-4	Zü. 1563 Feb 1.	Niklaus von Diesbach, Bern
225/1	428	Conciones in Danielem	Bl. 2-5^v	Zü. 1565 Aug 8.	Englische Bischöfe: Horne, Jewell, Sandys, Parkhurst, Pilkington
226/1	433	Confessio helvetica posterior	Bl. 2-3	Zü. 1566 März 1.	»Universis ... fidelibus per Germaniam atque exteras ... Nationes«
227/1	465	Bekanntnuss Dess waaren Gloubens (Übers. v. 433)	Bl. 2-3	(Zü. 1566 März)	»Allen ... Christglöubigen menschen in Teütschen u. Welschen landen«
	554	Epistola ad Episcopos et fratres in Anglia	Pag. 27-28	Zü. 1566 Mai 3.	Englische Bischöfe: Horne, Gryndal. Parkhurst

233/1	557	Der Türke (Bull. unter Matthias Erbs Namen)	Bl. 2-3^v	( ) 1566 Nov ( )	Egenolf von Rappoltstein
234/1	558	Conciones in Iesaiam	Bl. 2-5^v	Zü. 1567 Feb 15.	Landgraf Philipp I. von Hessen
	559	Praefatio ad libros ... Josiae Simleri	(Titel)	(Zü. 1568 Aug)	»Vornehme« (Dominos ac Proceres), Pfarrer u. Gläubige in Polen, Litauen, Russland, Ungarn, Siebenbürgen
235/1	561	Von der Bekehrung des Menschen zu Gott	Bl. 2-6^v	Zü. 1569 Okt 9.	Christoph und Philipp zu Pappenheim
236/1	562	Refutatio Bullae papisticae contra Angliae Reginam Elizabetham	Bl. 2	Zü. 1571 Feb ( )	Englische Bischöfe: Gryndal, Cox, Jewell
244/1	570	Von höchster Freud und grösstem Leid des jüngsten Tages	fo. 2-3^v	Zü. 1571 Dez ( )	Georg von Stetten (d.J.). bei Augsburg
255/1	587	Apologia ad confutationem Jacobi Andreae	Bl. 2-27	(Zü. 1575)	»Omnibus qui in Austria, Germania, aliisque regionibus nomen Domini ... invocant«

13. KÖNIGIN ELISABETH I.
UND IHR BECHER FÜR HEINRICH BULLINGER*

In seinem Vortrag »Switzerland and the English-speaking world« hat
Heinrich Straumann vor rund zwanzig Jahren nachgewiesen, daß die Schweiz
seit dem Mittelalter bedeutende literarische Einflüsse auf Großbritannien
ausgeübt hat. Dabei hätten je nach der Zeit die verschiedenartigsten Probleme
im Vordergrund gestanden: theologische und kirchenpolitische im 16. und 17.
Jahrhundert, wissenschaftliche und politische im 18. Jahrhundert, die Begeisterung für die schweizerische Landschaft im 19. Jahrhundert, immer jedoch
»much less the objective qualities and characteristics of this country that would
appeal to foreign visitors than the confirmation of their own wishes and
interests«. Im Hinblick auf den Besuch Königin Elisabeths II. sollen im
folgenden die theologischen, kirchlichen und politischen Einflüsse Heinrich
Bullingers (1504-1575) auf die Reformation in England, im besonderen seine
Verteidigung Königin Elisabeths I. gegen die Bannbulle Papst Pius' V., etwas
genauer dargestellt werden.

Zum besseren Verständnis sind einleitend einige Bemerkungen zur Reformation in England am Platze. Im Unterschied zur Reformation im Deutschen
Reich und in der Eidgenossenschaft ist die Reformation in England bekanntlich weniger eine Sache des Glaubens als der Kirchenverfassung gewesen. 1534
übertrug König Heinrich VIII. (1509-1547) durch das »Suprematsgesetz« alle
Vollmachten über die englische Kirche, die bisher der Papst besessen hatte, der
englischen Krone; er beanspruchte die letzte Entscheidung in Glaubensdingen
und nannte sich dementsprechend »oberstes Haupt auf Erden der Kirche von
England unmittelbar unter Gott«. Bis zu seinem Tod wurden aber kaum
Entscheidungen in Glaubensfragen getroffen; so bekämpften sich in der Folge
die verschiedensten konfessionellen Richtungen gegenseitig, das kirchliche und
religiöse Leben zerfiel. Das wurde nicht besser unter seinen ersten zwei
Nachfolgern: zwar öffnete sich unter Eduard VI. (1547-1553) die englische
Staatskirche erstmals in breitem Maße evangelischen Einflüssen aus Deutschland, Zürich und Genf; Maria die »Blutige« (1553-1558) führte England jedoch
noch einmal unter die Jurisdiktion des Papstes zurück. Erst Elisabeth I. (1558-
1601) gelang dann jene die Jahrhunderte überdauernde Konsolidierung, die bis
heute die Kirche von England bestimmt. Diese war und ist gekennzeichnet
durch die königliche Leitung — schon Elisabeth nannte sich in kluger

*In: Neue Zürcher Zeitung, 19./20. April 1980, Nr. 91.

Abschwächung nicht mehr »Supreme Head«, sondern »Supreme Governor«
der Kirche —, bischöfliche Verfassung, weitgehend katholische Liturgie einerseits, protestantische, eher reformierte Glaubenslehren anderseits.

Erste Zürcher Beziehungen

Im Zusammenhang mit dem Eindringen reformierten Gedankengutes nach
England denkt man gewöhnlich in erster Linie an Genf und Calvin. Schon
Straumann hat in dem eingangs zitierten Vortrag jedoch auf die Einseitigkeit
dieser Meinung hingewiesen: »Less known but equally important are the more
moderate conceptions of the Zurich reformers, Zwingli and his successor
Henry Bullinger.« Auf welchen Wegen erfolgten und worin bestanden diese
Zürcher Einflüsse? Zunächst ist hier an die persönlichen Beziehungen jener
englischen Studenten zu erinnern, welche seit 1536, jedoch vor allem als
Flüchtlinge zur Zeit Marias der Blutigen in den 1550er Jahren in die Schweiz
gekommen sind, im besonderen in Zürich eine kürzere oder längere Zeit
verbracht haben und nach ihrer Rückkehr zum Teil hervorragende Stellungen
in der anglikanischen Staatskirche bekleiden sollten. Von den 22 englischen
Besuchern dieser Gruppe nenne ich Robert Beaumont, Vizekanzler in Cam-
bridge; Thomas Bentham, Bischof von Coventry; Robert Horn, Bischof von
Winchester; John Jewel, Bischof von Salisbury; John Parkhurst, Bischof von
Norwich; James Pilkington, Bischof von Durham; Edwin Sandys, Bischof von
Worcester, später Erzbischof von York. Sie alle blieben zeit ihres Lebens mit
Bullinger in Verbindung. Aus Dankbarkeit schenkte Königin Elisabeth
Bullinger persönlich schon 1560 einen vergoldeten Becher, schenkten Horn,
Jewel und Parkhurst 1563-65 den Chorherren drei vom Zürcher Goldschmied
Felix Keller hergestellte Staufen — alles Kostbarkeiten, die heute im
Schweizerischen Landesmuseum aufbewahrt werden. Sandys schrieb am
15. August 1573 nach Zürich: »For there is no one to whom I should write with
greater pleasure than to Master Bullinger, whom, as I have always loved him
exceedingly for his great courtesy, so have I also much venerated him for his
singular erudition and rare piety, and other excellent qualities...« Pilkington
verstieg sich gar zu dem biblischen Vergleich: »But that I can truly say of you,
happy Zurich, what the psalmist speaks concerning Jerusalem: ‚If I do not
remember thee, Jerusalem, above my chief joy, let my right hand forget her
cunning‘.«

Die persönlichen Beziehungen Bullingers zu führenden englischen Kirchen-
männern, Politikern und Theologen ergänzte sein literarischer Einfluß. Zu
Bullingers Lebzeiten (1504-1575) sind nicht nur mehr als zwei Dutzend
deutsche und lateinische Werke, zum Teil sogar mehrfach, in englischen
Ausgaben herausgekommen. Auf besondere Bitten hin hat Bullinger darüber

hinaus sogar einige besonders wichtige Werke höchstgestellten Persönlichkeiten in England gewidmet: so König Heinrich VIII. eine Abhandlung »Über die Autorität der Heiligen Schrift« (1538); König Eduard VI. den dritten und vierten Teil, H. Gray den fünften Teil seiner »Dekaden«, jener berühmten und weitverbreiteten Sammlung von fünfzig Lehrpredigten, die — als Gegenstück zu Calvins »Institutio« — einerseits für die theologische Grundausbildung, andererseits für gottesdienstlichen Gebrauch bestimmt waren (1550/51); den oben aufgezählten englischen Bischöfen 161 (!) Predigten über das Buch Daniel (1565). Wenn die Bedeutung gerade der »Dekaden« für England vermutlich auch kleiner war als vergleichsweise für die Niederlande, verdient eine bisher kaum beachtete, jedoch sehr aufschlußreiche Bemerkung im Vorwort ihrer englischen Ausgabe von 1577 doch einiges Interesse. Nach Hinweisen auf Werke anderer Schweizer Reformatoren (Musculus, Vermigli, Gwalther, Calvin) heißt es:

> Therfore questionlesse, no writer yet in the hands of men can fit (ausrüsten) them better, than maister Bullinger in these his Decades, who in them amendethe (verbessert) Calvins obscuritie with singular perspicuitie and Musculus scholastical subtilitie with great plainness (Einfachheit) and even popular facilitie. And all those points of Christian doctrine, which are not to be found in one, but handled in al: Bullinger packeth al and that in good order ... They are like Physicians, whiche forbid their patients all those meates which they may have, and would do them good ...

Zu den persönlichen und literarischen Beziehungen zwischen Zürich und der anglikanischen Kirche kommt nun, in seiner Bedeutung kaum bekannt, doch fundamental ein nicht zu unterschätzender sachlicher Bezug. Auch diesen hat bereits Straumann angedeutet, wenn er schreibt, »that the Zurich reformers reasserted the belief that Church and State should be considered as two different arms of one and the same Christian body — a conception later worked out by Richard Hooker in his famous ‚Laws of Ecclesiastical Polity‘.« Die staatskirchenrechtliche Auffassung des Verhältnisses von Staat und Kirche ist für England seit der Reformation typisch. Sie unterscheidet sich grundsätzlich sowohl von Luthers Zwei-Reiche-Lehre und der politischen Ohnmacht der lutherischen Kirche wie von Calvins Trennung von Staat und Kirche mit ihrem Trend zum Klerikalismus. Wie dieses Blatt am 26. März 1980 (Nr. 72, S.5) anläßlich der Inthronisierung des neuen Erzbischofs Runcie von Canterbury gemeldet hat, weicht sie heute allerdings einer allmählichen Entflechtung. Neben der Entwicklung des Verhältnisses von Kirche und Staat im England des Spätmittelalters (das Statut von »Praemunire«) hat diese staatskirchenrechtliche Auffassung unter anderem auch starke Wurzeln in Zürich. Als erster hat hier schon Zwingli die Meinung vertreten, daß »zur Vollendung des Leibes Christi« einerseits eine christliche Obrigkeit notwendig sei, andererseits der »Prophet«, Bischof oder Pfarrer, welcher über die kirchlichen, aber auch über die politischen, d.h. staatlichen und gesellschaftlichen Verhältnisse wacht. »Denn eine christliche Stadt ist nichts anderes als eine christliche Gemeinde.«

Es ist hier nicht der Ort, die Wandlungen nachzuzeichnen, welche dieser Grundgedanke Zwinglis auf dem Weg von Zürich nach dem England Königin Elisabeths I. durchgemacht hat. Wir halten nur fest: Es war weniger Zwingli selbst als einige seiner »Mitarbeiter«, die der anglikanischen Staatskirche zu ihrer theoretischen Rechtfertigung verholfen haben. Zu diesen gehörten — neben Bucer und Erastus — der aus Augsburg nach Bern vertriebene Wolfgang Musculus mit seinen 1560 erschienenen »Loci communes«, der Zürcher Rudolf Gwalther mit seinen 1572 erschienenen Homilien zum 1. Korintherbrief, vor allem aber Bullinger, nicht nur mit den bereits genannten, Heinrich VIII. und Eduard VI. gewidmeten Schriften, sondern im besondern mit seiner 1571 in London gedruckten »Refutatio Bullae papisticae contra Angliae Reginam Elizabetham«.

Wie kam Bullinger dazu, Königin Elisabeth von England gegen den Papst zu verteidigen? Im Zug seiner Maßnahmen gegen die Reformation hat Papst Pius V. (1566-1572), früherer Generalinquisitor, nicht nur alles unternommen, um die Beschlüsse des Konzils von Trient in den katholischen Ländern Europas zu realisieren. Auf Grund der internationalen Lage und in Hoffnung auf möglichen katholischen und puritanischen Widerstand in England selbst hat er 1570 auch in einer Bulle »Regnans in excelsis« über Königin Elisabeth I. Bann und Absetzung verhängt und die Untertanen vom Treueid entbunden — das letzte Absetzungsurteil der Kurie über einen regierenden Fürsten. Der Papst berief sich dabei in der Hauptsache auf die »Plenitudo potestatis«, im besonderen auf das daraus abgeleitete Recht, gemäß Jeremia 1, 10 (»Siehe, ich setze dich heute über die Völker und über die Königreiche, auszureißen und niederzureißen, zu verderben und zu zerstören, zu pflanzen und aufzubauen«) über Völker und Staaten zu regieren und auch Könige abzusetzen. Im einzelnen warf er der »angeblichen Königin« Abfall zu den »gottlosen Geheimnissen und Gesetzen Calvins«, die Abschaffung von Kultus und Einrichtungen der katholischen Kirche sowie die Verfolgung Andersgläubiger vor.

Wenn dieses Absetzungsurteil auch von vornherein zum Scheitern verurteilt sein mochte, stellte es doch eine Herausforderung dar, weil es grundsätzliche Fragen aufwarf und darum einer Antwort bedurfte. Deshalb wandten sich die englischen Bischöfe sofort an Bullinger um Unterstützung. Nicht umsonst: Als Reformator nicht nur Zürichs und der Eidgenossenschaft, sondern als der »ökumenische Patriarch«, der Bullinger damals in Wirklichkeit war, schickte dieser — allerdings erst auf mehrfache Aufforderung hin — im Februar 1571 ein lateinisches Gutachten nach London. Dieses hatte seinerseits zwar ebensowenig praktische Folgen wie die Bulle; um seiner prinzipiellen theologischen Überlegungen willen verdient es indes heute noch volles Interesse und gewährt darüber hinaus Einblick in Bullingers Arbeitsweise, seine Kenntnisse von

Kirchen- und Zeitgeschichte. Bullingers Manuskript wurde in London im gleichen Jahr gedruckt; es erschien 1572 in einer englischen Übersetzung von Arthur Golding, 1578 auch in deutscher Sprache. Aus Briefen wissen wir, daß Bullingers Gabe sehr willkommen war. So schrieb Bischof Cox von Ely am 12. Februar 1572: »The queen herself has also read your book, and is much gratified«; Parkhurst von Norwich am 10. März: »Your most learned refutation ... is in the hands of everyone«.

Bullingers »Refutatio« umfaßt rund 90 Oktavblätter. In ihrem Aufbau folgt sie weitgehend der päpstlichen Bulle: d.h. sie widerlegt im ersten Teil (Kapitel 1-16) den päpstlichen Anspruch auf absolute Autorität; sie rechtfertigt im zweiten Teil (Kapitel 17-28) Elisabeths Herrschaft im weltlichen und kirchlichen Bereich und bringt im ausführlichen letzten Kapitel (29) eine scharfe Abrechnung mit der päpstlichen Machtpolitik im Mittelalter. Von Anfang bis Ende arbeitet Bullinger mit biblischen, historischen und juristischen Argumenten, wobei er sich ebenso einfach wie überzeugend auszudrücken vermag.

Die Ablehnung des päpstlichen Machtanspruches beginnt Bullinger mit einer evangelischen Auslegung der klassischen Stellen, mit denen Rom die »Plenitudo potestatis« — und die Unfehlbarkeit! — bis heute begründet. Er kommt dabei zum Schluß, daß Jesus nach Joh. 21, 15-17 Petrus wie alle andern Apostel nicht zum Herrschen, sondern zum Dienen eingesetzt hat: »Die Schafe weiden« heißt nicht, sich über jede andere Macht erheben, Könige und Fürsten unterwerfen, sondern »lehren, ermuntern, trösten«. Lk. 22, 32 (»Ich habe für dich gebetet, daß dein Glaube nicht aufhöre ...«) ist Trost und Mahnung zur Standhaftigkeit. Mat. 16, 18 (»Du bist Petrus, und auf diesen Felsen will ich meine Kirche bauen ...«) ist metaphorisch zu verstehen: Der Fels bezieht sich auf Gott beziehungsweise den Glauben; das einzige Haupt der Kirche ist Christus; die Verwaltung der Schlüssel bedeutet Verkündigung des Evangeliums im Sinne der Sündenvergebung. Zu diesen und weitern Schriftzeugnissen — Joh. 10, 2-16, 1. Pt. 5, 1-10, Apg. 20, Jer. 3, 15, Ez. 34 —, die alle nicht vom Herrschen, sondern vom Dienen Christi beziehungsweise des Petrus handeln, fügt Bullinger das historische Argument, daß die römischen Bischöfe bis zu Gregor dem Großen nicht im geringsten eine Herrschaft usurpiert hätten, sondern bescheidene »Pastoren, Doctoren, Minister« und zum Teil sogar Märtyrer gewesen seien. Andere Kirchen seien im gleichen Rang wie Rom gestanden; der Abfall habe erst im Mittelalter mit Gregor VII., Bonifaz VIII. und Johannes XXII. eingesetzt.

Wie schon in den obenerwähnten früheren, Englands Königen gewidmeten Schriften — am ausführlichsten und gründlichsten in der 17. Predigt der »Dekaden« — stützt sich Bullinger schließlich auf Marsilius von Padua, den gewichtigsten Theoretiker gegen die päpstliche Macht. Dieser Bezug ist nicht zuletzt insofern von Bedeutung, als er zeigt, »daß der Zürcher Antistes sowohl seine Vorstellung von der Beziehung zwischen weltlichem und geistlichem Amt in der christlichen Gesellschaft direkt aus den Schriften des Marsilius bezogen hat, wie sich im besondern über die Rolle des ‚Defensor pacis' gerade bei der Rechtfertigung des Bruchs zwischen der anglikanischen Kirche und der Autorität Roms in den 1530er Jahren bewußt gewesen ist« (R. C. Walton).

Im zweiten Teil zerpflückt Bullinger die Vorwürfe des Papstes gegen die Königin. Dabei geht er nach einer einleitenden Bemerkung, Königin Elisabeth I. sei kein Monstrum, denn es sei auch Frauen gestattet zu herrschen, von seiner Grundüberzeugung aus, es sei der obersten politischen Macht auch erlaubt, in Angelegenheiten der Kirche Entscheidungen zu treffen, z.B. schlechte Bischöfe abzusetzen und durch bessere zu ersetzen. Das bezeugten nicht bloß Propheten und Apostel, sondern auch die großen Könige Israels im Alten Testament, später christliche Kaiser wie Konstantin der Große, Theodosius, Justinian, Karl der Große, Ludwig der Fromme. Wie ein paar Kapitelüberschriften belegen mögen, befaßt sich Bullinger in der Hauptsache allerdings mit den konkreten englischen Verhältnissen: »Daß die Königin Englands sich und ihrem Reich nicht die Befolgung menschlicher Gebote, sondern des Wortes Gottes befohlen hat, das einst unter König Eduard VI. angenommen worden ist; daß sie keine häretischen Bücher verordnet oder ihrem Reich aufgedrängt hat« (20); »Mit Recht befahl die Königin Englands den Ihren, die römische Kirche nicht mehr anzuerkennen noch deren Geboten zu gehorchen. Mit Recht zwang sie die Ihren auch durch einen Eid, Autorität und Gehorsam des römischen Papstes abzuschwören« (22); »Daß der Pontifex diejenigen, welche der Königin den Treueid geschworen haben, nicht von diesem Eid befreien kann. Ein gegebener Eid ist zu halten, nicht nur guten, sondern auch schlechten« (27); »Adel und Volk Englands müssen dem Befehl des Papstes nicht gehorchen und auch seinen Bannfluch nicht fürchten. Dabei wird auch gezeigt, was nach Gottes Befehl die Untertanen ihren Fürsten schulden und wie schwer Gott immer Rebellen und Aufständische bestraft hat« (28).

Es wäre reizvoll, gerade hier in Einzelheiten zu gehen oder die das Werk abschließende »Brevis historica commemoratio vel consignatio«, eine vernichtende Darstellung der päpstlichen Machtpolitik seit Gregor VII. bis zu den Religionskriegen des 16. Jahrhunderts, vorzustellen.

Zum Schluß möchte ich statt dessen hier nochmals auf den regen Briefwechsel zwischen Zürich und England im 16. Jahrhundert hinweisen. Vor 200 Jahren, genau »ad Kalend. Martias MDCCLXXX«, hat Johann Jacob Simler (1716-1788), »Collegii Parthenici Ephorus« in Zürich, in London einen Prospekt herausgegeben, in dem er den Plan einer Edition von Dokumenten und Briefen »De reformationis ecclesiae anglicanae« entwickelte und als Muster den Briefwechsel zwischen Lady J. Grey und Bullinger beifügte. Simler

war als Sammler des heute unter seinem Namen in der ganzen Welt bekannten
einzigartigen Quellenwerkes zur Kirchengeschichte, das sich mit seinen 200
Folianten und 62 Registerbänden in der Zürcher Zentralbibliothek befindet,
wie kein zweiter berufen, dies auch zu verwirklichen. Leider ist er nicht dazu
gekommen. Wohl sind seither einzelne Proben erschienen, z.B. die »Zurich
Letters«, die »Original Letters« bzw. die »Epistolae Tigurinae« durch die
Parker Society in den 1840er Jahren; aufs Ganze gesehen wartet dieser
großartige Schatz indes immer noch darauf, in irgendeiner Form in globo
gehoben zu werden.*

Nachtrag 1984:

   Die in diesem Artikel am Schluß genannte Simmlersammlung ist als Ganze (inkl. Register)
jetzt ebenfalls auf Mikrofiche erhältlich.
IDC H 3001 Simmler Manuscript Collection.

---

* Dieser Aufsatz beruht auf den im Text genannten Quellen sowie auf Studien von D. J. Keep
und R. C. Walton.

14. BULLINGER UND 1566*

Der ehrenvolle Auftrag, vor Ihnen heute zum Thema »Bullinger und 1566«
zu sprechen, löst eine Fülle von Assoziationen aus. Im Vordergrund steht
natürlich die Confessio Helvetica posterior [= CH II], doch verbinden sich
damit weitere Themen, Personen und eine Reihe politischer und kirchlicher
Ereignisse: Kurfürst Friedrich III. von der Pfalz mit seinen Räten Ehem, Erast
und Erbach, mit seinen Theologen Olevian und Ursinus, aber auch Kaiser
Maximilian; politische und kirchliche Ereignisse: der 1566 nach Augsburg
einberufene Reichstag und die damit verbundenen Gefahren für die Reformierten in der Pfalz, aber auch im allgemeinen; die Hugenottenkriege, der Aufstand
der Niederlande, nicht zuletzt das eben abgeschlossene Konzil von Trient
und seine Folgen. Daß ich mit diesen Assoziationen richtig liege, bestätigt
Bullingers Diarium. Wie üblich berichtet dieses auch für 1566 über Bullingers
Leben in Zürich *und* über die wichtigsten außenpolitischen Ereignisse. Dabei
berichtet Bullinger besonders ausführlich, zugleich mit Genugtuung und
seltenem Stolz über die CH II und Friedrich III., vor allem »Placuit illa
plurimum«; »constanter ille confitetur suam fidem«, und schließlich: »mittit
poculum duplicatum et inauratum Palatinus honoris et gratitudinis (causa)«[1].
    Wenn ich heute zu Ihnen über »Bullinger und 1566« spreche, werden die
erwähnten Personen, Ereignisse und Entwicklungen nun aber nicht mehr als
den geschichtlichen Rahmen andeuten. Im Mittelpunkt soll ein praktisch
unbekannter, jedoch außerordentlich wichtiger und interessanter Text Bullingers stehen, den der Reformator selber im Diarium zum Jahr 1565 erwähnt:
»Mense Novembri et Decembri requisitus a Palatino electori principi
illustrissimo respondi ad aliquot capita in comitiis imperialibus in negotio
religionis proponenda mense Ianuario anno 1566, quae postea et Genevam et
Bernam misi«[2].
    Damit meine ich ein Gutachten Bullingers zu 7 »Capita«, die ihm Erast am
23. November 1565 im Namen des Kurfürsten vorgelegt hatte. Wie die eben
zitierte Notiz andeutet, sollte Bullinger dem Kurfürsten für die Verteidigung
seines reformierten Glaubens auf dem auf den 14. Januar 1566 ausgeschrie-
benen Reichstag Argumente liefern, um in den Verhandlungen über die zwei
ihn direkt betreffenden, bzw. bedrohenden Traktanden zu bestehen: »Wie
die christliche Religion zu richtigem Verstand zu bringen« (1); »Wie den

---

* Vortrag gehalten am 5.11.1983 für das Ursinus College Colloquium »Controversy and
Conciliation: The Reformation and the Palatinate, 1559-1583« in Collegeville, Pa.

[1] Heinrich Bullinger, Diarium (Annales vitae), hg. von Emil Egli, Basel 1904, S. 83-84.
[2] aaO., S. 80.

einreißenden verführerischen Sekten vorzubeugen« (2). Sowohl die sieben
aus Heidelberg stammenden Capita wie Bullingers Antwort sind zwar der
Forschung nicht ganz unbekannt geblieben. Zuletzt haben sich W. Hollweg
und G. A. Benrath damit befaßt; jener brachte in seiner Monographie »Der
Reichstag von Augsburg 1566« den Text des »Heidelberger Programms in
deutscher Übersetzung, und zwar bei seiner Wichtigkeit in vollem Wortlaut« [3];
dieser gab in einem Aufsatz »Die Korrespondenz zwischen Bullinger und
Thomas Erastus« sowohl eine Zusammenfassung der »Capita« wie eine knappe
Analyse der Ausführungen Bullingers [4].

Aufs ganze gesehen blieben aber beide Texte völlig im Schatten der
Erforschung von Geschichte und Theologie der CH II, damit von Bullingers
Werk überhaupt. Sie wurden vergessen, übersehen, auch nie gedruckt [5]. Das ist
um ihrer historischen Bedeutung willen nicht nur bedauerlich, sondern falsch.
Einmal hat Bullinger selber die CH II, die in jenem Zeitpunkt bekanntlich nicht
mehr als ein Privatbekenntnis war, direkt mit seiner Antwort auf die Capita
verbunden und diese — zusammen mit seiner schon 1551 gedruckten Schrift
»Gegensatz und kurzer Begriff der evangelischen und päpstlichen Lehre« [6] —
am 12. Dezember 1565 als geschlossenes Paket nach Heidelberg geschickt. Zum
andern sind Bullingers Argumente indes nicht nur eine in Thematik und
Intention notwendige Ergänzung zur CH II, sondern geben auf knappstem
Raum einen umfassenden Einblick in Bullingers Arbeitsweise, Grundstruk-
turen seines Denkens und Handelns, insbesondere in seine Vorstellungen vom
Wesen der Reformation überhaupt.

Um Bullingers Schreiben zu verstehen und zu würdigen, ist vom »Heidelberger Programm« auszugehen. Trotz der von Hollweg betonten »Wichtigkeit«
gebe ich die sieben Capita nicht im Wortlaut, sondern nur in einer Zusammen-

---

[3] Walter Hollweg, Der Augsburger Reichstag von 1566 und seine Bedeutung für die
Entstehung der Reformierten Kirche und ihres Bekenntnisses (= Beiträge zur Geschichte und
Lehre der Reformierten Kirche Bd. VII), Neukirchener Verlag des Erziehungsvereins GmbH,
Neukirchen-Vluyn 1964, S. 155 f.

[4] Gustav Adolf Benrath, Die Korrespondenz zwischen Bullinger und Thomas Erastus,
in: Heinrich Bullinger 1504-1575. Gesammelte Aufsätze zum 400. Todestag. Zweiter Band:
Beziehungen und Wirkungen (= Zürcher Beiträge zur Reformationsgeschichte Bd. 8), Zürich
1975, S. 87-141.

[5] Bullingers Handschrift ist im Staatsarchiv Zürich aufbewahrt (E II, f 1015^r-1025^v), eine Kopie
in der Simmlersammlung der Zentralbibliothek Zürich (Mscr. S 112, Nr. 124). — In bezug auf CH
II s. R. Zimmermann und W. Hildebrandt. Ins Deutsche übertragen und mit einer Darstellung
seiner Geschichte hg., Neuauflage Zürich 1966; Glauben und Bekennen, Vierhundert Jahre
Confessio Helvetica Posterior, hg. von Joachim Staedtke, Zürich 1966; Ernst Koch, Die Theologie
der Confessio Helvetica Posterior, Neukirchen 1968.

[6] Heinrich Bullinger, Bibliographie Band 1, hg. von Joachim Staedtke, Zürich 1972, Nr. 231.
Diese Schrift wurde wiedergedruckt in Heidelberg (1571; 1585) und in Neustadt a.d.H. (1592). (HB
Bibl 1, Nr. 234-236); die Edition von 1592 gibt auf der Titelseite als zusätzliche Information:
»Christiana concordia. Das ist Christliches wiederholtes einmütiges Gespräch von allen streittigen
Religionspuncten ... Durch einen Liebhaber der Christlichen Concordiae in Druck verfertiget.«

fassung. So sollte zuerst in einer »congratulatio« (I) und einer »commendatio«
(II) die Absicht des Kaisers zur Beseitigung der konfessionellen Spaltung und
zum Kampf gegen die »Sekten« begrüßt werden. Danach waren die richtigen
Mittel zur Erreichung dieser Ziele darzustellen: »formal« die Heilige Schrift
(III), »materiell« der Kampf gegen die Irrtümer (IV), und eine richtige, konkret
durch ein freies Generalkonzil zu bewerkstelligende Reformation (V); den
Abschluß hätten ein kurzes Bekenntnis (VI) sowie eine Erklärung zu deren
Übereinstimmung mit den von Rom blutig verfolgten Evangelischen zu bilden
(VII)[7].

Welche *Argumente* lieferte Bullinger für diese Capita? Nicht nur aus
zeitlichen, sondern auch und vor allem aus sachlichen Gründen konzentriere
ich mich im folgenden auf die Capita IV und V. Ich beginne jedoch mit einigen
Bemerkungen zu den drei ersten Capita, weil Bullinger hier die Voraussetzungen skizziert, von denen überhaupt auszugehen ist. Was »congratulatio« und
»commendatio« betrifft, macht der Reformator drei einfache Feststellungen: 1.
»Deus [est] imperiorum dominus«: jedes Reich besteht nur so lange, als sein
Fürst es im Gehorsam Gott bzw. Gottes Wort gegenüber verwaltet. 2. Die
bestehenden Religionsstreitigkeiten — in Deutschland sowohl wie in Frank-
reich — sind entgegen vielen und weitverbreiteten Behauptungen nicht auf die
Predigt des Evangeliums zurückzuführen, sondern auf »die Fackel aller
Kriege«, den Papst, und seine Legaten, »die Werkzeuge dieses räuberischen
Satans«. (B 1016ʳ f // S 3). 3. Den Fürsten hat Gott nicht nur das weltliche
Regiment, sondern — besonders im Fall des Versagens der Kirche — auch die
Sorge um die Religion anvertraut.

Um diese Sätze, erst recht um *alle* folgenden Ausführungen zu begründen,
verweist Bullinger schon hier, vollends zu Caput III auf die Heilige Schrift,
oder (wie er wiederholt schreibt) auf die »Geschichte des Alten und Neuen
Testaments«. Damit meint er die Bibel, einzelne Bibelstellen, aber auch viele
positive und negative Beispiele aus der Geschichte Israels (z.B. Josua, David
einerseits, Saul, Ahab, Jerobeam anderseits) und der Alten Kirche (Constantin
d.Gr., Theodosius d.Gr., Marcian).

Die fundamentale Bedeutung des Schriftprinzips zeigt natürlich auch
Bullingers Argumentation zu den Capita IV und V, denen wir uns jetzt
zuwenden wollen. In bezug auf Caput IV (Kampf gegen Irrtümer) unterstreicht
er zunächst mit aller Deutlichkeit, was auch in der CH II zu lesen ist: daß
Grundlage der Kirche, damit auch jeder Reformation die Heilige Schrift ist; in
ihr besitzt »die ganze Kirche Christi eine vollständige Darstellung dessen, was
immer zur rechten Belehrung über den seligmachenden Glauben und ein Gott
wohlgefälliges Leben gehört. Deshalb wird von Gott deutlich verboten, etwas
dazu oder davon zu tun (5. Mose 4₂). Wir sind darum der Ansicht, daß man

---

[7] Hollweg, aaO., S. 155-156; er gibt dabei eine deutsche Übersetzung der »Capita«.

aus diesen Schriften die wahre Weisheit und Frömmigkeit, die *Verbesserung und Leitung der Kirchen*, die Unterweisung in allen Pflichten der Frömmigkeit und endlich den Beweis der Lehren und den Gegenbeweis oder die Widerlegung aller Irrtümer, aber auch alle Ermahnungen gewinnen müsse«[8].

In unserem Text entfaltet Bullinger diesen Grundsatz, indem er ihn — zuerst positiv — als direkten Auftrag an Friedrich III., über diesen indes auch zuhanden von Reichstag und Kaiser, versteht: »Wirklich fromme Fürsten achten auch darauf, daß sie sich in Konkordie und Reformation in allem auf den im Wort ausgedrückten Willen Gottes ausrichten; sie achten nicht auf die Lehren, Überlieferungen, Beschlüsse und Gewohnheiten der Menschen ..., sondern rufen mit David: »Dein Wort ist eine Leuchte meinem Fuß und ein Licht auf meinem Weg« (Ps. 119_{105}; ähnlich: 1. Tim 3_{14f}; 2. Tim $3_{14\text{-}16}$; Ps 19_{8f}) (B 1017^v // S 6f).

In unserem Text entfaltet Bullinger das Schriftprinzip indes gewissermaßen auch nach seiner negativen Seite hin. Zum einen betont er anhand von drei weiteren Bibelstellen die äußerste Dringlichkeit seiner Anwendung: Mt 10_{34} (»Meinet nicht, daß ich gekommen sei, Frieden auf die Erde zu bringen. Ich bin nicht gekommen, Frieden zu bringen, sondern das Schwert«, Mt 15_{13} (»Er aber antwortete und sprach: Jede Pflanze, die nicht mein himmlischer Vater gepflanzt hat, wird ausgerissen werden«) und Jes 30_1 (»Wehe den widerspenstigen Söhnen, spricht der Herr, die einen Plan ausführen, der nicht von mir kommt, und ein Bündnis schließen, doch nicht durch meinen Geist, um Sünde auf Sünde zu häufen«). (l.c.)

Zum andern erinnert er an die Verstockung, in der Rom auf seinen Irrtümern beharrt und seinen »Aberglauben ... mit menschlichen Decreten, Zustimmung der Vielen, apostolischer Sukzession, mit Gewohnheit und Verjährung verteidigt und alle verfolgt, welche Wahrheit und Frieden suchen« (B 1018^v // S 9). Aus Bullingers Sicht ist diese Haltung unverständlich, weil das Papsttum selber im Anfangsstadium der Reformation die Notwendigkeit einer Reform, einer Reform zumal durch die Fürsten, eingesehen hatte.

In äußerst geschickter Weise und in Form direkter Zitate — beruft er sich dabei auf das berühmte Dokument, das als »Schuldbekenntnis Hadrians« in die Geschichte eingegangen ist, jene Instruktion, die Papst Hadrian VI. seinem Legaten Francesco Chieregati an den Nürnberger Reichstag von 1522 mitgegeben hatte, »in der (nach H. Jedin) zum ersten und letzten Mal ein Papst das offene Bekenntnis ablegte, daß die Sünden des Klerus viel Schuld am gegenwärtigen Wirrsal trügen«[9]. Wörtlich: »Item dices, nos ingenue fateri, [quod deus hanc persecucionem ecclesiae suae inferre permittit propter peccata hominum, maxime sacerdotum et ecclesiae prelatorum...];

---

[8] CH II Art. 1.
[9] Hubert Jedin, Die Geschichte des Konzils von Trient, Bd. I, 2.A., Herder 1951, S. 168.

clamant scripturae peccata populi derivari a peccatis sacerdotum proptereaque (ut ait Chrysostomus) salvator noster curaturus infirmam civitatem Hierusalem ingressus est prius templum, ut peccata sacerdotum primo castigaret, instar boni medici, qui morbum a radice curat;« und weiter: »Scimus in hac sancta sede aliquot iam annis multa ABOMINANDA fuisse abusus in spiritualibus, excessus in MANDATis et OMNIA denique in perversum mutata; nec mirum, si aegritudo a capite in membra, a SUMMIS PONTIFICIBUS in alios inferiores prelatos descenderit. OMNES nos (id est prelati et ecclesiastici) declinavimus unusquisque in vias nostras, nec fuit iam diu qui faceret bonum, non fuit usque ad unum (Ps 14₃). Quamobrem necesse est, ut omnes demus gloriam deo et humiliemus animas nostras ei ...« [10] (B 1018ᵛ/1019ʳ // S 10).

Die gleiche Verbindung von Hl. Schrift, Geschichte und Gegenwart bestimmt Bullingers Argumentation zu Caput V. Ich greife aus den vielfältigen Überlegungen zu diesem zentralen Thema über »Einheit und Reformation« die vier wichtigsten auf:

1. In Anlehnung an das »Schuldbekenntnis Hadrians« erinnert Bullinger zuerst an die Tatsache, daß nicht erst die Reformatoren des 16. Jhs. »aus Eigensinn oder Neid« nach Reformen gerufen hätten. »Vielmehr haben seit fünf oder sechs Jahrhunderten alle gelehrten, frommen und rechtschaffenen Männer den römischen Stuhl aufs heftigste angegriffen und sich über die Unterdrückung und schlechte Behandlung der Kirche Gottes beklagt«. (B 1019ᵛ // S 11). In einer sehr gezielten, wohl durchdachten Auswahl zählt Bullinger dazu nicht etwa Wyclif und Hus, sondern Pierre d'Ailly und Johannes Gerson; G. Pico della Mirandola, Lorenzo Valla und Baptista Mantuanus. Sicher im Blick auf Kaiser und Reichstag rechnet Bullinger zur Reformation »avant la lettre« aber nicht nur diese Conciliaristen und Humanisten, sondern auch die »Reformatio Sigismundi«, jene erste deutschsprachige, freilich anonyme Reformschrift aus der Mitte des 15. Jhs, die zur Zeit des Basler Konzils entstanden war und mit der Hoffnung auf einen Friedenskaiser umfassende und revolutionäre, zugleich wirkungsbezogene und radikale Reformwünsche für die ganze Breite der weltlichen und kirchlichen Verhältnisse verbunden hatte[11], sowie die am vorhin erwähnten Nürnberger Reichstag von 1522 zusammengestellten »Gravamina Germaniae nationis«[12].

2. Als der Historiker, der er (immer auch) ist, schlägt Bullinger indes sofort einen Bogen von der Vergangenheit zur unmittelbaren Gegenwart: von den

---

[10] Bullingers Text stimmt genau mit der neuzeitlichen Edition überein, in: Deutsche Reichstagsakten unter Kaiser Karl V. 3.Bd. bearbeitet v. Adolf Wrede, Göttingen 1963, S. 397. Anderseits ist die Großschreibung von »ABOMINANDA« 6-14, 14-22 etc. Bullingers eigene Idee. (E II 371, f 1019ʳ).

[11] Reformatio Sigismundi, 1438/39, Text N, in: MGH Staatsschriften des späten Mittelalters VI, 1964, H. Koller (Hg.).

[12] S. Anmerkung 10, S. 435 ff.

Reformvorschlägen, die Rom nicht genutzt hat, zum Tridentinum. In sachlicher Übereinstimmung mit den Anathematisierungen der CH II, hier aber in konzentriertester Form, zitiert und verwirft er das Tridentinische Glaubensbekenntnis. Diese »Bekenntnisformel, in der Rom den protestantischen Bekenntnissen ihr eigenes entgegensetzte«, wurde bekanntlich am 14. November 1564 durch Pius IV. veröffentlicht und für Bischöfe, Ordensobere und Pfarrer, aber auch für Lehrer an Hochschulen und für den Erwerb aller akademischen Grade vorgeschrieben; sie enthält neben dem Nicaeno-Constantinopolitanum »das Bekenntnis zu *allen* Glaubensdekreten des Konzils«, zuletzt das Versprechen, »der heiligen, katholischen und apostolischen römischen Kirche, die aller Kirchen Mutter und Lehrmeisterin ist, und dem Papst, dem Nachfolger Petri und Vikar Jesu Christi, gehorsam zu sein[13].« Dieses Bekenntnisformular war für Bullinger, der sich bekanntlich aufs intensivste mit dem Verlauf des Tridentinums befaßt hat[14], der klare Beweis dafür, daß Rom nicht bereit war, selbst die kleinsten Irrtümer zuzugeben oder gar zu beseitigen. Um dieses harte Urteil zu belegen, zugleich aber verständlich zu machen, bringt Bullinger die ganze Confessio Tridentina im Wortlaut (B 1020ʳ-1021ʳ // S 12-14): die extrem gegenreformatorischen Formulierungen über die von den Reformatoren aufgeworfenen Themen von Schrift und Überlieferung als Quellen der Offenbarung, über Zahl und Wesen der Sakramente, Erbsünde und Rechtfertigung, Messe und Eucharistie, Fegfeuer, Heiligenverehrung, vollends über das Selbstverständnis der römischen Kirche sollten für sich selber sprechen! Sie sollten allerdings auch erklären, warum im 16. Jh. neben den evangelischen Kirchen zahllose Sekten entstanden sind, Täufer, Servetianer, Antitrinitarier. (B 1021ʳ/ᵛ // S 15)

3. Was versteht Bullinger nun aber positiv unter Reformation? Diese Hauptfrage beantwortet Bullinger zuerst formell mit einer *Definition*: »Reformation ist nicht Aussprache, Klage, Forderung, Disputation, sondern eine fromme und heilige, mit Vorzug kirchliche Handlung (actio pia et sacra et quidem ecclesiastica maxime), durch welche die wahre Form der Religion, durch menschliche Trägheit, Nachlässigkeit oder Bosheit überflüssig, verderbt oder ausgelöscht, ... zur wahren, ursprünglichen, durch Gottes Wort überlieferten Form zurückgeführt und erneuert wird. Nam reformare est rem ad pristinam formam, quam amiserat reducere«. (B 1021ᵛ f // S 16)

Da die Form jeder Sache entweder durch Beigaben oder Wegnahmen verändert wird, sind bei einer wirklichen Re-form jene wegzunehmen, diese

---

[13] Zitate aus Hubert Jedin, Geschichte des Konzils von Trient, Bd. IV, Zweiter Halbband, Herder 1975, S. 241.

[14] Rudolf Pfister, Zu Bullingers Beurteilung des Konzils von Trient; in: Heinrich Bullinger 1504-1575. Gesammelte Aufsätze zum 400. Todestag. Erster Band: Leben und Werk (= Zürcher Beiträge zur Reformationsgeschichte Band 7), Zürich 1975, S. 123-140. Siehe auch seine Kirchengeschichte der Schweiz, 2. Bd. Zürich 1974, S. 269-278.

aber rückgängig zu machen. Aus diesem Grund ist »imprimis« die ursprüngliche
Form festzustellen.

Diese Definition riecht nach Scholastik, Orthodoxie. Daß sie das unter
keinen Umständen sein will, bezeugt Bullinger damit, daß er eine solche
Reform als »actio pia« bezeichnet und mit sprechenden Belegen aus Neuem
Testament und Alter Kirche illustriert[15]. Dann präzisiert er, daß ein Rückgriff
auf die ursprüngliche Form, eine wirkliche Re-form, nur unter der Vor-
aussetzung Erfolg hat, wenn sie »ad vivum« erfolgt. Das heißt: sie muß »ans
Lebendige gehen«, durchgreifen und darf nicht — wie Mohammed oder das
Interim! — auf halbem Wege stehen bleiben, keine Gemeinschaft zwischen
Gott und Baal (1. Kön 18), keine Halbheiten (Mt 9$_{16f}$) und keine Lauheit (Apk
3$_{15f}$) dulden.

4. Was unter einer solchen Reformation zu verstehen ist, zeigt Bullinger
konkret an einem in Einfühlungsvermögen und Aussagekraft gleich großartigen Beispiel aus dem Alten Testament, an der Reformation Josias (2. Kön
22 f): »Dieser allergläubigste aller Fürsten führte die vollkommenste Reformation durch«. Auch nach Auffassung der modernen alttestamentlichen
Forschung[16] steht im Mittelpunkt dieser für den Alten Bund tiefgreifendsten
und umfassendsten Reform — unmittelbar vor dem Untergang Jerusalems —
der Fund eines alten Gesetzbuches. Dieses Buch (das Deuteronomium?),
das bei der Renovation des Jerusalemer Staatsheiligtums zum Vorschein
gekommen war, weckte im König tiefste Bestürzung, zugleich aber den
unerschütterlichen Willen zu sofortigen Reformen. Er versammelte die
Ältesten von Juda und Jerusalem und ließ sie im Anschluß an die alte
Sinaitradition einen neuen Bundesschluß zwischen Jahwe und dem (durch die
Ältesten repräsentierten) Volk Israel vollziehen. Dann traf er aufgrund des
neuentdeckten Buches eine Reihe ganz praktischer Maßnahmen: er reinigte
den zentralen Kult in Jerusalem von allen fremden (assyrischen) Elementen
und er beseitigte, allerdings zugunsten dieses einen Heiligtums, auch alle
lokalen Opferstätten. Auch dieses Beispiel spricht für sich selber! Der Vergleich
liegt auf der Hand, und es wäre deshalb mehr als verlockend, allen Parallelen
zwischen den Reformen im 7. Jh. *vor* und im 16. Jh. *nach* Christus etwas
genauer nachzugehen. Sie reichen meines Erachtens von der allgemeinen
politischen Situation, von der durch Türkenkriege und Religionswirren
bestimmten Weltend-Stimmung über Bullingers Bundestheologie und prophetischer Verkündigung bis zur Forderung, im Notfall von Staates wegen das alte
Gottesrecht bis ins tägliche Leben hinein durchzusetzen. Durchaus auch in
Parallele zu Josia stand für Bullinger indes etwas anderes im Vordergrund: die
Forderung nach einem Generalkonzil! An einer »aus allen christlichen König-

---

[15] Mt. 19:5; Lk. 10:25-27; 15:27-39; 1.Kor. 11:23; St. Cyprian, Epist. II, 3 in CSEL 1-111.
[16] John Bright, A History of Israel. 3rd edition Westminster Press Philadelphia 1982, S. 316 ff.

reichen« zu beschickenden Versammlung sollten nicht die »idololatriae ministri« den Vorsitz führen, sondern alle Teilnehmer sich unter die »iudicia« und »sententiae« des Alten Testaments und Neuen Testaments stellen, um so alle Kontroversen zu beseitigen und zu christlicher Einigkeit zu gelangen. »Nisi vero talis instituatur reformatio et compositio, nulla erit« (B 1024^v // S 22)[17].

Nach Bullingers ausführlicher Argumentation zu den Capita IV und V ist die abschließende zu VI und VII wieder knapper. In Caput VI verweist Bullinger selbstverständlich auf die beigelegte und — ich unterstreiche wiederholt — damals noch absolut als Privatbekenntnis verstandene CH II. In unserem Text gibt er ihr denn auch nicht ihren definitiven Titel »Confessio et expositio simplex orthodoxae fidei«, sondern bezeichnet sie — in Anlehnung an 2 Titel Zwinglis? — als »nostrae doctrinae de vera religione expositio«. Als solche sollte sie primär all denjenigen dienen, »welche infolge von Anklagen und Verleumdungen die Zürcher und ihren Glauben nicht kennen«, darüber hinaus ausdrücklich als Verhandlungsbasis für das zu fordernde Generalkonzil (B 1025^r // S 26). Denn, so hält Bullinger zu Caput VII fest, dieses sein Bekenntnis stimme mit der »apostolica, orthodoxae catholicaeque ecclesiae veteris confessio« überein, jedoch auch mit dem Glauben aller wahrhaften Bekenner Christi »in allen Kirchen Deutschlands, Frankreichs, Englands und der weiteren Königreiche und Gegenden« (B 1025^v // S 26).

Ich komme zum Schluß: Kurfürst Friedrich III. kam nicht in die Lage, Bullingers Antwort auf dem Reichstag von Augsburg direkt zu verwenden, auch nicht in seiner kurzen Rede vom 14. Mai 1566. Sie spielte offenbar in den großen politischen und religiösen Auseinandersetzungen vor, während und nach dem Reichstag keine sichtbare Rolle. Wie die CH II dürfte sie »ihre Wirkung nicht auf offener Scene, sondern anscheinend nur im Hintergrund ausgeübt [haben]. Jedenfalls wurde ... im Reichstage nichts gegen Friedrich III. unternommen«[18]; dieser kam glimpflich davon und Bullinger bekam das eingangs erwähnte Geschenk. Dazu ist allerdings anzumerken, daß wir aus sicheren Quellen wissen, daß der Kurfürst seinen Glauben in Augsburg gegen Rom (und auch gegen die Lutheraner, auf die Bullinger in seinen Argumenten nie eingeht) mit Mut und Zuversicht, in einer großartigen Freiheit, verfochten hat. Diese stammten nun freilich nicht zuletzt gerade von Bullinger und der einmaligen Autorität, die der Zürcher unter den Reformierten in ganz Europa genoß — einer Autorität, die ihrerseits nach unserem Text darauf zurückzuführen ist, daß »dem, der glaubt, alles möglich, und dem, der will, nichts schwer ist« (B 1024a^r // S 23).

---

[17] Bullinger gibt weitere Beispiele aus dem Alten Testament (Samuel; Asa 1 Kön 15$_{8-24}$; Josaphat), aus dem Neuen Testament (Joh. 2$_{12-17}$; Mt. 21$_{12-27}$), und aus der Geschichte der Alten Kirche (Die Zerstörung Jerusalems; die Kaiser Konstantin und Theodosius).

[18] Das Zweite Helvetische Bekenntnis (hg. v. Hildebrandt/Zimmermann), S. 145; Hollweg, aaO. S. 249; 302-303.

Ich bin darum der Ansicht, daß Bullingers Argumente zu den sieben Heidelberger Capita zu Unrecht vergessen und deshalb nicht länger zu übersehen sind. Ein Stück weit teilten sie ja nur das Schicksal anderer Schriften (z.B. Zwinglis »Commentarius de vera et falsa religione« und »Expositio fidei«, Calvins »Institutio«), von denen wir nicht einmal wissen, ob sie ihren ursprünglichen Adressaten erreicht haben, dann aber um ihres Inhalts und ihrer Intention willen doch weltberühmt wurden. Anderseits umreißen sie ein paar Grundanliegen Bullingers, die für jede »ecclesia reformata semper reformanda«, also auch für uns, gültig sind.

Ich beschränke mich auf folgende drei und denke

1. an Bullingers, auf Cyprian zurückgehenden Grundsatz: »Christus solus audiendus«[19]. Sie wissen, daß alle gedruckten Werke Bullingers auf ihrer Titelseite den gleichen Leitspruch aus Mt 17$_5$ tragen; in der Formulierung der ersten englischen Ausgabe der Dekaden, London 1577: »This is my beloved Sonne in whome I am well pleased: Heare him[20].«

2. denke ich an Bullingers Bekenntnis zur Oekumene. Nicht erst die Gründer und heutigen Führer des Oekumenischen Rats der Kirchen, auch nicht Calvin waren die ersten Oekumeniker, sondern die Väter der reformierten Kirche in Zürich. Der Wille zu gemeinsamer Beratung, vor allem der Wille zu gemeinsamer Reformation der Kirche durchzieht die Geschichte der reformierten Kirche von Anfang an. Er manifestierte sich zuerst anläßlich der Zürcher Disputationen von 1523, welche Zwingli bekanntlich als Generalkonzilien verstanden hat, und in der Gründung der Prophezei (zuerst durch Bullinger in Kappel, dann durch Zwingli in Zürich); er äußerte sich sofort auch in den Synoden, welche überall entstanden, wo Kirchen im Sinne des »solus audiendus Christus« reformiert wurden und im Namen dieses Christus bereit waren, aufeinander zu hören. Diesen Willen zur Oekumene vertrat indes kaum jemand so deutlich wie Bullinger — zusammen mit Zwingli und Calvin allerdings mit dem nicht zu überhörenden Vorbehalt gegenüber dem Papsttum. Da dieser grundsätzlichen Überlegungen und der Erfahrung entsprach, ist er meines Erachtens auch heute nicht überholt. Es könnte (müßte!) ein bleibender Auftrag gerade der reformierten Kirche sein, in den ökumenischen Bemühungen der Gegenwart vor römischen Anmaßungen zu warnen! In den Tagen, da ich diesen Vortrag schrieb, berichtete die »International Herald Tribune« (15.8.1983) über den Besuch des »polnischen« Papstes in Lourdes und notierte — in einem Schlußbericht über die »World Church Assembly« von Vancouver —: »Some delegates spoke of what they perceived as the lukewarm attitude of Pope John Paul II toward seeking ecumenical ties with member churches of the

---

[19] Vgl. Gottfried W. Locher, Die Stimme des Hirten. In: Oskar Farner, Erinnerungen. Zürich (1954). — Zwingli Bücherei 68, S. 111-115, Joachim Staedtke, »... die ihres Hirten Stimme hört.« Zur Geschichte eines theologischen Motivs. In: Evangelische Theologie 18, 1958, S. 68-75.

council, particularly with Protestants.« Nur wenige Tage zuvor hatte H. Küng in einem Interview in »Newsweek« (August 8, 1983, p. 48) behauptet: »The Vatican is a Totalitarian State«.

3. Ich denke schließlich an Bullingers Offenheit für die gesamte Tradition der christlichen Kirche. Seine Ausführungen zum Heidelberger Programm stellen eine außerordentlich eindrückliche Demonstration dar für Bullingers weiten Horizont, für seine Belesenheit, seine umfassenden Kenntnisse von Kirche und Theologie in Geschichte und Gegenwart. Besonders eindrücklich scheint mir, daß für ihn die Reformation grundsätzlich ein unaufhörlicher Prozeß ist, daß er sich in seiner Gegenwart leiten ließ von allen Bemühungen um Gottes Wort von der Reformation Josias über Urchristentum/Alte Kirche mit ihren Kirchenvätern und frommen Kaisern, über den spätmittelalterlichen Konziliarismus und Humanismus bis hin zu allen Zeitgenossen. Damit macht er unüberhörbar deutlich, daß der Zusammenhang von christlicher Existenz, Kirche und Theologie der Gegenwart mit der Reformation in beiden Richtungen absolut not-wendig und hilfreich ist: um unseres Selbstverständnisses willen bedürfen wir der Vertiefung in die Geschichte, und um die Geschichte zu verstehen, brauchen wir auch die Beschäftigung mit den Fragen der Gegenwart.

15. REFORMIERTE ERZIEHUNG IN THEORIE UND PRAXIS*

Die folgenden Ausführungen über reformierte Erziehung in Theorie und Praxis im Zürich des 16. Jahrhunderts befassen sich nicht mit allen Problemen von Erziehung und Unterricht in der Zeit Zwinglis und Bullingers (d.h. während der Zeit von 1523 bis um 1560). Im Mittelpunkt stehen bewußt die Prophezei und die Einrichtungen, die mit dieser Zürcher Theologenschule verbunden sind — das vor allem, weil diese für die Verwirklichung und Verbreitung der Zürcher Reformation von größter Bedeutung war.[1]

Die Zürcher Theologenschule ist sehr eng mit der Zürcher Reformation verbunden. Zwingli begann am 1. Januar 1519, genau an seinem 35. Geburtstag, in Zürich zu predigen. Schon Ende Januar 1523 gaben Bürgermeister und Räte — die politischen Behörden — ihre Zustimmung zu dem Programm einer umfassenden kirchlichen und gesellschaftlichen Reform, wie es die 67 Schlußreden enthalten hatten. In der Folge wurden innerhalb der nächsten zwei Jahre die Klöster säkularisiert, die Heiligenbilder entfernt und die Messe abgeschafft.

Im Mittelpunkt der Reform stand sicher der Gottesdienst. Wohl nirgendwo so wie in Zürich hat die Reformation durch die Predigt ihren Anlaß, ihre

---

* Übersetzung aus dem Französischen: Théorie et pratique de l'éducation sous la Réforme à Zurich. In: La Réforme et l'éducation. Sous la direction de Jean Boisset. Ed. par la Société de l'Histoire du Protestantisme français, Paris. Toulouse 1974, S. 153-170.

[1] Für Quellen und wichtigste Sekundärliteratur verweise ich auf folgende Werke:
Actensammlung zur Geschichte der Zürcher Reformation in den Jahren 1519-1533, hg. von Emil Egli, Zürich 1879.
Huldreich Zwinglis Sämtliche Werke, hg. von Emil Egli, Georg Finsler, Walther Köhler, Oskar Farner, Fritz Blanke, Leonhard von Muralt, Edwin Künzli, Rudolf Pfister, Joachim Staedtke, Fritz Büsser, Berlin 1905, Leipzig 1908 ff, Zürich 1956 ff. — CR LXXXVIII-CI. Sigel: Z.
Joachim Staedtke, Heinrich Bullinger Bibliographie Band I, Beschreibendes Verzeichnis der gedruckten Werke von Heinrich Bullinger, Zürich 1972. Sigel: HBBibl. 1.
Heinrich Bullingers Reformationsgeschichte, nach dem Autographon hg. von J.J. Hottinger und H.H. Vögeli, 3 Bde., Frauenfeld 1838-1840.
Ulrich Ernst, Geschichte des zürcherischen Schulwesens bis gegen das Ende des sechzehnten Jahrhunderts, Diss. phil. Zürich, Winterthur 1879.
Ernst Gagliardi, Hans Nabholz, Jean Strohl, Die Universität Zürich 1833-1933. Zürich 1938.
Kurt Spillmann, Zwingli und die Zürcher Schulverhältnisse. In: Zwingliana XI, 1962, S. 427-448.
Jacques Figi, Die innere Reorganisation des Grossmünsterstiftes in Zürich von 1519 bis 1531, Diss. Zürich, Affoltern 1951.
Oskar Farner, Huldrych Zwingli, 4 Bde., Zürich 1943-1960.
Jacques Pollet, Art. Zwinglianisme. In: Dictionnaire de Théologie catholique XV, 1950.
Carl Pestalozzi, Heinrich Bullinger, Elberfeld 1858.
Vgl. auch die folgenden Anmerkungen.

Durchführung und ihren Erfolg gefunden. Hier hatte sie in der Verkündigung von Gottes Wort ihre Wurzel, von hier strahlte sie in alle Bereiche des menschlichen Lebens aus. Hier begann die Erneuerung des Glaubens, der Kirche, hier begann aber auch die politische und soziale Wandlung.

Es war Zwingli von vornherein klar, daß gerade die Erneuerung des Gottesdienstes — des Gottesdienstes in der Kirche wie des Lebens — nur möglich war aufgrund einer Erneuerung auch des Schulwesens, insbesondere einer entsprechenden Ausbildung der Pfarrer (selbstverständlich auch der Laien!). Im Zusammenhang mit der Säkularisation der Klöster hat er deshalb sofort auch eine Reorganisation des Schulwesens vorgeschlagen. Noch im gleichen Jahr 1523, am 29. September, beschloß die Zürcher Obrigkeit eine Reform des Großmünsterstifts. Diese bestand zur Hauptsache in der Schaffung der »Prophezei«, der Zürcher Theologenschule — der Wurzel der theologischen Fakultät und damit der Universität Zürich. Über die Bedeutung dieser Schule, zu der als Unterbau die zwei seit dem Mittelalter bestehenden Lateinschulen am Großmünster und Fraumünster gehörten, hat einer der besten Kenner der Zürcher Reformation folgendes geäußert: Die Einrichtung der Prophezei sei »nicht eine erfreuliche Nebenfrucht, auch nicht etwa nur eine Einrichtung zur Ausbildung des Pfarrerstandes, sondern ein Stück der reformatorischen Wendung im Gottesdienst zu Zürich selbst — vielleicht dasjenige, das die weitesten und tiefsten Wirkungen auf den gesamten Protestantismus ausgeübt hat. [Und so fährt er noch weiter.] Wir haben dabei bereits die Genesis dieses Instituts durchschaut: Hier wurde nicht erst eine wissenschaftliche Exegese getrieben und dann gefragt, was man davon und wie den Schäflein nahebringen könne, sondern umgekehrt: die Erfahrung der Aktualität der Bibel trieb zu ihrer wissenschaftlichen Erforschung. Und da waren und blieben die Zürcher dann entschlossene Humanisten, d.h. Philologen[2].«

Die Geschichte der Prophezei ist in der ersten Hälfte des 16. Jahrhunderts vor allem mit den Namen Zwinglis und Bullingers verbunden. Dementsprechend will ich im folgenden zunächst einiges über ihre Gründungszeit bis zum Tod Zwinglis 1531, dann über die weitere Entwicklung zur Zeit Heinrich Bullingers sagen.

I

Was zunächst Gründer und Gründung betrifft, so hat sich Zwingli auch theoretisch mit Bildungsfragen befaßt: 1523 — im Jahr der Zürcher Disputationen, im Jahr, da er mit seiner »Auslegen und Gründe der Schluß-

---

[2] Gottfried W. Locher, Im Geist und in der Wahrheit. Die reformatorische Wendung im Gottesdienst zu Zürich (= Nach Gottes Wort reformiert 11), Neukirchen 1957, S. 29f.

reden«[3] die erste reformierte Dogmatik verfaßte und in seiner Abhandlung über »göttliche und menschliche Gerechtigkeit«[4] ein heute noch wegweisendes sozialpolitisches Programm entwarf — schrieb er auch eine kleine Erziehungsschrift »Quo pacto ingenui adolescentes formandi sint«[5]. Diese Schrift erfreute sich bald großer Beliebtheit. Sie erschien nach einer 1. Auflage in Basel bereits 1524 ein zweites Mal in Augsburg zusammen mit Melanchthons »Elementa puerilia« und im selben Jahr in Zürich deutsch unter der Bezeichnung »Lehrbüchlein«[6]. (1953 hat sie Pierre Mesnard im Rahmen eines Aufsatzes über »la pédagogie évangélique de Zwingli« in einer französischen Übersetzung in der »Revue Thomiste« veröffentlicht.)[7] In ihr zeichnet Zwingli nicht bloß das Bild des körperlich trainierten und geistig geschulten, wohlerzogenen und charakterfesten, Gott wohlgefälligen Jünglings; sondern er entwirft — wie Mesnard zu Recht sagt — eine regelrechte »pédagogie évangélique«: »Dise mine underwysungen aber sind dryerley: Der erst teyl gibt bericht, wie eines jünglings zart unnd weych gemůt in den dingen, die gott anträffend, gebünt und berichtet werden sol. Der ander teyl bericht den jüngling in denen dingen, die inn selbs betreffend. Die dritten, wie gegen andren sich der jüngling halten sölle. Min fürnemen aber ist nit, das ich hie setzen wölle sölliche underwysungen, die man den kinden von den wiegen an geben sölle, ouch nit wie man die anfahenden schůler erstlich berichtet, sunder von dem alter an, so die jüngling yetz anfahend witzig ze sin und verstand ze haben und, als man spricht, on rinden schwümmen könnend.«[8]

Um ein paar wichtige Details zu markieren, heißt es da etwa —

Im 1. Teil, daß »man der Jugend den Glauben mit reinen, lauteren Worten eingießen muß, wie sie der Mund Gottes ...braucht. Dabei soll man auch den bitten, der allein gläubig macht, daß er mit seinem Geist den erleuchte, den wir mit dem Wort unterrichten und lehren: Mich dünkt auch, es sei der Lehre Christi nicht ungemäß, wenn wir die Jugend auch durch das Sichtbare zur Erkenntnis Gottes führen, z.B. wenn man ihnen das schöne Gebäude der ganzen Welt vor Augen stellt, jede Einzelheit wie mit dem Finger deutend; wie die Dinge alle wandelbar und zerstörbar seien, wie aber der, der solche verschiedene Dinge alle so fest, so einheitlich wunderbar zusammengesetzt und vereinigt hat, selbst unwandelbar und unbeweglich sein müsse.«[9] In bezug auf die Erziehung des Menschen an sich selbst: »Sein Gemüt aber kann [der

[3] Z II, 1-457.
[4] Z II, 458-525.
[5] Z II, 526-551.
[6] 1526 erschien eine zweite deutsche Übersetzung von Zwingli selbst: Wie man die Jugend in guten Sitten und christlicher Zucht erziehen und lehren soll. Z V, 427-447.
[7] Vgl. Revue Thomiste, 1953, Nr. 2, S. 367 (374)-386.
[8] Z V, 431$_{21-32}$.
[9] Z II, 538$_{16-29}$.

Jüngling] nicht besser in Ordnung bringen, als wenn er sich Tag und Nacht in dem Worte Gottes übt. Das kann aber nur dann gut und geschickt geschehen, wenn er die Sprachen, wie Hebräisch und Griechisch, angemessen beherrscht; denn ohne die eine kann das Alte Testament, ohne die andere das Neue Testament nur ganz kümmerlich rein und lauter verstanden werden.«[10]

Vor allem aber ist natürlich Christus nachzueifern, dem allervollkommensten Vorbild, bei dem die einträglichste Belehrung und nachhaltigste Erziehung zu gewinnen ist:»Wer ihn aus seinen Worten und Taten einmal richtig kennenlernte, der wird sich dermaßen an ihn festklammern, daß er sich bestrebt, in all seinem Tun und Planen etwas vom Wesen und der Kraft Christi zum Ausdruck zu bringen, soweit dies wenigstens menschlicher Schwachheit möglich ist.«[11] Christus bestimmt natürlich auch das Verhalten zur Umgebung:»Christus hat sich für uns drangegeben und ist damit der Unsere geworden — folglich mußt du ebenfalls auf dem Standpunkt stehen, daß du allen zur Verfügung zu stehen hast und nicht dir gehörst, sondern den andern; wir sind ja nicht dazu geboren, daß wir uns selber leben, sondern daß wir allen alles würden« [1. Kor. 9_{22}][12] Und abschließend:»Einem Christenmenschen steht nicht das wohl an, über Glaubenssätze großartig zu reden, sondern vielmehr das, mit Gott große und schwere Dinge zu tun ... Vollkommen wird sein, der einzig und allein Christus nachzufolgen entschlossen ist.«[13]

Diese Sätze zeigen, daß sich Zwingli in seiner Erziehungsschrift ganz offensichtlich in humanistischen Denkstrukturen und -kategorien bewegt. Wie vor ein paar Jahren Ernst Gerhard Rüsch nachweisen konnte, muß Zwingli sich in der pädagogischen Literatur des Humanismus gut ausgekannt haben[14]. Er hat sicher die Erziehungsschriften des Erasmus (Institutio principis christiani), des Basilius (Rede an die Jünglinge über den Gebrauch der heidnischen Literatur) und des Quintilian (Institutio oratoria), mit größter Wahrscheinlichkeit aber auch Schriften von Isokrates, Plutarch, Pier Paolo Vergerio, Maffeo Vegio, Enea Silvio Piccolomini, Jakob Wimpheling, Johann Ulrich Surgant, Otho Brunfels und Joachim Vadian gelesen. Wenn er von dieser Literatur manches übernommen hat, so verlor er sich doch nicht im Gestrüpp all der vielen erzieherischen Weisheiten, wie es diese vorausgehenden Bücher vielfach tun. Er griff das Wesentliche heraus, und vor allem, er erfüllte das humanistische Material eindeutig mit reformatorischem Geist. Rüsch schreibt:»Die reformatorische Erkenntnis, die Begründung der Ethik in der

---

[10] Z II, 542_{24-27}.
[11] Z II, 543_{22-26}.
[12] Z II, 547_{16-19}.
[13] Z II, $551_{29f.; 13f.}$
[14] Ernst G. Rüsch, Die humanistischen Vorbilder der Erziehungsschrift Zwinglis. In: Theologische Zeitschrift, hg. von der Theologischen Fakultät der Universität Basel, Jg. 22, 1966, S. 122-147, im besonderen S. 129.

Rechtfertigungslehre und in der Christozentrik führen, nach Ansätzen bei Erasmus, über den christlichen Humanismus hinaus und lassen das Lehrbüchlein als ausgesprochen reformatorische Pädagogik erscheinen«[15]. Im Vergleich zur mittelalterlichen Pädagogik bewies Zwingli hier »sowohl in der theoretischen als in der praktischen Sicht der Probleme die neue Welt der Reformation. Er bezeugt aber zugleich, daß in der Reformation das vom Humanismus errungene Gut weitgehend bewahrt und lebendig fortgepflanzt wurde. Humanismus und Reformation widersprechen sich bei Zwingli nicht: das humanistische Erbe bildet den Stoff, den das reformatorische Denken neu formt[16].«

Wir kehren zur Einrichtung der Prophezei zurück. Wie gesagt haben Bürgermeister und Räte die Vorschläge Zwinglis über die Organisation der Zürcher Schulen Ende September 1523 gebilligt. Ihr prinzipieller Beschluß lautet wörtlich: »Und damit sömlichs dester kommlicher beschehen müge, so ist die meinung, dass verordnet werdent wol gelert, kunstrich, sittig männer, die alle tag offenlich in der heiligen schrift, ein stund in hebräischer, ein stund in kriechischer und ein stund in latinischen sprachen, die zuo rechtem verstand der göttlichen gschriften ganz notwendig sind, lesent und lerent, on(e) der unsern uss der stadt und ab dem land, so in ir lezgen gond, belonung und entgeltnuss. Es soll ouch ein ersame, wolgelerte, züchtige priesterschaft zuo der ere Gottes und unser(er) stadt und lands lob, ouch zuo heil der seelen, bi dem gottshus, Sant Felix und Regulen genennt, gefürderet und angenommen werden, also dass man daselbent, so dick es not sin wurd, recht, redlich, geschickt lüt im gottswort und christenlichem leben finde, die man den frommen undertanen in der stadt und auf dem land wol müge zuo seelsorgeren, pfarrern oder lütpriestern fürsetzen. Darzuo soll ein schuolmeister richlicher belonet werden dann bisher, damit er die jungen knaben müg flisslichen anfüeren und leiten, bis dass si zuo den vorgemeldten lezgen zuo begrifen gemäss werdent, die ouch on iren kosten zuo hören, umb dass man die jungen in ir vätter kosten ... an fremde ort zuo schuol und leer nit schicken müesse...«[17].

Was bedeutet das konkret? Zwinglis Pläne sahen die Errichtung einer theologischen Schule zur Ausbildung evangelischer Pfarrer vor, dazu aber eine Art artistische Fakultät als Vorbau. Die durch die Säkularisation des Stifts freiwerdenden Mittel sollten eine verhältnismäßig günstige Regelung der finanziellen Fragen ermöglichen: den Schülern von Stadt und Land sollte ein unentgeltlicher Schulbesuch, den Lehrern eine ausreichende, von Beiträgen der Schüler unabhängige Besoldung garantiert werden. Selbstverständliche

---

[15] aaO. S. 145.
[16] aaO. S. 145 f.
[17] Egli, Actensammlung, Nr. 426, 5-7.

Voraussetzung war, daß die bestehenden unteren Schulen, die sog. deutschen Schulen und die beiden Lateinschulen am Großmünster und Fraumünster weitergeführt wurden. Man hat sich schon gefragt, warum Zürich bei dieser Gelegenheit nicht gleich eine Universität eingerichtet hat. Die Gründe dafür sind wohl weniger im Fehlen äußerlicher, juristischer Formen (d.h. päpstlicher oder kaiserlicher Privilegien) zu suchen als in den speziell lokalen, zeitbedingten Umständen. Was Zwingli, Zürich, die Reformation im Augenblick brauchten, war keine Universität, sondern ganz schlicht eine Ausbildungsstätte für reformierte Prediger. Sollte das Wort Gottes in den Mittelpunkt des Gottesdienstes, damit der Reformation gestellt werden, so bedurfte es keiner Theologen, die nach den bestehenden Modellen theologischer Fakultäten ausgebildet waren, sondern philologisch geschulter Ausleger der Bibel.

Aus politischen und personellen Gründen blieb die beschlossene Schulreform indes auch so noch längere Zeit Theorie. Sie konnte erst verwirklicht werden, als Zwingli im Frühjahr 1525 auch zum Schulherrn, Scholasticus, gewählt wurde. In dieser Eigenschaft erhielt er nun allerdings für die Realisierung seiner Pläne entscheidende Kompetenzen: ihm allein standen fortan an der geplanten Schule die Wahl der Lehrer, die Bestimmung des Lehrplanes, vor allem die gesamte Aufsicht zu[18]. Als erste praktische Maßnahme legte er sich eine Aufsichtsbehörde zu: es sollten vier »attendentes aut curatores« ernannt werden, die sich später aus dem Scholasticus, einem Bürgermeister und zwei Klosterpflegern unter Beizug der Leutpriester, d.h. der Prediger am Fraumünster und St. Peter, zusammensetzten[19]. Vor allem aber sorgte er für die endliche Eröffnung der Schule selber: Die »Prophezei« wurde am 19. Juni 1525 eröffnet. Den Namen hatte Zwingli gegeben: in Anlehnung an das Pauluswort vom Prophetenamt des Schriftkundigen (1. Kor. 14), im Blick darauf, daß die Aufgabe der Prediger einerseits in der Auslegung der Heiligen Schrift, andererseits im Kampf gegen Irrtum und Sünde, für Frömmigkeit und Wahrheit besteht[20].

[18] K. Spillmann, in Zwingliana XI, 1962, S. 436, Anm. 41: »M. Ulrich Zwingli wirt schůlherr erwelt und das schulej hus übergeben. Auff ends bemelten tag und Jaar ward vom Probst und Capitul zů einem Schůlherren an h. Doctor Niesslins statt erwelt M. Ulrich Zwingli, und Im der Schůley hus und Jerlich darzů 22 lb gelts versprochen zur pfrůnd; Im bevollt, ein Tugenlichen Schůlmeister, bericht Lesser, In Griechischer, Hebräischer und Latinischer sprachen anzestellen, denen die stunden ordnen, und was, und wie sy lässen sollent, anzeigen; und wan sich erfunde, dero etlich untugenlich syn, und syn ambt nit, oder liederlich volbringen, den absetzen und ein anderen tugenlichen wider an dess sümigen statt zesetzen, damit die besoldung nit vergebens ausgeben werde und die Lernenden vil zyts versumind. — Actum den 14. tag aprilis 1525.«
[19] Vgl. Z IV, 364$_{1f.}$; Egli, Actensammlung, Nr. 757; Bullinger Reformationsgeschichte I, S. 289.
[20] Vgl. Fritz Büsser, Der Prophet — Gedanken zu Zwinglis Theologie. In: Zwingliana XIII, 1969, S. 7-18; ders., De prophetae officio — Eine Gedenkrede Bullingers auf Zwingli. In: Festgabe Leonhard von Muralt. Zum siebzigsten Geburtstag 17. Mai 1970 überreicht von Freunden und Schülern. Zürich 1970, S. 245-257; ders., Huldrych Zwingli, Reformation als prophetischer Auftrag (= Persönlichkeit und Geschichte Bd. 74/75). Göttingen/Zürich/Frankfurt 1973, passim.

Im einzelnen fanden folgende Lehrveranstaltungen statt:

1. Die »Lectiones publicae«. Diese folgten einem ganz bestimmten Schema. Um 7 Uhr im Sommer, um 8 Uhr im Winter versammelten sich täglich — ausgenommen Sonntag und Freitag (Markttag) — die Chorherren, die Geistlichen der Stadt, die älteren Studenten im Chor des Großmünsters[21]. Man begann mit einem gemeinsamen Gebet, das Zwingli sprach: »Omnipotens sempiterne et misericors deus, cuius verbum est lucerna pedibus nostris et lumen semitarum nostrarum [cf. Ps. 119$_{105}$], aperi et illumina mentes nostras, ut oracula tua pure et sancte intelligamus et in illud, quod recte intellexerimus, transformemur, quo maiestati tuae nulla ex parte displiceamus, per Jesum Christum, dominum nostrum, Amen!«[22] Dann winkte Zwingli einem zweiten, der den zu behandelnden Text aus der Vulgata las. Ein dritter behandelte das gleiche Stück aus der hebräischen Bibel, ein vierter las den selben Abschnitt in griechisch aus der Septuaginta und beleuchtete den Wortsinn von hier aus. Ein fünfter legte auf lateinisch eine Predigtmeditation darüber vor, ein sechster schließlich hielt eine Predigt auf deutsch, auch für weitere Zuhörer aus der Stadt, die sich inzwischen eingefunden hatten[23]. Dieses Schema zeigt deutlich Charakter und Zweck des Unternehmens: die Prophezei, in der auf diese Weise zu Lebzeiten Zwinglis praktisch das ganze Alte Testament ausgelegt wurde[24], suchte eine enge Verbindung von wissenschaftlicher Erforschung der Bibel und praktischer Verkündigung des Wortes. Sie war eher »biblische Arbeitsgemeinschaft« als Theologenschule, eher (philologisches) Seminar als Vorlesung[25]. Johann Kessler beschreibt das in der Sabbata: »In dem allem wirt nit unterlassen das, so Paulus in bemeltem capitel (1.Kor.14) anzeigt und wil: das, so dem zuohörenden etwas bessers geoffenbaret, der redend schwig und sich berichten lass. Also da, so einer redt, der ander verstat es besser, zeigt er es früntlich an, der redend nimpt es früntlich uf, damit der war und clar verstand uf die ban gefuort werde.« Wir wissen auch, daß sämtliche Professoren an allen Lektionen gemeinsam teilnahmen, mit andern Worten zusammen ein regel-

---

[21] Vgl. Bullinger, Reformationsgeschichte I, S. 290: »Wie nun under dem Bapstthum prim, tertz, Sept und non im Chor geläsen und gesungen, nam man für, an deren statt umm die 8 im Chor (dann anfangs was noch kein Lectorium gepuwen, dahin hernach, und imm wynter uff die Stuben der Chorherren, dise Lection gelegen und gelegt ist) die heiligen biblischen geschrifft zů rächtem gůtem christlichem verstand, uss den ursprünglichen sprachen, zů låsen. Das alles ordnet der zwingli gar ordentlich. Dann alle pfarrer predicanten Chorherren und Caplonen und grösseren Schůler, besamletend sich imm Chor, zum grossen münster, satztend sich in das gestůl.«; Z IV, 701.

[22] Z IV, 365, 1-6.

[23] Vgl. Bullinger, Reformationsgeschichte I, S. 290; Johannes Kessler, Sabbata, hg. vom Historischen Verein des Kantons St. Gallen, Emil Egli und Rudolf Schoch, St. Gallen 1902, S. 203 f.

[24] Vgl. Ordnung der Kirche zu Zürich, 1535 (Z IV, 701, 23-26): »Man hept vor an der bibli an unnd lisst sy mit grossem flyss inn etlichen jaren nach irer ordnung uss. Darzů gebrucht man alle tag die zyt und wyl, die man vorhin zů der prim, tertz und sext gebrucht hat, ein stund oder mee.«

[25] Vgl. Kessler, aaO. S. 204.

mäßiges team-work bildeten. Als Lehrer wirkten hier Zwingli selber und
Ceporin[26], nach dessen Tod Conrad Pellikan[27]. Während wie gesagt am
Vormittag im Großmünster das Alte Testament ausgelegt wurde, fand
nachmittags um 3 Uhr jeweilen eine entsprechende exegetische Vorlesung über
das Neue Testament statt; diese wurde in der Regel von Oswald Myconius[28]
im Fraumünster gehalten.

    2. Neben diesen lectiones publicae gab es, in Weiterführung des eigentlichen
Lateinunterrichts, gewissermaßen eine Artistenfakultät. Wie Bullinger in seiner
Chronik »Von der Reformation der Propsty oder kylchen zu dem Grossen
Münster zu Zürych 1523-1574«[29] erzählt, »ward um die 12 gelesen in
latinischer sprach oratoria, dialectica und rhetorica, und dazu gute latinische
authores daruß man die kunst zeigt und immitationem angeben. Um die 4 wirt
gelesen die griechisch sprach, ein historicus oder poeta, eins um das ander,
darin ouch anzeigt wird das hievor im latinem... Amann las Quintilianum,
Collinus Homerum[30].«

    Damit ergaben sich für die Jahre 1526-1531 folgende Professuren an der
Theologenschule: 1. die theologische Zwinglis an der Prophezei für Altes
Testament; 2. die theologische des Myconius am Fraumünster für Neues
Testament (beide versahen ihren Lehrauftrag neben vielen andern Amts-
pflichten); 3. die theologisch-philologische Pellikans für Altes Testament,
wieder an der Prophezei; 4. die philologische Rudolf Collins für Griechisch; 5.
die philologische Johann Jakob Amanns für Latein, Dialektik und Rhetorik[31].
— Als praktische Maßnahme im Zusammenhang mit der Eröffnung der
Prophezei richtete Zwingli schließlich das sog. Studentenamt oder »Studio« ein
— einen Fonds, in dem die Beträge aller freigewordenen Chorherrenpfründen
zuhanden der Besoldungen und Stipendia gesammelt verwaltet wurden.

    Ich verzichte darauf, über weitere praktische Einzelheiten von Zwinglis
Schulreform zu berichten, d.h. etwa über wirtschaftliche und organisatorische
Probleme, über einzelne Schüler und Stipendiaten, Schülerzahlen, Lehrer-
besoldungen usw.[32] Ich möchte jedoch noch auf die Tatsache hinweisen, daß

---

[26] Jacob Ceporin (= Wiesendanger), 1499/1500-1525, studierte in Köln, Wien und Ingolstadt
bei Johannes Reuchlin. In der Folge war er Korrektor von griechischen Texten bei Cratander in
Basel. Schließlich lehrte er Hebräisch und Griechisch in der Prophezei, wenn auch nur für eine
kurze Zeit. Vgl. Emil Egli, Ceporins Leben und Schriften, Analecta reformatoria II, Zürich 1901,
S. 145 ff.
[27] Vgl. Christoph Zürcher, Konrad Pellikans Wirken in Zürich 1526-1556. (Zürcher Beiträge
zur Reformationsgeschichte 4).
[28] Oswald Myconius (1488-1552), reformierter Theologe in Zürich und, seit 1531, in Basel,
schrieb die erste Zwingli-Biographie und war mitbeteiligt an der Abfassung der Confessio
Helvetica Prior 1536.
[29] In Auszügen veröffentlicht in: Zwingliana 7, 1940, S. 180-202.
[30] aaO. S. 195. Für die erwähnten Lehrer an der Prophezei vgl. Ernst S. 55 ff; Historisch-
Biographisches Lexikon der Schweiz, 1. Band, S. 337, 344.
[31] Vgl. Spillmann, aaO. S. 440.
[32] Vgl. Ernst und Spillmann, passim.

dem Lehrplan der Prophezei der Predigtplan am Großmünster entsprach, und daß als bedeutsamste Frucht der wissenschaftlichen Arbeit der Prophezei die Zürcher Bibelübersetzung zu betrachten ist. Indem diese in allen ihren Bearbeitungen sich immer neu dem Wandel der Sprache und den Ergebnissen der exegetischen Forschung anpasst, trägt sie ohne Zweifel bis heute den Stempel von Zwinglis Theologenschule.

II

Zwingli fiel in der Schlacht von Kappel am 11.10.1531. Die Zürcher Reformation hatte damals das ungeheure Glück, mitten im Unglück in Heinrich Bullinger einen ebenbürtigen Nachfolger des gefallenen Reformators zu finden. Bullinger, im allgemeinen im Schatten Zwinglis und Calvins stehend, an Bedeutung diesen jedoch sicher ebenbürtig, hat Zwinglis Werk in Zürich, in der Eidgenossenschaft und im reformierten Europa sinngemäß weitergeführt, zugleich vertieft und ausgebaut. Das gilt nicht zuletzt auch für das Schulwesen. Ja, man muß sich ernsthaft die Frage stellen, ob nicht Bullinger in bezug auf die reformatorische Reorganisation des Schulwesens in Zürich vor Zwingli sogar die Priorität zukommt. 1504 in Bremgarten geboren, war Bullinger nach Studien in Emmerich und Köln, vom 3. Februar 1523 an bis 1529 im Kloster Kappel am Albis Schulmeister. Wie er selber (in seiner Reformationsgeschichte und in seinem Diarium)[33] berichtet, las er dort an allen Wochentagen vormittags eine einstündige theologische Vorlesung vor allen Mönchen samt dem Abt, vor seinen Lateinschülern und weiteren Zuhörern aus dem Kloster und seiner Umgebung. Das heißt, genau besehen, er hielt schon — 2 Jahre vor der Einrichtung der Prophezei in Zürich — in Kappel »lectiones publicae«, in denen Kleriker, Studenten und Laien gemeinsam in Theologie unterrichtet und in die Heilige Schrift eingeführt wurden. Bullinger las hier nacheinander über die Paraklesis und das Kompendium der Theologie des Erasmus, über die Loci communes des Melanchthon, über Matthäus und Johannes sowie die Paulusbriefe. An den Nachmittagen unterrichtete er dann die dem Kloster zur Erziehung anvertrauten Kinder in Grammatik und Dialektik und las mit ihnen »daneben die Autoren Cicero, Vergil, Sallust und dergleichen, übte auch viel seine Jünger durch Schreiben im Stil«[34].

Noch als Schulmeister in Kappel hat Bullinger 1527 oder 1528 sodann eine allgemeine, aber sehr gründliche Anleitung zum Studium verfaßt, die »Ratio studiorum sive De institutione eorum, qui studia literarum sequuntur, libellus

---

[33] Heinrich Bullinger, Diarium, hg. v. Emil Egli, Basel 1904.
[34] Vgl. Susanna Hausammann, Römerbriefauslegung zwischen Humanismus und Reformation. Eine Studie zu Heinrich Bullingers Römerbriefvorlesung von 1525, Zürich 1970, S. 14 f. Vgl. Fritz Blanke, Der junge Bullinger 1504-1531, Zürich 1942, S. 61 f.

aureus«.[35] Sicher auf Wunsch des Zuger Geistlichen und Reformators Werner
Steiner geschrieben, wurde diese Schrift zwar erst nach Bullingers Tod 1594
durch Huldrych Zwingli III., den Enkel des Reformators, in Zürich veröffentlicht. Trotz dieses ursprünglich privaten Charakters ist sie für uns aber von
allergrößtem Interesse: wenn nämlich Zwinglis »Lehrbüchlein« das pädagogische Programm der Zürcher Reformation enthält, so gibt Bullingers »ratio
studiorum« das didaktisch-methodische wieder. Bullingers Kappeler Überlegungen bestimmten ohne Zweifel nach 1531 Bullingers Wirken als Zürcher
Scholasticus, die Lehrpläne, Stundentafeln, Lehrmittel und Lehrziele, damit
Charakter und Geist der von Zwingli gegründeten Zürcher Theologenschule
massgeblich. Wir wollen deshalb diese praktisch unbekannte Schrift Bullingers
etwas näher untersuchen, ja eigentlich — fast im Sinne einer Renaissance — in
den Mittelpunkt unseres Vortrags rücken.

Die »Ratio studiorum« Bullingers beginnt mit einem Vorschlag zur Einteilung der Zeit, der Arbeit und der Musse: »principio certum est, nullam esse
fructuosiorem lectionem quam antelucanam. (...) Mane itaque surgat studio-
sus et invocato in primis Deo ad studia redeat«. (1v) Diese ersten Stunden
sollen nämlich für anspruchsvollere Studien, d.h. für Theologie und Philosophie, verwendet werden, dann erst — nach dem Mittagessen und einem
Spaziergang — sollen als leichtere Lektüre Poesie, Geschichte, die Fächer des
Triviums, Kunst folgen. »Sed cave, ne ultra horae circulum ingenium fatiges.
Nocent enim nocturna studia plurimum, nam generant insomnia, somnum
turbant, ingenium, memoriam et visum hebetant. Ubi itaque nonam gnomo
attigerit, tum ad somnum te compone aut, si libeat, citius quietem adeas licet,
at studia in multam protrahere noctem: id demum pestilentissimum.« (2ᵛ f)
Sorgfältig ist auch auf Nahrung, Schlaf und Erholung zu achten. »Noctem
enim Deus quieti consecravit, labori diem.« (5ᵛ)

Auf diese einleitenden Bemerkungen folgt in einem ersten Hauptteil eine
ausführliche Apologie des Studiums der profanen Literatur[36]. Bullinger meint,
es gebe in der Gegenwart zwar viele Leute, welche diese verurteilten, als ob sie
eine Erfindung gottloser Leute und eines Christenmenschen unwürdig wäre.
»Nos e diverso ostendemus bonis et humanis literis nihil esse, quod post sacras
diligentius inquisiverit vetustas. Nam utiles admodum sunt, et ecclesiasticis
viris imprimis necessariae, neque ab ipsa divina lege proscriptae.« (7ʳ) Bullinger
nennt hier als besonders bekannte Beispiele: Cyprian, Arnobius, Lactanz,

---

[35] Heinrich Bullinger, ...Ratio studiorum sive De institutione eorum, qui studia literarum
sequuntur, libellus aureus... Zürich: Joh. Wolf 1594. Im folgenden wird den Zitaten aus der Ratio
studiorum sowohl im Text als auch in den Anmerkungen die Seitenzählung dieser Ausgabe
zugrundegelegt. Dabei ist der Text allerdings nach einer im Manuskript vorliegenden kritischen
Ausgabe durch PD Dr. P. Stotz bereinigt, die 1985 erscheinen sollte.

[36] p. 6v-22r.

Ambrosius, Hilarius, Augustinus, und als Quelle immer wieder Euseb![37] »Sunt ergo bonę literę imprimis studendae et amplexandae ab eo, qui velit aliquid praestare in divinis et humanis.« (9ʳ)

Welche profane Literatur ist nun aber zu studieren? Bullinger unterscheidet drei Gruppen: zunächst die »sermocinalis philosophia« (»ea est quae sermonem de rebus quibusvis adornat, componit et solidat« (9ᵛ); d.h. formal die drei Fächer des Triviums, im eigentlichen Sinne Sprachwissenschaft); dann die »moralis philosophia«, (»quae mores docet et instituit«) (9ᵛ); schließlich die »naturalis philosophia«, (»quae de rerum naturis tractat: de animantibus, arboribus, plantis, elementis«) (9ᵛ)[38].

Da das alles vornehmlich aus den Schriften der Philosophen, Dichter, Redner und Historiker zu lernen ist, behandelt Bullinger im einzelnen auch die betreffenden literarischen Gattungen: er definiert und differenziert sie, er nennt ihre wichtigsten Autoren, vor allem aber gibt er ganz praktische Anweisungen bzw. Motivationen für die entsprechende Lektüre. Wenn ich einige Beispiele geben darf: Im Abschnitt über die Lektüre von Philosophen bemerkt Bullinger: »Lecturus ergo horum scripta cum fruge, principio curabis, ut statum, de qua re disputatur, teneas. Deinde non ignores, quae sint argumenta artis, quae inartificialia, et quomodo adhibeantur, quam sit elegans inventio, quam acre iudicium, quam vera rei probatae aut improbatę veritas; an satis probe astruxerit, quod probare voluerit.« (10ʳ) Im Abschnitt »De lectione poetarum« erinnert Bullinger an die Meinung des Pausanias, daß die ältesten Poeten Priester gewesen seien, »medici, morum vitaeque doctores, animorum moderatores atque adeo, qui naturae secreta docebant« (10ᵛ f)[39]. Im Kapitel »De lectione oratorum« [Prediger sind auch immer Redner!] heißt es nach Cicero: »is orator erit mea sententia hoc tam gravi dignus nomine, qui, quaecunque res inciderit, quae sit dictione explicanda, prudenter et composite et ornate et memoriter dicet cum quadam actionis etiam dignitate« (14ᵛ). Und schließlich in bezug auf die Geschichte: »Lecturus ergo historias principio observabis orationis filum, locorum, temporum, rerum et personarum descriptiones, deinde vero consilia, actus et eventus: quae temere consulta, quae imprudenter facta, quod modestiae exemplum sit, quod fortitudinis, ut in

---

[37] p. 7v ff, z.B.: »Certe hi omnes ad decrepitam usque aetatem, imo in sepulchrum usque bonas literas amarunt, has diligenter tractarunt, has exacte noverunt, his in sacris usi sunt. Et nemo unquam nisi indoctissimus quisque bonas disciplinas vituperavit. Quid quod maxima scripturę pars, imo tota, eum fugit, qui in bonis literis doctus non est?« (9r)

[38] Der Herausgeber Zwingli bezieht sich hier auf ein weiteres kleines Werk von Bullinger mit dem Titel: Compendium ac methodus perveniendi ad sermocinalem philosophiam, ein Werk, das völlig unbekannt zu sein scheint.

[39] Bullinger unterscheidet und beschreibt (nach Aristoteles) epyci, lyrici, dithirambici [!], »sub quibus reliqui facile continentur: heroici, melici, satyrici, tragici, comici, elegi, iambici, hymno-graphi, epigrammographi«.

similibus casibus istis suadere et dissuadere possis. Praeterea si quae fuerit personae descriptio: ... annotabis eas diligenter, ut istis, nostrae aetatis hominibus collatis videas, qui boni, qui mali, qui reipublicae commoda, qui sua quaerant compendia. Neque negligendae sunt sapientium et fortium virorum orationes, ut Cęsaris, Catonis, Marii apud Salustium, imperatorum apud Livium. Mire enim conducunt ad morum instituta, et ad prudentiora ... consilia. Breviter, nullum autorum genus est, in quo maiore et delectatione et fruge desudemus quam historicis. Historias ergo unice amplectere.« (16ᵛ)

Nach Bemerkungen über Mathematik (d.h. Arithmetik, Astronomie, Geometrie inkl. Geographie, Kosmographie, Topographie, Topothesie und Musik), Medizin, Jurisprudenz schließt Bullinger den Abschnitt über die notwendigen profanen Wissenschaften mit ausführlichen Literaturangaben.

Der zweite, größere Teil der »ratio studiorum« ist dem Studium der Heiligen Schrift gewidmet, die grundsätzlich nicht nur »lectio«, sondern »ad Deum pia oratio« (23ʳ) sein soll. Und was den Studenten betrifft: »Quanto iustius nos a candidatis divinae scripturae exigimus animum Deo sanctum, mentem expurgatam ab omnibus inquinamentis et mores ab omni impuritate alienos!« ... »Deinde hoc quoque necessarium, ut ad sacra ista accedas animo, syncero, pacifico et sicienti, minime gladiatorio, qui rixandi petat materiam ... gloriam humanam ambiat, victoriam et theatricos applausus.« (22ᵛ f)

Im einzelnen beginnt Bullinger mit Einleitungsfragen. Er fordert nachdrücklich gute Kenntnisse in Hebräisch und Griechisch (in diesem Zusammenhang preist er seinen Hebräisch-Lehrer C. Pellikan als »hebraicarum literarum scientissimus, [qui] persuasit amanti nihil esse difficile!«) (27ᵛ). Er orientiert über den einzigen Sinn und Zweck des Bibelstudiums: die Erkenntnis des Bundes (foedus, pactum); zeigt, daß bei der Behandlung der einzelnen Schriften als gleiche methodische Grundsätze anzuwenden sind, wie bei entsprechenden profanen Texten, die Beachtung des Contexts, die Umstände der Dinge und Personen, der Stellenvergleich (collatio), der »status«[40].

Dann zeigt Bullinger, wie im Alten Testament die historischen, prophetischen Bücher, Psalmen, Sprüche und Hiob, wie im Neuen Testament die Evangelien, wie die Briefe zu lesen sind. Auffällig ist die Mahnung »De exercitatione et utilitate lectionis sacrae«, nämlich die Schrift selber immer wieder zu studieren, Kommentare dagegen eher zu meiden: »Legenda ergo erit scriptura, exponenda: ... meditandae sunt annotationes, meditandae et paraphrases ... (45ʳ). Multi multa scribunt de commentariis, ego vero sic sentio: scripturam sui ipsius esse commentarium, modo cum diligentia ac iudicio eam legamus atque in ea indefesse exerceamur. Haec minime fallere potest, homines vero quantumvis eruditi et pii et falli possunt et fallere.« (46ʳ)

---

[40] Vgl. p. 34v: »Vocamus tamen statum summam, caput, constitutionem, in quo potissimum rei cardo vertitur, de quo potissimum disseritur, et unde omnia argumenta dependant.«

Wenn schon Kommentare verwendet werden müssen, dann nur solche, die der Schrift nahekommen: Augustin und Ambrosius, Hieronymus, Tertullian und Laktanz, Zwingli (Altes Testament) und Erasmus (Neues Testament)!

Bullinger schließt mit einem »thesaurus variae lectionis, sive: De locis comparandis ex prophanis et sacris scriptoribus« (47^r-57^v), sowie Bemerkungen »De loco et habitatione studiorum« (57^v ff).

Wie bei Zwinglis »Lehrbüchlein« ist auch bei Bullingers »ratio studiorum« der humanistische Hintergrund unverkennbar. Schon der Herausgeber der Schrift Ende des 16. Jahrhunderts hat auf ähnliche Arbeiten antiker und humanistischer Schriftsteller hingewiesen (er erinnert an Vives, Petrarca, Pico della Mirandola, Quintilian, Seneca, Basilius Magnus, R. Agricola, Erasmus, Melanchthon, Hyperius u.a.), meint dann allerdings, daß Bullinger als einer der ersten sich umfassend und überlegen zu diesen Fragen geäußert hätte: »Multa profecto in eo occurrunt peculiaria, quae apud nullos alios scriptores reperiuntur, et mirum certe est, quod in hac aetate potuit huiusmodi scriptum pangi. Erat enim illo tempore non tanta bonorum librorum veterum et recentiorum copia, quantam hodie Dei beneficio habemus« (a5r f.).

Wichtiger ist hingegen, wie bei Zwingli, auch bei Bullinger wieder das reformatorische Element. Dieses wird natürlich besonders deutlich im Gewicht sichtbar, das die biblischen Studien als Fundament und zentraler Inhalt aller theologischen Arbeiten einnehmen, in Bullingers absolut eindeutig reformatorischer Grundhaltung. Wie die großen Schriften Luthers und Melanchthons steht Bullingers »ratio studiorum« auf dem Boden der großen »sola«: sola scriptura, sola gratia, sola fide, solus Christus. Dementsprechend bezeichnet Bullinger schon hier den Bund (foedus, pactum) als »unicus scopus, ad quem omnia bibliorum referantur« (29^v); dementsprechend steht natürlich auch hier Christus im Zentrum. Ja, von ihm schreibt der 23-jährige Bullinger hier einmal in beinahe unüberbietbarer Weise: »Lego ... ipsum [Christum] esse cruci adfixum ... credo Iesum Christum esse satisfactionem omnium credentium ... Lego Christum exsuscitasse mortuos .... Doceo itaque Christum in omnibus periculis solum esse invocandum. Lego Christum reiecisse externa, docuisse innocentiam et charitatem: Colligo itaque verum Dei cultum consistere in puritate vitae, in innocentia et charitate, minime vero in externis sacrificiis, feriis, vestibus etc.« (43^v f).

Zu dieser reformatorischen Grundhaltung gehört nun aber noch etwas anderes! Susanna Hausammann konnte in ihrer Studie zu Bullingers Römerbriefvorlesung »Römerbriefauslegung zwischen Humanismus und Reformation« nachweisen, daß Bullinger absolut bewußt gerade auch die vom Humanismus übernommenen formalen Elemente des Studiums der profanen Wissenschaften seinen reformatorischen Zielen dienstbar gemacht hat, konkret: er hat z.B. die von Cicero und Quintilian übernommenen rhetorischen Grundsätze der christlichen Verkündigung dienstbar gemacht, die den Hörer

»docendo, hortando et consolando«[41] zu Christus führen soll. Im übrigen hat
Bullinger gerade diese Zusammenhänge nicht nur in der »ratio studiorum«
näher behandelt; wir müßten da auch noch auf weitere Schriften aufmerksam
machen, vor allem auf seine zwei Abhandlungen über das Prophetenamt[42].

Es wäre nicht schwer, Bullingers ganzes Leben und Werk aus der »ratio
studiorum« zu entfalten. Das ist nicht meine Aufgabe. Wir haben jetzt vielmehr
noch auf die weitere praktische Entwicklung der Zürcher Schule hinzuweisen.
Dabei möchte ich mich auf einige wenige Probleme beschränken.

1. Was den Aufbau der Großmünsterschule betrifft, so wurde dieser im
Oktober 1532 durch eine neue Schulordnung geregelt. Als Ergänzung des
Religionsunterrichts in der Schule kamen Gottesdienstbesuche dazu. U. Ernst
hat aufgrund der Schulordnung von 1532 sowie weiterer Quellen den vorliegenden Schulplan für die Grossmünsterschule rekonstruiert[43].

2. Was den Lehrkörper betrifft, so wurde dieser entsprechend dem Aufbau
der Schule erweitert. Bullinger selber war wohl 1532-1537 Schulherr, aber nie
Lehrer. Als Lehrer amteten neben den bereits früher genannten Zwingli,
Myconius, Pellikan, Collin und Ammann, ab 1532 als Nachfolger Zwinglis
Theodor Bibliander (professor theologicus), ab 1541 neu Konrad Gessner als
professor physicus. Später kamen noch Josias Simmler und Peter Martyr
Vermigli dazu. Abgesehen von Zwingli sind leider Person und Werk dieser
Professoren nicht einmal in Zürich bekannt. Man weiß bestenfalls ihre Namen
und weiß allgemein um ihre pädagogische und wissenschaftliche Tätigkeit. Was
sie in Wirklichkeit, in der Regel auf philologischem und theologischem, aber
auch auf naturwissenschaftlichem (Gessner) und historisch-staatspolitischem
(Simmler) Gebiet für die Reformation geleistet haben, wird jedoch selten
bedacht. Zu Unrecht, wie ein knapper Hinweis auf Conrad Pellikan[44]
beweisen mag. Pellikan gilt im allgemeinen Bewußtsein als der »Hebraist«
unter den Zürcher Reformations-Theologen: Als solcher hat er das erste
Hebräisch-Lehrbuch im deutschen Sprachgebiet verfaßt, sich aber auch eingehend mit den rabbinischen Bibelkommentaren und mit dem Talmud befaßt
(in seinem Nachlaß finden sich zahlreiche handschriftliche Übersetzungen, die
er für eine Edition bei Robert Estienne in Genf, bzw. bei Oporin in Basel
vorbereitet hat). Als Hebraist hat Pellikan in der Prophezei nach Zwinglis
Zeugnis die Schrift »durch das Mittel und Instrument der Sprachen« vorge-
tragen. Darüber hinaus hat er aber auch noch ein gedrucktes Kommentarwerk
zustandegebracht, das in der Reformationszeit einzig dasteht. Im klaren
Bewußtsein, daß die Durchsetzung der Reformation in erster Linie ein

---

[41] p. 173 f.
[42] Vgl. Staedtke, S. 275, Nr. 36: De propheta libri duo, 1525; Fritz Büsser, De prophetae
officio, vgl. Anm. 20.
[43] Vgl. Ernst, S. 89 und 91 (vgl. Annexe I und II am Schluß dieser Abhandlung).
[44] Vgl. oben Anm. 27.

bildungspolitisches Problem war, hat Pellikan als Vollblutpädagoge dafür
gesorgt, daß den umgeschulten und neu herangezogenen Pfarrern nach und
neben der Grundausbildung an der Prophezei für Predigt und Seelsorge noch
ein achtbändiger Kommentar zu allen Büchern des Alten und Neuen Testaments zur Verfügung stand. »Simplicibus simplex simpliciter scripsi, et miro
quomodo placere possit, nisi simplicibus« schreibt er einmal, und ein andermal
über die geistige Situation der mit diesem Hilfsmittel zu erreichenden Landgeistlichen: »qui altiora non caperent et sacrae scripturae tantum dogmata
praedicare coguntur, quae nunquam didicerunt nec opportunitatem habent
discendi aliter quam libris«. Diese Gedanken tauchen bei Pellikan immer
wieder auf: den Geistlichen auf dem Lande das Rüstzeug in die Hand zu geben,
das sie instand setze, die fast übermenschlich schwere Aufgabe zu meistern.
Damit vollzog Pellikan — ähnlich Zwingli und Bullinger im mündlichen und
gedruckten Wort ihrer Predigten! — gleichsam den Brückenschlag zwischen
der anspruchsvollen wissenschaftlichen Arbeit der Prophezei und der praktischen seelsorgerischen Arbeit am Volk.

   3. Damit ist zugleich ein drittes wichtiges und interessantes Problem angedeutet: das Problem der Lehrmittel, der Schulbücher, die beim Unterricht in
der Prophezei verwendet wurden. Ich muß gestehen, daß wir diese Frage nur
fragmentarisch, andeutungsweise lösen können durch den Hinweis auf ein paar
Quellen, die uns hier weiterhelfen. Zu diesen gehören in erster Linie die
offiziellen Schulordnungen für die Zürcher Schulen, die »ratio studiorum«
Bullingers, die passim, aber auch zusammenfassend die wichtigste Literatur
aufführt[45]. Daß es sich bei diesen Angaben nicht bloss um Vermutungen
handelt, belegt wohl am deutlichsten — als weitere Quelle — die Tatsache, daß
viele gerade der von Bullinger für das Studium empfohlenen Bücher in Zürich
auch gedruckt worden sind. Bei Froschauer erschienen in den ersten Jahren der
Reformation nicht bloß Bibeln und Bibelkommentare, sondern auch zahlreiche
Ausgaben griechischer und lateinischer Klassiker, Wörterbücher, Lehrmittel
für Dialektik, Grammatik, aber auch wissenschaftliche Werke zu Kosmographie, Geschichte, Naturwissenschaften, Linguistik, usw.

   Ich komme zum Schluß: Theorie und Praxis der Erziehung in der Zürcher
Reformation waren von Humanismus und Reformation bestimmt; die Zürcher
Schulen, allen voran die Prophezei mit ihrem artistischen Unterbau, die
Lateinschulen, darüber hinaus aber auch die wissenschaftliche Arbeit ihrer
Lehrer wurden eindeutig in den Dienst der Reformation gestellt. Das bedeutet
gerade in Zürich keineswegs eine Theologisierung des ganzen Lebens, wohl

---

[45] Vgl. z.B. p. 19r: »Ex poetis ante omnes legendus est Vergilius. Si enim petis rem rusticam,
habes ‚Georgica‘, si historiam, oratoriam, fabulas et perfectissimam philosophiam, habes
‚Aeneida‘. Post hunc legendus est Horatius. Nam hic in ‚Epistolis‘ mores instituit, in ‚Satyris‘ vitia
culpat, in ‚Odis‘ poema concelebrat, in ‚Arte‘ poesim informat. Legendus item Ovidius...«

aber den Versuch, von unten auf Menschen zu bilden, die sich zugleich als
Christen und Bürger bewährten. Gerade auch als Bürger! Um nochmals
Bullinger zu zitieren: In seiner »ratio studiorum« erinnert er daran, daß die
»prophanae literae« »reddunt vere prudentes«[46]. Die Wirkung der Zürcher
Schulen reichte weit über Zürich hinaus in die Eidgenossenschaft und in die
gesamte reformierte Welt. Das Zürcher Schulsystem wurde auch nachgeahmt:
zuerst in Straßburg[47], später an vielen andern Orten in den Niederlanden,
Friesland, England, an denen schweizerische und ausländische Absolventen der
Prophezei wirkten. Sie alle haben als Lehrer und Pfarrer zur Verbreitung der
Zürcher Reformation und ihres pädagogischen und theologischen Gedankengutes Entscheidendes beigetragen. Es ist sicher nicht abwegig zu behaupten,
daß die mächtige internationale Wirkung der Zürcher Reformation weitgehend
auf die hervorragenden Leistungen der Zürcher Schule zurückzuführen sind.
Diese stattete ihre Schüler mit einem Rüstzeug aus, das sie auf Jahrzehnte
hinaus bildungsmäßig — bildungsmäßig im umfassendsten Sinn! — turmhoch
über die Absolventen lutherischer und katholischer Schulen stellte.

Ich würde meinen, daß Theorie und Praxis der Erziehung im reformierten
Zürich indes sogar heute noch gewisse Anregungen geben könnten: einerseits
erinnern sie daran, daß eine evangelische Pädagogik durchaus ihren Sinn hat,
daß Erziehung nicht nur ein weltliches Geschäft ist; zum andern warnt sie mit
ihrer Freiheit in der Übernahme und Verwendung humanistischer Erkennt-
nisse vor jeder pietistischen oder orthodoxen Verengung, nicht bloß der
theologischen Ausbildung, sondern jeder Erziehung überhaupt. Vielleicht
trügen auch einige ganz praktische Vorschläge des 16. Jahrhunderts zur
Lösung vieler moderner Schulprobleme bei. Wie wir bei Bullinger hörten, hat
ja das Studium der Geschichte nicht zuletzt ganz pragmatische Zwecke!

ANNEX 1

1. Es sind im Ganzen vier Klassen, von denen die oberste, vierte, die von Zwingli
gegründete Abtheilung, die *lectiones publicae* bildet.
2. Die Fächer, welche gelehrt werden, sind: lateinische und griechische Sprache,
Dialektik, Rhetorik und Religion (mit Hebräisch). Diese Fächer vertheilen sich auf die
vier Klassen folgendermassen:

---

[46] p. 21v: »Quas ad res conferat studium prophanarum literarum: Conducunt autem haec
studia plurimum ad sacras literas interpretandas, quemadmodum omnes hi norunt, qui Scripturas
divinas tractarunt, atque ex iis indiciis convincetur, quae paulo post subiungemus. Deinde reddunt
vere prudentes, quippe cum sana consilia hinc petantur. Hoc quidem Rhomano senatu olim videre
licebat, qui cum esset ex doctissimis viris Cicerone, Catone, Caesare, Portio aliisque eruditissimis
hominibus collectus, nihil apud illos temere, nihil pudende, nihil denique imprudens aut
poenitendum gerebatur.«
[47] Vgl. Ernst-Wilhelm Kohls, Die Schule bei Martin Bucer in ihrem Verhältnis zu Kirche und
Obrigkeit, Heidelberg 1963, S. 62-69.

I. Kl. Lesen der *crepundia christianae juventutis*, wobei man auf deutliche Aussprache besonders Gewicht legte; die Anfänge der lateinischen Grammatik nach Donat; erst gegen Ende des Jahres schriftliche Arbeiten (wobei oft die Anfänge des Schreibens überhaupt noch haben gelehrt werden müssen); Vocabularien, Auswendiglernen von Gebeten und vom »glouben«.

II. Kl. Das Neue Testament, gemeinsam mit der III. Klasse, nach der lateinischen Übersetzung des Erasmus (immerhin keine eigentlich lateinische Lektion); lateinische Grammatik nach Donat; lateinische Lektüre, theils gemeinsam mit der III. Klasse (Vergil) oder allein (Cato). — Schriftliche Arbeiten.

III. Kl. Neues Testament, gemeinsam mit Klasse II, lateinische Syntax (nach *Erasmi Heteroclita* oder *epistolae Ciceronis*); lateinische Lektüre (Vergil, Terenz), Anfänge der griechischen Sprache nach Ceporins Grammatik. — Schriftliche Arbeiten, viele Repetitionen.

IV. Kl. L e c t i o n e s   p u b l i c a e. Die Stunden waren entweder L e h r s t u n d e n und umfassten: Abschluss der lateinischen Grammatik; lateinische Dialektik nach Melanchthon; lateinische Lektüre (Sallust, *orationes Ciceronis*, Ovids Metamorphosen); griechische Grammatik (nach Ceporin oder Melanchthon); griechische Lektüre (Homer) und Poetik (*ratio carminum*) — oder die Lektionen waren p u b l i c e, in Gegenwart der gesammten Geistlichkeit der Stadt und der Chorherren, wobei auch Laien freien Zutritt hatten. Diese öffentlichen Lektionen im eigentlichen Sinn des Wortes befassten sich mit der Lektüre des Alten Testamentes nebst Herbeiziehung der hebräischen Sprache und mit rhetorischen Übungen nach Quintilian (Deklamationen oder Disputationen).

3. Als Ergänzung des Religionsunterrichtes in der Schule kam hinzu der öffentliche Gottesdienst, »Kirchgang«, wozu mit Ausnahme der ersten alle Klassen verpflichtet waren, und zwar Samstag Nachmittags 3 Uhr und Sonntag Morgens und Abends.[1] Es ist ferner wahrscheinlich, dass die Studenten der auf die alttestamentlichen Exegese folgenden Predigt beiwohnen mussten. Ausserdem wurden bis in die Mitte des Jahrhunderts noch drei Mal in der Woche die Conciones oder Erklärungen des Neuen Testamentes im Fraumünster gehalten, die jedenfalls alle Stipendiaten zu besuchen verpflichtet waren. Die Knaben hatten also in der Woche neben sechs Stunden Religionsunterricht in der Schule, der freilich auch zugleich Sprachunterricht war, noch drei, eventuell sechs Stunden »Kinderlehre«.

Der Schulmeister musste die Knaben in die Kirche führen, daher versammelten sie sich vor dem Einläuten in der Schule.

4. Eine Klasse hatte jeden Tag nicht mehr als 5 bis 6 Stunden, 2-3 am Vormittag und 3 am Nachmittag. Diese Stunden folgten selten aufeinander. Sie vertheilten sich auf folgende Zeiten: 6-7, 8-9, 12-1, 1-2 und 3-4 Uhr; — gewiss sehr pädagogisch. In den Zwischenstunden konnten die Schüler in der Klasse ihre Aufgaben lösen oder heimgehen, wenn sie wollten.

---

[1] Im Ganzen war jede Woche im Grossmünster allein 12 Mal Gottesdienst, nämlich: »Alle Sonntag prediget man zu dem Grossen Münster Zürich 3 malen, am Morgen, ze mittentag und zu abend — am Montag umb die 8, — am Zinstag umb die 8; — am Mittwuchen früy umb die 5 und darnach aber umb die 8; — am Donstag früy umb die 5 und so eine hochzyt ist, auch umb die 8; — am Frytag früy umb die 5; am Samstag früy umb die 5 und ze abent aber umb die 3. Diess alls in summa bringt mertheils und allwägen 12 predginen der wuchen. Dazu sind 4 Predikanten oder 3 predikanten sampt dem lütpriester«. — »Von den predginen und dem kylchendienst Zürich zum G. M.« — Z S A. 1525. 32. 46.

Jede Stunde fing an mit dem Glockenschlag². Den Anfang der Morgenstunde bildete das VaterUnser, den Schluss der Abendstunde ebenfalls ein Gebet (Psalmen) oder Gesang.

Zwei Nachmittage in der Woche, Donnerstags und Samstags, waren frei, je von 1 Uhr an. Somit belief sich die Zahl der wöchentlichen Stunden einer Klasse auf 28, mit dem »Kirchgang« der 2. und 3. Klasse auf mindestens 31, für die 4. sogar auf 35.

5. Theils nach Angabe der vorliegenden Schulordnung, theils nach bereits bekannten Einrichtungen aus der Reformationszeit, theils endlich nach Rückschlüssen, die wir aus spätern Schulordnungen auf diese Periode machen dürfen, ergibt sich mit ziemlicher Sicherheit folgender S c h u l p l a n für die Grossmünsterschule im Jahr 1532 (wobei der Kirchgang nicht berücksichtigt ist).

ANNEX 2

Grossmünsterschule 1532.

		Montag	Dienstag	Mittwoch	Donnerstag	Freitag	Samstag
6—7	I	*L*	*L*	*L*	*L*	*L*	*L*
	II	*NT*	*NT*	*NT*	*NT*	*NT*	*NT*
	III						
	IV	*D*	*R*	*D*	*R*	*D*	*R*
8—9	I	*l. G*	*l. G*	*l. G*	*l. G*	*l. G*	*l. G*
	II	*l. K*	*l. K*	*l. K*	*l. K*	*l. K*	*l. K*
	III						
	IV	*AT. p*	*AT. p*	*AT. p*	*AT. p*	*AT. p*	*AT. p*
12—1	I	*L*	*L*	*L*	*L*	*L*	*L*
	II	*l. K*	*l. K*	*l. K*	*l. K*	*l. K*	*l. K*
	III	*l. K*	*l. K*	*l. K*	*l. K*	*l. K*	*l. K*
	IV	*U. p*	*U. p*	*U. p*	*U. p*	*U. p*	*U. p*
1—2	I	*l. G*	*l. G*	*l. G*	—	*l. G*	—
	II	*l. K*	*l. K*	*l. K*	—	*l. K*	—
	III	*g. G*	*g. G*	*g. G*	—	*g. G*	—
	IV	*g. G*	*g. K*	*g. G*	—	*g. K*	—
3—4	I	*L. S*	*L. S*	*L. S*	—	*L. S*	—
	II	*l. G*	*l. G*	*l. G*	—	*l. G*	—
	III	*l. G*	*l. G*	*l. G*	—	*l. G*	—
	IV	*P*	*l. K*	*P*	—	*l. K*	—

AT = Altes Test.; *D* = Dialektik; *g* = griechisch; *G* = Grammatik; *K* = Klassiker; *l* = lateinisch; *L* = Lesen; *NT* = Neues Test.; *p* = publice; *P* = Poetik; *R* = Rhetorik; *S* = Schreiben; *U* = rhetorische Uebungen.

---

² Die gewöhnlichen Uhren waren Sanduhren; bis gegen die vierziger Jahre des 16. Jahrhunderts hatte Zürich nur eine einzige, öffentliche Uhr auf dem St. Petersthurm; Winterthur bekam seine erste Thurmuhr 1529. G. M. v. K., II. 152.

16. DIE KIRCHLICHEN INSTITUTIONEN
IM REFORMIERTEN ZÜRICH DES 16. JAHRHUNDERTS*

Eine Darstellung der kirchlichen Einrichtungen im reformierten Zürich des 16. Jahrhunderts muß mit einigen Bemerkungen über die Errichtung der reformierten Kirche in Zürich als solcher beginnen. Diese war bekanntlich das Ergebnis der 1. Zürcher Disputation vom 29. Januar 1523. Damals haben, nach einem verhältnismäßig kurzen Gespräch, Bürgermeister und Räte um der Ehre Gottes, aber auch um der Ruhe und Einigkeit des Gemeinwesens willen beschlossen, »dass meister Ůlrich Zwingli fürfaren und hinfür wie bishar das heilig Evangelium und die recht göttlich gschrift verkünde, so lang und vil bis er eins bessern bericht[et] werde.«[1]**

So bekannt dieser Reformationsbeschluss im allgemeinen ist, so wenig bewusst dürften seine näheren Umstände, seine Hintergründe, aber auch seine Konsequenzen sein. Ich meine damit vor allem zwei Dinge: zum einen demonstriert die 1. Zürcher Disputation gewissermaßen paradigmatisch das für die ganze spätere Entwicklung der Zürcher Kirche grundlegende, ebenso bedeutsame wie fruchtbare Zusammenwirken der Politiker und der Prediger, mit andern Worten, es zeigt die erste Zürcher Disputation das Wesen der Zürcher Kirche als einer Staatskirche. Bernd Moeller bemerkte in diesem Zusammenhang einmal, daß der Zürcher Rat und Zwingli »gewissermassen aufeinander zugewachsen seien[2].« Auf der einen Seite bemühte sich der Zürcher Rat wie die Räte zahlreicher anderer Städte seit dem 15. Jahrhundert, die Kontrolle auch über das Kirchenwesen in seine Hand zu bekommen — nicht bloß aus politischen, sondern auch aus religiös-kirchlichen und geist-lichen Motiven (»got ze eren und ze lobe und der stat Zürich ze gelükke«)[3]. Auf der andern Seite bedeutete die Reformation, die Neuentdeckung des Evangeliums als der befreienden Botschaft von Gottes Gnade, für Zwingli

* Übersetzung aus dem Französischen: Les institutions ecclésiales à Zurich au XVIe siècle. In: Les églises et leurs institutions au XVIe siècle. Actes du Veme Colloque du Centre d'Histoire de la Réforme et du Protestantisme. Montpellier 1977, S. 201-213.

** Ich beschränke mich auf ein Minimum von Quellen- und Literaturangaben und verzichte bewußt auf jedes Zitat; spätere Abkürzungen werden beim ersten Vermerk der betreffenden Werke in Klammern angegeben.

[1] Emil Egli: Actensammlung zur Geschichte der Zürcher Reformation in den Jahren 1519-1533, Zürich 1879 [zit. Egli, Acten], Nr. 327, S. 114f.

[2] Bernd Moeller: Zwinglis Disputationen. Studien zu den Anfängen der Kirchenbildung und des Synodalwesens im Protestantismus. In: Zeitschrift der Savigny-Stiftung für Rechtsgeschichte 87, Kan. Abt. 56, 1970, S. 293. Vgl. ders.: Reichsstadt und Reformation, Gütersloh 1962.

[3] Siehe Moeller, a.a.O.

gerade die Beschäftigung nicht bloß mit kirchlichen, sondern auch mit politischen und gesellschaftlichen Problemen. Die religiöse Reform Zwinglis zielte unmittelbar auf den Staat, auf eine moralische Wiedergeburt des gesamten Gemeinwesens. Moeller meint mit Recht, daß diese Konzeption Zwinglis einen »Zug von Genialität und Grossartigkeit« aufweise. Diese Feststellung darf nicht über die staatsrechtlichen Realitäten hinwegtäuschen. Sicher gab Zwingli de facto für die Durchführung der Reformation und damit auch für die meisten Institutionen der Zürcher Kirche die entscheidenden Anregungen, sicher blieb über 40 Jahre lang Bullinger sowohl in ständigem offiziellem Kontakt mit der Obrigkeit wie in freundschaftlichen Beziehungen zu den politisch führenden Männern Zürichs. Das bedeutete aber weder im einen wie im andern Fall, daß in Zürich ein theokratisches Staatswesen geherrscht hätte. Sowohl während der imgrunde unglaublich kurzen Phase der Durchführung der Reformation unter Zwingli (1523-1531) wie während der für den Fortbestand und die weitere kirchliche und theologische Entwicklung des reformierten Protestantismus ungleich wichtigeren Jahre nach Kappel, d.h. zur Zeit Bullingers (1531-1575), blieb Zürich, wozu es im Laufe des Spätmittelalters geworden war: ein Stadtstaat im Sinne des Corpus christianum, in welchem Bürgermeister und Räte als Vertreter der Stadt- und Kirchgemeinde auch die Geschicke der Staats-Kirche bestimmten. Der Rat als Vertreter beider führte die Reformation durch und leitete fortan die Kirche. Das gilt nicht bloß für die Stadt; »auch auf der von der Stadt beherrschten Landschaft, die in großen Zügen dem heutigen Kanton entspricht, nahm die städtische Obrigkeit schon bald den Einzelgemeinden die Zügel ganz aus den Händen, weil sonst eine chaotische, das damalige Staatswesen auflösende Vielfalt von katholischen, reformierten und täuferischen Gemeinden und eine völlige Aufsplitterung des Kirchengutes durch bäuerliche und andere Ansprüche die Folge gewesen wäre. So hat schließlich der Zürcher Rat die einheitliche Durchführung der Reformation in Stadt und Land erzwungen und fortan aufrecht erhalten«[4]. Das bedeutete praktisch, daß der Kleine Rat die äußern, nicht minder aber auch viele innere Angelegenheiten der Kirche regelte. Die äußern, indem die Güter der spätmittelalterlichen Kirche (Pfrundgüter, Zehnten und Klosterbesitz) vom Stadtstaat behändigt und einer besonderen zentralen Verwaltung (Obmannamt) unterstellt wurden, die für Kirche, Schule und Fürsorge zuständig war. Die innern, insofern auch Schulordnung, Kirchenordnung inklusive Liturgie, Prediger- und Synodalordnung, das Armenwesen, Ehegericht und Stillstände obrigkeitlich geregelt wurden.

---

[4] Hans Conrad Peyer: Staat und Kirche in Zürich von der Reformation bis zur Gegenwart. In: Evangelischer Pressedienst, Zwingli-Jubiläum, 1969 [zit. Peyer], S. 2; vgl. Hans Ulrich Bächtold: Bullinger und die Obrigkeit. In: Bullinger-Tagung 1975. Vorträge, gehalten aus Anlaß von Heinrich Bullingers 400.Todestag, hg.v.U. Gäbler und E. Zsindely, Zürich 1977, S. 77-86 [zit. Bächtold].

Neben diesen rechtlichen Grundlagen für die Institutionen der Zürcher Kirche sind nun freilich die geistig-geistlichen nicht zu vergessen: auch für sie hat die 1. Zürcher Disputation paradigmatischen Charakter; nachdem Zwingli damals aufgefordert, ermuntert worden war, weiterhin das Evangelium aufgrund der Heiligen Schrift Alten und Neuen Testaments zu predigen, blieb auch in der Folgezeit die Heilige Schrift die einzige, die eigentliche und natürliche geistliche Grundlage der Zürcher Kirche. Auslegung und Verkündigung der Bibel standen im Mittelpunkt ihrer Aktivitäten, sie bestimmten mindestens inhaltlich, zum Teil aber auch organisatorisch ihre Institutionen. Sie wollten und sollten darüber hinaus aber auch das gesamte öffentliche Leben prägen, soweit das im Rahmen der Innen- und Außenpolitik des eidgenössischen Standes Zürich möglich war [5].

II

Welches waren nun aber die kirchlichen Institutionen dieser Zürcher Staatskirche? Ihr sichtbarster, grundlegender Ausdruck war ohne Zweifel die Synode, deren staatskirchenrechtliche Basis die von Bullinger (wohl in Zusammenarbeit mit Leo Jud?) verfaßte Prediger- und Synodalordnung vom 22. Oktober 1532 [6]. Dieses 20 Seiten umfassende Dokument ist am gleichen Tag von der Synode selber angenommen worden und ein paar Wochen später unter dem Titel »Bewilligung und confirmation eines BM [Bürgermeisters] und ersamen kleinen und grossen R[ates] der stadt Zürich über die restitution und verbesserung etlicher mängln und missbrüchen, so sich bi den dienern des wort Gottes zůgetragen« im Druck erschienen. Es enthielt drei Teile — »I. Von der wal, sendung und hänuflegen der prädikanten; II. Von der leer und leben der predicanten; III. Von dem synodo und wie der gehalten« — und blieb nicht bloß das ganze 16. Jahrhundert hindurch, sondern bis zum Zusammenbruch der alten Eidgenossenschaft in Geltung.

Bevor ich auf Inhalt und Bedeutung dieses Grundgesetzes, sowie auf die Synodalpraxis näher eintrete, möchte ich allerdings daran erinnern, daß gerade auch die Synode ursprünglich ein Plan Zwinglis war, ja Zwingli die Synode sogar als das Mittel betrachtet hat, die Reformation konsequent durchzuführen [7]. Das zeigen schon die Priesterzusammenkünfte von 1522, deutlicher die beiden Zürcher Disputationen von 1523, vor allem aber Zwinglis theoretische Bemühungen um das Zustandekommen und die schließliche Durchführung einer ersten auch als solche bezeichneten Synode im April

---

[5] René Hauswirth: Zur politischen Ethik der Generation nach Zwingli. In: Zwingliana [zit. Zwa] XIII, S. 305 ff., bes. S. 310 ff. über das Verhältnis von Glaube und Staatsräson.

[6] Egli, Acten, Nr. 1899, S. 825-837.

[7] Vgl. Emil Egli: Zwingli und die Synoden, besonders in der Ostschweiz. In: Analecta Reformatoria I, Zürich 1899.

1528[8]. Damals sind im Grunde auch bereits die Grundlinien und -prinzipien der spätern Ordnung entworfen worden: wie bei den Disputationen sollte die Synode jährlich zweimal zusammentreten »Gott zu lob, ouch zuo beschirm und handhabung sins ewigen worts, damit dasselbig bi uns allenthalben einhelliglich gehört und geprediget, ouch bi den verkündigern desselbigen alle aergernuss... abgestellt und fürkommen werden«.[9] Es sind in der Folge zu Lebzeiten Zwinglis noch 3 weitere Synoden zusammengetreten (11.9.1529; 25./26.10.1530; 18./19.4.1531)[10]. Vermutlich infolge der turbulenten Zeiten kam die Einrichtung aber nicht zum Funktionieren. Es bedurfte vielmehr der ganzen vielschichtigen, äußern und innern Bedrohung der Zürcher Reformation durch den Zusammenbruch von Kappel und der nachfolgenden Staatskrise, um die diesbezüglichen Pläne Zwinglis wirklich für die Dauer zu realisieren, die Synode zu der Einrichtung auszugestalten, die dem Reformator vorgeschwebt haben mochte[11]. So ist und bleibt es das viel zu wenig bekannte Verdienst Bullingers, »durch seine politisch realistische, kirchlich konsequente und taktisch bewegliche Haltung den Weg zu einem neuen und zukunftsweisenden Verhältnis von Staat und Kirche geebnet zu haben«[12]. Auf der persönlichen Ebene half ihm dabei sein loyales und gutes Verhältnis zur Obrigkeit[13], auf der institutionellen Ebene eben die Prediger- und Synodalordnung und die damit im Zusammenhang stehenden Einrichtungen der Zürcher Kirche, vor allem und konkret die Synode.

Was heißt das? Nach Kurt Maeder könnte das eigentliche Ziel, das die Synode verfolgte, so umschrieben werden: »Verpflichtung der Pfarrer auf die Rolle der obrigkeitlichen Beamten, Verpflichtung der Obrigkeit zur Schutz- und Aufsichtsfunktion gegenüber dem kirchlichen Amtsträger... Zunächst war die Synode eine Art Rapport, zu dem die kirchliche und staatliche Obrigkeit ihre Pfarrer-Beamten zweimal jährlich aus der Vereinzelung ihrer Basisarbeit zusammenrief«[14]. Diesen Charakter spiegeln am deutlichsten die Zusammensetzung und der klar geregelte, immer gleich bleibende Verlauf der Synode[15].

---

[8] Egli, Acten, Nr. 1391, S. 600ff.; vgl. dazu: Huldreich Zwinglis sämtliche Werke, hg.v.Emil Egli et al. [zit. Z] VI/I, Zürich 1961, S. 529-543.

[9] Egli, Acten, Nr. 1383, S. 597.

[10] Vgl. Egli, Acten, Nr. 1604, S. 674ff.; Nr. 1714, S. 726ff.; Nr. 1757, S. 749ff.

[11] Vgl. Fritz Schmidt-Clausing: Zwinglis Stellung zum Konzil. In: Zwa XI, S. 479-498.

[12] Vgl. Kurt Maeder: Bullinger und die Synode. In: Bullinger-Tagung 1975. Vorträge, gehalten aus Anlaß von Heinrich Bullingers 400. Todestag, hg.v.U. Gäbler und E. Zsindely, Zürich 1977 [zit. Maeder], S. 72.

[13] Vgl. Bächtold, l.c.

[14] Maeder, S. 73.

[15] Vgl. zum folgenden Egli, Acten, Nr. 1899, III. Von dem Synodo und wie der gehalten, S. 834-837. Nur im Sinne eines Hinweises erinnere ich in diesem Zusammenhang an zwei weitere handschriftliche Quellen zur Praxis der Synode: einerseits Bullingers »Aufzeichnungen über die Synode« in der Zentralbibliothek Zürich Msc D 220; andererseits die Synodalprotokolle im Staatsarchiv Zürich, E II 1, Bde. 1 und 2.

Die Zusammensetzung: Die Synode setzte sich aus der gesamten Pfarrerschaft und den Lektoren der Schule einerseits, 8 Vertretern der Räte anderseits zusammen; den Vorsitz führten als Co-Präsidenten in der Regel der Groß-münsterpfarrer (Bullinger) und ein Bürgermeister. Zielsetzung und Verlauf (»Ordnung der Synoden«): »Erstlich soll man Gott umb gnad anrüefen, damit man da von syner eer und der kilchen heil mit ernst handlen, niemands beschweren noch vervorteilen, die warheit finden und die irrigen widerumb an den rechten weg bringen möge, dass die warheit erhalten, zucht und alle gottseligkeit recht gepflanzt werde.« Dann folgen ein kapitelweise durch-geführter Appell sämtlicher Pfarrer und die Vereidigung der neuen Synodalen, eine in der Praxis eher selten benutzte Anfrage an die Vertreter der Obrigkeit, »ob si neiswas von wegen unser g[nädigen] H[erren] an den ganzen Synodum anzebringen habind« sowie eine kurze Ermahnung von Seite der Pfarrerschaft, das eigentliche Hauptgeschäft der Synode ernst zu nehmen. Dieses Haupt-geschäft war die Zensur: jeder Pfarrer (inklusive Antistes, Dozenten, Dekane!) »soll erstlich von der leer, demnach von dem studio, liebe und flyß der gschrift, item von dem Wandel, leben und sitten und zuletzt von wegen des hushabens und husvolks« zensuriert werden. Warum war die Zensur das Hauptgeschäft der Synode? Wie auch der offizielle Titel der Prediger- und Synodalordnung »über die restitution und verbesserung etlicher mänglen und missbrüchen, so sich bi den dienern des wort Gottes zuogetragen [16]« beweist, hing das weitere Schicksal der Zürcher Reformation weitgehend von der Qualität der Pfarrer ab. Maeder betont mit Recht, daß mit der Zensur als einer Überprüfung des Beamtenverhältnisses »der kirchlichen und staatlichen Obrigkeit ein höchst wirksames Druckmittel gegenüber der Pfarrerschaft zur Verfügung gestanden sei« [17]. M.E. sollte allerdings auch der geistliche Aspekt gerade der Zensur betont werden: Wollte man im Zürich nach Kappel, in den Auseinander-setzungen mit Katholiken, Lutheranern und Täufern bestehen, wollte man eine geordnete, in Lehre und Leben geschlossene, wirklich reformierte und sich stets reformierende Kirche, so hing unendlich viel, wenn nicht alles von Bildung, Haltung, Leben und Persönlichkeit derer ab, die den Auftrag hatten, Gottes Wort zu verkünden. Daß das keine leichte, sondern eine sich durch das ganze 16. Jahrhundert hindurchziehende, äußerst schwierige Daueraufgabe war, beweisen die Synodalakten.

III

Ich bemerkte oben, daß die Synode für die Durchsetzung der Reformation in Zürich auch eine geistliche Bedeutung hatte. Sie war in dieser Beziehung vielleicht die sichtbarste, den staatskirchlichen Charakter symbolisierende

---

[16] Vgl. oben S. 219.
[17] Maeder, S. 74.

Einrichtung der reformierten Zürcher Staatskirche, aber lange nicht die einzige und auch nicht die wichtigste.

Bevor ich nun aber von diesen andern Einrichtungen (mindestens von den bedeutendsten unter ihnen!) spreche, möchte ich — wie Zwingli gerne sagte — wenigstens »im Vorbeigehen« ein paar Bemerkungen über die Hauptquelle meines Referates einflechten; ich meine das 1559 gedruckte Buch Ludwig Lavaters »De ritibus et institutis ecclesiae Tigurinae« [18]. Der Schwiegersohn Bullingers hat dieses Buch, das 1702 eine zweite erweiterte Auflage erlebte, aus zwei Gründen verfaßt: zum einen wollte er die nicht bloß im 16. Jahrhundert, sondern zum Teil bis heute weit verbreiteten schwerwiegenden Vor- bzw. Fehlurteile von Lutheranern und Katholiken über das kirchliche Leben in Zürich korrigieren, zum andern den Reformierten selber dienen, welche »wegen der Konstanz und der Einfachheit der Riten unsere Kirche sehr schätzen und ihre Kirche nach unserm Muster zu reformieren wünschen« [19]. Vor dem Hintergrund der weltweiten Aktivitäten Bullingers ist Lavaters Buch von nicht zu unterschätzendem Wert. Was seinen Inhalt betrifft, so behandelt es in 33 Kapiteln Examen, Berufung und Ordination der Kirchendiener (ministrorum); die Einteilung (ordo) der Geistlichen, ihre Kleidung und Besoldung; die Kirchengebäude, Zeremonien, Feste, Gebete und Kirchgang, Katechismusunterricht, Taufe, Abendmahl, Privatbeichte, Exkommunikation und Einsegnung der Ehe; dann folgen Abschnitte über die Schulen, die öffentlichen Vorlesungen (d.h. Prophezei), Bibliothek und Alumnat, Collegien und Stipendiaten, Kirchengut und Almosen, Synode, Kirchenzucht, Bestrafung der Sektierer, Feldprediger, Buchdruckerei und Bücherzensur, Ehegericht, Obrigkeit, Krankenpflege und -besuch, Begräbnis und Friedhöfe.

So verlockend es wäre, alle diese »Riten und Institutionen« nun einzeln darzustellen, erst recht diese Darstellung mit den historischen Berichten oder den systematischen Überlegungen Bullingers, geschweige denn weiteren zeitgeschichtlichen Zürcher Quellen zu vergleichen, sie auch inbezug auf Herkunft und Weiterentwicklung bis in die Gegenwart hinein zu untersuchen, muß ich mich beschränken: Ich befasse mich im folgenden nur mit den für die Durchführung der Reformation in Zürich selber, dann aber auch darüberhinaus wirkungsmächtigsten unter ihnen.

Ich denke dabei zuerst an die gottesdienstlichen Einrichtungen, d.h. an die Kirchen- bzw. Gottesdienstordnung, weil es zu den wirkungsvollsten kirchengeschichtlichen »Fables convenues« gehört, daß im reformierten Zürich Zahl und Qualität der Gottesdienste auf ein Minimum beschränkt worden seien.

---

[18] De ritibus et institutis ecclesiae Tigurinae Ludovici Lavateri opusculum, Tiguri [1559] [zit Lavater]. Eine kommentierte Neuausgabe dieses grundlegenden Werkes befindet sich in Vorbereitung.

[19] Lavater, Vorrede »Christiano Lectori«.

Natürlich trat anstelle des Messopfers der Wort- bzw. Gemeindegottesdienst, dazu nur 4 Mal im Jahr die Abendmahlsfeier. Wie Lavater in mehreren Kapiteln seines Buches (s.o.) aber schlagend beweist (und Bullingers Angaben über seine Predigttätigkeit im Diarium [20] bestätigt!), war das gottesdienstliche Leben in Zürich de facto aber alles andere als »reformiert-nüchtern«, sondern reich, originell und belebt, durchaus ökumenisch. So schreibt Lavater über Zahl und Aufbau der Gottesdienste in Zürich: »An den Sonntagen werden in allen vier Stadtkirchen zu ein und derselben Stunde Gottesdienste gehalten, im Sommer von 7-8 Uhr. Darauf um die 11. Stunde im 1. Gotteshaus zugunsten derer, welche in der Frühe der Hausgeschäfte wegen die Predigten (sacras conciones) nicht hören konnten. Schließlich wird auch zur Vesper, um 3 Uhr, eine Predigt gehalten.« »Während der ganzen Woche werden täglich zwei Predigten gehalten (mit Ausnahme des Freitags, wenn es des Marktes und der Geschäfte wegen nur in der Frühe möglich ist zu predigen): die erste um 5, die zweite um 8 Uhr...« Nachdem die frommen und inständigen Gebete verrichtet sind, verliest der Pfarrer (minister ecclesiae) irgendeinen Abschnitt aus dem Alten oder Neuen Testament, aus dem er, wie es ihm der Herr gegeben hat, die Gemeinde belehrt, ermahnt, zurechtweist, tröstet, die Gegner in aller Bescheidenheit überführt, nach Gelegenheit der Orte, Zeiten und Personen, alles zur Auferbauung der Hörer [21]. Da »nach dem Vorbild der alten Kirche« seit Zwinglis Amtsantritt praktisch immer in der Weise der »lectio continua« gepredigt wurde [22], wurden die Zürcher im Laufe der Jahre immer wieder mit dem Inhalt der ganzen Bibel vertraut.

Inbezug auf die Liturgie im engern Sinn enthält Lavater sodann zum Teil in extenso, zum Teil in Form von Anweisungen die Gebete der offiziellen, von der Obrigkeit genehmigten Agende, den »Christenlich Ordnung und Brüch der Kilchen Zürich« von 1535 [23]. Ich möchte hier nicht auf die einzelnen (zum

---

[20] Heinrich Bullingers Diarium (Annales vitae) der Jahre 1504-1574. Zum 400.Geburtstag Bullingers am 18.Juli 1904 hg.v. Emil Egli, Basel 1904, passim; vgl. dazu Fritz Büsser: Bullinger — der Prediger. S. oben S. 143 ff. — Über die theologischen Aspekte, d.h. die Predigttheorie Bullingers orientieren in erster Linie die Dekaden und das Zweite Helvetische Bekenntnis, als Sekundärliteratur Edward A. Dowey: Der theologische Aufbau des Zweiten Helvetischen Bekenntnisses. In: Glauben und Bekennen. Vierhundert Jahre Confessio Helvetica Posterior. Beiträge zur ihrer Geschichte und Theologie, hg.v. Joachim Staedtke, Zürich 1966, S. 205-234; Ernst Koch: Die Theologie der Confessio Helvetica Posterior, Neukirchen-Vluyn 1968; Istvan Tökes: Bullingers hermeneutische Lehre. In: Heinrich Bullinger 1504-1575. Gesammelte Aufsätze zum 400.Todestag, hg.v. U. Gäbler und E. Herkenrath, Bd. I, Zürich 1975, S. 161-189; Ders., Bullinger als praktischer Theologe. In: Bullinger-Tagung 1975. Vorträge, gehalten aus Anlaß von Heinrich Bullingers 400.Todestag, hg.v. U. Gäbler und E. Zsindely, Zürich 1977, S. 113-125. Zu Zwingli: vgl. Fritz Schmidt-Clausing: Zwingli als Liturgiker, eine liturgiegeschichtliche Untersuchung, Göttingen 1952.

[21] Lavater, S. 27/29; vgl. dazu auch Egli, Acten, Nr. 1899, S. 831 f.

[22] Lavater, S. 29 f.

[23] Christennlich ordnung und brüch der kilchen Zürich. 1. Corinth. 14. Alle ding söllend erberlich mit zucht und ordnung beschähen. MDXXXV.
Text in: Z IV, S. 695 ff. (bes. interessante Einleitung S. 695 f.)

Teil bis heute verwendeten!) Formulare für Predigtgottesdienst, Prophezei, Trauung und Abendmahl eintreten, wohl aber die Konkordanz von Zwinglis Entwurf für eine Zürcher Agende (1525/28)[24], von Bullingers Handagende (10.11.1532!)[25] und von dem eben erwähnten Druck von 1535 wiedergeben, die Markus Jenny neulich in einem Aufsatz über »Bullinger als Liturg« hergestellt hat:[26]

[1528?]	1532	1535
Titel mit Inhaltsverzeichnis	Titel mit Inhaltsverzeichnis	Titel
		Inhaltsverzeichnis
		Vorrede
Taufe		
Trauung		
Predigt-Gottesdienst	Predigt-Gottesdienst	Predigt-Gottesdienst
Fürbitte	Fürbitte	Fürbitte
	Offene Schuld	Offene Schuld
	Vergebungsbitte	Vergebungsbitte
	Vater unser	Vater unser
		Ave Maria
	Kirchengebet	Kirchengebet
		Gottesdienst-Schluß
Comm. pro defunctis		Comm. pro defunctis
Vergebungsbitte	Zehn Gebote	Zehn Gebote
	Apostolicum	Apostolicum
	Gottesdienst-Schluß	
	Nachmittagspredigt	= Kürzere Form
	Prophezei	Prophezei
	Trauung	Trauung
	Taufe	Taufe
Nachtmahl	Nachtmahl	Nachtmahl
		Beschluß

Wie Jenny bemerkt, liegt die älteste Überlieferung der einzelnen Gebetstexte in Bullingers Handagende vor. Interessant, vollständig unbekannt und aufregend ist darüberhinaus nun aber der Reichtum an Gebeten bei Bullinger überhaupt: der Nachfolger Zwinglis hat offenbar für den öffentlichen Gebrauch sowohl seiner abgegriffenen Handagende[27] wie dem von ihm benützten Agendendruck von 1563(!) noch eine große Zahl lateinischer

---

[24] Ordnung der Christenlichenn Kilchenn zů Zürich. Kinder zetouffen. Die Ee zebestäten. Die Predig anzefahen und zů enden. Gedächtnus der abgestorbnen. Das Nachtmal Christi zů begon. Getruckt zů Zürich durch Christoffel Froschouer.
  Text in: Z IV, S. 680 ff.

[25] ZBZ, Familien-Archiv Ott 11; unvollständiger, durch Leo Weisz besorgter Druck. In: Zwa X, S. 1-23.

[26] Markus Jenny: Bullinger als Liturg. In: Heinrich Bullinger 1504-1575. Gesammelte Aufsätze zum 400.Todestag, hg.v. U. Gäbler und E. Herkenrath, Bd.I, Zürich 1975, S. 209-230 [zit. Jenny]. (Hier finden sich auch Hinweise auf weitere Literatur von E. Koch, J. Schweizer und E. Kellerhals.)

[27] Inhaltsübersicht bei Jenny, S. 222 f.

Kirchengebete (ca. 12 Kollekten, 7 Sündenbekenntnisse, 28 Fürbittegebete) [28] beigefügt, darüberhinaus noch ein über 200 Seiten umfassendes privates Gebetbüchlein in deutscher Sprache verfasst [29]. All diese Gebete sind Zeugnisse nicht nur umfassender liturgiegeschichtlicher Kenntnisse, sondern auch einer unabhängigen ökumenischen Frömmigkeit [30].

IV

Zu den wichtigsten Institutionen der reformierten Zürcher Kirche im 16. Jahrhundert gehört im weiteren natürlich die Schule. Voraussetzung für eine in formaler wie besonders natürlich in inhaltlicher Beziehung einwandfreie, wirklich reformatorische Verkündigung von Gottes Wort war ja gerade im 16. Jahrhundert eine entsprechende Ausbildung der Pfarrer. Da ich über diesen Aspekt der Zürcher Reformation, d.h. über Ausbildung und Studium im Zürich des 16. Jahrhunderts, in diesem Kreise vor 4 Jahren ausführlicher berichten durfte [31], wiederhole ich jetzt nur die wichtigsten Daten und unterstreiche einige bedeutende Aspekte. Lavater, der Schulfragen in nicht weniger als 5 Kapiteln (1. De Examine Theologico; 17. De Scholis; 18. De Lectionibus publicis; 19. De Bibliotheca; 20. De Collegiis et Ecclesiae alumnis) [32] behandelt, schreibt im 17. Kapitel, daß es in der Stadt einige deutsche Schulen gibt, in denen Knaben und Mädchen unterrichtet werden, daß es sodann zwei Schulen gibt, in denen in 5 Klassen Latein und Griechisch gelehrt werde, daß aber auch auf dem Lande mindestens im Winter Schulen geführt werden [33]. Im 18. Kapitel berichtet er sodann über die für die Ausbildung der zukünftigen Pfarrer besonders wichtige Einrichtung der sog. Prophezei, der lectiones publicae: »In Gymnasio Tigurino loco horarum, ut vocant, canonicarum, habentur publicae lectiones in Theologia, Linguis, et bonis artibus [34].« Auch gerade diese typisch zürcherische Einrichtung kann als eine Erfindung Zwinglis betrachtet werden. Fast auf den heutigen Tag genau, am 29. September 1523, haben nämlich Bürgermeister und Räte die Reformation des Großmünsterstiftes beschlossen; um die Reformation gewissermaßen von der Basis her durchzuführen, sollten in Zukunft »gelehrte, gut ausgebildete, wohlgesittete Männer gewählt werden, die alle Tage öffentlich in der

---

[28] ZBZ, Msc F 220; Inhaltsübersicht bei Jenny, S. 223-225.

[29] Heinrich Bullinger Bibliographie, Bd.I: Beschreibendes Verzeichnis der gedruckten Werke von Heinrich Bullinger, bearb. v. Joachim Staedtke, Zürich (1972) [zit. HBBibl I], Nr. 720.

[30] In diesem Zusammenhang verweise ich gerne auch auf Anton Largiader: Das reformierte Zürich und die Fest- und Heiligentage. In: Zwa IX. S. 497ff.

[31] Fritz Büsser: Théorie et pratique de l'éducation sous la Réforme à Zurich. S. oben S. 199ff.

[32] Lavater, S. 1f. Examen Theologicum; 70 Scholae; 75-78 Lectiones publicae; 82f. Bibliotheca; 84f. Collegia & Ecclesiae alumni.

[33] Lavater, S. 70f.

[34] Lavater, S. 75-78.

Heiligen Schrift unterrichten: eine Stunde in hebräischer, eine Stunde in griechischer und eine Stunde in lateinischer Sprache, die zum rechten Verständnis der Heiligen Schrift absolut notwendig sind[35].« Eröffnet wurde die »Prophezei« freilich erst am 19. Juni 1525. Ihre Lehrer — neben Zwingli und Bullinger auch C. Pellikan, Myconius, C. Gessner und Vermigli — machten sie in entscheidenden Phasen der Reformation zu einem bedeutenden Zentrum von weltweiter Bedeutung: nicht nur wurde die Zürcher Prophezei in zeitlicher Beziehung ein bzw. der Prototyp aller späteren reformierten Akademien, sie gab zugleich Richtung und Geist an, in denen hier Theologie getrieben wurde. Zwingli und Bullinger, beide stark vom Humanismus geprägt, legten größtes Gewicht auf eine zugleich humanistisch-weltoffene, auch die nichttheologischen Geistes- und Naturwissenschaften umfassende wie streng theologische, d.h. biblische Ausbildung. Wer in Theologie (selbstverständlich auch in Jurisprudenz und Medizin!) etwas Rechtes bieten wollte, mußte zunächst nach Bullingers wohl richtungweisender »Ratio studiorum«[36] unter allen Umständen die drei Formen der antik-humanistischen Philosophie, mit andern Worten die alten Sprachen und freien Künste beherrschen. Anderseits legte man in Zürich von Anfang an auf eine philologisch orientierte Auslegung der Bibel allergrößtes Gewicht. Dieser Ausrichtung verdanken wir zwei großartige Zeugnisse der Zürcher Reformation: einerseits die Zürcher Bibelübersetzung, anderseits eine große Reihe von biblischen Kommentaren vor allem Bullingers und Pellikans, die in den 1530er und 1540er Jahren herausgegeben worden sind, leider in Eigenart und Wirkung im Schatten Calvins stehen[37], obschon sie damals über weite Teile Europas verbreitet worden sind, im Grunde schon die Methoden von Kittels Wörterbuch zum Neuen Testament bzw. die Anliegen moderner Exegese vorweggenommen haben. Sowohl das Studium der bonae literae wie die Bibelwissenschaft waren in Zürich stark auf die Praxis ausgerichtet: sie sollten den Prediger instand setzen, das Wort Gottes in seiner zeitlichen und überzeitlichen Bedeutung den ihnen anvertrauten Gläubigen für Sonn- und Werktag verständlich zu machen. Bei dieser Gelegenheit möchte ich allerdings ein kleines Bedenken gerade inbezug auf die Originalität der Prophezei anmelden, nicht inbezug auf den einzigartigen frühen Gründungsbeschluß, wohl aber inbezug auf ihre Bezeichnung und Grundgedanken. In der Zentralbibliothek Zürich finden sich nämlich nicht weniger als 4 Exemplare von Luthers 1524 abgefaßter Schrift »An die Ratsherren aller Städte deutschen Landes, dass sie christliche Schulen aufrichten und halten sollen«[38] —

---

[35] Vgl. Egli, Acten, Nr. 426, S. 169.
[36] HBBibl 1, Nr. 712.
[37] Vgl. dazu Fritz Büsser: Bullinger, nicht Calvin. In: Neue Zürcher Zeitung. 6./7. November 1976; in gekürzter Form s. oben S. 172ff.
[38] WA XV, S. 9ff. In dieser Schrift unterstreicht Luther, wie Zwingli von 1. Kor. 14$_{29}$ ausgehend, Notwendigkeit und Nutzen der durch die Humanisten neu entdeckten Sprachen für die Prediger des Evangeliums im besondern, für die »ungebildeten« Deutschen im allgemeinen.

4 Exemplare, die zwar weder handschriftliche Marginalien noch andere
Besitzervermerke aufweisen, aber doch als Anregung gedient haben könnten.

V

Eine wichtige, für das Zürcher Staatskirchentum sogar besonders charakteristische Einrichtung stellt sodann die »Ordnung und artikel antreffend das
almosen« vom 15. Januar 1525 dar[39]. Ich betone: für das Zürcher Staatskirchentum sogar besonders charakteristische Einrichtung, weil diese Armenordnung einerseits sicher eine Folge der Reformation war, anderseits aber
vielleicht deutlicher als andere Einrichtungen zeigt, wie die Reformation doch
nicht einfach einen radikalen Bruch mit der Vergangenheit bedeutet hat.
Formell führte sie nämlich einfach die vorreformatorischen Versuche der
Zürcher Obrigkeit weiter, durch eine städtische Armenfürsorge soziale Aufgaben der Klöster zu übernehmen und auf diese Weise die Verwaltung des
Klostergutes zu kontrollieren. In inhaltlicher Beziehung ging sie allerdings
weiter als entsprechende frühere Versuche[40]. Das gilt sowohl für die Dienstleistungen wie für deren finanzielle Basis. Für die Dienstleistungen: die
Armenordnung von 1525 verbot jeden Bettel auf den Straßen von Zürich.
Dafür richtete man den sog. »Mushafen« im Predigerkloster ein, wo täglich die
einheimischen und fremden Bedürftigen Brot und aus Hafermehl, Gerste und
Gemüse gekochte Suppe erhielten. Während die Fremden das Stadtgebiet noch
am gleichen Tag verlassen mußten und innerhalb eines Jahres nicht zurück-
kehren durften, wurde für die einheimischen Bedürftigen eine besondere
Kommission, eine sog. »Armenpflege« ins Leben gerufen. Diese hatte in den
7 »Wachten« oder Quartieren der Stadt (Oberdorf, Lindenhof, Neumarkt,
Niederdorf, Münsterhof, Kornhaus, Rennweg) für die Unterstützung Be-
dürftiger mit Geld, Nahrungsmitteln und Kleidern sowie für die Betreuung der
Kranken zu sorgen. Dabei wurde im besondern etwa an die Unterstützung
unverschuldet in Not geratener oder kinderreicher Familien gedacht, allerdings
jede Unterstützung auch von Lebenswandel und Kirchenbesuch abhängig
gemacht. Die finanzielle Basis dieser Armenpflege (im übrigen auch der
Schulen) bildeten Vermögen und Zinsen der säkularisierten Klöster. Diese
kamen wie die Güter der spätmittelalterlichen Kirche überhaupt zwar nicht
direkt in staatlichen Besitz, sondern blieben ausgeschieden und wurden
zunächst von den verschiedenen Klosterämtern, seit 1533 zentral durch den
»Obmann gemeiner Klöster« verwaltet. Wie der Zürcher Wirtschaftshistoriker
Hans Conrad Peyer in dem schon zitierten Artikel über »Staat und Kirche in
Zürich von der Reformation bis in die Gegenwart« nüchtern feststellt, ist zwar

---

[39] Egli, Acten, Nr. 619, S. 270-274. Vgl. dazu Lavater, S. 87-95 über die »Opes Ecclesiae« (XXI)
und »Eleemosyna« (XXII).
[40] Vgl. dazu z.B. Egli, Acten, Nr. 132, S. 25-31.

»aus diesem großen, mit strenger Oekonomie verwalteten Fonds viel für Kirche, Schule und Fürsorge getan worden, aber durchaus nicht allein. Immer wieder sind sie für alle möglichen rein staatlich-politischen Aktionen kräftig herangezogen worden[41].« Das große Vermögen und die Zinsen dienten dem Staat unter anderem zur Abzahlung der Kriegsschulden von 1531 mindestens in Form von Zwangsanleihen, aber auch für allerlei Hypotheken und Kredite.

VI

Unser Überblick über die wichtigsten staatskirchlichen Einrichtungen im reformierten Zürich des 16. Jahrhunderts muß schließlich einige Bemerkungen über die Kirchenzucht enthalten. Bei Lavater findet sich darüber im 24. Kapitel »De disciplina ecclesiastica«[42] zwar nur wenig, kaum mehr als ein Hinweis auf das Zürcher Ehegericht und die sog. Stillstände auf dem Land. Das darf aber nicht darüber hinwegtäuschen, daß, wie die Armenfürsorge, gerade die Kirchenzucht als staatskirchenrechtliche Institution einesteils an spätmittel-alterliche Einrichtungen angeknüpft hat, anderseits durch die Reformation besonders ausgebaut worden ist. Nach Walther Köhler[43] und Küngolt Kilchenmann[44] war es längst geübte Gepflogenheit, daß in Zürich die Obrigkeit durch Mandate Sitte und Zucht der Bevölkerung ordnete, im besonderen auch die Lebensführung der Geistlichen überwachte. Daß es dann die Reformation war, die in diesem Bereich zu klaren, konkreten, die Reform der Kirche und zugleich der Gesellschaft betreffenden Maßnahmen, Gesetzen und Verordnungen führte, hing mit der Infragestellung der geistlichen Gerichtsbarkeit zusammen. Nach dem Bruch mit dem für Zürich zuständigen Bischof von Konstanz musste Zürich schon aus juristischen, erst recht jedoch aus pastoralen Motiven eine eigene Gerichtsordnung über Ehe, Ehebruch und Hurerei schaffen. Nach Vorarbeiten, an denen auch Zwingli maßgeblich beteiligt war, erließen Bürgermeister und Räte am 10. Mai 1525 eine »Ordnung und ansehen, wie hinfür zuo Zürich in der stadt über elich sachen gericht soll werden«[45]. Köhler bemerkt dazu, daß weder die territorial-staatliche Tendenz noch die reformatorische Forderung singulär zürcherisch gewesen seien; »aber Zürich hat den ersten praktischen Griff getan, es gehört in der Entwicklungs-geschichte der protestantischen Ehegerichtsbarkeit an die Spitze[46]«. Was heisst das konkret? In Zürich wurde in Ehesachen ein besonderes Ehegericht

[41] Peyer, S. 3.

[42] Lavater, S. 101 f.

[43] Walther Köhler: Zürcher Ehegericht und Genfer Konsistorium. I. Das Zürcher Ehegericht und seine Auswirkung in der deutschen Schweiz zur Zeit Zwinglis, Leipzig 1932 [zit. Köhler].

[44] Küngolt Kilchenmann: Die Organisation des zürcherischen Ehegerichts zur Zeit Zwinglis, Zürich 1946.

[45] Egli, Acten, Nr. 711, S. 326-329; Z IV, S. 176-187.

[46] Köhler, S. 25 f.

zuständig, welches sich aus je zwei Vertretern des Kleinen und Großen Rates
sowie zwei Leutpriestern zusammensetzte. Es scheint, daß für Beratung und
Sanktionen ursprünglich eine der gemischten Zusammensetzung entsprechende
Kompetenzteilung zwischen Obrigkeit und christlicher Gemeinde vorgesehen
war: die groben Sünder sollten aufgrund eines gemeinsamen Urteils von
Pfarrer und Gemeinde gebannt, die übrigen Strafen von der Obrigkeit ausgesprochen werden. Entgegen diesen ursprünglichen Intentionen Zwinglis, die
Zucht (wie bei den Täufern) ganz der Gemeinde zu überlassen[47], brachte
bereits eine erste Revision der Ehegerichtsordnung Ende Dezember 1526 eine
entscheidende Kompetenzverschiebung zugunsten des Rates[48], indem fortan
dieser »als eine christliche Obrigkeit und anstelle der Kirchgemeinde« handeln,
d.h. den Bann aussprechen und lösen sollte. Wenn die Obrigkeit in den
folgenden Jahrzehnten von diesem Recht auch immer weniger Gebrauch
machen und andere Sanktionen bevorzugen sollte, bestätigen doch die
Erweiterung des Ehegerichtes zu einem allesumfassenden Ehe- und Sittengericht 1526 und 1530[49], das auch auf die Landschaft ausgedehnt wurde[50],
erst recht die zahllosen Sittenmandate des ganzen 16. Jahrhunderts die
Tendenz: im Unterschied zu den Plänen Oekolampads in Basel, Leo Juds in
Zürich selber, ganz zu schweigen von Calvin und den Verhältnissen etwa in der
Pfalz, war das Ehe- und Sittengericht in Zürich eine staatliche Angelegenheit
und Behörde. Walther Köhler hat nachgewiesen, daß das Zürcher Modell weit
über Zürich hinaus nachgeahmt wurde und selbst das Genfer Konsistorium
einzelne zürcherische Elemente übernommen hat[51]. Es würde zu weit führen,
nun noch zu zeigen, wie die Praxis aussah; nur eine Bemerkung sei erlaubt:
wenn durch die Ehe- und Sittengesetzgebung im Zürich des 16. Jahrhunderts
alle, selbst die intimsten Bereiche des persönlichen Lebens kontrolliert wurden
und man versuchte, ein durch und durch christliches Staatswesen heranzu-
züchten, so mochte das wohl letztlich mit der christlichen Freiheit, welche die
Reformation predigte, in Widerspruch stehen; für Volkserziehung und das
politische Denken hat die Reformation gerade durch die Kirchenzucht aber
Gewaltiges geleistet.

VII

Eine Zusammenfassung meiner Darlegungen über die wichtigsten kirchlichen Institutionen im reformierten Zürich des 16. Jahrhunderts möchte ich

---

[47] Vgl. Roger Ley: Kirchenzucht bei Zwingli, Zürich 1948.
[48] Egli, Acten, Nr. 1087, S. 521.
[49] Vgl. Egli, Acten, Nr. 944, S. 451-453 und Nr. 1656; vgl. Köhler, S. 142 ff.
[50] Egli, Acten, Nr. 990, S. 468 f.; vgl. Köhler, S. 164 ff.
[51] Vgl. Leonhard von Muralt: Eine Weltwirkung der Reformation Zwinglis. In: Neue Zürcher
Zeitung, 17. März 1943, Nr. 444; 18. März 1943, Nr. 450 (Besprechung von Köhler, Zürcher
Ehegericht und Genfer Konsistorium, II, 1942).

zum Schluß nur noch in der Form einer ketzerischen Frage stellen: Waren —
wie die Darstellung des grundsätzlichen Verhältnisses von Staat und Kirche, im
besondern aber die Kirchenordnung, d.h. Gottesdienstordnung inklusive
Liturgie, Schulen, besonders die Prophezei, Armenfürsorge und Kirchenzucht
zeigen — die Institutionen im reformierten Zürich des 16. Jahrhunderts
wirklich derart neu, daß man von einem Bruch sprechen kann? Müßte man
nicht mit mehr Recht selbst im radikalen Zürich (ganz zu schweigen von
den lutherischen Kirchen und der anglikanischen Kirche!) von einer vom
Evangelium bestimmten neuen Sinngebung bereits bestehender Institutionen
sprechen? Und würde das den ursprünglichen Absichten eines Zwingli und
den Ansichten Bullingers von der einen wahren katholischen Kirche nicht
eher entsprechen als alle Beschreibungen der Reformation als radikalem
Neuanfang? Solche Gedanken führen indes in ein zu weites Feld, als dass ich
davon noch länger sprechen möchte [52].

---

[52] Vgl. z.B. Hanns Rückert: Die geistesgeschichtliche Einordnung der Reformation. In:
Vorträge und Aufsätze zur historischen Theologie, Tübingen 1972, S. 52 ff.

17. SYNODE — GESTERN UND HEUTE *

Das Thema, das mir gestellt wurde, »Synode — gestern und heute« läßt zwei Möglichkeiten der Ausführung offen: Rückblick im Sinne einer kurzen Geschichte der Synode, oder Rückblick im Sinne einer Besinnung auf die Gründung mit der Frage, was aus dem geworden ist, was vor 450 Jahren intendiert war. Nachdem Herr Synodalpräsident Rahn in verdienstvoller Weise im Kirchenboten und in verschiedenen Zeitungen die Geschichte der Synode in großen Zügen dargestellt hat, aber auch im Blick auf die folgende Predigt, wähle ich die zweite Variante:

Wir fragen zuerst: Was war der Zweck der 1. Zürcher Synode vom 21. April und ihrer Ergänzung vom 19. Mai 1528: der Versammlung zuerst der Landgeistlichen, dann der Pröpste, Chorherren, Kaplane, Mönche? Ein Blick in die Gründungsakten gibt die *eindeutige Antwort*, dass die Synode der durch mancherlei Schwierigkeiten bedrohten *Durchsetzung der Reform* dienen sollte. Das zeigt einmal der *Eid*, den die Geistlichen leisten mußten: Das Evangelium den von der Zürcher Obrigkeit seit 1522 erlassenen Mandaten entsprechend schriftgemäß zu predigen und mit keinen zweifelhaften oder falschen Lehren zu vermischen, dazu aber (wörtlich) »einem Bürgermeister, Kleinen und Grossen Räten und den Burgern, als miner ordentlichen oberkeit, trüw und hold sin, gmeiner stadt und land Zürich nutz und frommen fürdren, ihren schaden warnen und wenden, sofer ich es vermag.« (Egli, Nr. 1414). Daß die Synode der Durchsetzung der Reformation dienen sollte, beweist dann aber vor allem die Synodalordnung, die 1528 von Zwingli entworfen, 1532 von Bullinger und Jud in ihre definitive, 250 Jahre gültige und geübte Fassung gebracht worden ist, im einzelnen ihre Überschrift und ihr Schwerpunkt. Die Überschrift lautete: »Bewilligung und confirmation ... über die restitution und verbesserung etlicher mänglen und missbrüchen, so sich bi den dienern des wort Gottes zuogetragen haben.« (Egli, Nr. 1899) Und ihr Schwerpunkt lag auf der *Zensur*, d. h. auf der Beurteilung von Lehre und Leben sämtlicher Geistlichen: »Die nachfrag aber in der censura soll erstlich von der leer, demnach von dem studio, liebe und flyss der gschrift, item von dem wandel, leben und sitten und zeletst von wegen des hushabens und husvolks gehalten werden.« (Egli, Nr. 1899) Was bedeutet das? Im allgemeinen: Zwingli und Bullinger müssen im Verein mit der Zürcher Obrigkeit die Synode als *das* Mittel oder Organ zur Durchsetzung der Reformation betrachtet haben — eine Feststellung, die nicht

---

* In: 1528-1978. 450 Jahre Kirchensynode des Kantons Zürich. Festgottesdienst, Dienstag, 13. Juni 1978 17.30 Uhr, im Großmünster, Zürich.

nur durch das große Engagement Zwinglis für das Zustandekommen von
Synoden in Zürich und in der Ostschweiz, sondern auch durch ihre Bedeutung
im ganzen reformierten Protestantismus, nach dem Konzil von Trient auch
(wieder) in der römischen Kirche unterstrichen wird. Zum andern und im
besonderen ist die Synode mit ihrem Schwerpunkt Zensur *ein* grosser Hinweis
auf die Schlüsselrolle, die man dem Pfarrer bei der Reform der Kirche damals
zugemessen hat. Ich denke dabei jetzt weniger an seine kirchlich-politische
Doppelfunktion, d. h. an die Tatsache, daß der Pfarrer im Dorf neben, bzw.
über dem lokalen Untervogt der einzige Vertreter der gnädigen Herren von
Zürich war. Ich denke vielmehr an die einleuchtende und durch die ganze
Kirchengeschichte hindurch tausendfach erhärtete Tatsache, daß eine durch-
greifende Reform des kirchlichen, politischen, wirtschaftlichen und gesellschaftlichen Lebens, wie man sie im Zürich des 16. Jahrhunderts anstrebte,
dort beginnen mußte, wo man theoretisch und praktisch den entsprechenden
Auftrag und Anspruch erhob, beim Prediger, oder wie Zwingli lieber sagte:
beim Propheten, Bischof, Hirt. Um seine Aufgaben glaubwürdig erfüllen zu
können, brauchte es nicht bloß den äußeren Zwang der Synode als »eine Art
Rapport, zu dem die kirchliche und staatliche Obrigkeit ihre Pfarrer-Beamten
zweimal jährlich aus der Vereinzelung ihrer Basisarbeit zusammenrief«
(Maeder), sondern vor allem persönliche, innere, geistliche Disziplin. Ich weiß,
daß dieser Begriff nicht hoch im Kurs steht, möchte aber anregen, vielleicht
wieder einmal im Wörterbuch nach seiner eigentlichen Bedeutung nachzusehen
und in den Synodalprotokollen nachzublättern, was für ein disziplinloses
Völklein — natürlich nur im 16. Jahrhundert — die Professoren und Pfarrer
sein konnten.

Meine zweite Frage lautet: *Warum* hielten Zwingli und Bullinger zusammen
mit der Zürcher Obrigkeit gerade *die Synode* für das geeignete Mittel zur
Durchsetzung der Reformation? Auf diese Frage muß ich als Historiker eine
Antwort geben, die man an einem Jubiläum nicht unbedingt erwartet, die aber
gerade darum über den Festtag hinaus wegweisend sein könnte: Vor 450
Jahren fand zwar tatsächlich die erste reformierte Zürcher Synode statt. Diese
Synode war jedoch keine Erfindung Zwinglis (wie man gerne sagt), sondern
schlicht und einfach die Neuentdeckung, die in ihrer Konsequenz eindrückliche
Wiederanwendung einer bis in die Anfänge der christlichen Kirche zurück-
reichenden Institution: des Konzils, bzw. der Provinzial- und Diözesansynode.
Wir erkennen das sofort, wenn wir den unmittelbaren und mittelbaren
Kontext, Ort und Stellenwert der Zürcher Synode nun noch etwas genauer
betrachten. Zunächst war die Synode eine unmittelbare Folge der 1. Zürcher
Rats-Disputation vom 29. Januar 1523 mit ihrem berühmten Abschied, die
Zürcher Pfarrer sollten fortan »anders nüt fürnemen noch predigen, dann was
si mit dem heiligen Evangelion und sust (mit) rechter göttlicher geschrift
bewären mögen« (Egli, Nr. 327). Die neuere Zwingliforschung hat diese

Tagung zu Recht nicht nur als Gründungsversammlung der ältesten reformierten Kirche (Moeller) bezeichnet, sondern als Generalkonzil, das (um eine jüngste Formulierung Obermans zu zitieren) »mit voller Autorität dasjenige beschloß, was (Zwinglis Gegner, der Konstanzer Weihbischof) Joh. Fabri den hohen Schulen und päpstlichen Konzilien vorbehalten hält.« »In Zürich wird die Erneuerung von Theologie und Kirche auf die Basis der Heiligen Schrift initiiert, indem hier stellvertretend für die ganze Christenheit über diese Erneuerung endgültig befunden wird, denn der Heilige Geist redet nicht heute so und morgen anders.« Von dieser Grundentscheidung, die zugleich die Priorität der Ekklesiologie vor der Rechtfertigungslehre in den reformierten Kirchen signalisiert, von dieser Grundentscheidung her war sowohl die 2. Zürcher Disputation wie die 1528 erstmals, seit 1533 dann regelmäßig zweimal jährlich durchgeführte Zürcher Synode nichts anderes als eine auf das Gebiet des Staates Zürich bezogene Anwendung des synodalen Prinzips. Das zeigt sich in der Einleitung zum Abschied von 1523 ausdrücklich, in dem daran erinnert wird, daß man im vorangegangenen Jahr den Bischof um eine Synode zur Behandlung der anstehenden Probleme gebeten habe. Dies muß m. E. für alle Beteiligten (und damit komme ich zum mittelbaren Kontext) nichts Außergewöhnliches, sondern eigentlich eine Selbstverständlichkeit gewesen sein. Warum? Seit dem 4. Laterankonzil 1215, das die Bischöfe verpflichtet hatte, jährlich einmal nach dem im betreffenden Jahr abzuhaltenden Provinzialkonzil eine Diözesansynode durchzuführen, ich sage: seit 1215, erst recht als Folge der Reformkonzilien von Konstanz und Basel im 15. Jahrhundert, gab es gerade in der riesigen, auch Zürich erfassenden, Diözese Konstanz mit 10 Archidiakonaten und 64 Dekanaten eine sehr bewußte synodale Tradition und, damit eng verbunden, einen immer neu belebten Willen zu Reformen. Diesen synodalen Reformwillen bezeugen unter den vorhandenen Quellen zahllose Maßnahmen, Synoden und Hirtenschreiben der Bischöfe von Konstanz, die entgegen dem üblichen Bild der Zeit in der Mehrzahl bedeutende, ernsthafte Persönlichkeiten gewesen sind, unter diesen Maßnahmen im besonderen die ganz sicher auch dem Glarner-, Einsiedler- und Zürcher Pfarrer Huldrych Zwingli bekannten, immer wieder erneuerten, erweiterten, 1497 erstmals gedruckten Synodalstatuten. Diese Quellen lesen sich zwar ganz ähnlich wie die Synodalprotokolle der reformierten Zürcher Synoden des 16. Jahrhunderts streckenweise wie Skandalregister — d. h. es kommen immer ungefähr die gleichen Themen des Bildungsnotstandes, schlechten Lebenswandels, mißlicher finanzieller Verhältnisse zur Sprache — gerade durch die Aufdeckung der Mißstände bei Klerus und Volk dokumentieren sie aber den Willen zur Erneuerung. Vor diesem Hintergrund erscheint, um nur ein Beispiel zu nennen, ein Hirtenbrief von Bischof Berlower von 1495 fast wie ein vaticinium ex eventu, der angesichts des Scheiterns seiner Reformmaßnahmen klagt, es bestehe die Gefahr, daß »infolge des ungeordneten und zügellosen Lebenswandels der Kleriker und ihres verderblichen Beispiels die Kirche selbst im Innersten zerrissen wird«.

Daß die Reformen mittels des Synodalprinzips sich in Zürich durchsetzen konnten, beruhte nun freilich nicht bloß auf der Form. Zwei Faktoren waren dazu von ausschlaggebender Bedeutung: einmal der Wille der Zürcher Obrigkeit, die Sache der Reform zu ihrer eigenen zu machen, zum andern das Bekenntnis zum Schriftprinzip. Was heißt das? Einmal kam wie schon für die Generalsynode von 1523 auch für die 1. Zürcher Synode von 1528 der entscheidende Beschluß von der weltlichen Obrigkeit; schon am 23. Sept. 1527 wurde nämlich eine Ratskommission bestellt, zu der auch die drei Leutpriester Zwingli, Jud und Engelhard gehörten, mit dem Auftrag, eine Synode vorzubereiten, weil »an mine herren gelanget ist, dass die prädicanten in iren gerichten und gebieten das göttlich wort unglicher gstalt verkündint und nit all zum geschicktisten syent; dessglich dass etlich in den wirtshüsern schier mer dann ander laien mit spilen, trinken und anderer unfuog iren pracht und wesen füerint«. (Egli, Nr. 1272). In diesen Sätzen ist angedeutet, was schon vor der Reformation eindeutig nachweisbar ist und was die obrigkeitliche Teilnahme an der Synode nach 1532 ad oculos bestätigte: das Bewußtsein der zürcherischen Obrigkeit, auch eine kirchliche, geistliche Verantwortung zu tragen.

Was mit dem andern Faktor, d. h. der Verpflichtung zum Schriftprinzip gemeint ist, kann ich jetzt nur stichwortartig andeuten: Zürcher Bibel, Prophezei, das Kommentarwerk eines Bullinger oder Pellikan, die Umbildung von Priestern zu Prädikanten, die sich bewußt waren, daß die Predigt des Wortes Gottes Gottes Wort selber ist.

Charakter, Geschäfte und Zusammensetzung der Zürcher Synode haben sich in den vergangenen 450 Jahren gewandelt. Ich würde nun allerdings meinen, daß ihr Auftrag heute noch der gleiche ist. Gerade in ihrer heutigen Zusammensetzung als Organ nicht mehr einer Staats- sondern einer Landeskirche — d. h. weder hinter der Fassade einer geschlossenen christlichen Welt noch in Form eines modischen Rückzugs aus dieser Welt, sondern in der Verantwortung für diese Welt — sollte sie das wieder werden, was Zwingli und seine Zürcher Zeitgenossen vor Augen hatten: ein Mittel permanenter Erneuerung. In diesem Zusammenhang stellt sich freilich die Frage, ob unsere katholischen Mitchristen inzwischen nicht von Zwinglis und Bullingers Synoden gelernt und uns dementsprechend überrundet haben, indem sie im 2. Vaticanum und in der Synode 72 zu den inhaltlichen Problemen vorzustossen versuchten, die (Zitat aus einem Pfingstartikel der NZZ 1978 v. Hg) »in unseren Synoden kaum einmal zwischen Budget und Jahresrechnung anklingen«. Dazu müßte und könnte sie sich selber qualitativ aufwerten, dazu müßte und könnte sie vermutlich allerdings auch einen zuerst vom Berner Propst Niklaus von Wattenwyl geäußerten und von Zwingli am 31.7.1523 begeistert begrüßten Plan endlich verwirklichen: In Analogie zur römischen

Institution der Provinzialsynode ein »Concilium Helvetiorum« zu veranstalten, zu dem alle Kantone der Schweiz geladen würden (Egli, Zwingli und die Synoden), um aufgrund der Heiligen Schrift Fragen christlicher Lehre und Lebens in ihrer ganzen Breite zu behandeln. Es liegt an uns, entsprechende Konsequenzen zu ziehen.

LITERATUR

Actensammlung zur Geschichte der Zürcher Reformation in den Jahren 1519-1533. Hg. v. Emil Egli, Zürich 1879.

Emil Egli. Zwingli und die Synoden, besonders in der Ostschweiz. In: Analecta Reformatoria I. Dokumente und Abhandlungen zur Geschichte Zwinglis und seiner Zeit, Zürich 1899.

Kurt Maeder. Bullinger und die Synode. In: Bullinger-Tagung 1975. Vorträge gehalten aus Anlaß von Heinrich Bullingers 400. Todestag. Hg. v. U. Gäbler u. E. Zsindely, 1977.

Bernd Moeller. Zwinglis Disputationen. Studien zu den Anfängen der Kirchenbildung und des Synodalwesens im Protestantismus. In: Zeitschrift der Savigny Stiftung für Rechtsgeschichte 87, Kan. Abt. 56, 1970, S. 275-324; 91, Kan. Abt. 60, 1974, S. 213-364.

Bernd Moeller. Die Ursprünge der reformierten Kirche. In: Theologische Literaturzeitung 100, 1975, S. 641-651.

Heiko Augustinus Oberman. Werden und Wertung der Reformation, Tübingen 1977. S. 237-304.

Fritz Schmidt-Clausing. Zwinglis Stellung zum Konzil. In: Zwingliana XI, 1962. S. 479-498.

18. DIE MACHT DER INSTITUTIONEN
ODER
EIN VERSUCH ÜBER DIE REFORMATION IN ZÜRICH *

Es ist der Sinn der folgenden Ausführungen, anhand eines Aspektes, der bisher kaum je untersucht worden ist, der sich aber vorzüglich dazu eignet, den besonderen Charakter der Zürcher Reformation, die bleibende Bedeutung und Relevanz des reformierten Protestantismus und die Größe Zwinglis zugleich darzustellen. Es soll der Versuch unternommen werden, Zwinglis Reformationswerk, dessen Durchführung und besonderen Charakter, aber auch dessen Erfolg aus der Kontinuität der Institutionen, der Kirche selbst, ihrer Einrichtungen und ihrer Theologie zu deuten.

Was heißt Reform?

Wir beginnen mit einigen Bemerkungen zum Thema Reform. Bevor wir dabei auf die Gründung der ältesten re-formierten Kirche selber näher eintreten, soll zunächst unter Bezug auf einen außerordentlich interessanten, aber merkwürdigerweise unbekannt gebliebenen Text Heinrich Bullingers dargelegt werden, was man in Zürich unter Reformation verstanden hat. In einem Memorandum, das Bullinger um die Jahreswende 1565/1566 für Kurfürst Friedrich III. von der Pfalz zusammen mit dem 2. Helvetischen Bekenntnis· zur Verteidigung der Reformierten gegen Rom und Lutheraner am Augsburger Reichstag verfaßt hat, erinnert der Nachfolger Zwinglis zuerst an die Tatsache, daß nicht erst die Reformatoren des 16. Jahrhunderts »aus Eigensinn oder Neid« nach Reformen gerufen hätten. »Vielmehr haben seit fünf oder sechs Jahrhunderten alle gelehrten, frommen und rechtschaffenen Männer den römischen Stuhl aufs heftigste angegriffen und sich über die Unterdrückung und schlechte Behandlung der Kirche Gottes beklagt.« In einer gezielten Auswahl zählte er dazu nicht etwa die als »Häretiker« problematischen »Vorreformatoren« Wyclif und Hus, sondern die Konzilstheologen Pierre d'Ailly und Jean Gerson, die Humanisten G. Pico della Mirandola, Lorenzo Valla und Baptista Mantuanus, dann aber auch — sicher im Blick auf Kaiser und Reichstag — die »Reformatio Sigismundi« sowie die für den Reichstag von Nürnberg 1522 zusammengestellten »Gravamina Germaniae nationis«.

Als Reformator, der in sich den Historiker, Theologen und Kirchenmann vereinigte, gab Bullinger in dem erwähnten Memorandum sodann eine Defini-

---

* In: NZZ, 31.12.1983/1.1.1984, Nr. 306.

tion und Illustration des Begriffs Reformation. Die Definition lautet: »Reformation ist nicht Aussprache, Klage, Forderung, Disputation, sondern eine fromme und heilige, mit Vorzug kirchliche Handlung, durch welche die wahre Form der Religion, durch menschliche Trägheit, Nachlässigkeit oder Bosheit überflüssig, verderbt oder ausgelöscht, ... zur wahren, ursprünglichen, durch Gottes Wort überlieferten Form zurückgeführt und erneuert wird. Nam reformare est rem ad pristinam formam quam amiserat reducere.« Die Illustration aber liefert ein großartiges Beispiel aus dem Alten Testament, die Reformation Josias (2. Kön 22 f). »Dieser allergläubigste aller Fürsten führte die vollkommenste Reformation durch«. Ein Vergleich ergibt frappante Parallelen zwischen dieser Reform im 7.Jahrhundert *vor* Christi und derjenigen im 16. Jahrhundert *nach* Christus. Sie beginnen beide mit der Neuentdeckung eines Buches — damals ein altes Gesetzbuch, jetzt die Bibel — und der durch eine Weltuntergangsstimmung geprägten politischen Lage — Bedrohung damals durch Babylon, jetzt durch Türken und Religionswirren. Sie bestehen beide im wesentlichen in der prophetischen Verkündigung und in praktischen Maßnahmen zur Erneuerung von Theologie und Kirche, einer Erneuerung des Bundes zwischen Gott und Gottesvolk, der Reinigung des Kultes — damals in Juda bzw. Jerusalem, jetzt in Europa. Und sie gipfeln beide in der Forderung, im Notfall von Staats wegen das alte Gottesrecht bis ins tägliche Leben hinein durchzusetzen. Durchaus in Parallele zu Josia erhob Bullinger 1565 — 2 Jahre nach Abschluß des Tridentinums! — die Forderung nach einem umfassenden Generalkonzil: An einer aus allen christlichen Königreichen zu beschickenden Versammlung sollten alle Teilnehmer unter den »iudicia« und »sententiae« des Alten und Neuen Testamentes versuchen, sämtliche Kontroversen zu beseitigen und die christliche Einigkeit wieder herzustellen. »Wenn nicht eine derartige Reform (»reformatio«) und Aussöhnung (»compositio«) erfolgt, wird es überhaupt keine geben« ...

Staatskirche

Was heißt nun aber Kontinuität der Institutionen in der Zürcher Reformation? Eine erste Antwort muß von der Ersten Zürcher Disputation vom 29. Januar 1523 ausgehen. Damals haben Bürgermeister und Räte bekanntlich beschlossen, »das meister Ulrich Zwingli fürfaren [dürfe] unnd hinfür wie bißhar das heilig euangelion unnd die recht göttlich gschrifft verkünde so lang unnd vil, bißer eins besseren bericht werde«.

Es ist bis heute viel über den Charakter dieser von Politikern, Geistlichen aus Zürich und ein paar Vertretern des Bischofs von Konstanz besuchten Versammlung gerätselt worden. Übereinstimmung besteht darin, daß diese »Gründungsversammlung der ältesten evangelisch-reformierten Kirche« (B. Moeller) einen längeren Prozeß der Kommunalisierung der Kirche zum

Abschluß gebracht hat. Nach den ebenso einleuchtenden wie einfachen Worten
R. C. Waltons brachte sie die »completion of the institutionalization of the city
magistracy's authority over all aspects of the external affairs of the church. In
this sense the Reformation marks the end rather than the beginning of the
process.« (Zwingliana Bd. XIII, 1972)

Diese grundsätzliche Feststellung ist zunächst etwas zu verdeutlichen.
Walton faßte seine Ergebnisse in deutscher Sprache selber folgendermassen
zusammen:

> »An der Schwelle der Reformation ist die Verfassung der Stadt Zürich vielen
> süddeutschen Reichsstädten, in denen die Zünfte die Oberhand erlangt hatten,
> ähnlich. Dank der genossenschaftlichen Staatsauffassung hat sich das zürcherische
> Gemeinwesen als ,Corpus christianum' im kleineren Raum oder als ,res publica
> christiana' betrachtet. Die Art des genossenschaftlichen Selbstbewußtseins des
> Gemeinwesens gab dem Zürcher Reformator Ulrich Zwingli den Ausgangspunkt
> für seine Identifizierung der sichtbaren Kirche mit dem Gemeinwesen. Die
> universale Kirche, die ,die gemeinsame aller usserwelten gleubigen' umfaßte,
> kannte keine Grenzen, aber Gemeinden, wie z.B. die zürcherische, die im
> augustinischen Sinne ,corpora permixta' waren, waren an einen bestimmten Ort
> gebunden. Nach Auffassung Zwinglis konnte ein echtes Gemeinwesen mit einem
> wahren ,populus' (volck), welches aus freien Bürgern bestand, nur existieren,
> wenn das Evangelium gepredigt wurde. Diese Auffassung ist sehr von Augustin
> beeinflusst worden und ist auch später bei Erast wieder aufgetaucht.«

Es dürfte allgemein bekannt sein, daß »die Art des genossenschaftlichen
Gemeinwesens«, mit andern Worten, die Zürcher »Verfassung« Zwingli
tatsächlich »den Ausgangspunkt für seine Identifizierung der sichtbaren Kirche
mit dem Gemeinwesen gab«. Stellvertretend für unzählige andere Stellen,
geschweige denn für alle reformatorischen Maßnahmen der Zürcher Obrigkeit
(!) sei hier nur an zwei besonders prägnante Zwingliworte erinnert; im Brief
Zwinglis an Ambrosius Blarer in Konstanz steht: »Das Reich Gottes ist auch
äußerlich« (Z IX 454$_{13f}$) und in der Vorrede zur Jeremia-Erklärung: »Städte
sind — auch Aristoteles bezeugt es — nichts anderes als große soziologische
Gebilde (societates). Das für jeden Organismus notwendige allgemeine Ein-
vernehmen kann bei so verschiedenen Anlagen nur dann zustande kommen,
wenn *ein* Geist die Glieder belebt, gleiche Lehre, gleiche öffentliche Fürsorge
herrscht, d.h. alle von den Oberen in gleicher Weise betreut werden ... Es ist
also Tatsache, daß nichts mehr Frieden und Einigkeit in Kirche, Staat und
Volk erzielt als das Amt der Propheten und der Obrigkeit.« (Z XIV, 419$_{34}$-
420$_6$)

Weniger bekannt als diese Theorie und Praxis im Verhältnis von Kirche und
politischem Gemeinwesen dürften die weltgeschichtlichen Zusammenhänge,
Hintergründe und Konsequenzen sein, die Walton in seinem Aufsatz
(besonders auch in unserm Zitat) andeutet. Was die Herkünfte betrifft, geht es
um den Einfluß Augustins auf Zwingli, sachlich um den engen Zusammenhang
von geistiger und bürgerlicher Freiheit sowie um die Notwendigkeit einer

geistigen »unité de doctrine« zugunsten des Gemeinwohls. Walton verweist im erwähnten Aufsatz mehrfach auf Buch XIX, Kap. 21 der »Civitas Dei« und meint: »Zwingli believed that true citizenship, which to him implied the existence of civic freedom, was inextricably bound up with proper piety«. Zum andern handelt es sich um die enormen geschichtlichen Auswirkungen, welche das Zürcher Modell auf die moderne Welt ausüben sollte. Dabei ist nicht nur an die »Schweizer Ursprünge des anglikanischen Staatskirchentums« durch Bullinger, Gwalther und Musculus zu denken, sondern an die Überzeugung der Zürcher Reformatoren, das Evangelium (wie oben angedeutet), die Predigt des Evangeliums nicht nur auf die Kirche zu beschränken, sondern als Appell zur Veränderung der Verhältnisse in der Welt zu verstehen, konkret, Liebe und Gerechtigkeit nicht nur als schöne Worte zu gebrauchen, sondern als Wegweiser für die politischen, gesellschaftlichen und wirtschaftlichen Ordnungen. Wie zuerst Max Weber, dann auch Leonhard v. Muralt meinten, hat Zürich damit Weltgeschichte gemacht …

Prediger- und Synodalordnung

Von einer Kontinuität der Institutionen in der Zürcher Reformation ist im besonderen inbezug auf die Kirchenordnung zu sprechen. Den Beweis für diese Behauptung liefert zunächst ein Büchlein von Bullingers Schwiegersohn Ludwig Lavater »De ritibus et institutis ecclesiae Tigurinae« (Zürich 1559). Die Publikation sollte ausdrücklich die Vorurteile und falschen Urteile von Katholiken und Lutheranern korrigieren, die damals (und zum Teil heute noch) zirkulierten; zugleich aber auch jenen reformierten Glaubensgenossen einen Dienst leisten, welche die Zürcher Kirche »ihrer Konstanz in der Lehre und Einfachheit ihrer Riten wegen schätzen und nach ihr sich ausrichten wollen«. Denn grundsätzlich gilt: »Aus dem Werklein kann erkannt werden, daß der Zürcher Kirche nichts fehlt, was nicht schon zu den Zeiten der Apostel vorhanden war. Unsere Kirche hat eine Lehre, Gebete, Sakramente und anderes, was zur guten Ordnung der Kirche erdacht und eingerichtet ist.«

Für die Weiterführung von Einrichtungen der alten und mittelalterlichen Kirche gerade in Zürich spricht nun freilich noch viel eindrücklicher die Prediger- und Synodalordnung von 1532: »Von der wal, sendung und händuflegen der prädicanten« (I); »Von der leer und leben der predicanten« (II); schließlich »von dem Synodo und wie der gehalten werde« (III). Es wäre verlockend, stellt jedoch eine erst noch zu lösende Forschungsaufgabe dar, hier aufzuzeigen, wie sehr die einzelnen Bestimmungen nicht nur biblisch, sondern kirchenrechtlich abgesichert sind.

Als Beleg diene die Synode, von der Teil III handelt. Die Zürcher Synode, wie sie zum ersten Mal 1528 tagte, wird gerne als Erfindung Zwinglis betrachtet. Im Grunde handelt es sich aber »nur« um eine Neuentdeckung,

Neuanwendung einer uralten Institution, die gerade um der immer wieder notwendigen Reformen willen in der Kirche im Hochmittelalter aufgewertet worden
war. Seit dem 4. Laterankonzil 1215 waren die Bischöfe verpflichtet, jährlich
einmal nach dem im betreffenden Jahr abzuhaltenden Provinzialkonzil eine
Diözesansynode durchzuführen; erst recht im Gefolge der Reformkonzilien
von Konstanz und Basel im 15. Jahrhundert. So gab es denn auch gerade in der
Diözese Konstanz im ausgehenden Spätmittelalter eine in Hirtenschreiben,
Synoden- und Synodalstatuten nachweisbare synodale Tradition. Wie zahlreiche Randglossen, wie ihre Vorstellungen von Konzil und Reform belegen,
kannten die Zürcher Reformatoren diese Tradition, umso mehr, als sie
bestimmt versierte Kenner (und Benützer!) des Kirchenrechts waren.

Kontinuität auf dem Feld der Institutionen zeigen schließlich — nicht zuletzt
die Gottesdienstordnungen. Das gilt für den sonntäglich in jeder Gemeinde
abzuhaltenden Predigtgottesdienst mit der Verlesung der drei klassischen
Katechismusstücke Dekalog, Vater unser, Credo; nicht weniger für die
Abendmahlsordnung, die bei genauem Zusehen folgende Teile enthielt:
Eingangsgebet; Lektion aus 1. Kor 11; Gloria mit Agnus Dei; Lektion aus
Joh 6; Bitte um Vergebung; Apostolicum; Gewissenserforschung; Vater
unser; Gebet um Einheit und Wahrhaftigkeit der Gemeinde als Leib Christi;
Einsetzungsworte; Kommunion; Dankgebet. Dazu findet sich einleitend u.a.
noch die interessante Anweisung, eventuell weitere Zeremonien, auch Gesang,
frei zu verwenden, wenn nur die Auferbauung darunter nicht leidet!

Bundestheologie

Es mag kühn anmuten, abschließend sogar von einer »institutionellen«
Theologie zu sprechen. Während die auf Luther zurückgehende evangelische
Theologie das Herzstück im Gegenüber von Gesetz und Evangelium
erblickt(e), scheint es in den reformierten Kirchen zunächst kaum etwas
Analoges zu geben. Zwingli, Bullinger, später auch Calvin teilten mit Rom
und Luther selbstverständlich die altkirchlichen Dogmen, mit Luther die
Rechtfertigungslehre und die sich daraus ergebenden reformatorischen Konsequenzen in der Sünden- und Gnadenlehre usw. Besondere Aufmerksamkeit
schenkten sie der Ekklesiologie, d.h. der Lehre von Kirche, Amt, Sakrament.

Gleichzeitig zeigte sich allerdings in der reformierten Zürcher Theologie
doch eine bestimmte Linie: die Reduktion der Theologie nicht auf Gesetz und
Evangelium, sondern auf Gotteserkenntnis und Erkenntnis des Menschen,
zuerst bei Zwingli im »Commentarius«, später bei Calvin in der »Institutio«.
Mit dieser grundsätzlich reformierten Einteilung hängt m.E. die sog. »Bundestheologie« zusammen. Sicher ebenfalls auf spätmittelalterliche Traditionen
zurückgehend, fand diese in Zwingli und Bullinger ihre ersten Vertreter und ist
dahingehend zu charakterisieren, daß sie den wahrhaft zentralen biblischen

Begriff des Bundes »zunächst zur Erfassung und Darstellung der Einheit des göttlichen Heilshandelns im Alten und Neuen Testament fand«; später, »erst schrittweise, mit unterschiedlichem Rang und gewichtigen Modifikationen ist sie auch in die Dogmatik eingedrungen, wo sie zur Darstellung des Verhältnisses von Gott und Mensch verwendet wurde« (J. F. G. Goeters, 1983).

Zwingli hat das Bundeskonzept hauptsächlich zur Verteidigung der Kindertaufe entwickelt (Elenchus 1527), bei Bullinger wurde es ungefähr gleichzeitig zentrales theologisches Motiv für alle Aussagen über Gottes Gnade. Schon 1534 publizierte er eine Abhandlung »Von dem einigen und ewigen Testament oder Bund Gottes«, in der er in genialer Manier zu verstehen gibt, warum der Bund eine derart zentrale Stellung einnimmt. Formell, weil bei der Erhellung eines theologischen Begriffs grundsätzlich von dem Sinn auszugehen ist, den er in seinem untheologischen Gebrauch hat, und inhaltlich, biblisch: »daß Gott, der den Namen des Testaments seiner wunderbaren [Ver-]einigung, Freundschaft und Verbindung mit allen Gläubigen gegeben hat, auch in solchem Testament um unseres blöden und kleinlichen Verstandes willen sich in allen Stücken nach menschlicher Bundes- oder Testamentsvollstreckung und -gewohnheit bedient hat«, d.h. Gott in Jesus Christus den Menschen ein Vermächtnis hinterlassen hat, »nämlich, daß nach erfolgtem Tod Christi Jesu ... die Erben, d.h. alle Gläubigen, Verzeihung ihrer Sünden hätten.«

Es ist hier nicht der Ort, Bullingers Interpretation des Bundesgedankens und dessen weitere Entfaltung und Wandlungen in der reformierten Theologie, ihren Weg nach Genf und Heidelberg, von dort nach England und die Neue Welt zu zeichnen. Zwei historische Überlegungen dürfen aber nicht verschwiegen bleiben. Zum einen ist zu unterstreichen, daß Bullingers Konzept, welches vor und neben Calvin eine zweite reformierte Tradition begründen sollte, aufs engste mit politischen Vorstellungen und Institutionen Zürichs und der Eidgenossenschaft verwandt ist. Zum andern fand seine Bundesidee ihren politologischen Niederschlag in den Theorien von Thomas Hobbes, Hugo Grotius, Samuel Pufendorf, praktisch in den englischen und amerikanischen Covenants bis hin zu H. Richard Niebuhr, der in einem Aufsatz »The Idea of Covenant and American Democracy« (1954) über die Bedeutung der Bundesidee sogar als Basis einer Weltgemeinschaft hingewiesen hat: »the world has this fundamental moral structure of a covenant society and that what is possible and required in the political realm is the affirmation and reaffirmation of man's responsibility as a promise-maker, promise-keeper, a covenanter in universal community«.

19. ZUM TODE VON FRITZ BLANKE*

Wenn ich am Grab Fritz Blankes das Wort ergreife, um sein wissenschaftliches Werk und seine Verdienste als akademischer Lehrer zu würdigen, muß ich es mir zum vornherein versagen, die lange Reihe von Werken aufzuzählen, die der Verstorbene in mehr als vierzig Jahren wissenschaftlicher Tätigkeit verfaßt hat. Als zu Blankes 60. Geburtstag eine Liste seiner Veröffentlichungen erschien, zählte sie 290 Nummern. Seither sind noch rund zwei Dutzend weitere längere und kürzere Abhandlungen, Vorträge, Kommentare, Predigten und Besprechungen erschienen. In einer Überfülle von selbständigen Publikationen, von Veröffentlichungen in theologischen und kirchlichen Zeitschriften und Zeitungen liegt ein Werk vor uns, das nicht bloß das weite Feld der Kirchengeschichte umfaßte, sondern immer wieder auch in die andern theologischen Disziplinen, in die Geisteswelt überhaupt, ausgegriffen und auch zu politischen, konfessionellen und kulturellen Tagesfragen Stellung genommen hat. Zahllose Leser und Hörer haben dankbar darnach gegriffen. Sie spürten und spüren sicher noch lange das leidenschaftliche Verlangen des Verfassers, mit Christen aller Jahrhunderte und Schattierungen ins Gespräch zu kommen, sie mit ihrem Glauben, Hoffen und Lieben, mit ihrem Denken und Handeln aus der Erstarrung ferner Zeiten zu lösen und ins Leben zurückzurufen. Sie erwarteten und erhielten aus einem reichen und weisen, im besten Sinne des Wortes frommen Gemüt Antwort auf die Fragen, welche sie bewegten: aus der Geschichte für die Gegenwart, aus Geschichte und Gegenwart für die Zukunft.

Fritz Blankes erste Liebe galt, dem Ruf an den Königsberger Lehrstuhl für Kirchengeschichte entsprechend, Johann Georg Hamann. Ja die Beschäftigung des Verstorbenen mit dem von der Aufklärung angefochtenen wie von der Jugend um Herder und Goethe und erst recht von der lutherischen Orthodoxie verehrten »Magus des Nordens« zeigt uns das Ganze, den Kern, das eigentliche Wesen des Kirchenhistorikers Fritz Blanke. Er hat zunächst in einer Reihe von Aufsätzen, die 1956 wieder gedruckt worden sind, der neueren theologischen Hamann-Forschung überhaupt die rechten Grundlagen geschenkt. Seine Studien »J. G. Hamann als Theologe«, »Hamann und Luther«, »Hamann und Lessing«, nicht zuletzt diejenige über »Gottessprache und Menschensprache« wiesen auf Grund sorgfältigster Quelleninterpretation die Wurzeln und die Hauptstücke von Hamanns Denken auf: die Analogie zu Luther, den Glauben an den geschichtlich handelnden und sich offenbarenden

*Im Auftrag der Theologischen Fakultät der Universität Zürich gehaltenes Gedenkwort anlässlich der Abdankungsfeier am 8. März 1967. In: Neue Zürcher Zeitung, 9. März 1967, Nr. 1010.

Gott, das Verständnis der Sprache als Gottessprache. Der entscheidende methodische Fortschritt dieser Arbeiten besteht darin, daß sie nicht mehr nur einzelne Sätze herausgreifen und deutend verbinden, sondern Hamanns Gedanken in ihrem eigenen Zusammenhang — eines Textes oder einer bestimmten gegnerschaftlichen oder andern Beziehung — aufsuchen und diesem Zusammenhang folgend schrittweise interpretieren. Wie sehr Fritz Blankes Kunst, schwierige Texte zu entziffern und zu deuten, sich im Lauf der Jahre zur Meisterschaft weiterentwickelt hat, zeigt am schönsten seine Erklärung von Hamanns »Sokratischen Denkwürdigkeiten«. Emil Staiger hat beim Erscheinen dieses Kommentars 1960 geschrieben, Plan, Methode und Art der Darstellung seien vorbildlich und reichten in ihrer Bedeutung weit über die Hamann-Forschung hinaus, Blanke bringe hier ein neues Maß für die Klärung schwieriger Texte; vorbildlich sei die Selbstlosigkeit des Kommentators, sich nirgends mit geistreichen Theorien und Meinungen wichtig machen zu wollen, nichts zu belegen, was nicht genau zu belegen sei, auch zu bekennen, bei gewissen Stellen nicht mehr als Vermutungen zu haben und alles, was mitzuteilen sei, so schlicht wie möglich zu sagen. »Es ist eine Wohltat, sich solchen Interpreten anvertrauen zu können.« Ich hätte nicht so ausführlich auf diese Würdigung durch einen Literaturhistoriker hingewiesen, wenn sie uns nicht den Schlüssel zu Blankes Wirken überhaupt in die Hand gäbe: Fritz Blanke war ein Meister der Deutung, der Interpretation schwierigster kirchengeschichtlicher Quellen.

Diese Meisterschaft ist in reichstem Masse auch der Zürcher Reformationsforschung zugute gekommen. Hier betätigte sich der Verstorbene in erster Linie als Mitarbeiter an der kritischen Ausgabe von »Huldreich Zwinglis Sämtlicher Werke«. Nach Walther Köhlers Wegzug nach Heidelberg teilten sich 1929 Oskar Farner, Leonhard von Muralt und Fritz Blanke in die Arbeit. Während Farner den Text der Werke und Schriften Zwinglis mit dem notwendigen textkritischen Kommentar bereitstellte, übernahm Muralt die sachliche Erläuterung der politischen, Blanke diejenige der theologischen Schriften Zwinglis. In stiller, entsagungsvoller Arbeit hat er seither praktisch ununterbrochen an Zwingli gearbeitet. Wir verdanken ihm unter anderem den Kommentar zu wichtigsten Abendmahlsschriften Zwinglis (»Amica exegesis«; »Dass diese Worte: Das ist mein Leib usw. ewiglich den alten Sinn haben werden«; »Über D. Martin Luthers Buch, Bekenntnis genannt, zwei Antworten von Johannes Oekolampad und Huldrych Zwingli«), den Kommentar zum »In catabaptistarum elenchus«. Wir freuten uns — mit ihm selbst — auf den bevorstehenden Abschluss seines Kommentars zu den letzten grossen theologischen Schriften des Reformators: der vieldiskutierten Marburger Predigt »De providentia Dei«, der »Fidei ratio« an Karl V. und der »Christianae fidei expositio« an König Franz I. von Frankreich.

Durch diese von der Forschung um ihrer Selbstlosigkeit und Geduld wie um
der Präsenz des Wissens willen geschätzten Kommentare hat sich Fritz Blanke
die Forschungsbasis geschaffen für zahllose Publikationen zur Geschichte
Zwinglis, der Täufer und Bullingers. Ich erinnere an seine Gesammelten
Aufsätze »Aus der Welt der Reformation« (»Zwinglis Urteile über sich selbst«;
»Calvins Urteil über Zwingli«; »Das Reich der Wiedertäufer zu Münster
1534/35«; »Täufertum und Reformation«; »Reformation und Alkoholismus«)
und an das Bändchen »Brüder in Christo. Die Geschichte der ältesten
Täufergemeinde (Zollikon 1525)«. Hier gelang es Fritz Blanke, wiederum
auf Grund sorgfältigsten Quellenstudiums, entgegen früheren Thesen die
Abstammung des Zürcher Täufertums aus der Reformation Zwinglis nachzuweisen. Seine Erkenntnis: »Der Nährboden, auf dem das neue Denken der
Grebel, Manz, Brötli, Blaurock und ihrer Anhänger gewachsen ist, war nicht
das Mittelalter, weder das römische noch das waldensische, sondern war
Zwinglis reformatorische Lehre. Die ältesten Täufer sind alle durch Zwinglis
Schule gegangen, und in ihr haben sie Kernstücke evangelischen Glaubens in
sich aufgenommen, die sie nie mehr verlernt haben« — diese Erkenntnis ist
heute genauso Allgemeingut der Reformationsforschung wie seine gerechte
Würdigung der Täufer nicht als Ketzer, sondern als Christen. Sein Nachweis
des berühmten Grebel-Briefes an Thomas Müntzer (5. September 1524) als
»ältester Urkunde protestantischen Freikirchentums«, zugleich als »eines der
frühesten Zeugnisse eines christlich begründeten Antimilitarismus«, die Darstellung der Geburtsstunde des Zürcher Täufertums, des Zusammenpralls der
Täufer mit der Zürcher Obrigkeit oder der Propheten von Zollikon sind
Musterbeispiele evangelischer Kirchengeschichtsschreibung. Fritz Blanke in-
spirierte indes nicht bloß die moderne Täuferforschung — es wäre hier freilich
auch nachdrücklich an seine Zusammenarbeit mit der amerikanischen
»Mennonite Historical Society« in Goshen/Indiana wie an die unter seiner
Leitung entstandenen Dissertationen zur Täufergeschichte zu erinnern —,
durch sein Büchlein über den jungen Bullinger, vor allem aber durch die
Schaffung des Instituts für Schweizerische Reformationsgeschichte, gab er
auch der Bullinger-Forschung neue Impulse.

Die Würdigung der wissenschaftlichen Leistung Fritz Blankes darf sich
nicht mit Hinweisen auf seine Forschungen zu Johann Georg Hamann und der
Reformation begnügen. Dem jeweiligen genius loci, seinem Interesse an den
Ursprüngen und seinem Spürsinn für verwandte, seinem Denken und Fühlen
als Mann der Grenze nahestehende Persönlichkeiten und Erscheinungen der
Kirchengeschichte verdanken wir auch zahlreiche Abhandlungen zur Missions-
geschichte des Mittelalters und der Neuzeit, eine Darstellung der Urgeschichte
des schweizerischen Christentums, welche von den Anfängen während der
Römerzeit und der Völkerwanderung über Geschichte und Legende von

Columban und Gallus bis zur Ernte mit Tuotilo und Notker dem Stammler führt, schließlich eine »innere Geschichte« des Bruders Klaus von Flüe.

Fritz Blanke war Historiker, aber er blieb nicht in der Geschichte stecken. Die Erkenntnis der Geschichte befreite ihn weder von der Notwendigkeit einer Beschäftigung mit den Verhältnissen der Gegenwart noch von aktuellen Entscheidungen. Als Theologe leistete er der Theologie und der Kirche große Dienste auch durch seine inzwischen selber schon fast Geschichte gewordene Unterscheidung von Kirche, Freikirche und Sekte, durch seine vornehm objektive Beurteilung der katholischen Kirche, besonders des Jesuitenordens, schließlich durch seinen mutigen Appell an die Verantwortung des heutigen Menschen auch gegenüber der Schöpfung, der Natur, den Elementen.

Fritz Blanke war nicht bloß Forscher und Geschichtsschreiber. Vom Sommersemester 1929 bis zum Wintersemester 1966/67 hat er — vielleicht sogar in erster Linie — als begnadeter Lehrer ganzer Pfarrergenerationen gewirkt. Nahezu vierzig Jahre, achtzig Semester lang, ist er praktisch Tag für Tag vor seine Studenten getreten, um sie in die Kirchen- und Dogmengeschichte einzuführen: gründlich vorbereitet, nüchtern, leidenschaftslos kritisch, ohne falsches Pathos, leicht verständlich, absolut zuverlässig, mit allem Verständnis für die Bedürfnisse des späteren praktischen Dienstes der meisten seiner Hörer wie für die Forderungen der Wissenschaft. Es ging ihm dabei nicht bloß um die Vermittlung von Stoff. In seinen Vorlesungen und Seminarien, in der gemeinsamen Lektüre von Texten aus allen Epochen der Kirchengeschichte wollte er immer nur der herrlichen Sache der Theologie dienen: der Begegnung Gottes mit dem Menschen. Fritz Blanke liebte seine Schüler. Sein phänomenales Gedächtnis für Menschen und Gesichter, aber auch für Dinge und Taten befähigte ihn, seine Studenten alle mit Namen zu kennen, und er vergaß sie nicht; er verfolgte ihre weitere Entwicklung und nahm Anteil an ihrem Geschick. Seinen Schülern im engeren Sinn aber war er erst recht ein unermüdlicher Helfer und Berater, der nichts für sich behielt, sondern alles stets in den Dienst der Sache stellte. Ich denke da an die Gründlichkeit, mit der er Seminararbeiten und Dissertationen korrigierte; ich denke an die ungezählten Bücher, Separata, Artikel und bibliographischen Hinweise, die er seinen Mitarbeitern unaufgefordert zustellte. Und ich sehe ihn vor mir, wie er mit einem Köfferchen in der Hand zu Fuß vor seinem Umzug nach Witikon Bücher über Bücher seiner Privatbibliothek in das neugegründete Institut für Schweizerische Reformationsgeschichte trug und so den Grundstock unserer Bibliothek schuf.

Und hier nun bleibt uns Fritz Blanke im letzten Sinn unvergeßlich: in seiner vorbildlichen Menschlichkeit. Eusebius von Caesarea gilt als Vater der Kirchengeschichte. Fritz Blanke war mehr: er war nicht bloß der Nestor unserer Zürcher Theologischen Fakultät, wahrscheinlich sogar aller schweizerischen theologischen Fakultäten; er war stets auch der geduldige, gütige,

demütige und bescheidene, darum aber auch verehrte und geliebte »Vater«
ungezählter Pfarrer und Christen überhaupt im In- und im Ausland. Er war
gütig, indem er vollständig frei von sich selber, mit einem goldenen Humor,
eigentlich nur für seine Mitmenschen lebte, sie zu verstehen suchte, ihnen
immer auch existentiell zu raten und helfen bereit war, immer Zeit für sie hatte.
Und er war bescheiden und demütig, weil er nach einem Wort des Apostels
Paulus seine Knie »immer beugte vor dem Vater, von dem jedes Geschlecht im
Himmel und auf Erden den Namen hat«. Bei meinem letzten Gespräch am
Krankenbett fragte mich Fritz Blanke, ob für seinen siebzigsten Geburtstag
irgendwelche Ehrungen geplant seien. Da ich diese Frage bejahen musste, hat
er kategorisch gewünscht, alles zu unterlassen; denn, so sagte er, in der Bibel
stehe: »Wenn jemand redet, so rede er es als Gottes Aussprüche; wenn jemand
Dienste leistet, so tue er es als aus der Kraft, die Gott darreicht, damit in allen
Dingen Gott verherrlicht werde durch Jesus Christus, der die Ehre und die
Macht besitzt in alle Ewigkeit« (1.Pt 4_{11}).

20. LEONHARD VON MURALT*

Zum siebzigsten Geburtstag

Eine schöne Fügung will es, daß Leonhard von Muralt, Ordinarius für Neuere Allgemeine und Schweizer Geschichte an der Universität Zürich, Ehrendoktor der Theologischen Fakultät der Universität Bern, an Pfingsten seinen siebzigsten Geburtstag feiern kann. Als Sproß einer aus Locarno eingewanderten protestantischen Flüchtlingsfamilie in Zürich geboren und in Wallisellen aufgewachsen, hat Leonhard von Muralt nach Studien in Zürich und Genf 1926 mit einer Arbeit über die Badener Disputation 1526 bei Walther Köhler promoviert. Die Themen, welche er hier behandelte, deuteten bereits die Interessen an, die er im weitern Verlauf seiner akademischen Tätigkeit mit besonderer Hingabe und Freude pflegen sollte: die Reformation Huldrych Zwinglis, die Reformation überhaupt, die Zürcher und Schweizer Geschichte, die italienische Renaissance, Persönlichkeit und Werk Bismarcks und, sie alle miteinander verknüpfend, das Problem der Verantwortung des Politikers und Historikers. Leonhard von Muralt hat sein umfassendes historisches Wissen vor allem auf zwei Ebenen nicht nur engen akademischen Zirkeln, sondern immer auch einer weitern Öffentlichkeit zugänglich gemacht: einerseits in einer sehr großen Zahl von wissenschaftlichen Publikationen, Vorträgen, Aufsätzen, Zeitungsartikeln (vgl. dazu die Bibliographien in: Leonhard von Muralt, Der Historiker und die Geschichte, Ausgewählte Aufsätze und Vorträge, Zürich 1960; Festgabe Leonhard von Muralt, Zürich 197(0); anderseits in den Vorlesungen und Übungen, die er seit 1930 als Privatdozent, seit 1940 als Nachfolger Ernst Gagliardis an unserer Universität vor vielen Hunderten von Studenten und Hörern gehalten hat. Darüber hinaus stellte er sich zum Teil über Jahrzehnte hinweg der Antiquarischen Gesellschaft in Zürich, der Allgemeinen Geschichtforschenden Gesellschaft der Schweiz, dem Zwingliverein in Zürich, seit 1957 auch dem Wissenschaftlichen Kuratorium der evangelischen Studiengemeinschaft Heidelberg uneigennützig zur Verfügung.

Fragen wir nach den Schwerpunkten der wissenschaftlichen Tätigkeit Leonhard von Muralts, so liegt deren Zentrum eindeutig in der Geschichte der Zürcher Reformation, Zwinglis. Mit Emil Egli und Georg Finsler, seinem Lehrer Walther Köhler, seinen Freunden Oskar Farner und Fritz Blanke gehört Muralt heute zu den »Vätern« der modernen Zwingli-Forschung. Seit 1929 setzt er sich unermüdlich für den Fortgang der zum »Corpus Reformatorum« gehörenden kritischen Zwingli-Ausgabe »Huldreich Zwinglis Sämt-

---

* In: Neue Zürcher Zeitung, 17. Mai 1970, Nr. 223.

liche Werke« ein, bearbeitete und bearbeitet hier in umfassender, zugleich unerhört sorgfältiger und intelligenter Weise die politischen und kirchenpolitischen Schriften des Zürcher Reformators von 1527 bis 1531; seit 40 Jahren redigiert er die »Zwingliana«. Dreimal hat er die Zürcher Reformation in größerem Zusammenhang dargestellt: 1932 in der von Hans Schulthess angeregten, bis heute kaum übertroffenen zweibändigen »Geschichte der Schweiz«, 1957 in der »Historia mundi« und zuletzt in dem längst erwarteten, hoffentlich in diesem Jahr endlich erscheinenden »Handbuch der Schweizer Geschichte«. Nicht weniger als in diesen größeren Werken hat Leonhard von Muralt aber auch in zahlreichen kleineren Schriften — etwa in »Stadtgemeinde und Reformation in der Schweiz«, »Zwingli als Sozialpolitiker«, »Zwinglis dogmatisches Sondergut«, »Glaube und Lehre der schweizerischen Wiedertäufer in der Reformationszeit«, »Zwingli als Begründer der Berner Kirche«, »Zürichs Beitrag zur Weltgeschichte«, dazu in vielen Forschungsberichten — immer wieder, auch immer wieder neu versucht, die Persönlichkeit Zwinglis zu deuten, die Bedeutung seiner Reformation für Geschichte und Gegenwart zu erfassen. Auch — gerade als Profanhistoriker hat er dabei die theologischen Aspekte nie aus den Augen verloren — ganz allgemein die reformatorische Auffassung des Glaubens, die Einsicht in unsere gottferne und gottlose Situation, zugleich aber die Gewißheit des gläubigen Vertrauens, daß Gott uns um Christi willen gnädig ist, damit die Möglichkeit, in Liebe verantwortlich für unsere Mitmenschen zu leben, im besondern die Fragen der göttlichen und menschlichen Gerechtigkeit, des Verhältnisses von Staat und Kirche, der »Theokratie«. In zunehmendem Maße wandte sich sein Interesse aber der politischen Rolle Zwinglis zu: der Reformation in Zürich selber, vor allem aber der Auseinandersetzung Zürichs mit den Innern Orten in den beiden Kappeler Kriegen, Zwinglis Bündnisplänen, Zwinglis Versuch, aus einer letzten Verantwortung heraus die ganze Eidgenossenschaft zu reformieren. Wenn sich dabei nach seinen eigenen Worten »vielleicht auch nicht völlig neue oder gar umstürzende Ergebnisse ergeben«, führte von Muralts Arbeit an Zwingli, die er übrigens immer als Teamarbeit verstanden wissen wollte, doch »zu einer umfassenden Überprüfung der politischen Ideenwelt und Wirksamkeit des Reformators, der nicht eigentlich Politiker oder Staatsmann war, sondern Verkünder des Evangeliums blieb und die Mitverantwortung des Pfarrers einer freien Stadtrepublik für die Politik auf sich nahm«.

Von der Reformationsgeschichte Zürichs zur Zürcher und Schweizer Geschichte war nur ein kleiner Schritt. Neben den eben genannten größeren Darstellungen der Schweizer Geschichte im Zeitalter der Reformation, Werken übrigens, die mit Recht immer wieder die Weltwirkung und Weltbedeutung Zürichs als Wiege des reformierten Protestantismus und damit auch der modernen Demokratie betonten, setzte von Muralt seiner Heimat wohl das schönste Denkmal in seiner kleinen Zürcher Geschichte »Zürich im Schweizerbund«, die er 1951 im Auftrag der Zürcher Regierung zum Jubiläum der 600jährigen Zugehörigkeit Zürichs zum Bund verfaßt hat. In diesem meisterhaften Überblick erwies er sich nicht nur als hervorragender Kenner auch von Mittelalter, Renaissance und Humanismus, von Aufklärung, Revolution und Restauration, von Regeneration und Radikalismus, sondern zugleich als großartiger Erzähler — als ein Historiker, der hinter der Darstellung aller positiven Fakten nach den tragenden geistigen Kräften, den Beziehungen zwischen den Zeiten, aber immer wieder auch nach dem Sinn seines Tuns und der Bedeutung der Geschichte für die Gegenwart fragt. Ich erinnere mich in diesem Zusammenhang nicht bloß an zahlreiche weitere Titel — etwa: »Sinn und Recht vaterländischer Geschichte«, »Von Zwingli zu Pestalozzi«, »Alte und neue Freiheit in der helvetischen Revolution«, »Das Recht der Sonderexistenz der Schweiz«, »650 Jahre Eidgenossenschaft« —, sondern fast wörtlich an ein paar Sätze, die von Muralt »über den Sinn unserer Bundesfeiern« am 24. Mai 1952 in Glarus gesprochen hat:

> »Der Geschichte dienen heißt aber gar nicht nur historische Arbeit leisten, Quellen sammeln und herausgeben, Einzelheiten in unermüdlicher und ermüdender Akribie erforschen, lesbare und unlesbare Geschichtsbücher schreiben, gute Geschichtsbücher als Unterhaltungsstoff genießen und wieder beiseite legen; der Geschichte dienen heißt Schaffen und Wirken des ganzen Volkes aus den Anforderungen heraus, welche die Geschichte an die Zukunft stellt ... Unsere Geschichte ist geistige Spannung wider alle Natur. Verstehen über die Grenzen der Natur hinüber, über die Grenzen verschiedenen Volkstums und verschiedener Sprachen hinweg ... Geschichtlichkeit heißt Entscheidung, Geschehen in Freiheit, nicht Geschehenlassen in Knechtschaft, also Verantwortlichkeit, die sich verpflichtet fühlt, ihr Leben aus eigener Kraft zu leben, nicht als Werkzeug anderer oder gar bloß als Partikel einer unverantwortlichen Masse. Verantwortlichkeit heißt aber bei den Eidgenossen seit 600 Jahren Verantwortung Gott gegenüber.«

Gerade von Reformations- und Schweizergeschichte her mußte Leonhard von Muralt aber auch immer die Allgemeine Neuere Geschichte in seine Forschungen einbeziehen. Er befaßte sich mit dem Ursprung der Reformation und den Ursachen der Reformationskriege in Frankreich; er beschrieb in der von Willy Andreas herausgegebenen »Neuen Propyläenweltgeschichte« 1941 »das Zeitalter der Renaissance«; 1945 folgten »Machiavellis Staatsgedanke« und eine Auswahl aus Leopold von Ranke; 1947 in den »Schriften zur Zeit« »Der Friede von Versailles und die Gegenwart«. In besonderer Weise befaßte sich von Muralt in den Jahren nach dem Zusammenbruch Deutschlands im Zweiten Weltkrieg indes mit der Persönlichkeit und dem politischen Werk Bismarcks. Unter dem Titel »Bismarcks Verantwortlichkeit« gab er 1955 eine Reihe von Abhandlungen heraus, die neben Bismarcks Reichsgründung und Politik der europäischen Mitte auch Bismarcks Glauben und seine Verantwortlichkeit als christlicher Staatsmann zum Gegenstand hatten. Da er bis in Einzelheiten der Diplomatie und Politik hinein zeigen konnte, daß der »eiserne

Kanzler« wie die Reformatoren um die Notwendigkeit täglicher Buße, christlicher Freiheit von Gesetzlichkeit, aber auch politischer Macht wußte, gelang
ihm der Nachweis, daß Bismarck nicht allein von politischen oder philosophie-
und kulturgeschichtlichen, sondern im tiefsten von seinen religiösen Voraussetzungen aus zu verstehen ist: »Die Verantwortlichkeit erfaßt dagegen das
Geschehen in seinem Kern«, lautet das Fazit einer Betrachtung über »die
Voraussetzungen des geschichtlichen Verständnisses Bismarcks«.

Neben dieser Erfassung vielfältiger geschichtlicher Wirklichkeit hat Leonhard von Muralt immer wieder auch über die theoretischen Grundlagen der
Geschichtswissenschaft nachgedacht; er schrieb und sprach über das geschichtliche Verstehen im allgemeinen, über Friedrich den Großen als Historiker, zum
Problem »Freiheit und Notwendigkeit« bei Ranke, über Ranke als protestantischen Historiker. Er hat, seine gesamte Arbeit gewissermaßen zusammenfassend, aber noch viel mehr getan: Leonhard von Muralt hat als Historiker
die Verantwortlichkeit, die er bei Zwingli und Pestalozzi, in der Schweizer
Geschichte und bei Bismarck gelernt hatte, als Historiker selber gelehrt und
gelebt. Sie war das Bekenntnis, das er in seinen Büchern, vor allem aber vor
seinen Kollegen und Schülern unerschrocken immer wieder ablegte. Was er
einst selber als Schüler Walther Köhlers erfahren und erlebt hatte — »daß ein
Christ durchaus ein Wissenschaftler und ein Wissenschaftler durchaus ein
Christ sein darf und kann« —, bestimmte seinen ganzen Lebensweg als Mensch
und Akademiker. Nie in der heute so gern evozierten Pose des Ordinarius, der
himmelhoch über seinen Studenten thront, sondern immer in der vornehmen
Haltung eines geduldig und väterlich führenden primus inter pares; hilfsbereit
und gütig, gewissenhaft und treu bis ins Letzte hat er sich deshalb auch den
Dank und die Wertschätzung nicht nur Hunderter von Schülern und Hörern,
der Universität im weitesten Sinn des Wortes, der Kirche, sondern des ganzen
Volkes erworben.

21. VON ERASMUS ZU BEZA

*Zum 75.Geburtstag von Henri Meylan**

Auf seinen 75.Geburtstag hat Léon E. Halkin unter dem Titel »D'Erasme à Théodore de Bèze, Problèmes de l'Eglise et de l'Ecole chez les Réformés«, in: Travaux d'Humanisme et Renaissance CXLIX, Genf 1976, eine Reihe verstreuter Aufsätze und Vorträge unseres verehrten Lausanner Kollegen H. Meylan herausgebracht. Es ist für mich nicht nur ein Gebot schlichter Dankbarkeit, an dieser Stelle etwas ausführlicher auf diesen Jubiläumsband hinzuweisen; er verdient es noch mehr von der Sache her, insofern als er viel besser als lange Lobeshymnen (die Herr Meylan ohnehin nicht liebt) Meylans Meisterschaft als Historiker im Aufsuchen, Entziffern, Interpretieren von Quellen wie in der Darstellung historischer Persönlichkeiten, Ereignisse und Zusammenhänge zeigt, darüber hinaus uns als deutschsprachige Leser einmal mehr darauf aufmerksam macht, welche mannigfaltige, ideenreiche und uns deshalb auch befruchtende historische Arbeit im Welschland geleistet wird. Um diesen Reichtum noch mit ein paar Worten des Herausgebers ergänzend zu umschreiben: Halkin würdigt Meylan — der nach seinem Theologiestudium und dem Besuch der Pariser Ecole des Chartes in seiner Vaterstadt ein Leben lang Kirchengeschichte gelehrt hat, mehrmals Dekan und 1946 auch Rektor, Redaktor der »Revue de Théologie et de Philosophie« war und heute sein umfangreiches Lebenswerk mit der Edition der »Correspondance de Théodore de Bèze« krönt — als einen Mann, der sich in besonderer Weise um die Geschichte des 16.Jahrhunderts bemüht hat: »Il n'y a guère d'aspects de l'histoire de la Réforme et de l'Humanisme dont les recherches d'Henri Meylan n'aient fait progresser la connaissance. Qu'il s'agisse des réformateurs, des martyrs ou des réfugiés, des théologiens ou des humanistes, Henri Meylan a étudié avec amour les uns et les autres, scrutant leur vie et analysant leur pensée.« Aber darüber hinaus: Die lange Bibliographie, die S. [9] den Band eröffnet, zeigt eine erstaunliche Mannigfaltigkeit in bezug auf die Gaben des Historikers und eine vollkommene schriftstellerische Meisterschaft. Konkret: »Pour constituer le présent recueil, nous n'avons eu que l'embarras du choix, tant ces articles — parfois dispersés dans des revues d'un accès peu commode — sont riches en informations originales et en remarques judicieuses. Par là, ils dépassent toujours les préoccupations de l'histoire locale. En vérité, ce sont des questions d'histoire générale posées dans un cadre régional« (S. [7]). (NB: Wenn ich im folgenden gelegentlich französische Zitate Meylans bringe,

---

* In: Zwingliana Bd. 14, 1976 S. 232-250.

geschieht das nicht aus Bequemlichkeit, sondern um auch seine Formulierungs-
kunst zu belegen.)

Diese Bemerkungen treffen das Wesentliche. Was findet sich nun aber in
diesen Beiträgen? Abgesehen von den zwei ersten und dem letzten sind es
vier Themenkreise, die das Buch gliedern und zugleich die verschiedenen
Interessengebiete verdeutlichen, in denen Meylan mit Vorliebe tätig ist: Die
Welt um Erasmus, sein Einfluß und Gegensatz zur Reformation; Gestalt und
Wirkungen Calvins bzw der Genfer Reformation; Théodore de Bèze, schließlich (wie im Untertitel angedeutet) Probleme von Kirche und Schule im
16.Jahrhundert — das sind Stichwörter, die im Einzelfall oder meist in
größeren Zusammenhängen dargestellt werden, die auch nie nur kirchen-
geschichtliche oder theologische Fragen, sondern immer zugleich politische,
wirtschaftliche und soziale Fragen berühren; denn das ist Meylans tiefste
Überzeugung, »[qu'] il n'y a pas une histoire profane et une histoire sacrée, que
l'on aborderait séparément. Pas de cloison étanche entre elles, au contraire, une
implication, la plus étroite qui soit, entre Eglise et Etat, Eglise et société.
L'histoire économique nous rend compte de certaines structures dans les ordres
monastiques, inversement, l'histoire de l'art ne peut se faire sans la connaissance des grands thèmes iconographiques de la Bible ou de la Légende dorée.
Et que dire de l'histoire des idées, de la *Geistesgeschichte*?« (S. [23]). Damit
stehen wir schon mitten im Buch selber. An der Spitze des Bandes steht als
eine Art Rechenschaftsbericht Meylans Abschiedsvorlesung vom 3.November
1970 über »L'historien et son métier« (S. [19ff.]). Von zwei dem deutsch-
sprachigen Leser kaum bekannten Zitaten von H. Taine und Fustel de
Coulanges ausgehend, befaßt sich Meylan zunächst mit dem Begriff Geschichte
und der Arbeit des Historikers, dann mit dem Problem der Kirchengeschichte
und schließlich mit demjenigen der Voraussetzungslosigkeit. Er legt dar,
daß der Historiker — anders als der Dichter — an Dokumente gebunden ist:
»[Il] travaille sur des documents, il se penche sur des vestiges, c'est-à-dire,
au sens propre du mot, sur des traces laissées dans le sable par les hommes
du passé. Il ne les connaît, ces hommes et leurs institutions, qu'à travers
les documents qu'il en a; les traces sont fragiles, souvent altérées; il faut
se contenter de ce qui en a subsisté« (S. [20]). Diese Arbeit an den
Dokumenten, die gerade zu Beginn der Neuzeit reichlich fließen, beginnt
für Meylan immer mit der Entzifferung der Manuskripte, setzt sich unter
Beachtung des hermeneutischen Zirkels (nemo legit nisi qui intelligit) im
komplexen Spiel des menschlichen Geistes, in Vorstellung und Kritik fort und
endet in der sachlichen Darstellung. Was die Kirchengeschichte im besonderen
betrifft, betont Meylan, daß diese in der Methode sich in keiner Weise von
andern Disziplinen der Geschichtsschreibung unterscheidet und auch nicht
ohne diese auskommt, daß ihr Gegenstand aber sich immer irgendwie zu
verflüchtigen scheint: Es ist nicht selbstverständlich, daß es eine Kirchen-

geschichte gibt... Das große Paradox dieser Geschichte besteht darin, daß — gegenüber der Naherwartung der ersten Christengemeinden und vieler apokalyptischer Gruppen in allen Zeiten — die Kirche Dauer bekam, daß sie sich in der Alten Welt etablieren konnte und seither weiterdauert; »il n'empêche que cela fait une durée de vingt siècles, et l'on peut penser que les perspectives terrifiantes de l'an 2000 paraîtront un jour aussi peu fondées que les prétendues terreurs de l'an mil« (S. [23]). In diesem Zusammenhang bekennt sich Meylan übrigens vehement zum alten Fachausdruck »Kirchengeschichte« (»Le terme ,Histoire de l'Eglise' a ses lettres de noblesse«), will diesen aber, bewußt in der Tradition der Seb. Franck, Gottfried Arnold und Bayle stehend, auch auf alle nichtkonformistischen Gruppen und die sogenannten »Märtyrer des Teufels« angewendet wissen. In bezug auf das Problem der Voraussetzungslosigkeit distanziert sich Meylan vom Optimismus eines Bayle, der noch geglaubt hatte, der Historiker sei so etwas wie Melchisedek, ein König ohne Vater und Mutter, und schließt sich dem deutschen Alt-Historiker Wilhelm Weber an, der ihm das rechte Wort gesagt zu haben scheint: »Ungebunden ist keiner, aber gerecht zu sein ist die oberste Pflicht des Historikers.« Auch wenn der Historiker an mancherlei Traditionen gebunden ist, muß er sich doch hüten, sein Urteil zu verfälschen. »Ayant pris parti, il faut se garder de l'esprit partisan. Et se réjouir de la convergence des jugements portés par des historiens venus d'horizons différents, car c'est le meilleur gage qu'on est sur la bonne voie, dans la quête jamais achevée de la vérité« (S. [25 f.]). Der Historiker ist kein Richter, der Urteile zu fällen hätte: »L'historien, même lorsqu'il parle de rouvrir un procès, ne prononce pas une sentence, qui passerait en chose jugée. Il cherche à y voir clair, à débrouiller les faits, à dissiper les légendes, afin de formuler une appréciation valable. Et s'il lui arrive de juger, il le fait selon l'équité, et non pas en appliquant les articles d'un code. Il juge avec sa conscience, avec sa sensibilité d'homme (qui n'est pas l',apatheia' du stoïcien de Bayle), avec son expérience de la vie« (S. [26]). Da als Norm dieser Arbeit letztlich das Evangelium gilt, kann Meylan als Fazit der Kirchengeschichte nur festhalten, daß Gott »das, was vor der Welt schwach ist, erwählt hat, damit er das Starke zuschanden mache«.

In engstem Zusammenhang mit diesem persönlichen Bekenntnis steht, dieses ergänzend und gewissermaßen als Überleitung zum ersten Hauptteil des Bandes, als zweites ein Rückblick auf Leben und Werk seines großen Vorbildes, des Herausgebers der für die Reformationsgeschichte grundlegenden »Correspondance des réformateurs dans les pays de langue française, *Aimé-Louis Herminjard, notre bénédictin vaudois*« (S. [29 ff.]). An das summarische Urteil von Félix Bovet anschließend, Herminjard gehöre in eine Linie mit den Humanisten des 16.Jahrhunderts, zeichnet Meylan das starke und zielstrebige, aber keineswegs leichte Leben Herminjards. Dieser hatte als Hauslehrer und Privatgelehrter in Rußland und Genf begonnen, ehe er 1858-

1897 die 9 Bände der vorbildlichen Korrespondenz herausbrachte, trotz
zerbrechlicher Gesundheit und (wie bei Traugott Schieß, dem großen Sammler
der Bullinger-Korrespondenz) Kurzsichtigkeit, als Autodidakt schließlich, der
die Entzifferung der Texte des 16.Jahrhunderts sich größtenteils selber,
daneben in einer tiefen Freundschaft mit Henri Bordier in Paris erarbeitet
hatte. Meylan berichtet über dieses menschliche Wunder: »La myopie de ses
yeux était si prononcée que pour couper le cigare dont il était grand amateur, il
devait, dit-on, glisser le canif entre son œil et le verre bombé de ses grosses
lunettes. Cela ne l'a pas empêché d'être le meilleur paléographe du XVIᵉ siècle
que notre pays ait connu; la sûreté de ses lectures, l'exactitude de ses
transcriptions sont bien connues de ceux qui ont travaillé après lui sur les
pièces originales des ‚Unnütze Papiere‘ des archives de Berne ou sur les
lettres de Calvin et de Farel« (S. [30 f.]). Das Leben Herminjards sei nicht
einfach verlaufen, meint Meylan: Damit spielt er einerseits auf den Konflikt
Herminjards mit Merle d'Aubigné an, dessen Darstellung der Reformationsgeschichte er aufgrund seiner Quellenkenntnisse in manchen Stücken korrigieren mußte, anderseits auf seine Schwierigkeiten mit dem Verleger. Doch
dessen ungeachtet endete es triumphal, mit einer weltweiten Anerkennung,
wie die Besprechungen des 7. Bandes durch K. Benrath im Theologischen
Jahresbericht, 1886, S. 204, vor allem aber durch H. Vuilleumier in der »Revue
de théologie et de philosophie«, 1887, S. 215, zeigen: »Ce commentaire atteste
une érudition colossale, ou plutôt il y a là mieux que de l'érudition; il y a une
connaissance intime des hommes et des choses. Avec la science il y a du pectus.
Et ce qui est plus admirable peut-être que l'abondance, l'exactitude, la variété
des renseignements, c'est l'extrême circonspection dans les cas douteux, la sage
réserve en matière de conjectures. Cette vertu n'est pas ce qui inspire au lecteur
le moins de confiance et de sécurité« (S. [38]).

Die Welt um Erasmus; sein Einfluß und Gegensatz zur Reformation

   In dieser ersten Hauptgruppe finden sich fünf Beiträge: Beatus Rhenanus et
la propagande des écrits Luthériens en 1519; La mort de Pierre Lamy; Zwingli
et Erasme, de l'Humanisme à la Réformation; Erasme et Pellican; Sur un
pasquin de Rome: le Pasquillus Novus de 1537.
   In der Arbeit über Beatus Rhenanus geht Meylan davon aus (S. [39 ff.]), daß
der bekannte Elsässer Humanist zuerst in Paris und Straßburg, 1511-1526 in
Basel, schließlich bis zu seinem 1547 erfolgten Tod wieder im heimatlichen
Schlettstadt recht eigentlich ein Leben für Erasmus lebte. (Er hat diesem 1536
auch eine erste Vita gewidmet!) Als Korrektor, Philologe und Editor kam er
dabei allerdings nicht nur mit alten Texten, sondern auch den allerneuesten in
Berührung. Wie besonders deutlich seine Korrespondenz mit Zwingli zeigt —
von 30 erhaltenen Briefen wurden etwa 20 allein zwischen Dezember 1518 und

Juli 1520, das heißt genau zu Beginn von Zwinglis Predigt in Zürich, gewechselt
—, wurde auch Rhenan wie viele andere Humanisten dieser Zeit einer der
beredtesten Anwälte Luthers: Er informierte Zwingli (und über diesen auch
Myconius) laufend nicht bloß über die politischen und kirchlichen Vorgänge in
Deutschland, sondern auch über die literarische Produktion Luthers. So
empfahl er im einzelnen 1519 Luthers Leipziger Thesen, die Auslegung des
Unservaters und die Theologia deutsch, übrigens mit derartigem Erfolg, daß
Zwingli einmal gleich ein paar hundert dieser »Lutheriana« bestellte. Natürlich
trennten Zwingli und Rhenan in diesem Jahr zwischen Luther und Erasmus
noch nicht. Interessanterweise erlahmte aber ihr Briefwechsel fast schlagartig
nach der reformatorischen Wende Zwinglis im Sommer 1520, oder wie Arthur
Rich es formuliert hat: »nach seiner existentiell-theozentrischen Wendung«.
1521 finden sich noch vier, 1522 nur noch zwei Briefe; von diesen sollte einer
allerdings nochmals zu einem Höhepunkt führen: Durch einen in der Literatur
leider kaum beachteten Brief Glareans aufgeschreckt (Z VII, Nr. 198),
beschwor Zwingli nämlich am 25. März 1522 seinen Basler Brieffreund, in dem
kommenden, sich bereits abzeichnenden Duell zwischen Erasmus und Luther
zu vermitteln (Z VII, Nr. 199). »Il ne semble pas que cette suggestion de
Zwingli ait été suivie d'effet. Mais elle atteste à la fois le souci qu'il a de
prévenir un débat qui sera catastrophique, et la distance qu'il a prise à l'égard
de l'un et de l'autre« (S. [43]).
    Um diese Distanz gegenüber Erasmus geht es natürlich auch in den beiden
Arbeiten Meylans über das Verhältnis zwischen Zwingli bzw. Pellikan und
Erasmus. Das erste bezeichnet Meylan (S. [53 ff.]) als »die Geschichte einer
Freundschaft, die schlecht endete«: »... c'est la destinée d'un disciple,
fortement marqué par son maître, qui s'affranchit de cette tutelle en appro-
fondissant le contenu du message évangélique, sans renier pour autant la
méthode critique qu'il a reçue de l'éditeur du *Nouveau Testament* grec. Ulrich
Zwingli, le plus notable des humanistes suisses, est devenu le champion de la
Réforme dans le pays des Ligues; il a fait de Zurich, dont il est le prophète, un
centre de rayonnement pour toute la Haute Allemagne, indépendant, voire
opposé à celui de Wittemberg« (S. [53]). Wenn Meylan in dieser Zusammen-
fassung im Grunde sachlich auch zum gleichen Resultat kommt wie Gottfried
W. Locher in seinem Zürcher Zwingli-Jubiläums-Vortrag von 1969 (vgl. Zwa
XIII, 37-61, bes. 60), so ist es doch höchst spannend und für Meylans
Arbeitsweise beispielhaft, zu verfolgen, wie verschieden die Wege sind, die
völlig unabhängig voneinander zum gleichen Resultat führen. Während
Locher, von der Problemstellung und einer Skizze der Beziehungen zwischen
Zwingli und Erasmus und ihrer Krise ausgehend, die erasmischen Elemente in
Zwinglis Theologie, die Grundzüge der Geisteswelt des Erasmus (»Christianis-
mus renascens«) und den Ansatz der Theologie Zwinglis (»Das Gotzwort«)
systematisch darstellt, versucht der Historiker Meylan in wenigen Zügen nur

gerade die wichtigsten Stationen der zunehmenden Entfremdung zu schildern. In meisterhafter Auswahl einiger weniger Quellenstellen, unter Hinweis selbstverständlich auch auf die einschlägige Sekundärliteratur (F. Blanke, A. Rich, G. W. Locher) gelingt es ihm aber gerade so, Zwinglis Ablösungsprozeß von Erasmus nicht nur in seinem äußeren Ablauf, sondern zugleich in seinen geistigen Dimensionen plastisch und einleuchtend sichtbar zu machen. Er beginnt mit dem Brief Rhenans vom 6.Dezember 1518 (Z VII, Nr. 49), der Zwinglis Predigt noch als eindeutig von Erasmus bestimmt darstellt. Dann entdeckt er anhand von Zwinglis Brief an Mykonius vom 24.Juli 1520 (Z VII, Nr. 151) die ersten Spuren eines inneren Wandels, der ihn vom erasmischen Ideal und der »philosophia Christi« entfernen sollte; »cela se manifeste tout d'abord sous la forme d'une profonde désillusion«. Eines der wenigen Selbstzeugnisse Zwinglis — die sehr autobiographisch bestimmten Ausführungen über die 5.Bitte des Unservaters im 21. Artikel der Auslegung der Schlußreden (Z II, 225 f.) — dient Meylan sodann im Gefolge von F. Blanke als Beleg dafür, daß wie bei Luther so auch bei Zwingli dieser Wandel nicht ohne schwere innere Kämpfe verlaufen ist. Schließlich decken für Meylan zwei längere Abschnitte aus dem »Commentarius de vera et falsa religione« von 1525 über Buße und Kirche (Z III 705, 749 f.) den tiefen Graben auf, der innert weniger Jahre zwischen Meister und Schüler sich aufgetan hatte. Wohl bricht auch dieser Briefwechsel nicht abrupt ab; schon 1522 jedoch lehnt der »Weltbürger« Erasmus nicht bloß Zwinglis Einladung, nach Zürich zu kommen, ab; er mahnt diesen nach der Lektüre des »Apologeticus Archeteles«, in seinen Reformen nicht zu weit zu gehen, sondern klug zu bleiben; 1523 endet er im Zusammenhang mit der traurigen Verfolgung Huttens durch Erasmus.

Ganz ähnlich verlief natürlich auch das ursprünglich sehr freundschaftliche Verhältnis zwischen Erasmus und Pellikan, das Meylan (S. [63 ff.]) schildert; Unterschiede ergeben sich höchstens in der Beziehung, daß der Bruch der beiden zeitlich erst Ende 1525 und sachlich im Zusammenhang mit Pellikans Stellungnahme zugunsten der symbolischen Abendmahlslehre erfolgt ist. Ein Versuch, die alte Freundschaft nach der Rückkehr des Erasmus nach Basel 1535 wieder zu erneuern, scheiterte an derselben Frage*.

Mehr am Rande allerdings nur noch mit Erasmus befaßt sich dieser I. Hauptteil in einer Miszelle über »La mort de Pierre Lamy« (S. [47 ff.]), überhaupt nicht mehr in einer außerordentlich faszinierenden Analyse über »Un pasquin de Rome: le Pasquillus Novus de 1537« (S. [73 ff.]). Wenn ich dennoch kurz auch auf diese beiden Arbeiten eingehe, so deshalb, weil sie auf

---

* Ich darf an dieser Stelle nachdrücklich auf die Dissertation von *Christoph Zürcher*, Konrad Pellikans Wirken in Zürich 1526-1556, Zürich 1975 (Zürcher Beiträge zur Reformationsgeschichte 4), hinweisen, in der das Verhältnis zwischen Pellikan und Erasmus S. 237-279 sehr sorgfältig untersucht wird.

ihre Weise wieder für Meylans Arbeitsweise und seinen weiten Themenhorizont aufschlußreich sind. Was Lamy betrifft, geht Meylan von der nüchternen Feststellung aus, daß dessen Name zwar untrennbar mit demjenigen seines berühmten franziskanischen Bruders François Rabelais verbunden, seine Persönlichkeit aber selbst Spezialisten unbekannt ist. In einem Brief des Erasmus vom 13.März 1531 an Jacques Toussaint (Allen IX, Nr. 2449) findet Meylan nun aber die höchst interessante Bemerkung, daß Lamy »durch den Polen Johannes Lasco nach Basel kam... Nichts hat sich an ihm gewandelt außer dem Kleid. Nichts Reineres als seine Sitten, nicht der geringste Fehler, höchstens daß er das Maß an Demut überschritt (nisi quod plus satis abesset ab arrogantia ferociaque). Nach einigen Monaten begann er zu kränkeln, und ich kann dafür keinen andern Grund vermuten, als daß er [der Südfranzose!] nicht an die Kälte gewohnt war; entgegen allem Brauch ging er mit offenem Kragen und nackten Beinen umher. Dazu hörte er nicht auf, den sauren deutschen Weinen (crudis Germaniae vinis) noch viel Wasser beizufügen. Er hatte einen so sanften Tod — die Euthanasie, von der Kaiser Augustus gerne sprach —, daß er einzuschlafen und nicht zu sterben schien. Sein Körper wurde bei den Franziskanern beigesetzt, allerdings [in der Weise] für Laien [pro laico]; was aber seine Seele betrifft, lebt sie, hoffe ich, mitten unter den seligen Geistern«. Meylan bemerkt dazu: »Tels sont les termes sobres et mesurés, dont Erasme se sert pour rappeler le souvenir de Pierre Lamy. Sans doute sont-ils dignes de l'homme lui-même.« Dann aber wendet er sich Johannes Lasco zu, dem reichen polnischen Adeligen, der später mit Rom brechen und zum Reformator werden sollte: »Il a néantmoins reçu beaucoup durant ce séjour de Bâle, bientôt interrompu par le voyage d'Italie, et le retour dans sa patrie« (S. [48]). Zwanzig Jahre später schrieb Lasco nämlich zwei Briefe, in denen er sich an diese Zeit erinnert: am 14.März 1544 an Bullinger in Zürich, daß Erasmus es war, der ihm geraten habe, sich den heiligen Dingen zuzuwenden, bzw. noch genauer, der begonnen habe, ihn in der wahren Religion zu unterrichten; und am 31. August des gleichen Jahres an Pellikan, ebenfalls in Zürich, er verstehe zwar nichts mehr vom Hebräischen, das er damals bei ihm gelernt habe; indessen könne er sich nicht ohne großes Vergnügen des gemeinsamen Umgangs in Basel erinnern, allerdings auch nicht genügend bedauern, daß dieser damals aufgrund der elterlichen Autorität vorzeitig abgebrochen worden sei. »Erst jetzt verstehe ich nämlich, was für Früchte ich aus der Bekanntschaft mit Erasmus, mit dir und Oekolampad hätte gewinnen können, wenn diese länger gedauert hätte.« Mit anderen Worten: Aus einer übersehenen Briefstelle bei Erasmus »rehabilitiert« Meylan nicht bloß einen jungen Freund desselben; er gibt uns — nur durch die Wiedergabe dieses Textes — auch interessante Einblicke in Lebensverhältnisse des 16.Jahrhunderts; vor allem aber: durch die Kombination der Briefe des Erasmus und Johannes Lascos gewinnt er höchst aufschlußreiche, anregende Einblicke in die religiöse Entwicklung des Polen

sowie in die geistlich-geistige Atmosphäre, die 1525 in der Umgebung des
Erasmus in Basel geherrscht haben muß.

Ähnlich verhält es sich mit der Analyse eines Römer Pasquill, das sich
in den 1544 in Basel gedruckten »Pasquillorum tomi duo« des Coelio
Secundo Curione befindet, einer eindeutig antipäpstlichen und antirömischen
Sammlung (S. [73 ff.]). Sie führt zunächst zu dem Ergebnis, daß der »Pasquillus
Novus von 1537« die Form einer biblischen Parodie hat, genauer ausgedrückt,
sich aus einer Fülle mißbrauchter Bibelverse zusammensetzt, welche sich auf
alle möglichen politischen und kirchlichen Größen um Kaiser Karl V. und
Papst Paul III. beziehen, und daß er vermutlich als Instrument der kaiserlichen
Politik für den Einzug Karls V. in Rom verfaßt, möglicherweise aber in
Deutschland gedruckt worden ist. Mit diesem Ergebnis ist Meylan aber auch
hier nicht zufrieden; er benützt vielmehr die Gelegenheit, einmal nach der
Herkunft und dem Gewicht der im 16.Jahrhundert ja besonders häufigen
biblischen Parodien überhaupt zu fragen! Die Antwort: »On serait tenté, à
première vue, d'y voir un effet des idées luthériennes — le mot pris au sens le
plus large — et de considérer ces pièces comme une manifestation de la
propagande évangélique. Mais rien ici ne trahit l'influence de Luther ou
Calvin, et les théologiens protestants auraient quelque peine à approuver
l'usage profane qui est fait des textes de l'Ecriture. C'est bien plutôt vers le
Moyen Age qu'il faut se tourner, où l'on ne craint pas de mêler le sacré au
profane, ni de parodier les textes bibliques, surtout quand on veut faire la leçon
aux·gens d'Eglise« (S.[78]).

Im Umkreis der Reformation Calvins

Darin bewegen sich fünf Arbeiten: Individualité et Communauté; Une page
oubliée du refuge genevois, Le serment du 27 novembre 1547; En dépit des
édits royaux; Un financier protestant à Lyon, Ami de Calvin et de Bèze,
Georges Obrecht; Problèmes de discipline ecclésiastique au XVIᵉ siècle, Une
ordonnance du comte de Montmayeur pour le Chablais protestant (vers 1570).

Daß auch in diesem Teil sich eine reiche Fülle von historischen Fakten,
von Fragen und Vorstößen in Neuland, von interessanten Bezügen und
Anregungen findet, zeigen gleich Meylans Ausführungen über »Individualité et
Communauté« (S. [83 ff.]). Worum geht es hier? »Ce sont des aspects de
rupture, de déracinement, d'exil, mais aussi de refuge et d'enracinement dans
une communauté, que nous allons envisager à partir de quelques cas, cas
privilégiés sans doute, ceux des plus grands, un Calvin, un Viret, un Farel, puis
un Bèze et un Des Masures« (S. [84]). Dabei drängt sich Meylan als erster
gemeinsamer Zug der Bekehrungszeugnisse dieser Leute auf, daß »alle auf der
Mühe beharren, die sie hatten, um mit der römischen Kirche zu brechen, der
Kirche ihrer Jugend. Gott mußte sie zähmen, über alle ihre Widerstände

triumphieren...«. Einmal vom Evangelium, vielleicht nach Jahren (wie bei Beza, vgl. unten), ergriffen, entschieden, hielten sie — Große und Kleine — an ihrer Entscheidung darüber unbeirrbar fest. Als weiteren gemeinsamen Zug stellt Meylan die Mühe fest, welche diese Leute auch mit der Einwurzelung in die bzw. eine neue Gemeinschaft hatten: »Où ces exilés volontaires trouveront-ils la communauté? Comment celle-ci naîtra-t-elle? Et si elle existe déjà, comment y sera-t-on accueilli? Autant de questions auxquelles les lettres des Reformateurs et les sermons de Calvin permettent de donner des réponses valables« (S. [87 f.]). So stellt sich einmal das Sprachproblem: weniger für die Gelehrten, die untereinander lateinisch verkehren, aber in keinem Fall eine Fremdsprache studieren (»Ni Calvin ni Bèze ne savent l'allemand, pas plus que Bullinger le français. Et Zanchi, de Bergame, se sent étranger à Strasbourg, où pourtant il a vécu sept ans.«) (S. [88]), als für ganze reformierte Kolonien: Die englischen Flüchtlingsgemeinden kehren nach dem Tod Maria Tudors sofort in ihre Heimat zurück, die französischen Kaufleute, Handwerker und Bauern siedeln sich (fast ausschließlich) in Genf und Umgebung, in der Waadt und in Neuenburg an, die Italiener in Graubünden. Zum andern das Problem der innern, geistlichen Verfassung dieser Flüchtlingsgemeinden, wo sich nochmals eine Überraschung ergibt: Wenn man sich die Mühe nimmt, in den vier Predigten Calvins zu blättern, die 1552 veröffentlicht wurden (CO VIII, Sp. 369-452), muß man feststellen, daß die Flüchtlinge von außen, die den Weg nach Genf gemacht haben, wahrscheinlich alles andere als Glaubenshelden, geschweige denn Modelle christlicher Tugend gewesen sind. Freilich: »Calvin est sévère, terrible même parfois à l'égard de cette ville de Genève, où il a accepté de revenir en 1541 par obéissance à son Dieu, sachant bien ce qui l'attendait. Il en flagelle les vices, la légèreté des mœurs, les mauvaises ‚trafficques' des marchands, mais aussi la tiédeur à l'égard des sermons« (S. [88 f.]). Daß übrigens die Vorstellung, alle Reformierten wären Glaubenshelden gewesen, für die im »Feindesland« Verbliebenen noch weniger zutrifft, beweist ein Brief Calvins vom 5.November 1563 an den Pariser Rat Antoine de Loynes, der mit den wohl noch für manchen damaligen und heutigen Zeitgenossen ungemein tröstlichen Worten schließt: »La plus grande vertu que vous puissiez avoir est de fermer les yeux à tout ce qui pourra advenir, marchant simplement où Dieu vous a appelé« (S. [93]).

Mit dem Thema von Bekehrung, Auswanderung, Neuansiedelung und »Verfassung« reformierter Franzosen befassen sich im übrigen auch die weiteren Artikel dieses Teils, dies nicht zuletzt natürlich gerade auch als Beweis für die komplexe Verflochtenheit der Kirchengeschichte mit allen möglichen andern Disziplinen der Geschichtswissenschaft, die Meylan in seiner Abschiedsvorlesung betont hatte.

Einmal mit der politischen und verfassungsgeschichtlichen in der Entdeckung und Darstellung »[d']Une page oubliée du refuge genevois, Le serment

du 27 novembre 1547« (S. (95 ff.]). Hier erinnert Meylan aufgrund von
Hinweisen im »Livre des Habitants« (hg. von Paul-F. Geisendorf, Genf 1957)
und einer Notiz in der Genfer Chronik des Michel Roset an einen »texte, dont
les historiens ne semblent pas avoir remarqué l'intérêt: ‚Le nombre des
estrangiers qui se retiroient pour la Parole de Dieu a Geneve, desja notable, fut
appellé le dimanche 27ᵉ de novembre, par devant les Seigneurs et assermenté de
garder fidelité, obeissance et subjection a la Seigneurie, vivant selon la
reformation evangelique. Dempuys, pour plus grande asseurance, fut ordonné
que chascun d'iceux arrivans se deubst presenter à la Seigneurie, donner
tesmoignage de sa cognoissance et recevoir lettres de permission de habiter en
la ville.'« (S. [96]). Warum wurde dieser sozusagen einmalige Eid verlangt? Der
Tod Heinrichs VIII. von England und Franz' I. von Frankreich, die Katastrophe der deutschen Protestanten in der Schlacht von Mühlberg und wie
diese sich dann etwa in Konstanz und Straßburg auswirkte, bedeuteten für
Genf eine unmittelbare Bedrohung; für das reformierte Genf Calvins im
besonderen, weil damals auch die Prozesse A. Perrin und M. Meigret liefen. So
war der Eid vom 27. November ein Akt politischer und religiöser Klugheit. Als
religiöser Akt erinnert er an den früheren der Genfer vom Frühjahr 1537,
wobei allerdings als gewichtiger Unterschied zu beachten ist, daß der Eid von
1537 zur Vertreibung Calvins, derjenige von 1547 zur Verstärkung seiner
Stellung führte, »seiner Autorität, nicht seiner Diktatur«. Die Idee, überhaupt
einen religiösen Eid zu verlangen, führt Meylan für Genf auf alttestamentliche
Vorbilder zurück; er dürfte somit ein charakteristisches Merkmal Calvins sein.
Wie Meylan in einem Nachtrag noch bemerkt, hat Calvin am 1.Juli 1562
zum Thema des beschworenen Glaubensbekenntnisses in einer Predigt über
2.Samuel 5, 13 f. Stellung bezogen. (Vgl. Supplementa Calviniana, Sermons
inédits, Predigten über das 2.Buch Samuelis, hg. von Hanns Rückert,
Neukirchen 1936-1961, S. 122). Daß das nicht auch in bezug auf seine
politische Bedeutung zutrifft, zeigt ein Vergleich mit Freiburg, wo bereits am
28. Februar 1527 die Einwohner der Stadt, am 13.März des gleichen Jahres die
Untertanen auf dem Land ein Bekenntnis zu den (katholischen) sieben
Sakramenten, zu Credo, Dekalog, Messe und den Heiligen und gegen den
Psalmengesang in der Volkssprache hatten ablegen müssen. »Fribourg et
Genève, les deux villes jadis étroitement liées par la combourgeoisie, née elle-
même des liens d'amitié et des relations de commerce, Fribourg et Genève se
retrouvent ici paradoxalement confrontées« (S. [103]).

Sodann mit wirtschaftsgeschichtlichem Inhalt gleich zwei Beiträge. In einem
ersten, »En dépit des édits royaux« überschriebenen, versucht Meylan (S.
[105 ff.]) das von Herbert Lüthy in seinem Werk über die Banque protestante en
France aufgeworfene, vorläufig jedoch noch keineswegs gelöste Problem des
Transfers französischer Flüchtlingsvermögen (»Si un grand nombre de réfugiés
arrivaient dans les pays d'asile dans un dénuement complet, d'autres savaient

organiser la sortie d'au moins une partie de leurs fortunes; il y avait des relais d'évasion pour les capitaux comme il y en avait pour les hommes.«) (S. [105]) etwas aufzuhellen, indem er drei besonders signifikanten Fällen nachgeht; im zweiten, »Un financier protestant à Lyon, Ami de Calvin et de Bèze, Georges Obrecht (1500-1569)« (S. [117 ff.]), kann er nachweisen, daß dieser aus Straßburg stammende Bankier nicht bloß mit Calvin persönlich eng befreundet (amicissimus), auch mit Beza und Zurkinden in Bern bekannt war und als Nachrichtenvermittler nach Zürich fungierte, sondern sich immer wieder aktiv in der Finanzierung der hugenottischen Partei in Frankreich engagiert hat. Dabei ergibt sich — quasi als Nebenprodukt einmal mehr aufgrund der Korrespondenz Calvins! —, daß der Genfer Reformator auch in wirtschaftlichen Fragen absolut auf der Höhe war: »Ces textes nous ont permis, chemin faisant, d'apprécier la hardiesse et la lucidité de Calvin dans ce domaine-là, et de voir, par un cas précis, comment il envisageait le maniement de l'argent« (S. [111]).

Théodore de Bèze

Daß der Hauptverantwortliche für die mustergültige, inzwischen auf acht Bände angewachsene Ausgabe der »Correspondance de Bèze» sich immer wieder mit Problemen von Leben und Werk des Nachfolgers Calvins beschäftigt, kann nicht überraschen. Im vorliegenden Band betrifft das gleich vier Arbeiten: Bèze et les »Sodales« d'Orléans; La conversion de Bèze ou Les longues hésitations d'un humaniste chrétien; Les deux »mains« de Théodore de Bèze; Bèze et les Italiens de Lyon (1566); von diesen stehen ohne Zweifel die zwei ersten im Mittelpunkt des Interesses (S. [139 ff.] und S. [145 ff.]), insofern als hier Meylan in magistraler Weise die sowohl in der alten Biographie Baums wie in der neuern von Paul-F. Geisendorf kaum oder nur ungenügend behandelten Jahre in Bezas geistig-religiöser Entwicklung von seinem Aufenthalt in Orléans (1535-1545) und Paris (1545-1548) bis zu seiner endgültigen Entscheidung zugunsten der Reformation und gleichzeitigen Auswanderung (1548) untersucht und um etliches aufzuhellen vermag. Ohne auf Einzelheiten einzutreten, sei hiezu folgendes festgehalten: In Orléans, wohin der 1519 geborene, aus Vézelay stammende junge Adelige nach dem Weggang seines Lehrers Melchior Volmar aus Bourges zurückgekehrt war und wo er mit seinem Freund Maclou Popon in einer Gruppe junger Schüler und Lehrer (der »Sodales« von Orléans eben!) zusammen lebte, später dann in Paris, war Beza ein früh gefeierter Jurist, vor allem aber Humanist. Die Erträgnisse kirchlicher Pfründen eines Onkels und eines 1542 verstorbenen jüngeren Bruders erlaubten ihm, ohne eigentlich zu arbeiten, die klassischen Dichter zu entdecken und selber diesen nachzueifern. Wie einem eigenen späten Zeugnis, seinem Brief an Volmar von 1560, zu entnehmen ist, hatte er dabei allerdings ständig gegen die

drei Versuchungen des Fleisches, des literarischen Ruhmes und des Ehrgeizes
zu kämpfen. Um denjenigen des Fleisches zu entgehen, hat er sich schließlich
heimlich verheiratet — eine bemerkenswerte Parallele zu Zwingli! »Pour ne pas
être vaincu par les mauvais désirs, je me suis marié mais clandestinement,
n'ayant mis dans le secret qu'un ou deux amis qui partageaient mes convictions, à la fois pour éviter le scandale et pour ne pas perdre ce maudit argent
(‚scelerata illa pecunia‘), que je retirais de mes bénéfices. Mais je le fis avec
promesse formelle de conduire ma femme dès que je le pourrais, tous
empêchements rejetés, dans l'Eglise de Dieu, et là de confirmer ouvertement
mon mariage. Entre temps je ne prendrais aucun des ordres sacrés des
papistes.« (Vgl. Correspondance de Théodore de Bèze, Bd. III, S. 47.) Dieser
längst bekannte Text scheint Meylan »capital« zu sein: »Ce texte me paraît
capital; c'est donc un amour vrai pour une jeune fille qui était digne de lui, bien
qu'elle ne fût pas de son rang, c'est une passion assez forte pour aller contre
tous ses intérêts temporels qui a libéré Bèze des servitudes de l'amour chanté
par les poètes et qui a contribué à le détacher des liens dorés qui le liaient au
système romain« (S. [153]).

Wie löste sich Beza nun aber gerade aus diesen Banden, warum erst 1548,
nachdem er — wie das gleiche Selbstzeugnis gegenüber Volmar besagt — sich
schon 1535 unter dessen Einfluß den reformatorischen Ideen eröffnet hatte:
»Le plus grand de tes bienfaits envers moi, c'est que tu m'as fait connaître la
vraie piété, tirée de la Parole de Dieu, sa source la plus pure« (a.a.O., S. 45),
mehr noch, konkreter: Ist schon in dieser Zeit ein bestimmender Einfluß von
Bullinger auf Beza ausgegangen? Meylan entdeckt nämlich: »C'est également
chez Volmar, en 1535, qu'il a lu un traité de Bullinger, le ‚De origine erroris in
Divorum ac simulachrorum cultu‘, paru à Bâle en 1529, qui a emporté sa
conviction. Quand on sait la place que tient le culte des saints dans la
controverse suscitée en France par les idées de Luther, on mesure aisément
l'importance de ce fait. Bèze a considéré dès lors le réformateur de Zurich
comme son père spirituel; à plusieurs reprises il a reconnu sa dette envers lui.
‚Si je connais le Christ, dit-il dans une lettre de 1568, autant dire si je vis, c'est
pour une grande part à ton livre que je le dois, lu jadis à Bourges en 35, chez
mon bon maître Melchior Volmar. C'est en le lisant, et particulièrement ce que
tu dis des mensonges de Jérôme, que le Seigneur m'a ouvert les yeux, pour que
je contemple la lumière de la vérité.‘« (S. [154]). Meylan vermutet nun, meines
Erachtens mit vollem Recht, Beza sei in diesem Jahr 1535 Nikodemit gewesen.
Dafür sprächen nämlich einerseits zwei dem Papsttum sehr abträgliche
Gedichte des jungen Humanisten, welche diesen in die Nähe der Königin
Marguerite von Navarra bringen — zwei Gedichte, die er merkwürdigerweise
dann allerdings 1548 nicht mehr in seine Poemata aufgenommen, sondern
durch biblische ersetzt hat —, anderseits und mit mehr Gewicht nochmals
einige, den früheren Biographen Bezas zum Teil entgangene, persönliche

Zeugnisse. Zu diesen zählt Meylan 1. einen Brief an Claude D'Espance von 1550, den Beza an die sehr lang zurückliegende Zeit erinnert, in der er diesen (1543!) in einer Kirche von Paris hatte sehr wenig orthodoxe Predigten über Heiligenkult, die Rechtfertigung aus Glauben allein, Ohrenbeichte, Fasten und Zölibat halten hören; 2. einen Brief an den italienischen Juristen Alemanni in Lyon von 1566, in dem Beza schreibt, er sei lange den Ideen eines radikalen Spiritualismus verfallen gewesen, bis ihn Gottes Gnade daraus befreit habe; 3. noch einmal den schon zweifach zitierten Brief an Volmar, in dem Beza bekennt, daß seine eigentliche Bekehrung erst unter dem Eindruck, ja dem Schock einer Krankheit erfolgt sei, die ihm Tod und Gericht vor Augen gestellt habe, so daß diese in ihm jenen radikalen Wandel herbeigeführt habe, den er sich schon seit langem gewünscht habe, einen Wandel, den jedoch nicht er, sondern nur Gott allein tatsächlich auch habe bewirken können (a.a.O., S. 47); schließlich 4., für Zürich, Bullinger und seinen frühen Einfluß nicht nur auf Beza, sondern auch auf die Verhältnisse in Frankreich im allgemeinen höchst aufschlußreichen Brief an den Zürcher Antistes vom 16.Februar 1550 (das heißt den ersten, den Beza an diesen überhaupt gerichtet hat!), in dem er an jene Zeit erinnert, »quum in misera nostra Gallia tuos et aliorum aliquot sanctissimos libros« gelesen habe...

Um die zwei weitern, Beza betreffenden Beiträge doch wenigstens kurz noch zu würdigen, nur dies: in »Les deux ‚mains' de Théodore de Bèze« (S. [169 ff.]) entdeckt der Paläograph, der Meylan immer auch ist, daß Calvins Nachfolger in Genf seine lateinischen Briefe in italienischer, seine französischen Briefe in gotischer Schrift geschrieben hat. In dem Aufsatz »Bèze et les Italiens de Lyon (1566)« wirft er (S. [175 ff.]) im Zusammenhang mit einer Kontroverse zwischen Beza und dem italienischen Juristen Lodoico Alemanni in Lyon Probleme auf, die von einer Abendmahlskontroverse zwischen italienischen und französischen Pastoren in der reformierten Gemeinde von Lyon über höchst interessante Auskünfte zu Bezas Biographie bis zu Bezas Eintreten für die Orthodoxie reichen. So ermahnt er Alemanni, der wie andere Italiener extrem spiritualistische Lehren vertrat, unter anderem, daß er als Jurist kein Recht habe, durch persönliche Ideen Rechte und Ordnungen der Kirche zu ändern — dieses Recht hätten nur Leute, die dazu eine ordentliche oder eine außerordentliche Berufung besäßen. Bemerkenswert ist dabei vor allem, daß für Beza gerade auch Luther und Zwingli sich bei ihrem Reformationsrecht nicht etwa auf eine außerordentliche, sondern auf eine ordentliche Berufung hätten stützen können, dieser als gewählter Pfarrer, jener als Doktor der Heiligen Schrift.

Schul- und Bildungsfragen

Solche bilden den letzten Teil der Sammlung, wobei es um folgende Themen geht: Collèges et Académies protestantes en France au XVIᵉ siècle; Professeurs et étudiants, Questions d'horaires et de leçons; Les années d'apprentissage de David Chaillet et Jérémie Valet; Le recrutement et la formation des pasteurs dans les églises réformées du XVIᵉ siècle.

Wie Meylan gerade hier in Neuland vorstößt, zeigt schon der erste Artikel (S. [191 ff.]), ein Überblick über die Geschichte der reformierten Akademien: »Dans l'aire zwinglienne, c'est Zurich qui inaugure ce type d'école, en 1525, suivie par Berne (1533), Lausanne (1537), Strasbourg (1538) et dans la lointaine Hongrie, Debreczen (1538). Mais c'est le règlement imaginé par Jean Sturm, à Strasbourg, s'inspirant du collège Saint-Jérôme de Liège où il avait étudié jadis, qui va fixer la structure définitive de ces académies; Lausanne en tirera ses ‚Leges' en 1547, et Genève en 1559, où se formeront nombre de pasteurs qui vont se répandre en France« (S. [192]). Im einzelnen skizziert Meylan in diesem Vortrag kurz das Genfer Reglement, das meines Erachtens allerdings sowohl in bezug auf Lehrstoff wie Lehrstellen immer noch mindestens so stark an Zürich wie an Straßburg sich anschließt; dann erinnert er an die für Theologie und Kirche außerordentlich bedeutsame Tatsache, daß die Schulordnung der reformierten Kirchen in Frankreich in Artikel 2 der »Discipline« der reformierten Kirchen in Frankreich von 1559 integriert war, »tôt après le grand chapitre consacré aux pasteurs: ‚Les églises feront tout devoir de faire dresser des écoles et donneront ordre que la jeunesse soit instruite.'« Diese Grundsatzerklärung wurde an der Nationalsynode von Saumur 1596, das heißt auch nach dem Edikt von Nantes, bestätigt bzw. sogar in dem Sinne noch präzisiert, »qu'il est expédient d'avertir les provinces de s'efforcer d'établir chacune un collège en leur province, et toutes ensembles deux Académies au moins« (S. [194]). Schließlich gibt er eine Geschichte dieser Schulen in Kurzfassung (total 26 in 16 Provinzen!), mindestens der wichtigsten unter ihnen (La Rochelle, Nîmes, Montpellier, Montauban, Orthez und Sedan), und nicht ohne die auffällige Beobachtung, daß sie grundsätzlich keine Internate führten (im Gegensatz etwa zu den Schulen der Jesuiten), sondern ihre Schüler ähnlich wie in Zürich bei Leitern und Lehrern wohnen liessen.

Einen Teil der hier schon aufgegriffenen Themen behandelt Meylan auch in den beiden nächsten Beiträgen: Unter dem Titel »Professeurs et étudiants, Questions d'horaires et de leçons« (S. [201 ff.]) schildert er einerseits den Tagesablauf eines Theologieprofessors — es handelt sich um J. Ribit in Lausanne, der bei Pellikan in Zürich Hebräisch studiert hatte; anderseits stellt er bei einem Vergleich von katholischem und reformiertem Unterricht erstaunlich viele Parallelen fest; unter dem Titel »Les années d'apprentissage de David Chaillet et Jérémie Valet« (S. [221 ff.]) verfolgt er die erstaunlich umfassende und weitläufige Ausbildung dieser späteren Helfer Farels in Neuenburg, die 1559 nach Basel, 1560 nach Straßburg und später auch noch nach Heidelberg, Zürich und Schaffhausen gezogen sind.

Viel weiter holt Meylan indes aus, viel tiefer gräbt er in diesem Bildungsprobleme betreffenden Teil unserer Auswahl in einem 1968 in Cambridge gehaltenen Vortrag über »Le recrutement et la formation des pasteurs dans les églises réformées du XVIe siècle« (S. [235 ff.]). Ohne zu übertreiben, möchte ich behaupten, daß Meylan hier in Problemstellung und (vorläufigen) Resultaten gleichermaßen einen entscheidenden und äußerst anregenden Beitrag zur Reformationsgeschichtsforschung geleistet hat. In der Fragestellung, sofern er überhaupt einmal nach Herkunft und Ausbildung nicht nur einzelner bekannter, sondern vielmehr der vielen unbekannten Pfarrer fragt, welche all die reformierten Gemeinden in der Eidgenossenschaft und ihren Zugewandten Orten, in Deutschland und Frankreich, in England, Schottland und in den Niederlanden, zu betreuen hatten. In den Resultaten, insofern als er eine ganze Reihe höchst bemerkenswerter Feststellungen macht, die an sich zwar noch in vielen Einzelheiten genauer zu belegen wären, jedoch schon so faszinierend genug sind. So besteht eine erste Feststellung darin, daß die reformierten Kirchen wohl über einige, allerdings wenige theologische Fakultäten an den Universitäten von Basel, St. Andrews, Glasgow, Aberdeen, Leiden und Franeker verfügten, in der Hauptsache für die Ausbildung ihrer Pfarrer aber einen neuen, ihnen eigentümlichen Typ hoher Schulen entwickelten, die Akademien und Kollegien, an denen Humanisten vor allem andern einmal solide Kenntnisse der klassischen Sprachen verlangten (Meylan hat diesen Ansatz selber in dem bereits erwähnten Aufsatz über die reformierten Kollegien und Akademien in Frankreich weiter verfolgt!). Modell hiefür war zunächst Zürich mit seiner »Prophezei«, später die Genfer Akademie. Diesen Verhältnissen entsprachen die Titel, welche die Absolventen nach bestandenen Examen führen durften: In der Schweiz erhielten sie den heute noch gebräuchlichen, ihre Aufgabe einzigartig umschreibenden Würdenamen eines »Dieners am göttlichen Wort« (VDM = Verbi Divini Minister); in Frankreich wurden sie — gerade auch an den Akademien — Baccalaureus, Magister oder Doctor genannt. Viel interressanter ist nun aber noch etwas anderes: Selbst dort, wo Universitäten vorhanden waren, studierten die zukünftigen Pfarrer selten an deren theologischen Fakultäten; nach Absolvierung des Collège oder der Akademie erhielten sie vielmehr unter Aufsicht der Klassen bzw. der Synoden bei älteren Kollegen auch eine praktische Ausbildung, bevor sie in Dienst gestellt wurden. In diesem Zusammenhang stellt Meylan ausdrücklich fest, daß in der Schweiz die höchsten Anforderungen ans Studium gestellt wurden. »A Zurich et à Berne, comme à Lausanne et à Genève dans la seconde moitié du siècle, le clergé indigène se recrute parmi ceux qui ont suivi la filière du Collège et de l'Académie. Quelques privilégiés, boursiers de MM. de Zurich ou de Berne, viennent compléter leur formation en Suisse romande et font parfois leur tour d'Angleterre avant d'aller servir leur église« (S. [242 f.]). Das besagt natürlich alles noch nichts über das Niveau bzw. die Fruchtbarkeit dieser Studien in der späteren Gemeindearbeit, vor allem in Predigt, Unterricht und

Seelsorge, noch weniger über die — wie sich etwa aus den Synodalprotokollen gerade der Zürcher Kirche ergibt — menschlichen, nicht immer über alle Zweifel erhabenen, Qualitäten der Pfarrer. Dazu, meint Meylan, müßte man auch etwa die Pfarrer-Bibliotheken kennen, oder konkreter: die Streuung der verbreitetsten Hilfsmittel für Predigt (das heißt die Postillen Luthers, Predigten Calvins und Dekaden Bullingers) und Theologie (Calvins Kommentare und Institutio; Vermiglis Loci communes; Zanchis Opera omnia; Bezas Quaestiones et responsa).

Auch in bezug auf die geographische, geschweige denn soziale Herkunft der Pfarrer sind vorerst nur vorsichtige Aussagen möglich, da Matrikel- und Pfarrbücher — wiederum von einigen positiven Ausnahmen in der Eidgenossenschaft abgesehen — in der Regel fehlen. Immerhin lassen sich darum gerade da mindestens Trends nachweisen. So scheint es, daß in der deutschen Schweiz, das heißt in Zürich und Bern, die bisherigen (römisch-katholischen) Pfarrer und Ordensleute mehr oder weniger geschlossen zum »neuen« Glauben übertraten, für die Predigt des Evangeliums dann allerdings an den aus der Reformation der Kirche sofort herausgewachsenen Theologenschulen auch entsprechend vorbereitet wurden, daß die Verhältnisse in der französischen Schweiz, das heißt in der (bernischen) Waadt und in Genf, jedoch wesentlich komplizierter liegen. Während aus den Städten Kanoniker und Ordensleute in der Regel wegzogen, blieben die Landpfarrer mit einer kleinen Pension aus Bern in ihren Gemeinden, ohne reformiert zu werden und, viel bedenklicher, auch nicht ohne zu Widerstand aufzuwiegeln. Die dort aus dem einen oder andern Grund verwaisten Pfarrstellen wurden deshalb auf alle Fälle in der ersten Generation mit protestantischen Predigern aus Frankreich und Flandern besetzt. Erst seit etwa 1560 gab es im Welschland einen in den eigenen Schulen ausgebildeten einheimischen Klerus, und (wie der Berner Predikantenrodel zeigt) erst nach 1580 bildeten diese einheimischen Pfarrer eine Mehrheit gegenüber den von auswärts stammenden. Als weitere einigermaßen gesicherte Aussagen über die Zusammensetzung des Pfarrerstandes nennt Meylan sodann noch die natürliche Abnahme der Zahl ehemaliger Priester zwischen 1530 und 1550 und die Entwicklung eigentlicher Pfarrerdynastien in der zweiten Hälfte des Jahrhunderts. Wie verschiedene Beispiele belegen, kann es schließlich um das Ansehen des Pfarrerstandes nicht zum besten bestellt gewesen sein; so sprach Beza in einer Predigt von 1592 über »den heiligen und geheiligten Dienst«: »Vocation la plus mesprisee qui soit aujourd'hui, et toutesfoys plus necessaire encores que l'air que nous humons et que le souffle duquel nous respirons. Et voilà pourquoy au milieu de nous, outre le très grand nombre de ceux qui à force d'ouir prescher savent le bien qu'ils ne font pas, il y a un très grand nombre de très ignorans, estant chose très honteuse qu'il faille qu'en ce lieu on emprunte encore des estrangers pour estre ministres de la Parole de Dieu, au lieu qu'on en devroit fournir une grande partie du monde« (S. [255 f.]).

Schlußbemerkungen

Zwei Schlußbemerkungen drängen sich noch auf.

1. Wie der Anfang, so das Ende des Bandes: Im einleitenden Rechenschaftsbericht hatte Meylan vom Kirchenhistoriker gefordert, alle Nachfolger Christi ernst zu nehmen. Diesem Anliegen entspricht in schönster Weise der letzte Aufsatz unseres Buches, der dem Begriff der »Martyrs du diable« (S. [259 ff.]) gewidmet ist und nach einem Längsschnitt durch seine Geschichte zeigt, wie Augustins berühmtes Dictum, wonach nicht die Strafe, sondern der Grund einen zum Märtyrer mache, in der Reformationszeit ganz neu aktuell wurde, bei den Katholiken wie A. Duval oder Florimond de Rémond, weil es sehr früh protestantische Märtyrer gab (zum Beispiel K. Hottinger in Zürich, die Stammheimer Märtyrer), dann aber auch bei den Protestanten selber, indem Calvin und Beza den Begriff »Märtyrer des Teufels« auf die Täufer oder Servet, der Lutheraner Westphal auf reformierte Blutzeugen anwandte. Meylan selber schließt, sich an G. Arnold anlehnend, mit den Worten: »En d'autres termes, il a fallu qu'on en vienne à renoncer au dilemme: Dieu ou diable, et à son corollaire: de Dieu ou du diable, pour admettre que l'homme peut se tromper de bonne foi, et qu'il a le droit de se tromper. Ce n'est rien de moins que le ‚droit à l'erreur‘, qu'il est si difficile à l'homme de reconnaître et de respecter, même et surtout dans le domaine de la religion et des convictions personnelles« (S. [274 f.]).

2. Von Anfang bis zum Ende des Bandes, und dafür möchte ich zum Schluß Meylan, aber auch Herausgeber und Verlag besonders herzlich danken, schaut Meylan mit einem Auge immer nach Zürich hinüber. Ich habe im Verlauf der vorliegenden Besprechung beiläufig verschiedentlich darauf hingewiesen, wie gut Meylan über Humanismus und Reformation auch in der deutschen Schweiz im Bild ist. Ich möchte dies abschließend noch an Beispielen etwas illustrieren — gewissermaßen als Beweis dafür, daß Meylan ein hervorragender Kenner auch unzähliger Details der Zürcher Reformationsgeschichte, aber selbst im Detail Vermittler wesentlicher Einsichten ist.

Ein Detail: In seinen Ausführungen über »Bèze et les ‚Sodales‘ d'Orléans« kommt Meylan auf eine Reihe von frühen Briefen Bezas zu sprechen, die nur aus Maclou Popons Nachlaß bekannt sind — nur wenige noch als Autographen, die über öffentliche Steigerungen in die großen Sammlungen von Paris, Genf und New York gekommen sind, alle aber in Abschriften, die »ein gelehrter junger Berner, der Sohn des großen Haller, 1761 für einen seiner Freunde, den Zürcher Joh. Jak. Simler, kopiert hat, dessen Sammlung von Dokumenten zur Schweizerischen Reformationsgeschichte einen der Schätze

der Zürcher Zentralbibliothek bilden« (S. [141]). Zum andern eine grundsätzliche Wertung von Zwinglis Commentarius in einer kleinen Anmerkung zu
seinem Aufsatz über Erasmus und Zwingli: Der »Commentarius de vera et
falsa religione« »n'a pas été, me semble-t-il, rétabli à sa véritable place, qui est
la première parmi les dogmatiques de la Réformation, car les ‚loci communes'
de Mélanchthon, publiés en 1522, ne sont encore qu'une théologie biblique
tirée de l'épître aux Romains. L'œuvre de Zwingli est une construction
systématique, bâtie sur un plan original, dans une langue qui est celle des
humanistes. Les citations de l'Ecriture abondent, celles des Pères de l'Eglise, et
cela doit être voulu, se comptent sur les doigts de la main« (S. [62^{17}]).

SACHREGISTER

REGISTER VON BIBELSTELLEN

Jer.	: 65, 115, 147, 154, 156, 158, 180, 238
1, 9 f.	: 99, 185
1, 9.10	: 61
2, 13	: 110 f.
3, 15	: 186
10	: 32
Klag.	: 148, 154
Ez.	
34	: 186
Dan.	: 147, 148, 149, 151, 155, 156, 157, 180, 184
Hos.	: 147, 152, 157
Joel	: 147, 148, 150, 152, 155
Am.	: 146, 147, 148, 149, 150, 152, 156, 157
Ob.	: 146, 147, 148, 153, 156
Jon.	: 146, 147, 148, 149, 150, 152, 155, 157
Mi.	: 147, 152
Nah.	: 147, 148, 149, 150, 152, 155
Hab.	: 146, 147, 148, 149, 150, 152, 156
Zeph.	: 146, 147, 148, 149, 150, 153, 155
Hag.	: 146, 147, 148, 149, 150, 153, 155
Sach.	: 65, 146, 147, 148, 149, 150, 151, 155, 157
Mal.	: 146, 147, 148, 149, 150, 153, 156
Dt.	
4, 2	: 43
12, 32	: 43
Mat.	: 95, 146, 147, 149, 150, 152, 157, 179, 207
5, 14	: 64
6, 25	: 54
9, 16 f.	: 195
10, 10	: 96
10, 26	: 54
10, 29 f.	: 77
10, 34	: 42, 192
11, 28	: 95
12, 20	: 64
13, 24 ff.	: 44
15, 13	: 192
16, 18	: 45, 186
17, 5	: 95, 197
19, 5	: 195
21, 12-27	: 196
22, 14	: 42
25, 1 ff.	: 44
Mark.	: 147, 148, 150, 151, 154, 157, 179
4, 1 ff.	: 44
Luk.	: 95, 147, 148, 149, 151, 155, 157, 179
2	: 157
2, 34	: 42
10, 16	: 96
10,21	: 44
10, 25-27	: 195
12, 24	: 25
12, 32	: 42
15, 27-39	: 195
16, 17	: 47
22, 32	: 186

Joh.	: 146, 147, 148, 150, 154, 179, 207
1, 29	: 45
2, 12-17	: 196
3, 19	: 42
3, 21	: 43
4, 24	: 42
5, 24	: 45
5, 39	: 46
6	: 75, 240
6, 44	: 46
6, 45	: 58
8, 36	: 45
10,2-16	: 186
10, 5	: 46
10, 14	: 46
10, 16	: 46
13, 20	: 96
14, 13	: 45
14, 26	: 47
15, 7	: 45
16, 2	: 42
16, 13	: 47
21, 15-17	: 123, 186
Apg.	: 146, 147, 148, 149, 150, 151, 155, 157, 178
10, 13	: 124
17	: 27
17, 24-29	: 29
17, 28	: 77
20	: 186
Röm.	: 3, 10, 11, 12, 146, 147, 149, 152, 157, 162, 178, 207, 211, 268
1, 16f.	: 53
1, 20	: 53
1, 20	: 20, 33
5, 2	: 98
7, 12	: 56
8, 17	: 103
8, 32	: 52, 54
8, 34	: 45
9, 20	: 32
11, 36	: 29, 77
12, 1f.	: 57
12, 3	: 62
13, 4	: 100
1. Kor.	: 11, 12, 66, 146, 147, 149, 152, 179, 185
1, 1	: 40
1, 2	: 44
1, 14	: 50
1, 26f.	: 44
2, 14	: 42
8, 1-3	: 62
9	: 64
9, 22	: 201
11	: 240
11, 23	: 195
13, 2.4ff.	: 62
13, 4-8	: 103

PERSONENREGISTER

REGISTER DER MODERNEN AUTOREN